Balzac et consorts

CRIN

Cahiers de recherche des instituts néerlandais de langue et de littérature françaises

Direction

Franc Schuerewegen
Marc Smeets

Conseil de rédaction

Emmanuel Bouju (*Rennes*)
Marc Escola (*Lausanne*)
Karen Haddad (*Paris*)
Sjef Houppermans (*Leyde*)
Jean Kaempfer (*Lausanne*)
Michel Pierssens (*Montréal*)
Nathalie Roelens (*Luxembourg*)
Jean-Marie Seillan (*Nice*)
Sylvie Thorel-Cailleteau (*Lille*)

VOLUME 61

The titles published in this series are listed at *brill.com/crin*

Balzac et consorts

*Scénographies familiales des conflits historiques
dans le roman du XIXe siècle*

*Textes réunis et présentés
par*

Pascale Auraix-Jonchière

BRILL
RODOPI

LEIDEN | BOSTON

Illustration de couverture : Honoré Daumier, série "Les bons bourgeois", no. 16.

Library of Congress Control Number: 2015956909

Les *CRIN* (Cahiers de recherche des instituts néerlandais de langue et de littérature françaises) réunissent, sans périodicité fixe, des travaux d'analyse littéraire.

Direction : Franc Schuerewegen, Marc Smeets

Adresse: *CRIN*
Université de Nimègue
Langues et littératures romanes
BP 9103
NL – 6500 HD Nimègue
Tél. (0)24 – 36 12 88 7
Fax (0)24 – 36 11 88 2
E-mail : franc.schuerewegen@uantwerpen.be
　　　　 m.smeets@let.ru.nl

ISSN 0169-894X
ISBN 978-90-04-21792-8 (hardback)
ISBN 978-90-04-31016-2 (e-book)

Copyright 2016 by Koninklijke Brill NV, Leiden, The Netherlands.
Koninklijke Brill NV incorporates the imprints Brill, Brill Hes & De Graaf, Brill Nijhoff, Brill Rodopi and Hotei Publishing.
All rights reserved. No part of this publication may be reproduced, translated, stored in a retrieval system, or transmitted in any form or by any means, electronic, mechanical, photocopying, recording or otherwise, without prior written permission from the publisher.
Authorization to photocopy items for internal or personal use is granted by Koninklijke Brill NV provided that the appropriate fees are paid directly to The Copyright Clearance Center, 222 Rosewood Drive, Suite 910, Danvers, MA 01923, USA.
Fees are subject to change.

This book is printed on acid-free paper.

Printed by Printforce, the Netherlands

Sommaire

Pascale Auraix-Jonchière
Avant-propos — 9

Introduction

Jean-Philippe Luis
La famille comme objet historique en histoire moderne et contemporaine — 17

I. Quand il est question du père

Marion Mas
Le père et l'héritière dans le roman balzacien — 35

Mireille Labouret
Bi-polarité des figures parentales dans La Comédie humaine — 49

Suzel Esquier
La relation au père dans le roman stendhalien — 71

Anne Rouhette
« El Desdichado » : pouvoir patriarcal, patrimoine et identité dans The Fortunes of Perkin Warbeck *(1830), de Mary Shelley* — 83

Isabelle Hervouet-Farrar
La France révolutionnaire, théâtre de l'intime : Un conte de deux villes
de Charles Dickens (1859)   97

Thierry Poyet
*Les pères chez Maupassant : du parricide symbolique à une modernité
de l'impossible dépassée*   111

II. L'impossible filiation, entre interruption et compensation

François Kerlouégan
D'un château l'autre : famille et idéologie dans Mauprat *de George Sand*   125

Céline Bricault
La circularité du récit : auto-transmission de l'Histoire dans
Le Chevalier Des Touches *de Barbey d'Aurevilly*   145

Pascale Auraix-Jonchière
L'Ensorcelée *de Jules Barbey d'Aurevilly : une histoire de sang
ou l'impossible filiation*   165

Jean-Christophe Valtat
Le rêve des ancêtres : Aurélia *et* Peter Ibbetson   177

III. Déchéances et discordances

Alex Lascar
Conflit de générations, entre tradition et modernité, autour de la mésalliance dans le roman français (1825-1850) 193

Fabienne Bercegol
La destruction de l'idylle familiale dans les fictions de Chateaubriand 213

Claude Schopp
Les familles dans Le Drame de la France *d'Alexandre Dumas* 229

Maria Makropoulou
Une vie *ou le destin tragique d'une famille et d'une classe sociale* 245

Éléonore Reverzy
Dynasties naturalistes. Zola historien de la longue durée 261

Claudie Bernard
Fin de race, fin de siècle : Le Crépuscule des dieux *d'Élémir Bourges* 279

Épilogue

Roland Le Huenen
Pérégrinations d'une paria *de Flora Tristan :*
entre déshérence et légitimité 315

Bibliographie 329

Résumés 345

Pascale Auraix-Jonchière - Université Blaise Pascal, Clermont-Ferrand II, CELIS

Avant-propos

« Le 14 juillet 1789, la prise de la Bastille, posée comme l'acte inaugural du dix-neuvième siècle, sonne le glas de l'Ancien Régime politique, et, en contrepoint, celui de l'Ancien Régime familial » en condamnant l'« arbitraire paternel », affirme Claudie Bernard à l'orée de son ouvrage sur le concept et les représentations de la famille au XIXe siècle[1]. Circonstance aggravée, si l'on peut dire, par un redoublement de la césure, quelques années plus tard, avec la condamnation et la décapitation du roi, acte décisif que ne cessera de commenter le roman du XIXe siècle, comme le fait le duc de Chaulieu chez Balzac : « En coupant la tête à Louis XVI, la révolution a coupé la tête à tous les pères de famille. Il n'y a plus de famille aujourd'hui, il n'y a que des individus[2] ».

L'affirmation que signe ici Balzac a valeur de paradigme. Elle souligne un lien intrinsèque entre le public et le privé, la grande et la petite histoire. Les retombées, pour cet art de la fiction qu'est le roman, sont majeures. Dégagés de l'emprise de cet arbitraire et comme rendus à eux-mêmes, les individus de cette ère nouvelle apparaissent corrélativement comme dépouillés : Mona Ozouf désigne l'homme du XIXe siècle comme une « créature frissonnante et nue qui surgit dans un monde démeublé[3] ». Analyse historique et énonciation romanesque se rencontrent dès lors pour dire une rupture dans l'ordre public dont les retombées dans la sphère privée sont radicales. De fait, la connexion patrie-famille s'impose, sans pour autant se limiter à une réflexion sur

---

[1] Claudie Bernard, *Penser la famille au XIXe siècle (1789-1870)*, Publications de l'université de Saint-Étienne, 2007, p. 19.
[2] *Mémoires de deux jeunes mariées*, dans *Œuvres complètes*, éd. Pierre-Georges Castex, Paris, Gallimard, coll. « Bibliothèque de la Pléiade », 1976, t. I, p. 242.
[3] Mona Ozouf, *Les Aveux du roman*, Paris, Fayard, coll. « L'Esprit de la cité », 2001, p. 7.

l'effondrement, le relais ou la (re)fondation. Si, en effet, il existe idéalement *une* patrie, il n'y a pas qu'*une* famille. La diversité intrinsèque de ce groupe social (tributaire en partie du milieu auquel il appartient) se complique d'une évolution tout au long du siècle : la famille renaît avec de nouveaux contours avec le Code civil ; les successeurs de Napoléon, « les Louis frères ou cousins du Louis détrôné, puis cet impérial parvenu, Louis-Napoléon, redorent le blason de la famille traditionnelle, en même temps que les armes de la famille régnante, sous l'égide de la Sainte Famille. Enfin, la République qui se met en place en 1870 soutiendra, timidement d'abord, les valeurs du foyer moderne[4] ».

Placé sous l'égide de Balzac, chez qui le roman fictionnalise exemplairement le rapport à l'Histoire, tout particulièrement en ce qui concerne la redéfinition des rapports familiaux, le présent ouvrage s'inscrit dans un courant qui, à la suite du développement de l'histoire des mentalités dans les années 1970, a inauguré une réflexion sur le lien entre structure familiale et pouvoir, cellule privée et « organisation sociale globale », évolution majeure que retrace Jean-Philippe Luis dans l'introduction[5]. Mais s'il se situe au croisement de la littérature et de l'Histoire, c'est d'une façon bien spécifique. Le roman ne sera pas abordé en tant que source documentaire[6], mais ausculté dans sa textualité même, de sorte à en extraire non pas seulement une *vision de l'Histoire* (qui privilégierait ce qui est de l'ordre du discours) mais une *Histoire en actes* dont les ondes de choc se propagent jusqu'au cœur de l'intime. Nous partons du principe que dans le roman, « on n'observe pas seulement le choc frontal des convictions, mais l'opposition oblique et secrète des lieux et des âges[7] ». Majuscule et minuscule s'entrelacent efficacement en l'espèce : l'histoire en régime fictionnel dit l'Histoire, d'un point de vue structurel (avec le jeu des antagonismes ou des renversements narratifs notamment[8]), mais aussi sensible et symbolique.

---

[4] Claudie Bernard, *Penser la famille au XIXe siècle*, *op. cit.*, p. 20.
[5] *Infra*, p. 19.
[6] Comme c'est le cas dans les travaux de Philippe Ariès ou d'Alain Corbin par exemple.
[7] Mona Ozouf, *Les Aveux du roman*, *op. cit.*, p. 24.
[8] Mona Ozouf remarque à juste titre qu'à « la différence de la poésie, qui trouve volontiers refuge dans les harmonies du monde révolu, le roman enregistre avec une tranquillité équanime les discordances de la vie moderne » (*op. cit.*, p. 22).

Dans un tel contexte, le binôme *famille / Histoire* est lourd de tensions. Le terme de « famille » renvoie de fait au relais des générations, envisagées dans leur dynamique de transmission, et induit *de facto* un regard rétrospectif qui n'est pas sans poser problème. En effet, il n'est pas de famille sans ancêtre, terme qui suppose une filiation, et une antériorité suffisamment lointaine pour convoquer une forme de permanence quasi sacralisée. Evoquer les ancêtres, en recourant cette fois au pluriel, tend du reste à creuser le temps et confère à la formule une sorte de noblesse tout en la déréalisant : cette évocation combine généalogie (cette ramification très précise qui restitue le lignage) et légendaire. Dès lors l'Histoire, si elle renvoie au contemporain, à la coupure définitivement obsédante qu'est la Révolution de 1789 en France et, au-delà, à l'idée de révolution dans le champ européen, introduit une dissonance, sinon une rupture. Si l'Histoire n'invalide pas nécessairement le lien de l'individu à son origine dans le domaine, social, de la famille et dans celui, biologique, du sang, elle oblige à en redéfinir les contours. Le rapport aux ancêtres en tant que figures de la transmission et de l'hérédité, figures tutélaires et, à ce titre, facteurs de permanence, de légitimation, voire de transcendance, est interrogé, fragilisé ou brisé par les accidents de l'Histoire.

L'objectif des études ici rassemblées (et ce qui fait leur unité) est de suivre les pulsations du roman – de quelques romans qui nous ont semblé représentatifs de ce rapport à l'Histoire, dans le sillage de Balzac et à ses côtés –, roman dont nous pensons qu'il dit plus et surtout *autrement*.

Des trois chapitres de cet ouvrage – « Quand il est question du père », « L'impossible filiation, entre interruption et compensation », « Déchéances et discordances » – se dégagent un certain nombre de constantes dans ce que nous avons choisi de nommer *scénarisation* de l'Histoire (conformément toujours à un principe qui nous semble éminemment balzacien). Ce terme est entendu à la fois comme dispositif narratif (scénario) et comme mise en scène : exhibition et théâtralisation des conflits. Les romans centrés sur la figure du père conduisent ainsi à une dramatisation du refus de la loi que ce dernier incarne : ce « désir transgressif qui hante l'intime[9] » peut faire l'objet d'un déplacement

---

[9] Voir Isabelle Hervouet-Farrar, « La France révolutionnaire, théâtre de l'intime : *Un conte de deux villes* de Charles Dickens (1859) », *infra*, p. 99.

comme chez Dickens, où l'impossible révolte personnelle et familiale se voit « déplacé[e] du sujet vers le peuple[10] » et donne lieu à tout un jeu de surenchère et de dédoublements. Ce dernier procédé s'avère récurrent : redoublements ou dédoublements permettent en effet de mettre en regard bons et mauvais fils comme bons et mauvais pères et bons et mauvais gouvernants, en un jeu de miroir qui donne à voir la complexe intrication des pouvoirs privé et public. Le roman ouvre le champ des possibles : la réflexion sur les conséquences du bouleversement de la Révolution peut se reporter de manière plus inattendue sur les relations père-fille (héritière) chez Balzac, générant un nouveau système d'antagonismes régis notamment par la thématique de l'inceste comme moyen détourné de rétablir un pouvoir usurpé[11]. Envisager les problèmes d'héritage, de transmission, de filiation, suppose de recourir à des scénarios, des schémas récurrents qui structurent puissamment la matière romanesque. À quoi s'ajoutent le jeu des personnages, l'intrication de leurs sentiments indissociables des valeurs qu'ils incarnent et font vivre dans le milieu intime du foyer. Antagonismes, vacance (l'abandon, le déracinement) et translation convoquent alors des thèmes associés : bâtardise, inceste, adoption[12], mésalliance[13], ou toute autre forme perverse de parasitage[14], de sorte que le tissu narratif est tributaire de la réflexion oblique qu'il déploie sur la réversion des valeurs et les différentes postures afférentes. Les jeux et les enjeux de la parole, les dispositifs énonciatif et narratif engagent de même une véritable méditation sur le sens (ou le non-sens) de l'Histoire[15]. Le réseau des motifs convoqués pour représenter la continuité ou, à l'inverse, la discontinuité ou le suspens des liens familiaux a lui aussi affaire à cette

---

[10] *Ibid.*, p. 108.

[11] Voir *infra* l'article de Marion Mas, « Le père et l'héritière dans le roman balzacien », p. 35.

[12] Comme chez George Sand. Pour ce dernier point, voir François Kerlouégan, « D'un château l'autre : famille et idéologie dans *Mauprat* de George Sand », *infra*, p. 127.

[13] Voir Alex Lascar, « Conflit de générations, entre tradition et modernité, autour de la mésalliance dans le roman français (1825-1850) », *infra*, p. 195.

[14] Voir Claudie Bernard, « Fin de race, fin de siècle : *Le Crépuscule des dieux* d'Élémir Bourges », *infra*, p. 281.

[15] Comme chez Zola. Voir Éléonore Revezy, « Dynasties naturalistes. Zola historien de la longue durée », *infra*, p. 263.

représentation intime et indirecte de l'Histoire : le sang bien sûr, qui apparaît sous plusieurs formes, mais aussi les végétaux (avec toute la problématique de l'enracinement, de la greffe, de la flétrissure) ou encore le filage. Les catégories esthétiques enfin peuvent en être bouleversées : éviction de l'idylle par exemple, création d'une prose poétique et onirique – « visionnaire » – susceptible de rendre compte d'une véritable « fantasmagorie généalogique » dans d'autres cas, esthétique décadente, nourrie de déliquescence plus tard dans le siècle.

Introduction

Jean-Philippe Luis – Université Blaise Pascal, CHEC

La famille comme objet historique en histoire moderne et contemporaine

L'histoire de la famille : un enjeu historiographique

Jusqu'aux années 1960, la famille ne constituait pas un objet d'étude autonome dans les travaux historiques. Les *Annales E. S. C.*, qui représentaient alors l'avant-garde de la recherche, n'ont ainsi publié que quelques rares articles portant sur des histoires familiales jusqu'à la fin des années 1950. Travailler sur la famille avait un relent conservateur, lié à l'héritage des travaux de Frédéric Le Play et au pétainisme. Le changement qui intervint par la suite fut le fruit de la conjonction de trois mouvements. Le premier est celui du développement de la démographie historique qui aborde très tôt la question des comportements familiaux en la reliant aux dynamiques sociales[1]. Le deuxième est celui qui a conduit à ce que l'on a appelé dans les années 1970 l'histoire des mentalités, et qui s'intéresse à l'enfant ou à la femme. Philippe Ariès, qui en fut l'un des précurseurs avec son célèbre *L'Enfant et la vie familiale sous l'Ancien Régime*, illustre parfaitement cette évolution. En partant de la démographie historique, il s'est intéressé à l'histoire de l'enfance, et donc de la place de l'enfant dans la famille, en croisant les sources démographiques qu'il connaissait bien, avec des sources littéraires et iconographiques[2]. Quant à l'intérêt pour les femmes dans la cellule familiale, il est à replacer dans l'émergence du mouvement féministe durant les années 1960 dans le monde occidental. Enfin, le troisième mouvement est aussi relié aux thèmes porteurs de ce que l'on peut désigner sommairement comme l'esprit de mai 1968. Le rejet de la société de consommation conduit à se pencher sur les sociétés rurales traditionnelles, d'où la mode

---

[1] Voir notamment Marcel Bressard, « Mobilité sociale et dimension de la famille », *Annales de démographie historique*, n° 3, 1950, p. 533-566.
[2] Philippe Ariès, *L'Enfant et la vie familiale sous l'Ancien Régime*, Paris, Plon, 1960.

des enquêtes ethnographiques, des ouvrages sur la vie quotidienne, mode se traduisant par d'étonnants succès de librairie et de cinéma, tels *Le Cheval d'orgueil* de Pierre Jacez-Hélias[3] ou le beau film *L'Arbre aux sabots* d'Ermanno Olmi, qui décrivait le quotidien de quatre familles de métayers de la région de Bergame[4]. L'empilement de ces enquêtes finit par trouver vite ses limites, mais une célèbre synthèse, celle d'Eugen Weber, publiée aux États-Unis en 1976 et traduite en France en 1983, permettait de faire émerger un monde rural français encore largement marqué, jusqu'aux années 1870, par des comportements traditionnels qui n'avaient guère changé depuis l'Ancien Régime. Le cadre de la vie sociale de la France rurale décrite par Weber reste celui de communautés locales constituées d'un ensemble de familles patriarcales. Le mariage en est la meilleure preuve car l'endogamie sociale et villageoise domine largement. On ne se mariait pas avec une personne, mais « dans une famille », et des dictons rappelaient la nécessité de choisir une épouse dans une famille du village ou, pour le moins, dans une famille connue : « celui qui se marie loin des siens trahit ou sera trahi ». La famille était l'unité de production de base et le service de la parenté un devoir qui s'imposait à tout un chacun[5]. L'endogamie n'était d'ailleurs pas le privilège de la paysannerie mais a caractérisé longtemps, au moins jusqu'au dernier tiers du XIXe siècle, l'ensemble du corps social.

Ce rapide parcours rappelle que l'histoire de la famille, objet d'étude nouveau, restait circonscrite, jusqu'au début des années 1980, à la sphère du privé, et était éloignée en particulier de toute réflexion sur le pouvoir en général, c'est-à-dire sur la distribution, la répartition et la légitimité du pouvoir. En 1986 encore, dans un ouvrage destiné aux agrégatifs d'histoire qui devaient traiter la question « Les Français et la France (1859-1899) », les quelques pages consacrées à la famille étaient intitulées : « le relâchement du carcan familial » et se situaient dans la

---

[3] Écrit en breton et traduit et publié en français en 1975 chez Plon, dans la prestigieuse collection Terre humaine, cet ouvrage austère a été vendu à plus de 500 000 exemplaires et traduit en 18 langues, puis porté à l'écran par Claude Chabrol.
[4] Ce film obtint la palme d'or au festival de Cannes en 1978.
[5] Eugen Weber, *La Fin des terroirs. La modernisation de la France rurale 1870-1914*, Paris, Fayard, 1983, chap. XI.

partie consacrée à « L'existence quotidienne, tradition et modernité »[6]. Un an plus tard paraissait aux Éditions du Seuil le volume de l'*Histoire de la vie privée* consacré au XIXe siècle et dirigé par Michelle Perrot. Le tiers de l'ouvrage était consacré à la famille.

Les années 1970 avaient toutefois commencé à esquisser un tournant dans l'histoire de la famille quand quelques historiens puisaient leur inspiration dans les méthodes des anthropologues, tout en ne se limitant plus aux enquêtes ethnologiques. Ces années correspondent à l'essor des travaux sur la famille dans les *Annales E. S. C.* Une analyse systématique d'autres revues historiques (*La Revue historique, Histoire rurale, Annales de démographie historique*) enregistre le même mouvement avec un décalage de quelques années[7]. Le double numéro des *Annales* publié en 1972 et intitulé *Famille et société* peut être considéré comme fondateur. De manière très révélatrice, le premier volume de la remarquable *Histoire de la famille*, publiée en 1986, est rédigé par Claude Lévi-Strauss[8]. La nouveauté se situe dans le fait de sortir l'étude de la famille de la sphère du privé pour essayer de repérer comment les structures des familles jouent un rôle qui peut être essentiel dans l'organisation sociale globale. L'histoire de la famille commence à mener ainsi à l'histoire sociale. Les antiquisants et les médiévistes, en particulier Georges Duby, ont été précurseurs et, pour les périodes postérieures, l'ouvrage de Jean-Louis Flandrin, *Famille, parenté maison sexualité dans l'ancienne société*, publié en 1976, est resté pendant longtemps isolé. Grâce à ces travaux, on découvrait le rôle fondamental du lignage, de la lignée, de la maison, du clan et l'on glissait ainsi vers une histoire sociale du politique.

Les deux dernières décennies du XXe siècle ont conforté la place de la famille dans les études historiques mais une double évolution est

---

[6] Jacques Valette, Alfred Wahl, *Les Français et la France (1859-1899)*, Paris, Sedes, 1986, t. I, p. 79-82.

[7] Patrice Bourdelais, Vincent Gourdon, « L'histoire de la famille dans les revues françaises (1960-1995) : la prégnance de l'anthropologie », *Annales de démographie historique*, n° 2, 2000, p. 5-48. Cet article qui compare cinq grandes revues est indispensable pour comprendre l'évolution des travaux sur la famille à partir des années 1960.

[8] C'est le tome III de cette collection qui correspond à la période qui nous intéresse ici : André Burguière, Christiane Klapisch-Zuber, Martine Segalen, Françoise Zonabend, *Histoire de la famille*, Paris, Armand Colin, t. III : *Le choc des modernités*, 1986.

apparue. Les spécialistes de la famille ont rompu avec une rigidité anthropologique d'inspiration structuraliste qui avait tendance à décrire des mondes antérieurs à l'industrialisation soumis à des schémas généraux de reproduction. « Aux classifications universelles ont succédé des observations situées ; aux scénarios multiséculaires, parfois conçus à l'échelle d'un continent, se sont substitués des résultats locaux[9] ». Cette inflexion n'est pas générale, et la rigidité anthropologique trouve encore longtemps des partisans, comme le montre le succès de *L'Invention de l'Europe* d'Emmanuel Todd[10]. Toutefois, de plus en plus de travaux portent leur attention sur l'usage, l'adaptation, parfois l'instrumentalisation que font les acteurs des normes institutionnelles ou coutumières. Ces normes ne sont pas intégrées mécaniquement par les acteurs, mais elles constituent une réalité historique construite. L'autre évolution est celle des historiens qui, à partir d'une histoire sociale, voire d'une histoire politique, en viennent à l'histoire de la famille. La micro-histoire, qui naît en histoire moderne, et la théorie des réseaux sociaux, qui vient de la sociologie, ont été les deux voies principales conduisant à cette évolution.

L'histoire de la famille a été revalorisée ou plutôt perçue sous un angle neuf au travers de l'histoire de l'État. Des grands livres comme celui de Sharon Kettering sur les intendants ou de Daniel Dessert sur le clan Colbert, ont montré l'importance de la famille élargie, de la maison, de la lignée et du lignage dans les logiques de pouvoir et dans les mécanismes de promotion et de contrôle social. La famille y apparaît comme une clé pour comprendre la société d'Ancien Régime et ses élites. On découvre un État qui n'est pas tout puissant, mais un État aux forces humaines et financières limitées, dont la tâche principale est d'obtenir ce qu'il souhaite, à savoir de l'argent et des hommes pour l'armée, grâce à une négociation permanente avec les élites locales et les grands corps. L'intendant qui accomplit bien sa mission est celui qui sait

---

[9] Paul-André Rosental, « Les liens familiaux, forme historique ? », *Annales de démographie historique*, n° 2, 2000, p. 49-81, p. 71.
[10] Paris, Éditions du Seuil, 1990.

jouer de la concurrence entre les différents clans qui structuraient la société à l'échelle locale pour obtenir ce que le roi désire[11].

L'évolution a été assez longue à s'imposer dans l'historiographie sur la France, les historiens français ayant probablement du mal à s'extraire d'une vision tocquevilienne de l'État d'Ancien Régime. Le mouvement a été beaucoup plus rapide chez les modernistes spécialistes des monarchies hispaniques. En effet, par plusieurs voies, par celles de l'histoire de l'État et de la fonction publique, par celles du droit et des sciences politiques, par celle de l'analyse micro-historique, nous arrivons au même résultat qui bouleverse totalement notre perception de l'État et de la société sous l'Ancien Régime et qui place la famille au cœur du processus de légitimation et de répartition du pouvoir. J'ai évoqué ailleurs[12] comment un programme prosopographique né à la fin des années 1970, le programme Fichoz, qui visait à élaborer un fichier de la haute administration espagnole au XVIIIe siècle avec des prolongements en aval et en amont, avait conduit, au milieu des années 1990, vers la famille[13]. En effet, les logiques de nomination à la haute fonction publique ne parvenaient pas à s'expliquer de manière convaincante. Pour sortir de l'impasse, a émergé l'idée de croiser le fichier administration avec un fichier de généalogie, ce qui a permis d'éclairer de très nombreux points et de comprendre bien des comportements observés chez les élites administratives. Les solidarités familiales s'avéraient particulièrement opérantes, verticalement mais aussi horizontalement. En d'autres termes, on découvrait la famille derrière l'État et l'administration, la lecture du lien se faisant de manière privilégiée grâce à la théorie des réseaux sociaux[14]. Cette évolution de l'histoire sociale du politique rejoint

---

[11] Daniel Dessert, *Argent, pouvoir et société au Grand Siècle*, Paris, Fayard, 1984 ; Sharon Kettering, *Patrons, Brokers and Clients in 17th Century France*, Oxford University Press, 1986.

[12] Jean-Philippe Luis, « Les trois temps de l'histoire des élites à l'époque moderne et contemporaine », dans Mireille Cebeillac et Laurent Lamoine, *Les Élites et leurs facettes*, Rome - Clermont-Ferrand, Collection de l'École Française de Rome, 2003, p. 37-49.

[13] Jean-Pierre Dedieu, « Les grandes bases de données. Une nouvelle approche de l'histoire sociale. Le système FICHOZ », *História. Revista da faculdade de letras* (Universidade do Porto), IIIe série, vol. 5, 2005, p. 99-112.

[14] Jean-Pierre Dedieu et Zacharías Moutoukias, « Approche de la théorie des

depuis les années 1990 l'intérêt que les historiens de la famille ont commencé à manifester pour la théorie des réseaux sociaux[15].

Cette tendance à relier histoire de la famille et histoire des pouvoirs s'est trouvée confortée à partir des années 1990 par l'histoire culturelle du politique, l'histoire des représentations, qui affiche un intérêt renouvelé pour les sources littéraires[16]. L'ouvrage pionnier de Lynn Hunt sur le roman familial pendant la Révolution française en est le témoignage[17].

L'histoire de la famille a rencontré un succès important dans le monde hispanique et elle est même l'objet unique de recherches d'un centre de recherches de l'université de Murcie depuis les années 1980[18]. Ce monde hispanique, qui est mon terrain d'étude privilégié, fournit un remarquable exemple de la fécondité de la mise en relation entre famille et pouvoir politique. Pour l'Ancien Régime, c'est en fait toute la logique de distribution et de répartition du pouvoir qui a été reconsidérée et qui peut être étendue, avec des nuances, à une grande partie des sociétés européennes.

Pouvoirs et familles dans le monde hispanique sous l'Ancien Régime

Le changement de perspective qui s'est imposé dans l'étude des pouvoirs dans les sociétés européennes d'Ancien Régime est majeur. Ces

réseaux sociaux », dans *Réseaux, familles et pouvoirs dans le monde ibérique à la fin de l'Ancien Régime*, dir. Juan Luis Castellano et Jean-Pierre Dedieu, Paris, CNRS Éditions, 1998, p. 7-30.

[15] *Annales de démographie historique*, 2005-1 : *Histoire de la famille et réseaux sociaux*. Dans ce numéro, voir en particulier : Claire Lemercier, « Analyse de réseaux et histoire de la famille : une rencontre encore à venir ? », p. 7-31.

[16] Jean-Pierre Rioux, Jean-François Sirinelli, *Pour une histoire culturelle*, Paris, Éditions du Seuil, 1997. Un exemple emblématique : Roger Chartier, *Les Origines intellectuelles de la Révolution française*, Paris, Éditions du Seuil, 1990.

[17] Lynn Hunt, *Le Roman familial de la Révolution française*, Paris, Albin Michel, 1995.

[18] Francisco Chacón Jiménez, Juan Hernández Franco, *Espacios sociales, universos familiares. La familia en la historiografía española*, Universidad de Murcia, 2007.

dernières ne sont plus à considérer sous l'angle d'une préhistoire des sociétés individualistes qui sont les nôtres, structurées encore autour d'un État puissant. Il est probablement excessif de parler de sociétés radicalement holistes, pour reprendre le vocabulaire forgé par les sociologues, mais il n'en reste pas moins que la logique profonde de ces sociétés n'est pas individualiste et que « la pleine compréhension de l'individu passe ici par la connaissance du groupe auquel il appartient et au sein duquel il agit[19] ». La société d'Ancien Régime n'était en effet pas une somme d'individus mais un ensemble complexe et pluriel de corps sociaux différents (ordres, seigneuries, communautés villageoises, corporations, familles...) qui étaient autant d'acteurs collectifs de la vie politico-sociale. Chacun de ces corps était reconnu juridiquement et organisé autour de règles définies par la coutume ou par une pluralité de règlements juridiques. Les relations sociales étaient donc aussi des relations politiques, au sens « de tout ce qui touche au gouvernement d'un groupe humain et au rapport des groupes entre eux[20] ». Par conséquent, il n'existait pas d'espace autonome du politique, le pouvoir politique pouvant être en grande partie considéré comme un phénomène social et le discours politique reflétant une identité entre État et société civile. Dans le monde anglo-saxon ou dans la monarchie française, la naissance d'une opinion publique, l'ouverture d'une « sphère publique bourgeoise[21] », pour reprendre l'expression forgée par Jürgen Habermas, n'a pas encore fait disparaître cette réalité.

Dans le monde hispanique, le lien social entre les individus, quel que soit le corps auquel ils appartenaient, « n'était pas le produit d'une adhésion libre et révocable », mais constituait des « liens structurants qui comportaient des règles de fonctionnement strictes[22] ». Ces règles diffé-

---

[19] François-Xavier Guerra, « Pour une nouvelle histoire politique : acteurs sociaux et acteurs politiques », dans *Structures et cultures des sociétés ibéro-américaines, au-delà du modèle socio-économique*, Paris, CNRS Édition, 1990, p. 245-260, ici p. 248.

[20] *Ibid.*, p. 257.

[21] Jürgen Habermas, *L'Espace public. Archéologie de la publicité comme dimension constitutive de la société bourgeoise*, Paris, Payot, 1978.

[22] José María Imizcoz, « Communauté, réseau social, élites. L'armature sociale de l'Ancien Régime », dans Juan Luis Castellano, Jean-Pierre Dedieu, *Réseaux, familles et pouvoirs dans le monde ibérique à la fin de l'Ancien Régime*, Paris, Éditions du CNRS, 1998, p. 31-66, ici p. 40-41.

raient en fonction des corps qui leur servaient de cadre de fonctionnement et comportaient des droits et des devoirs réciproques. Ces liens étaient souvent inégalitaires, conçus dans une société et dans des corps inégalitaires et hiérarchisés. Les solidarités de la parenté constituaient les relations interpersonnelles les plus nombreuses et les plus évidentes. Elles étaient le fondement de la vie sociale et le service de cette parenté apparaissait comme le devoir le plus naturel, le premier auquel tout un chacun devait se plier. Les contemporains l'étendaient jusqu'au quatrième degré ecclésiastique et les études de cas montrent des solidarités jusqu'au troisième degré[23]. La parenté allait toutefois bien au-delà de la consanguinité pour désigner « l'ensemble de tout type de parents », c'est-à-dire aussi la parenté par alliance ou affinité. La famille était un concept qui recouvrait plusieurs réalités. D'après le *Diccionario de la lengua castellana* de 1737, la famille pouvait s'apparenter à la Maison (l'ensemble des individus vivant sous l'autorité d'un maître dans une maison, ce qui englobe aussi les domestiques), mais il s'agissait plus sûrement, quand un nom était accolé, de « l'ascendance, descendance et parentèle d'une personne ».

La logique du pouvoir passait par la prééminence des liens personnels, donc des liens familiaux : le monarque gouvernait en s'appuyant sur des réseaux de clientèles, le patronage royal étant en concurrence avec d'autres patronages (aristocratiques ou ecclésiastiques). Le pouvoir du roi résidait en grande partie dans son rôle de régulation de la vie privée des élites du royaume : l'autorisation royale était nécessaire à l'heure de contracter un mariage pour la noblesse titrée et pour les militaires ou pour transmettre un majorat qui était le marqueur de l'appartenance aux élites[24]. Enfin, les voies de l'ascension sociale passaient toutes par la reconnaissance de la noblesse, et donc par des voies contrôlées directement ou indirectement par l'État, telles l'entrée dans l'armée comme officier, dans un des ordres militaires, ou à la suite de demande de reconnaissance en noblesse devant les chancelleries

---

[23] Outre l'ouvrage cité précédemment, *Familias, poderosos y oligarquías*.
[24] Jean-Pierre Dedieu, « Amistad, familia, patria… y rey. Las bases de la vida política en la Monarquía española de los siglos XVII y XVIII », dans Jean-Philippe Luis, Maria Victoria López Cordón, *El nacimiento de la política moderna en España (mediados del siglo XVIII-mediados del siglo XIX)*, Mélanges de la Casa de Velázquez, t. 35-1, 2005, p. 27-50.

royales. En France, le poids du roi est moins fort, mais il n'en demeure pas moins croissant par l'intrusion de l'État monarchique dans la vie des familles, ainsi que par la fascination pour le modèle nobiliaire dans les familles en phase d'ascension sociale[25].

Cette évocation du monde hispanique, qui rencontre un écho certain dans les autres espaces européens, montre qu'on ne peut oublier la famille quand on étudie la société et les pouvoirs en Europe au XVIIIe siècle. Par conséquent, les révolutions de la fin du siècle et du premier tiers du XIXe siècle se sont déroulées dans des sociétés encore largement marquées par ces types de fonctionnement. Ces sociétés ne sont donc pas devenues brutalement individualistes par la suite.

Le XIXe siècle : une famille adaptée à un monde individualiste et bourgeois ?

Quelle place a la famille dans un monde qui juridiquement a établi l'égalité en droit ? Les nouveaux principes de l'organisation sociale font-ils passer rapidement à une société individualiste qui ôte à la famille tout rôle dans la société politique ? Pour Jürgen Habermas ou pour Maurice Agulhon, la réponse à cette dernière question est positive. On assiste à « la substitution de conceptions modernes, libérales, individualistes aux conceptions communautaristes traditionnelles[26] ». Le phénomène se diffuse à l'ensemble de la société à partir de ses élites, les premières touchées par un phénomène qui voit la construction d'un monde nouveau fondé sur l'individu, en tant qu'acteur politique et social autonome. Pour Habermas, les révolutions et l'avènement des monarchies constitutionnelles sont le terme d'un processus entamé dès la fin du XVIIe siècle. Maurice Agulhon envisage davantage le XIXe siècle en termes de transition entre Ancien Régime et société libérale individualiste du XIXe siècle. D'autres, tels Arno Mayer, pensent au contraire que l'Ancien Régime dure jusqu'en 1914 : le XIXe siècle ne serait alors qu'une

---

[25] André Burguière, « L'État monarchique et la famille (XVIe-XVIIIe siècles) », *Annales HSS*, mars-avril 2001, p. 313-335.

[26] Maurice Agulhon, Présentation de *La Politisation des campagnes au XIXe siècle. France, Italie, Espagne, Portugal*, Rome, Collection de l'École française de Rome, 2000, p. 1-11, ici p. 8.

longue agonie de l'Ancien Régime[27]. On retrouve cette perception dans certains travaux consacrés à des pays du sud de l'Europe, comme par exemple dans le petit manuel d'Anne Dulphy sur l'Espagne contemporaine où l'on trouve un premier chapitre intitulé : « Le XIXe siècle, un Ancien Régime qui ne veut pas mourir (1814-1923)[28] ». Le problème de ces approches est qu'elles voient soit la bouteille à moitié vide soit à moitié pleine. Soit l'analyse privilégie le nouveau, et le XIXe siècle est alors perçu comme une longue transition entre l'Ancien Régime et notre société ou comme le début d'une longue phase historique dans laquelle nous nous trouvons encore, soit l'accent est mis sur l'archaïsme, sur la vision d'un Ancien régime qui dure. Dans tous les cas, la spécificité du XIXe siècle n'existe pas.

Dans les années 1990, une nouvelle approche est apparue, fondée sur le refus de tout téléologisme, de toute projection du contemporain sur les actes des acteurs de l'époque envisagée. L'objectif est de tenter de « reconnaître la manière dont les acteurs sociaux donnent sens à leurs pratiques et à leurs discours[29] ». Cela signifie rechercher comment s'articule l'ancien, c'est-à-dire les valeurs et les pratiques de la société traditionnelle, avec les normes juridiques apportées par l'ère des révolutions. La famille, institution fondamentale d'Ancien Régime, constitue ainsi un angle particulièrement pertinent pour l'étude de cette articulation. Les travaux portant sur la France et sur le monde hispanique en fournissent des exemples probants.

La révolution qui touche l'Europe occidentale et les Amériques des années 1770 aux années 1840 consacre le principe de l'égalité en droit, qui entre en contradiction avec la conception patriarcale de la société d'Ancien Régime. C'est en France, dans les années 1790, que la contradiction a été la plus forte. En effet, les « catégories politiques et juridiques de la Révolution française font abstraction de la famille

---

[27] Arno Mayer, *La Persistance de l'Ancien Régime. L'Europe de 1848 à la Grande Guerre*, Paris, Flammarion, 1983.

[28] Anne Dulphy, *Histoire de l'Espagne de 1814 à nos jours*, Paris, Nathan université, 1992, p. 9.

[29] Roger Chartier, « L'histoire entre récit et connaissance », dans *Au bord de la falaise. L'histoire entre certitudes et inquiétude*, Paris, Albin Michel, 1998, p. 87-107, ici p. 96.

comme corps intermédiaire entre l'individu et l'État[30] ». Ceci a donné lieu à tout un faisceau de revendications de type individualistes, pouvant aller, dans quelques cas marginaux, jusqu'à des conceptions individualistes radicales et au rejet de la contrainte familiale et de l'autorité paternelle. En voulant dans un premier temps étendre les principes de la société civile et politique des individus à l'ensemble de la vie sociale, les révolutionnaires continuaient, comme sous l'Ancien Régime, à confondre sphère privée et sphère publique. Dans le même temps, c'est la nature même de la famille qui est modifiée : elle est dissoute en tant que corps constitué et n'est qu'une association d'individus dont les liens sont de parenté ou de conjugalité. Une série de travaux entamés dans les années 1990 à partir de sources littéraires, juridiques ou judiciaires permet de comprendre comment la famille est sortie renforcée de cette évolution radicale, moyennant une reformulation de sa place sociale. Les enquêtes de Lynn Hunt, de Claudie Bernard, ceux d'historiens comme Jennifer Heuer, Anne Verjus, ou Philippe Daumas[31] insistent sur la reconstruction d'une identité familiale à partir de la fin des années 1790, selon un processus dans lequel le code civil est témoin et tuteur.

Le code civil consacre la séparation nette entre la sphère du politique incarnée par le citoyen, membre d'une communauté construite sur des bases volontaristes et juridiques, et la sphère du privé qui est centrée sur la famille, communauté fondamentale et naturelle. Dans cette communauté s'exerce une autorité fondée sur une hiérarchie familiale naturelle, consacrant l'autorité paternelle, celle du citoyen. La nation n'est plus un conglomérat d'individus libres et égaux en droit, mais un conglomérat de familles. L'équilibre napoléonien n'épuise pas pour autant la question, comme en témoigne la tentative pour rétablir le droit d'aînesse sous la Restauration. Balzac s'en fait l'écho dans les *Mémoires de deux jeunes mariés* : « Nous sommes entre deux systèmes : ou constituer

[30] Jennifer Heuer, Anne Verjus, « L'invention de la sphère domestique au sortir de la Révolution », *Annales historiques de la Révolution française*, 2002-1, p. 1-28.

[31] Philippe Daumas, *Familles en Révolution. Vie et relations familiales en Île-de-France, changements et continuités (1775-1825)*, Presses universitaires de Rennes, 2003 ; Claudie Bernard, *Penser la famille au XIXe siècle (1789-1870)*, Publications de l'université de Saint-Étienne, 2007 ; Anne Verjus, *Le Bon Mari. Une histoire politique des hommes et des femmes à l'époque révolutionnaire*, Paris, Fayard, 2010.

l'État par la famille ou le constituer par l'intérêt personnel, la démocratie ou l'aristocratie [...] chaque animal a son instinct, celui de l'homme est l'esprit de famille[32] ».

Découvrir que la société française de la première moitié du XIXe siècle n'est pas la société individualiste que l'on supposait, a ouvert des perspectives nouvelles, en particulier dans l'histoire du suffrage universel et de la démocratie. En effet, pendant plusieurs décennies, l'acte de voter n'est pas individuel, mais collectif, réalisé par l'ensemble des chefs de famille[33]. Cette constatation est à étendre pour une bonne part de l'Europe occidentale. Les travaux d'Antonio Annino sur l'Italie montrent ainsi qu'aborder la question de l'absence du droit de vote pour les femmes sous l'angle de la domination masculine est en partie biaisé car la question n'est pas là pour les contemporains. Le vote n'est pas celui d'un individu, mais celui d'une famille, incarnée par le chef de famille[34]. En France, les milieux conservateurs continuaient à exprimer clairement cette conception jusqu'aux années 1880, et chez bon nombre de républicains, cette dernière était implicite.

En Espagne, la révolution et la promulgation d'une constitution libérale, la constitution de Cadix (1812), sont la conséquence de l'invasion française entamée en 1808 et de l'effondrement de la monarchie. Avant 1808, comme en France avant 1789, il existait un parallèle entre la remise en cause de l'absolutisme et celle de l'autorité toute puissante du chef de famille. La remise en cause apparaissait dans des textes politiques, comme chez Cabarrús, des textes littéraires, comme dans la célèbre pièce de Moratín, *El sí de las Niñas*, dans laquelle l'auteur dénonce la réduction des filles par leur père « au silence d'un esclave » à l'heure de choisir un conjoint[35]. Le phénomène est confirmé par quelques rares études sociales : la fin du XVIIIe siècle voit ainsi, parmi les négociants de

---

[32] *Mémoires de deux jeunes mariés*, dans *La Comédie humaine*, Paris, Gallimard, coll. « Bibliothèque de la Pléiade », t. I, 1976, p. 243.

[33] Christine Guionnet, *L'Apprentissage de la politique moderne. Les élections municipales sous la monarchie de Juillet*, Paris, L'Harmattan, 1997.

[34] Voir Antonio Annino, « El voto y el XIX desconocido », sur le site foro ibero-ideas.

[35] Voir María Victoria López-Cordón Cortezo, « Ved a Minerva que del alto cielo desciende presurosa... », dans *Cuadernos de Historia Moderna*, 2007 : *Cambio social y ficción literaria en la España de Moratín*, dir. Teresa Nava Rodríguez, p. 309-338.

Cadix, l'apparition des premiers mariages sans le consentement paternel, ce qui se traduit par une fracture familiale[36].

La crise de 1808 est vécue comme l'effondrement d'un monde cohérent, tout d'abord au travers de la disparition de la figure paternelle du roi. Richard Hocquellet a parlé du complexe de l'orphelin qui saisit alors la société espagnole[37]. La guerre d'Indépendance remet ensuite en cause les solidarités traditionnelles de la famille et de l'amitié qui structuraient la société car cette guerre est aussi une guerre civile. Toutefois, après le deuil du roi-père et le traumatisme de la rupture des solidarités, un espace de liberté nouveau s'ouvre. Un contemporain écrivait en 1814 : « une fois le roi absent de ses domaines […], ses vassaux se trouvent sans père et sans appui, et chacun d'entre eux choisit d'être utile à la patrie en fonction de sa propre manière de voir[38] ». Cette liberté s'exprime par des choix politiques qui ont pu être individuels et non familiaux, ainsi que par une plus grande liberté dans le choix d'un conjoint parmi les familles des élites. Ainsi, Alexandre Marie Aguado, jeune officier sévillan, fils du comte de Montelirios, est passé au service de Joseph Bonaparte et s'exile en France en 1813 accompagné de, Carmen Moreno, sa compagne, qui était d'origine trop modeste pour être acceptée par la famille Aguado[39].

Après la guerre, la reconstruction théorique de la place de la famille dans la société est beaucoup plus tardive qu'en France, car un vrai code civil n'est adopté qu'en 1888, après l'échec de plusieurs projets. Dans ce domaine, la rupture avec l'Ancien Régime a été moins forte qu'en France. Les fils rebelles de la guerre d'Indépendance devenus parents reviennent à une conception traditionnelle de la famille dans l'organisation sociale, même si la valorisation du mariage romantique

---

[36] Paloma Fernández Pérez, *El Rostro familar de la metrópoli. Redes de parentesco y lazos mercantiles en Cádiz, 1700-1812*, Madrid, Siglo veintiuno editores, 1997.

[37] Richard Hocquellet, « El complejo de huérfano. Los españoles antes de la acefalía », dans *La Guerra de Napoleón en España. Reacciones, imágenes, consecuencias*, dir. Emilio La Parra, Alicante, Casa de Velázquez - Universidad de Alicante, 2010.

[38] Cité dans Juan López Tabar, *Los Famosos traidores. Los afrancesados durante la crisis del Antiguo Régimen (1808-1833)*, Madrid, Biblioteca Nueva, 2001, p. 12.

[39] Jean-Philippe Luis, *L'Ivresse de la fortune. Aguado, un génie des affaires*, Paris, Payot, 2009.

permet d'accorder une place au sentiment dans le choix du conjoint. Le drame intitulé *El reconciliador*, écrit par Manuel Silvela en 1821, est très intéressant pour saisir l'évolution en cours[40]. Il met en scène une famille constituée de trois frères orphelins qui se déchirent pour leurs opinions politiques. L'aîné, qui a hérité du titre de noblesse, est absolutiste, le cadet a été *afrancesado*, et le benjamin est un militaire libéral. Le drame se noue quand le frère aîné décide de chasser ses deux autres frères de la maison familiale. L'hostilité entre les frères est attisée par un personnage fourbe au prénom particulièrement évocateur de Judas. Le conflit se résout quand l'oncle des frères parvient à confondre le traître Judas et fait revenir les deux frères chassés en appelant à l'intérêt supérieur de la famille, ce qui signifie pour chacun de respecter les opinions de ses frères. Cette métaphore de la nation (les frères sont orphelins et déchirés par leurs options politiques contraires comme l'était le pays pendant la guerre d'Indépendance) suggère un chemin, celui de la négociation et de l'intérêt supérieur de la communauté, pour vivre les différences politiques. L'oncle est davantage une conscience familiale qu'un chef de famille autoritaire, mais l'équilibre retrouvé ne remet nullement en cause la place fondamentale de la famille dans l'organisation sociale. Il serait toutefois inexact d'affirmer que rien ne change par rapport à l'Ancien Régime. Le romantisme est un révélateur de la légitimité nouvelle du lien affectif dans le choix du conjoint. La fin des privilèges et l'égalité en droit ont modifié profondément les stratégies familiales qui désormais valorisent les alliances au détriment de l'obsession de la transmission en un seul bloc de la plus grande part du patrimoine, tout en inventant un système qui favorise l'aîné. Comme en France, ce n'est pas l'importance sociale de la famille qui finalement est remise en cause : les sociétés européennes du XIXe siècle ne sont pas nos sociétés individualistes, même si la poussée de l'individualisme est indéniable. Ce sont avant tout les modalités juridiques qui organisent la vie des communautés familiales qui changent et qui poussent à une reformulation partielle des fondements de la légitimité de celles-ci.

L'approche historique récente a sorti la famille de la sphère de la vie privée pour en faire un élément essentiel dans la compréhension du

---

[40] Manuel Silvela, *El reconciliador*, dans *Obras postumas*, Madrid, Imp. Francisco de Paula Mellado, t. II, 1845, p. 65-143.

pouvoir des sociétés occidentales avant et après le tournant révolutionnaire du XVIIIe-XIXe siècle. De plus, la famille ne doit pas être réduite à une simple métaphore du lien politique, à une image, mais bien à une catégorie implicite de la pensée politique. La famille connaît des changements qui sont de l'ordre de la longue durée, donc n'épousant pas la temporalité de l'exceptionnalité de l'événement, comme l'est la Révolution française ou la guerre d'indépendance espagnole. Cela ne signifie pas que rien ne change par rapport à l'Ancien Régime : la règle juridique a changé, l'affectif s'exprime et devient plus légitime ; toutefois, la famille reste la cellule sociale de base. La famille et non l'individu.

Nous sommes donc loin d'une conception de la citoyenneté incarnée par un individu majeur, isolé, sexuellement neutre. Plus globalement, ceci confirme qu'on ne peut étudier le XIXe siècle comme une longue transition entre l'Ancien Régime et notre société libérale démocratique, mais comme un monde qui répondait dans tous les domaines à sa propre logique, à sa propre cohérence faite d'une articulation entre un héritage d'Ancien Régime et des principes nouveaux fondés sur l'égalité en droit et le principe de la souveraineté nationale. La coexistence de l'ancien et du nouveau n'allait pas de soi, elle donnait lieu à des tensions, des conflits, mais elle a généré des combinaisons originales, des adaptations dont témoigne l'évolution de la famille.

Chapitre I

Quand il est question du père

Marion Mas – Université Paris-Est Créteil, ESPE

Le père et l'héritière dans le roman balzacien

« En coupant la tête à Louis XVI », dit le duc de Chaulieu dans *Mémoires de deux jeunes mariées*, « la Révolution a coupé la tête à tous les pères de famille. Il n'y a plus de famille aujourd'hui, il n'y a que des individus. […] En proclamant l'égalité des droits à la succession paternelle, ils ont tué l'esprit de famille, ils ont créé le fisc ! […] Tout pays qui ne prend pas sa base dans le pouvoir paternel est sans existence assurée[1] ».

La définition de la famille patriarcale que propose le personnage fait écho à la profession de foi légitimiste de Balzac, dans l'avant-propos de *La Comédie humaine* par exemple. De fait, très tôt, les romans balzaciens interrogent les effets conjoints de la loi sur l'égalité des successions et de la réduction de l'autorité paternelle. Bien que la puissance paternelle ait été rétablie par le Code civil, elle est sans effet aux yeux de Balzac, car elle n'est plus le relais sacré de l'autorité royale. En outre, l'héritage étant l'un des domaines de prédilection de l'exercice de la puissance paternelle (avec le mariage et la correction des enfants déviants), l'intervention de l'État dans la redistribution du patrimoine affecte directement l'autorité des pères. Dans *La Comédie humaine*, les problèmes successoraux sous-tendent également fréquemment le débat sur le mariage. L'issue catastrophique d'intrigues domestiques opposant un père à son héritière à propos du mariage ou de l'héritage – on songe par exemple à *Eugénie Grandet* (1833), au *Père Goriot* (1834-1835), à *La Rabouilleuse* (1840-1842) ou à *Mémoires de deux jeunes mariées* (1840) – tendrait donc à valider par l'exemple les propos du duc de Chaulieu. Le romanesque enregistrerait la dénaturation de l'exercice de l'autorité paternelle par l'intérêt personnel. Cependant, cette lecture historique est

---

[1] Notre édition de référence des œuvres de Balzac est celle établie sous la direction de Pierre-Georges Castex, Gallimard, coll. « Bibliothèque de la Pléiade », 1976 (ici t. I, p. 242-243). Les références à cette édition seront désormais indiquées entre parenthèses à la suite des citations.

très insuffisante pour rendre compte de la figuration particulière de la relation entre le père et l'héritière dans le roman balzacien. Celui-ci, en effet, développe de manière récurrente le schéma romanesque d'une relation empreinte d'érotisme entre le père et la fille, suggérant que la loi sur l'égalité des successions ne se contente pas de rendre la famille perméable à l'influence sociale de « l'égoïsme ». De fait, le traitement romanesque du rapport père-héritière montre que la législation sur l'héritage orchestre le branchement de divers paramètres les uns sur les autres, et que cette nouvelle architecture familiale *produit* un déplacement des enjeux symboliques traditionnellement associés à la paternité. La force du roman est d'inscrire la transformation en acte de ces *représentations* dans le récit, pour montrer que ce sont elles qui rendent inopérants le rétablissement de la puissance paternelle par le Code civil, et par suite, la première des fonctions traditionnellement dévolues à la paternité : la transmission. Toutefois, à un autre niveau, le roman balzacien fait entendre une voix narrative décalée, qui permet de légitimer des récits dans lesquels se réinventent les formes symboliques de la transmission.

Nous nous intéresserons tout d'abord aux définitions de la paternité que les personnages de pères proposent. Ensuite, nous montrerons que le roman, à la faveur de la mise en intrigue de conflits entre les personnages du père et de l'héritière, et de la figuration de leurs relations, décrit l'émergence d'un nouvel imaginaire de la paternité et ses effets. Enfin, nous nous demanderons comment le roman, laboratoire de possibles, envisage un renouveau de la transmission symbolique en inventant des formes familiales alternatives.

La fonction de l'héritière dans l'économie romanesque

La tradition patriarcale dessine un imaginaire de la puissance paternelle tout entier articulé autour du père et du fils. Dans le lignage, le lien de filiation assure le maillage de l'organique (le sang), du hiérarchique (la dépendance du fils à l'égard du père) et du juridique (la légitimité est héréditaire[2]). Claudie Bernard rappelle qu'on « n'hérite pas seulement de

---

[2] Ernst Kantorowicz montre comment « la véritable légitimité » dynastique devient héréditaire au XIIIe siècle dans *Les Deux corps du Roi. Essai sur la théo-*

quelque chose, mais aussi de quelqu'un : celui-ci étant lui-même héritier, on se trouvait à travers lui dépositaire de tout un lignage, dont l'ancienneté en soi était porteuse de prestige, et qu'il importait, moralement et concrètement, de perpétuer[3] ». Le « répétitif » qu'implique la filiation (par opposition à l'alliance qui fait place à l'altérité) conforte « les traditions généalogiques et dynastiques[4] ». Dans le système héréditaire patrilinéaire, le père tient donc son autorité de sa fonction de *passeur*. Patrimoine et paternité ne sont dotés d'une plus-value symbolique qu'aussi longtemps que le père garantit le *dépôt* de l'autorité, du nom et des titres (eux-mêmes signes de durée, de stabilité et de puissance) qui lui est confié. Dès lors, la loi sur l'égalité des successions sans distinction d'âge ni de sexe entraîne bien plus qu'une redistribution des fortunes. Elle engendre une reconfiguration de toute l'économie symbolique de la filiation.

Œuvre de compromis entre le droit coutumier d'Ancien Régime et les acquis révolutionnaires, le Code civil rétablit la correction paternelle (considérablement diminuée par la législation révolutionnaire), et rend au père un vestige de sa liberté de tester grâce à deux dispositions : la quotité disponible (part de biens dont le père peut disposer à sa guise), puis, en 1806, le majorat (bien inaliénable qui assure l'hérédité des titres nobiliaires et permet aux fils aînés d'hériter des principales terres sans partage avec les cadets). Ces dispositions permettent de reconduire partiellement le système du lignage. De là le choix de personnages féminins dans des conflits romanesques, choix qui permet d'éclairer des transformations que la relation père-fils risquerait de masquer.

La mise en intrigue des antagonismes père-héritière situe le conflit à un double niveau. L'opposition explicite des filles à la parole du père révèle en effet, par ricochet, que le père a intériorisé un autre conflit : entre sa propre conception de la paternité (et de l'autorité) d'une part, et ses pratiques d'autre part. Dans *Mémoires de deux jeunes mariées* par exemple, le duc de Chaulieu, qui cherche à constituer un majorat à son fils cadet, veut convaincre sa fille Louise de renoncer à la fortune que sa grand-mère lui a léguée et qui devait servir à la doter, en lui rappelant la

---

logie politique au Moyen Âge, Paris, Gallimard, 1989 (éd. originale : Princeton University Press, 1975), chapitres 6 et 7 en particulier.

[3] Claudie Bernard, *Penser la famille au XIXe siècle (1789-1870)*, Saint-Étienne, Publications de l'Université de Saint-Étienne, 2007, p. 134.

[4] *Ibid.*, p. 199.

nécessité de concevoir le pouvoir paternel à l'image du pouvoir royal. Son grand discours doctrinal sur la paternité (dont nous avons cité une partie en introduction) est bien la preuve que l'autorité n'est plus immanente à la fonction paternelle. Ce passage est éminemment paradoxal : la posture d'homme d'État qu'adopte le duc montre, d'une part, qu'il est incapable d'envisager l'autorité paternelle autrement que sur le modèle du pouvoir patriarcal, mais d'autre part, la rhétorique parlementaire de son argumentation, proprement déplacée dans un contexte privé, suggère qu'il a conscience que le travail démocratique a gagné la famille. La réaction de Louise le confirme au reste : elle balaie d'une seule phrase la longue plaidoirie du père, en affirmant qu'elle ne se sent aucune disposition « à être la Jeanne d'Arc des familles et à périr à petit feu sur le bûcher d'un couvent » (I, 244). La double postulation contradictoire du duc, qui se réfère d'un côté à une conception ancienne de l'autorité, tout en manifestant épisodiquement, d'un autre côté, la conscience que les temps ont changé, est également perceptible dans les définitions de la paternité que proposent d'autres personnages, les pères bourgeois. Ceux-ci, bien qu'acquis à la démocratisation des relations familiales (dans la mesure où, conformément au « droit rêvé » des révolutionnaires, l'autorité paternelle se légitime par la piété filiale[5]) font pourtant valoir l'idée que l'autorité est immanente à la paternité. Autrement dit, les conflits père-fille montrent que deux conceptions de l'autorité paternelle qui s'opposent en apparence, dans la mesure où la source d'autorité diffère (Dieu et le roi pour l'aristocratie ; les sentiments filiaux pour la bourgeoisie), renvoient en fait à des représentations analogues. La paternité est toujours dotée, dans l'imaginaire des personnages de pères, et même chez les « vieux quatre-vingt-treize » comme Goriot, de toutes les fonctions symboliques que le lignage lui conférait (autorité immanente, toute puissance et revanche sur la mort). À la fin du *Père Goriot* par exemple, le personnage éponyme prend douloureusement conscience que la législation sur l'héritage du Code civil a une conséquence directe

---

[5] Denis Roche, citant Marce Garaud, rappelle qu'en « luttant contre la puissance paternelle d'Ancien Régime, les révolutionnaires entendaient "réduire les rapports entre les pères et les enfants à la douceur et aux bienfaits d'un côté, au respect et à la gratitude de l'autre" » (*Histoire des pères et de la paternité*, dir. Jean Delumeau et Denis Roche, Paris, Larousse-HER, 1990, p. 291).

sur l'exercice de l'autorité du père et sur l'expression de sa tendresse : il dit par exemple qu'il a « fait la bêtise d'abdiquer [s]es droits » (III, 276), droits qui renvoient, en contexte, à l'autorité paternelle, elle-même associée à la fortune. Il précisait en effet qu'un « père doit toujours être riche, il doit tenir ses enfants en bride comme des chevaux sournois » (III, 273-274), ayant appris à ses dépens qu'il ne faut pas tenter d'acheter la piété filiale de son vivant. Pour autant, pour lui, comme pour le duc de Chaulieu, autorité paternelle et société se soutiennent réciproquement, à cette différence près que les institutions sont censées étayer non plus la puissance paternelle, mais le sentiment filial. Lors de son agonie, par exemple, il oppose la réalité de sa paternité à ce que la paternité devrait être : « la justice est pour moi, tout est pour moi, la nature, le code civil. Je proteste. La patrie périra si les pères sont foulés aux pieds » (III, 275). L'énoncé généralisant « les pères » montre que, pour le personnage existe aussi l'idée d'une communauté des pères qui, bien que frappée au coin de l'impuissance, a toujours une réalité imaginaire.

À la faveur de la mise en intrigue de la crise de l'autorité paternelle, le roman enregistre des définitions de la paternité produites par des personnages de pères issus de classes sociales différentes, mais qui, en définitive, ressortissent toutes à une représentation relativement homogène, celle d'une autorité fondée sur une conception juridique du pouvoir, qui « trouve son point central dans l'énonciation de la loi[6] ». Dans le même temps, le conflit romanesque met en évidence l'inadaptation de cet imaginaire à la nouvelle réalité de la famille. Toutefois, l'affaiblissement du pouvoir symbolique du père n'entraîne pas seulement sa déchéance, il produit bien plutôt une réorganisation des rapports père-fille, que le roman radiographie en figurant des pratiques inédites de la paternité.

Un nouvel imaginaire de la paternité

Grâce au personnage de l'héritière, Balzac explore la signification nouvelle que prend l'articulation du sang et de la fortune dans le cadre législatif du Code civil. D'un côté, la mise en intrigue de la relation

---

[6] Michel Foucault, *Histoire de la sexualité*, Paris, Gallimard, coll. « Tel », t. I : *La Volonté de savoir*, 1976, p. 118.

père-héritière montre que la loi sur l'égalité des successions engendre un déplacement des enjeux symboliques associés à la paternité vers des valeurs nouvelles, des effets de fausse symétrie entre la définition de l'autorité paternelle dans le Code civil et sous l'Ancien Régime. D'un autre côté, les choix de figuration de cette relation indiquent que l'imaginaire de la paternité (et de la puissance paternelle en particulier) qui résulte de ces mutations interdit toute forme de transmission.

Bourdieu, à propos de la famille, rappelle que sa définition dominante et légitime repose sur une constellation de mots qui, sous apparence de décrire la réalité sociale, la construit[7]. Il nous semble que c'est précisément ce travail à l'œuvre que le roman balzacien saisit et décrit, mais au sujet de la paternité. Autrement dit, les mêmes termes caractérisent la paternité avant et après la Révolution, mais lorsque l'héritage se définit en dehors du droit d'aînesse alors que l'imaginaire patriarcal continue de prévaloir, le point d'ancrage de la puissance paternelle, dans les représentations, se déplace : le père continue à se percevoir comme tout puissant, mais se voit contraint de loger sa puissance ailleurs que dans la symbolique du lignage. Pour en rendre compte, les récits convoquent notamment, de manière récurrente, le motif de la relation incestueuse entre le père et l'héritière.

La figuration de ce rapport perverti au sang met tout d'abord en lumière le premier foyer de valeurs, vitalistes et sexuées, autour duquel se recompose l'imaginaire de la puissance paternelle. L'affection des pères pour leurs filles prend très souvent la couleur de la passion, que le motif de la vie par procuration, en particulier, exprime typiquement dans le roman balzacien. Les exemples sont nombreux et bien connus dans *Le Père Goriot*. On songe également à *Eugénie Grandet*, lorsque le tyrannique avare, après avoir enfermé sa fille, se promène quotidiennement sous ses fenêtres et se cache pour l'observer à sa toilette. Ferragus, lui aussi, exprime sa paternité en convoquant ce motif, et par des termes qui ressortissent au langage amoureux. Le regard permet de posséder pleinement des corps qui se dérobent. Un voyeurisme empreint d'érotisme remplit les lacunes du sentiment filial et remplace l'expression de la tendresse paternelle.

---

[7] Pierre Bourdieu, « L'esprit de famille », dans *Raisons pratiques. Sur la théorie de l'action*, Paris, Éditions du Seuil, 1994, p. 135.

Il nous semble que le choix de ce scénario romanesque éclaire la manière dont se concatènent l'imaginaire patriarcal de la paternité, la définition de la paternité impliquée par le Code civil et les effets du branchement du dispositif de sexualité sur le dispositif d'alliance, que Foucault décrit dans *La Volonté de savoir*. Foucault souligne que le corollaire de « l'intensification des affects » dans la famille est la récupération, par la bourgeoisie, de « procédés utilisés par la noblesse pour marquer et maintenir sa distinction de caste », mais sous des préceptes biologiques. Ainsi, le *sang*, qui traduit « l'ancienneté des ascendances et la valeur des alliances » est appréhendé par la bourgeoisie du côté de la descendance et de l'organisme : le « "sang" de la bourgeoisie, ce fut son sexe[8] ». Historiquement, la redéfinition de l'héritage, dans le Code civil, peut se lire comme l'une des transformations dérivant de la rencontre des deux dispositifs. En effet, d'une part, elle se resserre autour de la notion de sang[9] – les enfants naturels sont, comme sous l'Ancien Régime, de nouveau exclus des successions. Mais d'autre part, elle retient la notion d'affects, qu'avaient introduite les législateurs révolutionnaires : par-delà la volonté de détruire la société d'ordres, ils pensaient l'égalité des successions comme le témoignage de l'affection du père pour *tous* ses enfants[10]. Bigot-Préameneu, dans la *Présentation au Corps législatif* des articles du Code civil sur les testaments, en 1804, justifie ainsi l'ordre de la transmission des biens par « les sentiments d'affection que la nature a mis dans le cœur des parents les uns pour les autres », sentiments dont l'énergie croit en raison de la proximité de parenté, et qui sont donc les plus vifs entre « les pères et les mères et leurs enfants[11] ». Autrement dit, plus le lien familial est étroit, plus le sang est pur ; pureté qui semble au reste assurer la transmutation de l'économique en témoignage d'amour ; en retour, le legs devient en même temps signe d'affection, et preuve de

---

[8] Michel Foucault, *Histoire de la sexualité I*, op. cit., p. 164.
[9] La législation révolutionnaire en effet avait voulu faire primer la paternité civile sur la paternité biologique : le géniteur était libre de se reconnaître père ; toute naissance n'avait d'effet qu'à partir du moment où les deux parents se déclaraient tels.
[10] Voir *Histoire des pères et de la paternité*, op. cit., p. 291.
[11] Cité par Michael Lucey, *Les Ratés de la famille. Balzac et les formes sociales de la sexualité*, Paris, Fayard, 2008 (trad. fr.), p. 31.

la pureté biologique du sang : il change donc radicalement de signification par rapport à l'Ancien Régime.

Dans ce contexte, le parti pris de représentation romanesque adopté par Balzac est l'indice que, dans l'imaginaire collectif, mais comme à l'insu des personnages[12], la puissance paternelle, dévolue au seul « *pater* légitime, vecteur du patronyme et du patrimoine[13] » sous l'Ancien Régime, se déplace du côté du *genitor*, de celui qui procrée. Autrement dit, la conception de la puissance paternelle s'arrime à une conception nouvelle du sang : il ne sert plus à inscrire l'individu dans une temporalité longue, mais à charrier de la vigueur et de l'amour. Goriot, à l'instar de Ferragus, dit par exemple : « Ma vie à moi est dans mes deux filles » (III, 160). Ainsi, le sang sexué, investi d'une puissance vitale, conduit le père à se considérer comme un créateur et comme le possesseur légitime de ses créatures, *du fait qu'il a la faculté de procréer*. Le dernier cri de Goriot agonisant : « Je veux mes filles ! Je les ai faites ! Elles sont à moi ! » (III, 276) est éloquent à cet égard. Au demeurant, il est significatif que la revendication de Goriot fasse écho à la définition de la paternité moderne. Tout se passe en effet comme si, pour pouvoir se continuer symboliquement en sa descendance, pour que sa « fille » soit « sa vie », le père ne devait plus lui léguer quoi que ce soit, mais la posséder. Le tropisme de possession est récurrent chez les personnages de pères balzaciens. Le roman laisse donc penser qu'après la Révolution, les caractéristiques de l'autorité paternelle passeraient du pouvoir du Roi à celui du propriétaire. De fait, dans le Code civil, le personnage détenteur de la puissance paternelle et de tous les droits du Code est le père de famille propriétaire. Tandis que sous l'Ancien Régime, c'était le devoir moral de *transmission* qui légitimait l'autorité du père, au début du XIXe siècle, ce seraient le droit de possession et l'intensité affective qui justifieraient cette autorité.

Le roman met donc en lumière les effets de branchement que la redéfinition de l'héritage engendre. Dans la mesure où la concaténation de l'imaginaire patriarcal, du dispositif de sexualité et du Code civil transforme réciproquement les rapports père-fille et l'imaginaire de la paternité, on parlera de « discours de paternité » (au sens foucaldien du

---

[12] Dans la mesure où les définitions de la paternité qu'ils invoquent explicitement renvoient à des conceptions traditionnelles de l'autorité paternelle.
[13] Claudie Bernard, *Penser la famille au XIXe siècle*, *op. cit.*, p. 157.

terme[14]) pour rendre compte de l'agencement que le roman décrit. Ainsi, la figuration romanesque d'une paternité incestueuse signale qu'un nouvel imaginaire unitaire de la paternité est en train de s'imposer, qui indexe la puissance paternelle non plus à une autorité transcendante, mais à la notion médicale de vigueur, et à la notion juridique de propriété.

Mais précisément, le recours au motif de la relation incestueuse entre le père et sa fille, pour décrire l'émergence du « discours de paternité », indique que la recomposition de l'imaginaire de l'autorité paternelle est intenable. Le scénario d'une relation père-héritière érotisée est comme un oxymore provocateur : en effet, la représentation qui sous-tend la paternité, base de la famille et des sociétés selon Balzac, brise en même temps le tabou fondateur de toute société. Ce choix poétique montre que la conception d'une puissance paternelle informée par le discours de paternité fige nécessairement la société dans un présent perpétuel et dans un éternel recommencement : le père ne se soucie des siens qu'aussi longtemps qu'ils lui appartiennent. Ainsi, au mieux, ce qui peut se transmettre, ce sont des biens matériels. Et encore, ils se transmettent moins qu'ils ne transitent de main en main, comme le montre de manière exemplaire le destin de l'héritage Rouget dans *La Rabouilleuse*. Le tour de force du roman est donc de soutenir que c'est l'imaginaire de la paternité (paternité qui demeure la pierre angulaire de la famille et de la société, même après la Révolution) qui entrave la fonction de reproduction – sociale – de l'institution familiale. La loi sur l'égalité des successions, par les transformations qu'elle entraîne, impose de déposséder l'héritage *et la paternité* de toutes les valeurs symboliques ayant trait à la durée. Mais le plus grave aux yeux de Balzac reste que la paternité ne peut plus constituer le lieu de dépôt de l'autorité morale qu'elle était, et que garantissait la déférence aux ancêtres. Pour autant,

---

[14] Nous empruntons cette notion à Foucault qui l'envisage d'abord comme une « matrice de transformations » des relations de pouvoir-savoir sur un objet donné. Certes, la représentation du père et de l'héritière, dans le roman, ne produit pas vraiment de discours de savoir sur la paternité ; mais elle fait apparaître la paternité comme un foyer de transformations, à la faveur de plusieurs paramètres qui se modifient réciproquement. De plus, cette figuration de la paternité entraîne une réorganisation des rapports de force père-fille.

Balzac ne s'en tient pas à ce constat désastreux ; le roman élabore un autre discours, en inventant des modèles de paternité aptes à créer de la continuité.

Alternative au « discours de paternité » : les possibles romanesques

Dans sa dédicace de *La Rabouilleuse* à Nodier, Balzac déplorant la « diminution de la puissance paternelle », adopte une position légitimiste orthodoxe :

> Nous nous apercevrons peut-être trop tard des effets produits par la diminution de la puissance paternelle. Ce pouvoir, qui ne cessait autrefois qu'à la mort du père, constituait le seul tribunal humain où ressortissaient les crimes domestiques, et, dans les grandes occasions, la Royauté se prêtait à en faire exécuter les arrêts. Quelque tendre et bonne que soit la Mère, elle ne remplace pas plus cette Royauté patriarcale que la Femme ne remplace un Roi sur le trône ; et si cette exception arrive, il en résulte un être monstrueux (IV, 271).

Balzac se réfère explicitement à la conception de la famille patriarcale d'Ancien Régime soutenue par une puissance paternelle infaillible, pour l'opposer à la famille moderne. En outre, en refusant à la femme la capacité d'exercer la puissance paternelle, il rappelle que les fonctions paternelles, et l'autorité en particulier, sont nécessairement des qualités viriles. Or on peut se demander si le roman valide cette vision topique de la paternité. Certes, le destin de Philippe Brideau suggère que la femme est incapable d'exercer l'autorité et de remplir les fonctions de sauvegarde des fortunes et de correction des déviants dévolus au patriarche. Pour autant, dans *l'incipit* du roman, le narrateur construit une figure du lecteur masculin telle, qu'elle invite à réévaluer l'énoncé légitimiste de la dédicace.

Le récit s'ouvre sur le portrait du père Rouget. Pour présenter son personnage, le narrateur recourt à deux stratégies. D'une part, il dresse le portrait de Rouget à travers les « disettes » du personnage collectif des habitants d'Issoudun, et d'autre part, il s'abrite sous la figure d'autorité de « l'historien » (IV, 272). Mais en fait, cette double stratégie vise à construire une image du destinataire indésirable, qui est aussi, on va le voir, une figure potentielle de père.

Le narrateur commence par justifier sa méthode descriptive – expliquer le personnage par « les petits faits » – pour le dédouaner des accusations dont il ferait sinon l'objet : « Ces petits faits sont si simples [...] que rien ne semble justifier un historien de les placer en tête d'un récit ; mais s'ils n'étaient pas connus, un homme de la trempe du docteur Rouget serait jugé comme un monstre, comme un père dénaturé » (IV, 272). Les faits invoqués à la décharge des accusations qui pèsent sur Rouget sont les suivants : il a épousé une femme belle, riche mais idiote et qui l'aurait trompé. Cette première sélection, qui établit une connivence entre le narrateur et le narrataire, permet de faire leur double portrait : un énonciateur viril s'adresse au narrataire-lecteur masculin, éventuellement père. Cependant, la suite de la phrase, puis de la présentation du personnage, oblige à relire tout le début du roman de manière ironique : « tandis qu'il obéissait tout bonnement à de mauvais penchants que beaucoup de gens abritent sous ce terrible axiome : *Un homme doit avoir du caractère* ! Cette mâle sentence a causé le malheur de bien des femmes » (IV, 272). La locution adverbiale *tout bonnement* et l'adjectif *terrible* indiquent la distance que prend le narrateur à l'égard du préjugé consistant à retourner les défauts d'un mauvais caractère en marques valorisantes de virilité. De plus, ces « mauvais penchants », développés un peu plus loin dans le récit – la tyrannie, l'avarice et la débauche – accréditent en fin de compte les expressions *père dénaturé* et *monstre*. On apprend en effet que le docteur a épousé à dessein une femme « malingre » pour s'emparer de sa fortune, qu'il précipite sa mort, et enfin, qu'il renie sa fille au motif qu'elle serait illégitime, ce que le récit dément. Le jeu sur la sélection des faits destinés à « expliquer » Rouget permet donc au narrateur-historien de convoquer l'image d'un narrataire viril, pour mieux le congédier ensuite. Ce dispositif énonciatif met à distance le système idéologique masculin qui informe toute représentation de la paternité, et en particulier l'idéologie virile qui sous-tend la conception féodale de la paternité, et à laquelle l'énonciateur de la dédicace attribuait l'efficacité de la puissance paternelle. Balzac fait donc entendre une voix en creux, qui n'est plus tout à fait celle du légitimiste de la dédicace, mais qui ne s'en démarque pas non plus radicalement.

En écho, le roman énonce et met en scène différentes conceptions et pratiques de la paternité, qui creusent un écart entre le propos de la dédicace et l'*exemplum* que le récit est censé constituer[15]. Par exemple, le passage dans lequel le vieux Hochon solde leur compte de tutelle à ses deux petits-fils est censé valider la position légitimiste de la dédicace, en opposant la correction infligée par le grand-père à l'indulgence aveugle d'Agathe envers Philippe. Mais cette grande scène de la puissance paternelle en acte est particulièrement malmenée. D'abord parce que Hochon, constamment décrit comme un avare, rappelle à bien des égards Rouget ; comme lui par exemple, il en veut à la fortune de son épouse. Mais surtout, elle est introduite par une quasi-métalepse narrative : « Et Philippe traversa la place Saint-Jean pour aller chez les Hochon. / Chacun doit pressentir la scène que la révélation faite par Philippe à M. Hochon avait préparée dans cette famille » (IV, 483). Le récit de la scène semble donc motivé par le temps que met Philippe à traverser la place pour se rendre chez les Hochon, « comme si la narration [...] devait meubler ses temps morts[16] ». Du coup, la scène apparaît comme une simple digression, secondaire au regard de l'intrigue principale – celle de l'héritage Rouget –, objet de la conversation à venir de Philippe et de Hochon.

Le récit valide donc bien plus la position énonciative paradoxale du narrateur que le propos de la dédicace. Pour autant, celui-ci n'est pas non plus démenti. Cette posture énonciative permet *aux romans* – à l'échelle de *La Comédie humaine* – de souscrire au discours d'auteur de la dédicace (à savoir la nécessité de rendre à la paternité sa puissance) tout en déplaçant les modalités selon lesquelles ce but peut être atteint, et en légitimant la voix énonciatrice qui soutient des propositions atypiques. Comme le fait remarquer Nicole Mozet à propos des *Paysans*, Balzac « part d'une idée extrêmement réactionnaire, visant à nier la réalité même de l'histoire, pour aboutir à une conception révolutionnaire[17] ». Elle ajoute qu'il n'y a pas de contradiction dans ce système, mais au contraire, cohérence : « lorsque le droit d'aînesse n'existe plus, tous les replâtrages

---

[15] Balzac ouvre la dédicace en affichant la valeur didactique du roman, dont doit résulter « de grands enseignements pour la Famille et pour la maternité » (IV, 271).
[16] Gérard Genette, *Figures III*, Paris, Éditions du Seuil, 1972, p. 244.
[17] Nicole Mozet, « La mission du romancier ou la place du modèle archéologique dans la formation de l'écriture balzacienne », *L'Année balzacienne*, 1985, p. 216.

juridiques sont inutiles ou nuisibles ». Dès lors, la position décalée du narrateur sert à ancrer la réflexion sur la puissance paternelle dans la relativité de l'histoire. En d'autres termes, il s'agit, pour le roman, d'inventer et d'autoriser des modèles alternatifs qui puissent pourtant faire coïncider la figure atemporelle du bon patriarche avec les temps modernes.

La Messe de l'athée par exemple, qui raconte une transmission réussie entre des pères et des fils de substitution, désavoue à la fois les liens du sang et l'idéologie virile. Cette nouvelle de 1836, qui relate les débuts des deux grands chirurgiens de *La Comédie humaine*, Desplein et Bianchon, se présente comme une petite énigme. Après avoir présenté Desplein comme un génie athée et égoïste, le narrateur omniscient resserre la focale sur Bianchon, surpris de voir un jour son maître entrer dans une église et assister à l'office. Le jeune médecin mène l'enquête et parvient à arracher à Desplein le récit de sa vie. Celui-ci confie à Bianchon comment il a réussi à mener ses études uniquement grâce à la rencontre d'un porteur d'eau auvergnat, qui a pourvu à ses besoins alors qu'il était pauvre et solitaire à Paris. Or celui-ci a à la fois toutes les qualités de la maternité – il prend « des précautions maternelles » pour Desplein et devient pour lui « la mère la plus attentive » (III, 398-399) – et celles du patriarche. Enfin, Desplein remarque que Bourgeat, son « second père », n'a jamais prononcé la moindre parole qui voulût dire : « C'est à moi qu'est dû cet homme » (III, 400). Le récit accrédite l'idée selon laquelle la paternité tutélaire, hors des liens du sang, rend possible une affection désintéressée, que le « discours » de paternité empêche. Mais surtout, le fonctionnement narratif de la nouvelle montre que *cette* conception de la paternité rend possible la transmission. Le récit de Desplein est un legs testamentaire : il fait de Bianchon, dépositaire de son secret et témoin de sa générosité discrète, son hériter moral. La transmission du récit dément donc le jugement émis par « les ennemis de Desplein » (relayé puis commenté par le narrateur au début du récit) selon lequel, « comme tous les gens de génie, il était sans héritier : il portait et emportait tout avec lui » (III, 385). Elle sauve encore Desplein de l'accusation d'égoïsme dans la mesure où Bianchon, qui soigne Desplein comme celui-ci avait soigné Bourgeat à la fin de sa vie, est incapable d'affirmer que le chirurgien « soit mort athée » (III, 401). La réduplication des paternités tutélaires dans la diégèse d'une part, et la construction de la nouvelle comme une chaîne de récits d'autre part, suggère qu'il est nécessaire de soustraire la transmission à l'idéologie propriétaire de la paternité, elle-même appuyée par la sacralisation d'un sang viril. Ainsi, la prise en compte de la relativité historique impose-t-elle de repenser la paternité de manière alternative, loin de l'assignation des individus à un sexe et au sang. Mais par là-même, la rançon à payer pour rendre au père son rôle symbolique de passeur est celle de la contingence. Car « les âmes délicates », dit Desplein, manquent de l'esprit d'intrigue ; « leur génie à elle, c'est le hasard : elles ne cherchent pas, elles rencontrent » (III, 397).

Le personnage de la fille comme héritière sert à mettre en évidence la manière dont la loi sur l'égalité des successions organise la concaténation du dispositif de sexualité, de l'imaginaire patriarcal et de la définition de la paternité dans le Code, et transforme l'imaginaire de la paternité. Les récits montrent qu'on passe d'une logique du lignage à une logique vitaliste d'appropriation : ils saisissent un moment de transition entre l'Ancien Régime et l'assomption des valeurs de l'hérédité, à la fin du XIXe siècle.

Le choix romanesque du motif de l'inceste pour figurer la relation père-héritière permet, quant à lui, d'inscrire la reconfiguration à l'œuvre de l'imaginaire de la puissance paternelle au cœur du roman en même temps qu'il l'interprète dans le sens d'une impossible transmission. Cependant, l'ancrage de la réflexion dans la relativité de l'histoire donne aussi la possibilité à Balzac de faire du roman un laboratoire des possibles, et d'inventer des formes de paternité alternatives, destinées à soustraire la filiation à la loi de l'intérêt personnel, mais avec la conscience aiguë de la précarité de ces formes.

Mireille Labouret – Université Paris-Est Créteil, EA 43 95 LIS

Bi-polarité des figures parentales dans *La Comédie humaine*

« À la société née de la Révolution, mouvante, hétérogène, instable, en proie à l'agitation des individus-atomes, le roman offre sa forme souple et variée, sa mobilité, son traitement privilégié de la durée, son foisonnement illimité[1] ». C'est ainsi que l'historienne Mona Ozouf justifie dans son introduction aux *Aveux du roman* le choix qui est le sien de suivre cette « guerre de cent ans entre l'Ancien Régime et la Révolution », non dans la fiction historique, mais dans le roman qui « inscrit le politique dans le domestique[2] ».

Dans une perspective tout autre, vouée à la recherche du « roman familial des névrosés » tracé en filigrane dans les grandes œuvres romanesques, Marthe Robert reconnaît elle aussi les « rapports congénitaux avec l'Histoire » qu'entretient le genre romanesque, « art du passé obstinément tourné vers le présent auquel il livre assaut[3] ».

La Comédie humaine offre tout naturellement un terrain privilégié à cette double investigation : Mona Ozouf suit les « accommodements » des idées révolutionnaires dans la province de la Restauration à travers *La Vieille Fille* et *Le Cabinet des Antiques*, puis le trajet de Calyste du Guénic sous la monarchie de Juillet, passeur entre deux mondes dans *Béatrix*. Marthe Robert fait de l'auteur Balzac la figure du « bâtard réaliste » par excellence, dont elle repère les avatars sous les défroques des personnages de De Marsay, de Rastignac, de Rubempré… non sans déceler également la présence de l'« enfant trouvé » sous les traits de Louis Lambert. « Bâtard réaliste » post-œdipien doublé d'« enfant trouvé » idéaliste pré-œdipien, le personnel masculin de *La Comédie humaine* échappe de fait à l'emprise des catégories toutes faites.

---

[1] Mona Ozouf, *Les Aveux du roman*, Paris, Fayard, coll. « L'Esprit de la cité », 2001, p. 22.
[2] *Ibid.*, p. 24.
[3] Marthe Robert, *Roman des origines et origines du roman*, Paris, Gallimard, coll. « Tel », 1977, p. 68 (1ère éd. : Grasset, 1972).

L'inscription de l'Histoire dans le roman, Balzac la revendique énergiquement, depuis la lettre XI sur Paris – dans laquelle il tire le bilan littéraire de l'année 1830 qui s'écoule et rassemble quatre productions majeures sous la bannière de « l'*École du désenchantement* » : « L'auteur anonyme de la *Physiologie* [*du mariage*] prend plaisir à nous ôter les illusions de bonheur conjugal, premier bien des sociétés[4] » – jusqu'à l'introduction aux *Études de mœurs au XIX*^{e} *siècle* : « Ce drame avec ses passions et ses types, il est allé le chercher dans la famille, autour du foyer ; et, fouillant sous ces enveloppes en apparence si uniformes et si calmes, il en a exhumé tout à coup des spécialités[5]... » En 1842, l'avant-propos de *La Comédie humaine* assigne à son auteur le rôle d'historien des mœurs : « La Société française allait être l'historien, je ne devais être que le secrétaire. […] peut-être pouvais-je arriver à écrire l'histoire oubliée par tant d'historiens, celle des mœurs[6] ». Lorsqu'il opte définitivement pour une histoire du temps présent – la plupart des romans sont situés sous la Restauration et la monarchie de Juillet –, il renonce à la linéarité chronologique des annales historiques pour choisir une temporalité plus souple et plus capricieuse, mieux adaptée à son « modèle », ce dix-neuvième siècle « extrêmement remuant et difficile à faire tenir en place[7] ». La recherche des causes, dans les *Études philosophiques*, dont les *Études de mœurs* n'exposent que les effets, s'accompagne moins d'une

---

[4] L'édition de référence des œuvres de Balzac dans cet article est celle dirigée par Pierre-Georges Castex, en douze volumes, Paris, Gallimard, coll. « Bibliothèque de la Pléiade », 1976-1981 ; ici *Lettres sur Paris*, t. II, p. 937.

[5] Félix Davin, introduction aux *Études de mœurs au XIX*^{e} *siècle*, t. I, p. 1153-1154. Passage repris de l'introduction, par le même Davin, « serinetté » par Balzac, aux *Études philosophiques*, t. X, p. 1208.

[6] Avant-propos de *La Comédie humaine*, t. I, p. 11. Sur le rôle des préfaces, voir Roland Le Huenen, « Balzac préfacier de l'Histoire », dans *Balzac dans l'Histoire*, études réunies et présentées par Nicole Mozet et Paule Petitier, Paris, SEDES, 2001, p. 111-121. Voir également Mireille Labouret, « Balzac historiographe : de l'*Histoire de France pittoresque* à l'*Histoire des mœurs modernes mises en action* », dans *L'Historiographie romantique*, sous la direction de Francis Claudon, André Encrevé et Laurence Richer, Pompignac, Éditions Bière, Institut Jean-Baptiste Say, Université Paris 12 - Val-de-Marne, 2007, p. 227-237.

[7] Préface d'*Une fille d'Ève*, t. II, p. 265.

interrogation sur les événements fondateurs du temps présent – 1789, 1793, la chute de l'Empire, et 1830 – que d'une constatation des effets dévastateurs de ces coupures dans le présent. Qu'il suscite la nostalgie, chez le duc de Chaulieu[8], la haine, chez du Bousquier[9], plus rarement l'espérance, chez Michel Chrestien[10], le fait historique ne vaut que par les répercussions qu'il opère sur le présent.

Est-ce à dire que, comme l'énonce Joubert cité par Mona Ozouf, pour Balzac, « la postérité a remplacé les ancêtres[11] » ? Si la promotion de l'individu tue la famille pour le noble duc, si l'auteur de *La Comédie humaine* se délivre de sa déférence première pour ces grands modèles et intercesseurs, ces « ancêtres » que furent les romanciers qui l'ont précédé, tel Walter Scott, *La Comédie humaine* peut-elle faire toutefois l'économie de ses origines ? En dotant ses êtres de papier d'un nom et d'une ascendance, qu'ils sont parfois amenés à renier, Balzac inscrit la filiation au cœur de son dispositif romanesque. Qu'il s'agisse des nobles « maisons », dédiées aux gens de qualité, avant de devenir la raison commerciale des banquiers et armateurs[12], ou des « familles » bour-

---

[8] *Mémoires de deux jeunes mariées*, t. I, p. 242. « Sais-tu, mon enfant, quels sont les effets les plus destructifs de la Révolution ? tu ne t'en douteras jamais. En coupant la tête à Louis XVI, la Révolution a coupé la tête à tous les pères de famille. Il n'y a plus de famille aujourd'hui, il n'y a plus que des individus ».

[9] *La Vieille Fille*, t. IV, p. 830. L'aversion de Du Bousquier pour l'Empire le conduit à soutenir le parti royaliste, lequel le snobe à la première Restauration. La haine qu'il en conçoit pour le régime des Bourbons le rejette du côté des libéraux. « Sa vengeance, couvée pendant quinze années, ne fut rassasiée par aucune victoire, pas même par le triomphe des journées de 1830 ».

[10] Membre du Cénacle, « Michel Chrestien, républicain d'une haute portée qui rêvait la fédération de l'Europe et qui fut en 1830 pour beaucoup dans le mouvement moral des saint-simoniens. Homme politique de la force de Saint-Just et de Danton, mais simple et doux comme une jeune fille […]. Ce gai bohémien de l'intelligence, ce grand homme d'État, qui peut-être eût changé la face du monde, mourut au cloître Saint-Merry comme un simple soldat » (*Illusions perdues*, t. V, p. 317).

[11] Mona Ozouf, *Les Aveux du roman*, *op. cit.*, p. 7. Sentence relevée dans les *Carnets* de Joubert en 1797.

[12] Telle la Maison Nucingen ou la Maison Mignon.

geoises[13], toutes disposées à dissimuler en leur foyer jalousies, lâchetés, voire crimes, la présence de figures parentales, plus rarement ancestrales au seuil de ces drames que sont les romans modernes, s'impose. Et elle le fait selon le mode d'élaboration cher à Balzac, la combinaison de variantes à partir de figures-pivots.

L'artiste, selon Balzac, est doté de « cette faculté puissante de voir les deux côtés de la médaille humaine[14] ». Quel meilleur champ d'application offert à ce double regard que la famille issue de l'union entre deux individus ? Aussi la dualité à l'œuvre dans *La Comédie humaine* s'exerce-t-elle selon la double ascendance, maternelle et paternelle ; ascendance elle-même qui peut se dédoubler en figures de « bons » et « mauvais » parents, si l'on adopte le modèle du « roman familial ». L'importance des ancêtres est également tributaire des types sociaux représentés : aristocrates et bourgeois n'accordent pas la même valeur à leur origine, tout comme la question de la filiation ne se pose pas en les mêmes termes pour les hommes et les femmes de l'œuvre balzacienne[15]. Enfin, la représentation de la famille évolue au long de la création : de *La Peau de chagrin* et des premières *Scènes de la vie privée* au diptyque des *Parents pauvres*, les figures parentales et ancestrales se chargent de valeurs de plus en plus négatives.

Pour esquisser ce rapide tableau, je repérerai l'évolution du roman familial des personnages de Raphaël de Valentin à Lucien de Rubempré, mais un roman familial issu de l'Histoire qu'il reflète à son tour, en m'attachant aux nuances dues à leur origine sociale et aux modulations du type avant de les confronter aux ultimes représentations familiales de *La Comédie humaine*.

Texte rabelaisien et drame moderne, destiné à résumer en sa ligne serpentine les expressions et aspirations de l'« école du désenchantement », *La Peau de chagrin* fait coïncider l'aventure de son protagoniste

---

[13] Pour la distinction, d'Ancien Régime, entre « Maison » noble et « Famille » roturière, voir Claudie Bernard, qui cite l'article de Jaucourt pour l'*Encyclopédie*, *Penser la famille au XIXe siècle (1789-1870)*, Publications de l'université de Saint-Étienne, 2007, p. 61.
[14] *Des artistes*, dans *Œuvres diverses*, t. II, p. 713.
[15] Je ne m'occuperai pas des figures féminines que j'ai eu l'occasion d'examiner dans mon livre *Balzac, la duchesse et l'idole* (Paris, Champion, 2002).

avec celle de la Révolution de 1830. Dans sa confession à Émile, Raphaël ébauche le portrait de son père : « un grand homme sec et mince, le visage en lame de couteau, le teint pâle, à parole brève, taquin comme une vieille fille, méticuleux comme un chef de bureau. Sa paternité planait au-dessus de mes lutines et joyeuses pensées, et les enfermait comme sous un dôme de plomb. […] Je crois encore le voir devant moi. Dans sa redingote marron, où il se tenait droit comme un cierge pascal, il avait l'air d'un hareng saur enveloppé dans la couverture rougeâtre d'un pamphlet[16] ». Si les protestations d'affection – « cependant j'aimais mon père[17] » ; « je suivis tout seul le convoi de mon premier ami, de mon père[18] » – visent à atténuer la charge d'un tel portrait, le bilan de la sévérité paternelle reste sans appel et l'échec de sa conduite patent. « Chef d'une maison historique à peu près oubliée en Auvergne », le père tente vainement de rétablir la fortune de sa maison ; la Révolution tout d'abord, puis la Restauration, sous la forme d'un décret impérial sur les déchéances exhumé par Villèle, ruine les efforts du pugnace gentilhomme, tué par ce remords : « il m'adorait et m'avait ruiné[19] », fors l'honneur – Raphaël vend tous leurs biens pour solder les créanciers. Orphelin de mère à l'âge de dix ans, Raphaël à vingt-deux ans se retrouve orphelin de père et plus qu'orphelin : « sans avenir, sans fortune. Les orphelins recueillis par la charité publique ont au moins pour avenir le champ de bataille, pour père le Gouvernement ou le procureur du Roi, pour refuge un hospice. Moi, je n'avais rien[20] ! » Le despotisme paternel lui ayant ôté toute confiance en lui, le jeune homme, replié sur lui-même, « quoique parent de personnes très influentes et prodigues de leur protection pour des étrangers[21] », reste seul dans Paris, sans parents ni protecteurs.

---

[16] *La Peau de chagrin*, t. X, p. 121.
[17] *Ibid.*, p. 121.
[18] *Ibid.*, p. 127. Première apparition d'un thème développé dans *Le Père Goriot*, t. III, p. 289. Rastignac « seul avec Christophe » suit le service funèbre de Goriot à Saint-Etienne-du-Mont. Voir également *La Messe de l'athée*, t. III, p. 400. Desplein se souvient de Bourgeat : « Son convoi ne fut suivi que par moi ».
[19] *La Peau de chagrin*, t. X, p. 127.
[20] *Ibid.*
[21] *Ibid.*, p. 129.

Avant comme après la révolution de Juillet, Raphaël apprend à juger les valeurs qui lui furent inculquées à l'aune de leur reconnaissance. Le sens de l'honneur, le goût du travail et la séduction du savoir ne sont rien sans la fortune qui les sertit. Et lorsque cet or lui parvient, il lui coûte la vie : telle est l'aporie du conte oriental et de l'apologue parisien. L'image du père réel n'est compensée dans *La Peau de chagrin* par aucune figure tutélaire ; tous les « pères » de substitution de Raphaël procèdent de son père biologique dont ils héritent la silhouette de vieillard et l'amour mortifère. Le vieux Jonathas, son « père nourricier[22] », son professeur, le père Porriquet dont il fut le « nourrisson, [...] *carus alumnus*[23] », l'Antiquaire donateur de la peau fatale incarnent les silhouettes successives d'une gérontocratie que l'auteur des *Lettres sur Paris* dénonce sans relâche et qui transforme les enfants du siècle en « jeune(s) cadavre(s)[24] ».

Le pôle maternel n'est pas plus épargné. « Héritière d'une grande maison[25] », la mère meurt phtisique[26] en laissant des biens qui serviront à solder les dettes paternelles ; si c'est de son côté encore que provient l'héritage inespéré du major O'Flaharty qui échoit à Raphaël, il reçoit d'elle aussi en partage le mal héréditaire dont il meurt à son tour, selon l'interprétation rationnelle du conte. Le jeune homme aux abois finit par vendre le seul bien foncier qui lui reste, cette « île sans valeur, située au milieu de la Loire, et où se trouvait le tombeau de [l]a mère[27] » ... tout comme il se voit contraint par la pauvreté à écrire de faux *Mémoires* attribués à sa tante, la marquise de Montbauron, morte sur l'échafaud. Du côté féminin, pas de « bonne » mère compensatrice non plus. La comtesse Fœdora dont il tombe amoureux incarne l'égoïsme stérile d'une

---

[22] *Ibid.*, p. 213.
[23] *Ibid.*
[24] *Ibid.*, p. 217.
[25] *Ibid.*, p. 125.
[26] *Ibid.*, p. 209. Raphaël s'interroge en constatant le premier rétrécissement de la Peau : « Ne suis-je pas pulmonique ? Ma mère n'est-elle pas morte de la poitrine ? »
[27] *Ibid.*, p. 127. Lorsqu'il signe le contrat chez le notaire, « il me semblait entendre la voix de ma mère et voir son ombre » (p. 201).

coquette à qui la maternité répugne[28], éternelle allégorie de la société, tandis que la tendre Pauline le tue, par excès même de son amour. Doublement marqué de cette ascendance mortifère, qui transfère sur la sphère privée les convulsions d'une Histoire sans avenir, Raphaël ne peut qu'être voué à un suicide retardé[29].

De 1832 à 1842, alors que s'élabore le système romanesque des formes et des personnages récurrents, Balzac crée une série de jeunes nobles, provinciaux, à la différence du parisien Raphaël, confrontés au type du roman familial, tel que le définit *Roman des origines et origines du roman*.

De cette série, la postérité – Marthe Robert en particulier – a retenu essentiellement le personnage de Rastignac du *Père Goriot*. Ce dernier, issu d'une gentilhommière des environs d'Angoulême, aîné d'une fratrie de cinq enfants, porte tous les espoirs d'une famille noble, mais d'une branche cadette fort désargentée, comme en témoigne sa conversation généalogique avec le comte de Restaud[30]. Étudiant le droit à Paris, aux débuts de la Restauration (1819), « comme il arrive aux âmes grandes, il voulut ne rien devoir qu'à son mérite[31] ». Cette noble ambition cède assez vite devant la constatation qu'à Paris, la protection d'une femme influente se révèle plus efficace que le travail et les diplômes pour réussir. Aussi n'est-ce pas du côté des hommes qu'il cherche des modèles ou des mentors mais du côté des femmes. L'on ne sait pas grand chose de la lignée Rastignac et le père d'Eugène n'est évoqué qu'incidemment. La fibre filiale d'Eugène se développe toutefois au contact de Goriot qu'il appelle « Père[32] » et soigne comme un fils[33] ; fasciné un moment par le *papa* Vautrin, qui lui propose une « amitié d'homme à homme », sous

---

[28] *Ibid.*, p. 183. Sa femme de chambre lui conseille : « Il faut vous marier, madame, avoir des enfants ». La comtesse lui répond : « Des enfants ! Il ne me manquerait plus que cela pour m'achever… »

[29] *Ibid.*, p. 88. « Après tout, vous vouliez mourir ? hé bien, votre suicide n'est que retardé ».

[30] *Le Père Goriot*, t. III, p. 99.

[31] *Ibid.*, p. 75.

[32] *Ibid.*, p. 257.

[33] *Ibid.*, p. 215. « Ce pauvre vieillard a bien souffert par le cœur. Il ne dit rien de ses chagrins, mais qui ne les devinerait pas ! Eh bien, j'aurai soin de lui comme d'un père… »

couvert d'adoption[34], et affirme le connaître comme s'il l'avait fait[35], il se reprend assez tôt pour ne pas se lier avec le Tentateur. Il reste que les deux modèles paternels qui s'imposent à lui à Paris relèvent d'une dégradation de l'image du père. Entre un ancien président de section, soupçonné d'accaparer les grains pendant la Révolution, si l'on en croit Mme de Langeais, père humilié réduit au néant social par ses filles et un ancien forçat qui se fait la Providence par un assassinat déguisé en duel, le jeune ambitieux est délivré du soin de choisir par la mort de l'un et l'arrestation de l'autre.

Du côté Marcillac, en revanche, des femmes de sa famille, Rastignac peut espérer un appui pour réussir. S'il extorque à sa mère et à ses sœurs leurs maigres économies, il trouve en sa grand-tante Mme de Marcillac, « autrefois présentée à la cour » et amie de certaines sommités aristocratiques, son allié le plus sûr pour entrer au faubourg Saint-Germain. La lettre de recommandation de la douairière à Mme de Beauséant ouvre à Eugène les portes de son salon, ce qui lui donne « un brevet de haute noblesse[36] ». Sa cousine de Beauséant est invitée à « jouer le rôle d'une de ces fées fabuleuses qui se plaisaient à dissiper les obstacles auprès de leurs filleuls[37] ». Son nom talismanique dont se sert Rastignac pour séduire Delphine de Nucingen lui donne ainsi accès à la haute banque. Appuyé sur la Maison Marcillac et la Maison Nucingen, le jeune Rastignac est voué à une brillante carrière. Par son « exploitation sans frein de l'amour et du pouvoir social des femmes », Rastignac emploie bien, selon Marthe Robert, un des moyens les plus sûrs du « roman familial[38] » et il ouvre la voie à quantité d'émules, en Balzacie, comme chez de nombreux romanciers du XIXe siècle.

Un an après *Le Père Goriot*, la création de Félix de Vandenesse dans *Le Lys dans la vallée* propose une variante intéressante de réussite par les femmes. Le roman familial de Félix le mal nommé se dessine plus

---

[34] *Ibid.*, p. 186. Vautrin projette de partir pour l'Amérique : « Si je deviens riche, je vous aiderai. Si je n'ai pas d'enfants (cas probable, je ne suis pas curieux de me replanter ici par bouture), eh bien, je vous léguerai ma fortune ».
[35] *Ibid.*, p. 135.
[36] *Ibid.*, p. 76.
[37] *Ibid.*, p. 108.
[38] Marthe Robert, *Roman des origines et origines du roman*, *op. cit.*, p. 270.

nettement encore que pour Rastignac. Fils cadet d'une fratrie de quatre enfants, souffre-douleur de sa mère qui lui préfère son frère aîné, le jeune Vandenesse reste dans l'ignorance des splendeurs passées de sa famille aristocratique, semi-émigrée de l'intérieur sous l'Empire[39]. La fréquentation de sa vieille parente, la marquise de Listomère, « grande dame cérémonieuse qui n'eut jamais la pensée de [lui] offrir un écu[40] » constitue les seules sorties récréatives du jeune homme hors de la pension Lepître. « De grands événements » le sauvent de la tentation du suicide. La première restauration lui procure l'occasion de représenter sa maison, en l'absence, diplomatique, du père et du frère aîné, lors du bal donné à Tours en l'honneur du duc d'Angoulême. La conscience de sa tenue vestimentaire ridicule – « je compris que j'étais fagoté comme le singe d'un Savoyard[41] » – ne l'empêche pas de concevoir « une ambition » nouvelle, excité par ce « parfum de femme » qui le fait naître à la vie : « je rencontrai la femme qui devait aiguillonner sans cesse mes ambitieux désirs, et les combler en me jetant au cœur de la Royauté[42] ». Les « mauvaises » figures parentales sont remplacées par les tutélaires. Mme de Mortsauf, double féminin de Félix, dotée elle aussi d'une mère mortifère, incarne la maternité qui insuffle constamment la vie à ses enfants chétifs et à celui qu'elle aime. Le père indifférent au sort de son fils est supplanté par le roi Louis XVIII, dont Félix devient secrétaire intime, par la faveur de la famille d'Henriette. « Je lui devais tout : pouvoir et richesse, le bonheur et la science[43] ».

Mme de Mortsauf cultive mieux encore que Mme de Marcillac les relations familiales ; elle recommande Félix à sa grand-tante la princesse de Blamont-Chauvry, qui le patronne et lui présente toutes les femmes de son cercle. Un tel succès provoque le revirement d'opinion de sa famille. « Mon frère Charles, loin de me renier, s'appuya dès lors sur moi ; mais ce rapide succès lui inspira une secrète jalousie qui plus tard

---

[39] Le train de vie des Vandenesse reste modeste, même si le fils aîné pactise avec l'usurpateur. « Napoléon tentait ses derniers coups. Mon père, qui pressentait le retour des Bourbons, venait éclairer mon frère employé déjà dans la diplomatie impériale » (*Le Lys dans la vallée*, t. IX, p. 979).
[40] *Ibid.*
[41] *Ibid.*, p. 985.
[42] *Ibid.*, p. 983.
[43] *Ibid.*, p. 1108.

me causa bien des chagrins. Mon père et ma mère, surpris de cette fortune inespérée, sentirent leur vanité flattée, et m'adoptèrent enfin pour leur fils[44] ». Fin du conte de fées. À l'apogée de sa réussite, Félix, dont la passion « rappelait la chevalerie[45] », faillit à sa dame et succombe aux charmes de lady Dudley. Le versant désenchanté du *Lys* suit l'agonie d'Henriette et les conséquences de ce lien brisé. Certes, Félix a acquis une fortune et une position que les vicissitudes politiques – mort de Louis XVIII, puis mort de la Restauration qui met fin à ses fonctions officielles – n'entameront pas vraiment. Mais sa vie privée retourne à la solitude de son enfance. Repoussé par Madeleine – qui se refuse à être ce que sera Augusta de Nucingen pour Rastignac –, par lady Dudley et Nathalie de Manerville, en butte à un procès fratricide[46] et non à la reconnaissance des siens qui est due à son homologue charentais, il acquiert l'indulgence désabusée qu'il lui faut pour sauver sa jeune femme dans *Une fille d'Ève*, mais il a perdu l'énergie qui anime Rastignac et l'aptitude au bonheur.

Les autres personnages de jeunes nobles lancés à l'assaut de la capitale combinent les traits de Rastignac et Vandenesse selon une modulation du type qu'évoque la préface du *Cabinet des Antiques*, en 1837 :

> *Le Cabinet des Antiques* est l'histoire de ces jeunes gens pauvres, chargés d'un grand nom, et venus à Paris pour s'y perdre, qui par le jeu, qui par l'envie de briller, qui par l'entraînement de la vie parisienne, qui par une tentative d'augmenter sa fortune, qui par un amour heureux ou malheureux. Le comte d'Esgrignon est la contre-partie de Rastignac, autre type du jeune homme de province, mais adroit, hardi, qui réussit là où le premier succombe[47].

Les ancêtres occupent une place de choix dans ce roman provincial qui s'ouvre sur la description de l'hôtel d'Esgrignon où se tiennent, fossilisés

---

[44] *Ibid.*, p. 1109.
[45] *Ibid.*, p. 1139.
[46] *Ibid.*, p. 1223. « Savais-je, moi, qu'un jour, sur le cercueil même de mon père, je plaiderais avec Charles de Vandenesse, avec mon frère à l'avancement de qui j'ai tant contribué ? »
[47] Préface au *Cabinet des Antiques*, t. IV, p. 960.

dans un rituel immuable, les Antiques, groupés autour du marquis d'Esgrignon, qui n'a pas jugé bon d'émigrer sous la Révolution mais qui est resté pour défendre sa Marche. Les « catastrophes de 1813 et de 1814, qui abattirent Napoléon, rendirent la vie aux hôtes du Cabinet des Antiques, et surtout l'espoir de retrouver leur ancienne importance ; mais les événements de 1815, les malheurs de l'occupation étrangère, puis les oscillations du gouvernement ajournèrent jusqu'à la chute de M. Decazes les espérances de ces personnages[48] ». En 1822, le jeune Victurnien, âgé de vingt ans, orphelin de mère et idole de cette société, est élevé par sa tante paternelle, Armande d'Esgrignon, qui refuse de se marier pour se consacrer à lui, et par son père, un vieillard de soixante-dix ans, selon des principes résolument obsolètes. Aussi lorsque le bon Chesnel, intendant et notaire dévoué, conseille le départ du jeune homme pour Paris, ce dernier part-il avec de fausses idées sur sa position sociale et parvient-il très bien à se ruiner et à commettre un faux en écriture. *Le Cabinet des Antiques* n'opère pas de clivage entre « bonnes » et « mauvaises » figures parentales. Figés dans le siècle précédent, les deux parents, assimilés à des ancêtres, sont à la fois tutélaires pour cet enfant paré de toutes les grâces et néfastes car leur aveuglement le perd plus sûrement qu'indifférence ou sévérité. Le dénouement de l'intrigue, qui sauve Victurnien de l'infamie d'un procès, grâce au sacrifice de Chesnel et à l'intervention de la duchesse de Maufrigneuse, consacre la victoire du libéral Du Croisier (le Du Bousquier de *La Vieille Fille*). À la mort du vieux marquis, qui coïncide avec le départ de Charles X en exil, Victurnien épouse la nièce de Du Croisier qui réhabilite de ses écus l'antique lignée : « Du Croisier dit, pendant la cérémonie de mariage, que la maison d'Esgrignon était la plus honorable de toutes les maisons nobles de France[49]. » Le jeune marquis peut retourner s'étourdir dans la capitale, « n'ayant plus des grands seigneurs d'autrefois que son indifférence pour sa femme, de laquelle il n'a nul souci[50] ».

Le pendant breton du normand *Cabinet des Antiques*, c'est le roman de *Béatrix*, rattaché aux *Scènes de la vie privée* par l'évocation d'un « type essentiel, celui du jeune homme dans toute sa gloire, offrant à la

---

[48] *Le Cabinet des Antiques*, t. IV, p. 977.
[49] *Ibid.*, p. 1096.
[50] *Ibid.*

fois beauté, noblesse et sentiments purs[51] ». Le marquis et Mlle d'Esgrignon n'ont rien à envier au baron du Guénic – « en lui, le granit breton s'était fait homme[52] » – et à sa sœur Zéphirine, octogénaire aveugle « droite comme un clocher[53] ». L'hôtel du Guénic abrite ses antiques : Mlle de Pen-Hoël, le chevalier du Halga, le curé Grimont composent une société qui rend étonnamment jeune par contraste le beau visage de la baronne, l'Irlandaise Fanny. Telle la montre brisée par le vieux d'Esgrignon à l'heure où expire sa femme[54], le temps semble s'être arrêté au seuil de la porte cintrée surmontée de l'écusson des Du Guaisnic, intact depuis les croisades. L'écart entre le mouvement de la capitale et la petite ville de Guérande « complètement en dehors du mouvement social[55] » est accentué par la marche du temps, qui s'est accélérée depuis *Le Cabinet des Antiques*. L'histoire de *Béatrix* commence en 1836 et rien n'a changé depuis des siècles dans l'hôtel du Guénic quand est revenu en 1813 le baron, l'un des derniers Chouans passés en Irlande pour ne pas se soumettre à Napoléon. La Restauration engloutie, l'ultime équipée de la duchesse de Berry, en 1832, donne au baron l'occasion de faire « pratiquer la devise de ses armes[56] » à son fils Calyste. Le jeune homme est redevable d'une double appartenance : par son père, il est ancré dans une lignée de fidélité et tradition, que symbolise l'alternance de deux prénoms uniformément donnés au descendant mâle, Calyste et Gaudebert ; par sa mère, la belle Irlandaise, il est rattaché aux traditions de la légende tristanienne. Il suffit de la rencontre avec l'écrivain Félicité des Touches / Camille Maupin pour que l'attrait du romanesque, enfoui dans sa rugueuse première éducation, l'emporte sur tout. Dès lors, le modèle maternel entre en concurrence avec celui qu'incarne Félicité des Touches : « Elle a été un peu la mère de mon intelligence[57] », dit d'elle Calyste. Non seulement Camille l'initie à la

---

[51] Préface de la première édition de 1839, *Béatrix*, t. II, p. 635.
[52] *Béatrix*, t. II, p. 651.
[53] *Ibid.*, p. 659.
[54] *Le Cabinet des Antiques*, t. IV, p. 969. « Mademoiselle d'Esgrignon », dit-il à sa sœur, « prions Dieu que cette heure ne soit plus fatale à notre maison. Mon oncle, Mgr l'archevêque, a été massacré à cette heure, à cette heure mourut aussi mon père… »
[55] *Ibid.*, p. 637.
[56] *Ibid.*, p. 655.
[57] *Béatrix*, t. II, p. 729.

musique et à la lecture des nouveautés, les romans de George Sand par exemple, mais encore elle imagine pour lui un roman en action dont il devrait être le héros, celui de ses amours avec Béatrix de Rochefide. Les deux autres épisodes de Béatrix montrent Calyste à la recherche de Béatrix perdue dans Paris, mal oubliée à travers une Béatrix aux blanches mains, son épouse Sabine et retrouvée dans le cadre factice du théâtre des Variétés. Camille Maupin a pris le voile, mais c'est encore elle qui a marié Calyste à Sabine de Grandlieu et lui a légué toute sa fortune.

Le bilan tiré de la dernière partie de *Béatrix* est bien amer. Certes, les terres des Du Guénic ont été dégagées et la prospérité restaurée grâce à la fortune de Camille, le nom perpétué dans un nouveau petit Calyste ; mais le noble Breton perd son énergie en futilités parisiennes, comme le lui reproche Sabine[58], et s'entortille dans les mensonges d'un adultère bien bourgeois. L'idéal de la féodalité et de l'amour courtois s'est dissous dans le mouvement incessant de la capitale, qui vit d'or et de plaisir.

L'attrait de Paris ne s'exerce pas seulement sur les jeunes nobles ; la « forteresse enchantée », comme l'écrit Balzac dans la préface aux *Souffrances de l'inventeur* de l'édition Dumont (1843) tente tout aussi bien « les personnages du jeune vicomte de Portenduère (*Ursule Mirouët*), du jeune comte d'Esgrignon et celui de Lucien » que leurs « parallèles nécessaires […] Émile Blondet, Rastignac, Lousteau, d'Arthez, Bianchon, etc… Dans la comparaison des moyens, des volontés, du succès, il y a l'histoire tragique de la jeunesse depuis trente ans[59] ». Les deux listes ne correspondent pas tout à fait à la scission des classes sociales : Rastignac et d'Arthez ne sont pas issus de la bourgeoisie, même s'ils font leurs débuts en pension bourgeoise, et Lucien, à la limite des deux listes, tient bien à la noblesse par sa mère et à la roture par son père. Simplifions les deux catégories pour rechercher à présent du côté de la bourgeoisie la présence de figures parentales.

---

[58] *Ibid.*, p. 872. Calyste feint d'être allé au club avec son ami Portenduère pour jouer au whist : « C'est une sotte vie, mon Calyste, répliqua Sabine. Les jeunes gentilshommes de ce temps-ci devraient penser à reconquérir dans leur pays tout le terrain perdu par leurs pères. Ce n'est pas en fumant des cigares, faisant le whist, désœuvrant encore leur oisiveté, s'en tenant à dire des impertinences aux parvenus qui les chassent de toutes leurs positions, se séparant des masses auxquelles ils devraient servir d'âme, d'intelligence, en être la providence, que vous existerez ».

[59] Préface des *Souffrances de l'inventeur*, t. V, p. 119.

Les « capacités », écrivains et journalistes, artistes, médecins et hommes de loi appartiennent majoritairement à la bourgeoisie et manifestent pour la plupart « ce malaise de la bourgeoisie face à ses aïeux[60] » que Claudie Bernard détecte surtout après 1848, mais qui est latent dès *La Comédie humaine*. Si les filles Goriot renient leur père, si Oscar Husson est tenté de désavouer une mère qui lui fait honte[61], Nathan, lancé dans la littérature et le grand monde, « cache avec tant de soin[62] » son origine dans *Une fille d'Ève* que lady Dudley exhibe sa trouvaille comme une arme secrète dirigée contre Félix. Pour un Gaudissart, fier de rappeler son origine prolétaire[63], combien de fils de chapelier honteux (Finot), d'enfant de subdélégué renégat (Lousteau), de descendant de négociant en faillite soucieux de changer de nom (Charles Grandet pressé de muer en comte d'Aubrion) ? Le « bâtard réaliste », tel que l'envisage M. Robert correspond bien plus à ces rêves de toute-puissance d'un bourgeois conquérant qui fonde sa propre dynastie à partir de sa seule énergie qu'aux exemples qu'elle donne de jeunes aristocrates.

Il n'est pas rare de voir un jeune bourgeois orphelin, ou privé d'appui paternel, chercher lui aussi une figure idéale de substitution. Ainsi, le petit Popinot, qui va fonder une dynastie bourgeoise, devenir Pair de France et comte, ministre du commerce de Louis-Philippe, est confié jeune orphelin à ses oncle et tante Ragon qui l'introduisent dans le commerce de leur successeur Birotteau auquel il voue une dévotion plus que filiale et dont il épouse la fille Césarine. Étudiant en droit, Maurice de L'Hostal, orphelin patronné par son oncle, l'abbé Loraux, est placé par ce dernier comme secrétaire particulier du comte Octave de Bauvan.

---

[60] Claudie Bernard, *Penser la famille au XIXe siècle*, *op. cit.*, p. 129.
[61] *Un début dans la vie*, t. I, p. 800. Tous les voyageurs du coucou travestissent leur identité. Oscar se fait passer pour fils de grande famille et désavoue sa mère : « Ma mère ! monsieur ?... dit Oscar avec un mouvement d'indignation. Eh ! c'était la femme de charge de chez nous... »
[62] *Une fille d'Ève*, t. II, p. 332 ; « il est bien ce que je voulais ; il est fils d'un brocanteur juif, mort en banqueroute dans les premiers jours de son mariage ; mais sa mère était catholique, elle en a malheureusement fait un chrétien ».
[63] *César Birotteau*, t. VI, p. 154. Il se présente au marmiton qui apporte le repas qu'il a commandé comme « Félix Gaudissart, fils de Jean-François Gaudissart, petit-fils des Gaudissart, vils prolétaires fort anciens, ses aïeux ».

Le jeune homme s'initie aux affaires du comte avec tant d'intelligence qu'il devient son confident et partage, malgré lui, la fascination que ce dernier éprouve toujours pour Honorine, sa femme qui l'a quitté. Le comte mourant souhaite prolonger le lien paternel qu'il eut pour Maurice en lui confiant à son tour son fils : « Ce vieillard, c'était mon pauvre ami, mon protecteur qui passait par Gênes pour me dire adieu, pour me confier son testament... Il me nomme tuteur de son fils[64] ».

Le camarade de Rastignac à la pension Vauquer, Bianchon, résout bien différemment d'Eugène le problème moral de « tuer le mandarin ». « Moi », déclare-t-il à son ami, « je suis heureux de la petite existence que je me créerai en province, où je succéderai à mon père. Les affections de l'homme se satisfont dans le plus petit cercle aussi pleinement que dans une immense circonférence[65] ». Le jeune bourgeois semble opposer aux ardentes ambitions de Rastignac le sage programme d'un notable de province prêt à s'inscrire dans la trajectoire professionnelle paternelle. Le lecteur de *La Comédie humaine* sait bien que Bianchon ne s'est pas tenu à ce modeste dessein, pour devenir dans le domaine médical ce qu'est Rastignac à la politique et à la vie mondaine. Toutefois, il a conservé de ses origines et de ses idées libérales une défiance à l'égard des femmes du monde et semble avoir reporté ses sentiments filiaux sur son oncle le juge Popinot, qu'il convainc à grand peine de se rendre chez Mme d'Espard[66].

Proche de Popinot, pour lequel il visite gratuitement les indigents, Bianchon fut aussi disciple du chirurgien Desplein, dont *La Messe de l'athée* relate les années d'apprentissage à Paris. Loin de sa famille dont il ne peut rien espérer, ni soutien financier ni affection, le futur chirurgien est adopté par un autre malheureux, le porteur d'eau Bourgeat, qui vit sur le même palier. « Il s'occupa de moi, il m'appelait son *petit* [...] il devint pour moi la mère la plus attentive, le bienfaiteur le plus délicat[67] ». Aussi l'athée qu'est Desplein fonde-t-il une messe à la mort du vieil Auvergnat très croyant et y assiste-t-il régulièrement en hommage à celui qui lui servit de père.

---

[64] *Honorine*, t. II, p. 595.
[65] *Le Père Goriot*, t. III, p. 165.
[66] Voir *L'Interdiction*.
[67] *La Messe de l'athée*, t. III, p. 398-399.

Il appartient au protagoniste d'*Illusions perdues* de clore cette galerie de jeunes ambitieux, lui qui incarne les aspirations d'un poète et les souffrances d'un déclassé. Lucien Chardon, voisin charentais de Rastignac à qui la préface de l'édition Dumont le compare expressément[68], rejette promptement son ascendance Chardon pour se rêver en Rubempré. La « sorte de honte » qu'éprouve Lucien Chardon à lire « *Pharmacie de* POSTEL, *successeur de* CHARDON », traduit le reniement du père roturier : « Le nom de son père, écrit ainsi dans un lieu par où passaient toutes les voitures, lui blessait la vue[69] ». Aussi adopte-t-il volontiers le conseil de Mme de Bargeton « de répudier audacieusement son père en prenant le noble nom de Rubempré, sans se soucier des criailleries soulevées par un échange que d'ailleurs le Roi légitimerait[70] ». L'échange n'est aisé ni symboliquement ni juridiquement et les criailleries provinciales se muent en piège dans *Un grand homme de province à Paris*, lorsque l'ordonnance royale qui permet à Lucien « de porter le nom et le titre de Rubempré » en enterrant le Chardon[71], sert de leurre au poète naïf. Quand il sort du ministère tout hébété, Lucien reçoit deux blessures, comme autant de punitions de son reniement filial. Il voit à la devanture d'un cabinet de lecture une affiche « où, sous un titre bizarre, à lui tout à fait inconnu, brillait son nom : *Par M. Lucien Chardon de Rubempré*. Son ouvrage paraissait, il n'en avait rien su, les journaux se taisaient[72]. » Alors qu'il contemple cette couverture, il est abordé par Michel Chrestien qui le provoque en duel : « Vous êtes monsieur Chardon ? [...] – ne me connaissez-vous pas ? »[73] Il n'est pas permis à qui renie son père de conserver la paternité de ses ouvrages et l'amitié de ses pairs. Le retour honteux de Lucien à Angoulême lui réserve cependant une dernière satisfaction. « Il vit avec plaisir (tant sa vanité

---

68   Préface de l'édition Dumont (1843), t. V, p. 119. « Il y aura, dans la superposition du caractère de Rastignac qui réussit à celui de Lucien qui succombe, la peinture sur de grandes proportions d'un fait capital dans notre époque, l'ambition qui réussit, l'ambition qui tombe, l'ambition jeune, l'ambition au début de la vie ».
69   *Illusions perdues*, t. V, p. 178.
70   *Ibid.*, p. 173.
71   *Ibid.*, p. 482. Il s'agit d'une ruse de Mme d'Espard mise en scène par des Lupeaulx et destinée à confondre Lucien.
72   *Ibid.*, p. 538.
73   *Ibid.*, p. 539.

conservait de force) le nom de son père effacé. Depuis son mariage, Postel avait fait repeindre sa boutique, et mis au-dessus, comme à Paris : PHARMACIE[74] ». L'effacement du nom paternel précède de peu l'adoption d'un autre père, le prêtre espagnol qui plonge dans un sac de peau « sa large main qu'il ramena chaque fois pleine d'or » : « Mon père, je suis à vous », dit Lucien ébloui de ce flot d'or[75] ». La polysémie du titre de « père » favorise l'ambiguïté qu'entretient Herrera dans *Splendeurs et misères des courtisanes*, lorsqu'il invoque ce lien particulier pour justifier son « affection » pour Lucien : « – Eh bien, c'est… ô mon Dieu !... c'est mon fils ! » ajouta-t-il en murmurant. Et il s'évanouit[76] ». C'est sur ce point que l'interrogatoire de Camusot perd Lucien : « Lui ! mon père !... oh ! monsieur !... il a dit cela ! [...] Un Jacques Collin mon père !... Oh ! ma pauvre mère[77]... »

Son double reniement conduit enfin Lucien au suicide. Il était en sursis depuis son association avec Herrera, à qui il laisse une lettre qui entretient le doute sur la filiation. Il se nomme « votre fils spirituel » tandis qu'il commente l'expression dans sa rétractation officielle. « L'abbé Carlos Herrera se disait ordinairement mon père spirituel, et j'ai dû me tromper à ce mot pris dans un autre sens par le juge, sans doute par erreur[78] ». Le temps des splendeurs est passé pour le dandy qui goûtait sa revanche au bal de l'Opéra en rappelant à Châtelet la restitution du nom et du blason maternels[79]. Le « taureau furieux d'argent » au terme des « enchantements d'un rêve » s'abîme dans un « cabanon de la Conciergerie ».

Le rapport aux parents et aux aïeux se révèle complexe dans les romans balzaciens, qu'il me semble difficile d'enrôler sous la bannière exclusive du traditionalisme ou du phallocentrisme[80]. Par la voix de

---

74   *Ibid.*, p. 644.
75   *Ibid.*, p. 709.
76   *Splendeurs et misères des courtisanes*, t. VI, p. 749.
77   *Ibid.*, p. 772-773.
78   *Ibid.*, p. 790.
79   *Ibid.*, p. 432. Herrera a pu obtenir la fameuse ordonnance pour Lucien : « Une ordonnance du Roi m'a rendu celui de mes ancêtres maternels, les Rubempré. [...] maintenant je porte *de gueules, au taureau furieux d'argent, dans le pré de sinople* ».
80   Selon les catégories de Claudie Bernard (*Penser la famille, op. cit.*), Balzac est tantôt classé parmi les « patriarcalistes », inspirés par Bonald, qui privi-

certains personnages, tel le duc de Chaulieu, le romancier se fait le défenseur d'un retour à la famille patrimoniale prônée par de Maistre et Bonald, mais il expose les résultats désastreux (et impossibles) d'une telle entreprise en dévoilant l'envers de la famille Chaulieu. Et si la bonaldienne Renée de l'Estorade semble « réussir » son projet familial, c'est en se substituant discrètement mais efficacement au chef de famille. Le roman sape l'idéologie avancée plus qu'il ne la sert.

Il est vrai que le rappel des origines est fondamental pour la noblesse balzacienne ; c'est ce qui permet aux maisons nobles d'échapper aux fractures du temps. Les vieux d'Esgrignon et du Guénic gomment ainsi les effets visibles des révolutions en inscrivant la permanence de l'honneur et des valeurs chevaleresques dans l'être des personnes et non les êtres des lieux : qu'importe si les girouettes du château d'Esgrignon ont été rasées – « Vous êtes une d'Esgrignon, ma sœur[81] ! » affirme le vieux marquis qui légitime ainsi Armande née d'une mésalliance. Et la pérennité du lignage se lit avec passion pour un romancier qui guette la résurgence de traits héréditaires d'un lointain ancêtre dans l'un de ses descendants. La nouvelle *Albert Savarus* s'ouvre sur l'évocation des aventures du fameux Watteville que relatent les *Mémoires* de Saint-Simon et s'achève sur la dernière folie de sa descendante, Rosalie : « Peut-être veut-elle imiter son grand-oncle en franchissant l'enceinte de ce couvent pour y chercher son mari, comme Watteville franchit les murs de son monastère pour recouvrer la liberté[82] ». Non que la noblesse ne perpétue que des actions d'éclat... elle n'est pas exempte de fautes, voire de bassesse. Le romancier est obsédé par l'origine criminelle ou frauduleuse des fortunes et s'il en accable plus volontiers la haute Banque – Nucingen, Taillefer et du Tillet en sont la preuve –, il n'épargne pas l'aristocratie. Aussi sont-ils rares ces descendants scrupuleux qui se livrent à une réparation des fautes de leurs ancêtres, voire à une

---

légient l'axe de la filiation, tantôt parmi les « phallocentristes » situés sur l'axe de l'alliance, et les relations entre conjoints. Claudie Bernard prend en compte essentiellement les textes non romanesques de Balzac (si l'on excepte *Mémoires de deux jeunes mariées*), telle la libelle *Du droit d'aînesse* de 1824, dont Roland Chollet soulève toutes les contradictions, *Œuvres diverses*, t. II, p. 1263-1268 ou la non moins ambiguë *Physiologie du mariage*.

81 *Le Cabinet des Antiques*, t. IV, p. 971.
82 *Albert Savarus*, t. I, p. 1020.

restitution de biens mal acquis. Octave de Camps, poussé par sa chère conscience, Mme Firmiani, rend aux Bourgneuf les biens que son père s'est procurés de façon malhonnête et le comte d'Espard se voit menacé d'*interdiction* par sa femme qui le fait passer pour fou : ne dépense-t-il pas des sommes insensées pour une horrible Mme Jeanrenaud ? C'est qu'il rend à cette famille protestante les biens confisqués aux réfractaires à la révocation de l'édit de Nantes et qui ont été donnés aux d'Espard.

Balzac se livre une dernière fois à l'évocation de la famille dans les deux œuvres jumelles des *Parents pauvres*[83], « deux éternelles faces d'un même fait, *Homo duplex* », selon la dédicace au prince de Teano[84]. Il s'agit des dynasties bourgeoises qu'ont fondées vingt ans plus tôt – *Bette* commence fictivement en 1838 et *Pons* en 1844 – les Popinot, Crevel, Camusot, Hulot d'Ervy, frère du Hulot des *Chouans* que Napoléon fit comte de Forzheim. L'archéologie familiale n'est pas inutile pour saisir les enjeux de ces familles : la parente pauvre, Lisbeth Fischer, devenue « Mohican », « Haine et Vengeance sans transaction »[85], hait sa belle cousine Adeline Hulot pour l'injustice dont elle fut victime dans son enfance, injustice réactivée par le rapt de son amoureux, Steinbock, auquel se livre la fille d'Adeline, Hortense. Il est cependant moins intéressant de se situer sur l'axe vertical de la filiation que sur l'axe horizontal de la parenté, regroupée autour du déplacement géographique des « maisonnées »[86]. Plus exactement, la déchéance familiale, à quoi

---

[83] Drames de famille et répartition de l'héritage président aux deux textes. « Les grands de l'Empire ont égalé, dans leurs folies, les grands seigneurs d'autrefois. Sous la Restauration, la noblesse s'est toujours souvenue d'avoir été battue et volée ; aussi, mettant à part deux ou trois exceptions, est-elle devenue économe, sage, prévoyante, enfin bourgeoise et sans grandeur. Depuis, 1830 a consommé l'œuvre de 1793. En France, désormais, on aura de grands noms, mais plus de grandes maisons, à moins de changements politiques, difficiles à prévoir. Tout y prend le cachet de la personnalité. La fortune des plus sages est viagère. On y a détruit la Famille. » (*La Cousine Bette*, t. VII, p. 151).

[84] Dédicace aux *Parents pauvres*, t. VII, p. 54.

[85] *La Cousine Bette*, t. VII, p. 152. Voir également le résumé des relations de Bette avec la famille Hulot, p. 80-86.

[86] Parmi les composantes structurelles de la famille, Claudie Bernard envisage « la maisonnée » comme coordonnée spatiale ; le type d'habitat correspond à la composition familiale élargie ou nucléaire (Claudie Bernard, *Penser la*

s'emploie Bette, débouche sur une inversion du modèle patriarcal, comme le symbolise l'allusion à la parabole détournée du « père prodigue[87] ». C'est autour de Victorin Hulot, « cercueil ambulant[88] » que se réorganise – provisoirement – la famille, avant la péripétie finale du remariage du vieil Hulot avec la fille de cuisine. « Les ancêtres peuvent s'opposer au mariage de leurs enfants, mais les enfants ne peuvent pas empêcher les folies des ancêtres en enfance[89] ». C'est sur cette sentence de Hulot fils à Popinot fils que s'achève *La Cousine Bette*.

Un ultime hommage est rendu toutefois à un grand ancêtre, à cette grande figure historique qu'est Hulot l'aîné, vieux soldat de la République dont la dépouille mortelle est saluée par le frère de celui qu'il combattit : Montauran[90]. Mais il est mort sans descendance, ayant fait de son frère son fils adoptif dont l'inconduite le tue. Ce dernier détail nous invite à reconsidérer la représentation de la famille ; c'est moins la postérité qui a remplacé les ancêtres dans *La Comédie humaine* que

---

famille, op. cit. p. 50-60). Les recompositions de la famille Hulot se traduisent dans les choix successifs de logement : du rez-de-chaussée de l'hôtel de la rue de Bellechasse où loge la famille du baron Hulot au début aux changements d'appartement de Bette, qui n'a pas voulu loger à l'hôtel de sa cousine par crainte de domesticité et accepte de chaperonner Mme Marneffe selon les vœux du baron, à l'hôtel splendide où loge enfin toute la famille réconciliée, les parents Hulot ainsi que les deux couples mariés, fausse sécurité puisque le danger vient... de la « souillon » logée dans la mansarde.

[87] *Ibid.*, p. 448.
[88] *Ibid.*, p. 97. M. Hulot fils était bien le jeune homme tel que l'a fabriqué la Révolution de 1830 [...]. Ces gens sont des cercueils ambulants qui contiennent un Français d'autrefois ; le Français s'agite par moments, et donne des coups contre son enveloppe anglaise ; mais l'ambition le retient, et il consent à y étouffer. Ce cercueil est toujours vêtu de drap noir ».
[89] *Ibid.*, p. 451.
[90] *Ibid.*, p. 353. « Derrière le cercueil du maréchal on vit le vieux marquis de Montauran, le frère de celui qui, dans la levée de boucliers des Chouans en 1799, avait été l'adversaire, et l'adversaire malheureux de Hulot. [...] Ainsi, l'hommage de la vieille noblesse française ne manqua pas au soldat qui, neuf ans auparavant, avait vaincu Madame ».

l'importance du couple et surtout de la fratrie[91], ménechmes et frères ennemis, sœurs siamoises et rivales impitoyables, les relations horizontales offrent des combinaisons que le romancier exploite à l'infini.

---

[91] Peut-on encore parler de « phallocentrisme » alors que l'un des termes du contrat, le mari, n'est pas particulièrement privilégié dans la représentation qu'en donnent les romans ?

Suzel Esquier – Université Blaise Pascal, CELIS

La relation au père dans le roman stendhalien

Les ouvrages de Philippe Berthier (*Stendhal et la Sainte famille*), de Michel Crouzet (*La Vie de Henry Brulard ou l'enfance de la révolte*) et de Mona Ozouf (*Les Aveux du roman*, en particulier le chapitre sur *Lucien Leuwen*) soulignent l'importance de la relation au père dans le roman stendhalien[1]. Nous étudierons la question à la lumière de l'autobiographie stendhalienne, à partir du *Journal* et de la *Vie de Henry Brulard*. Le romancier transpose dans son œuvre un conflit familial vécu, avec toutes ses manifestations – violence, réclamations, révolte, voire haine –, et ceci d'une manière durable, jusque, peut-on dire, à la mort de son père ; un autre aspect est frappant : l'écrasement chronologique du *Brulard*, qui affirme comme chose indiscutable la précocité du sujet et la permanence de son moi.

L'enfance de la révolte

Partons d'une scène capitale (à tous les sens du terme) : l'annonce de la condamnation, puis de la mort de Louis XVI, telle qu'elle est contée au chapitre X de la *Vie de Henry Brulard*. Le narrateur évoque d'abord avec ironie la position de son entourage dans ces temps de révolution :

> Chose plaisante et que la postérité aura peine à croire, ma famille bourgeoise, mais qui se croyait sur le bord de la noblesse, mon père surtout qui se croyait noble ruiné, lisant tous les journaux, suivait le

---

[1] Michel Crouzet, *La Vie de Henry Brulard, ou l'enfance de la révolte*, Paris, Corti, 1982 ; Philippe Berthier, *Stendhal et la Sainte Famille*, Genève, Droz, 1983 ; Mona Ozouf, *Les Aveux du roman*, Paris, Fayard, coll. « L'Esprit de la cité », 2001.

procès du roi comme elle eût pu suivre celui d'un ami intime ou d'un parent.
Arriva la nouvelle de la condamnation ; ma famille fut au désespoir absolument.
« Mais jamais ils n'oseront faire exécuter cet arrêt infâme, disait-elle ».
« Pourquoi pas, pensais-je, s'il a trahi »[2].

Le narrateur consigne par le menu la succession des événements en faisant alterner récit et dialogue pour restituer avec précision et vivacité la scène gravée dans sa mémoire. Le fracas de la voiture du courrier en provenance de Lyon et de Paris éveille des émotions contrastées : « Il faut que j'aille voir ce que ces monstres auront fait », dit le père en se levant, tandis que le fils pense : « J'espère que le traître aura été exécuté ». Suit l'annonce de la mort du roi, vécue sur deux modes absolument antithétiques. D'un côté, le père articule dans un gros soupir : « C'en est fait, [...] ils l'ont assassiné », pendant que l'enfant se réjouit : « Je fus saisi d'un des plus vifs mouvements de joie que j'aie éprouvés en ma vie. Le lecteur pensera peut-être que je suis cruel mais tel j'étais à dix ans tel je suis à cinquante-deux ».

L'écriture de tout l'épisode s'accompagne d'une telle jubilation que l'on est tenté de l'entendre comme une scène d'*opera buffa*, entre un Géronte de convention et un jeune premier, une basse bouffe et un ténor impertinent, d'autant que le narrateur ponctue le récit de didascalies éloquentes : transporté « par ce grand acte de justice nationale », l'enfant ferme les yeux « pour pouvoir goûter en paix ce grand événement ». Et Brulard de renchérir en affirmant qu'il se conduirait aujourd'hui « exactement » de la même manière, tout simplement parce que son caractère est le même, et qu'il considère toujours que « *la death of a King* coupable est toujours utile ». Certes, il conçoit la singularité de sa démarche pour des « lecteurs étiolés » (ceux de 1835, comme ceux de 1880), tout en revendiquant haut et fort ce qu'il nomme lui-même « sa cruauté » : « Tous les ménagements, quand il s'agit de la patrie, me semblent encore puérils[3] ».

Au-delà de la surenchère manifeste dans toute la scène, Brulard conte un épisode fondateur de sa maturation. Une communauté de

---

[2] *Vie de Henry Brulard*, dans *Œuvres intimes*, éd. Victor Del Litto, Paris, Gallimard, coll. « Bibliothèque de la Pléiade », t. II, 1982, p. 632.
[3] *Ibid.*, p. 635.

nature entre le roi et le père est posée comme indéniable. L'enfant précoce perçoit la mort du roi comme l'exécution rituelle de la paternité. Dans un même mouvement, il se désolidarise de l'autorité paternelle et des lois qui régissent un monde vieux. Son adhésion révolutionnaire figure l'entrée dans un monde neuf, un monde qui rejette la trilogie féodale : une foi, un roi, une loi. Dès l'âge de quatre ou cinq ans, Brulard dit avoir éprouvé de l'horreur pour la religion. Ce sentiment est apparu en même temps que son amour filial et instinctif pour la république. Brulard se présente à cette époque-là comme « un vilain impie », un « impie forcené ». Un épisode marquant devait contribuer au reniement définitif de Dieu : la mort de la mère. Rappelons l'événement tel qu'il est conté au chapitre IV de l'autobiographie. Frappé d'étonnement autant que de douleur, l'enfant ne put s'ouvrir aux consolations ordinaires de la religion, parce que dans la tragédie qui se déroulait, la religion apparut marquée du signe de la cruauté, cruauté de Dieu et de ses serviteurs. Le mot de l'abbé Rey, s'adressant à son père : « Mon ami, ceci vient de Dieu », fut, pour l'enfant, lourd de conséquences : d'abord parce que c'était le mot d'un homme qu'il haïssait à l'adresse d'un homme qu'il aimait peu et en outre parce qu'il s'agissait d'une formule convenue pour justifier au nom de Dieu la mort des innocents[4]. À partir de là, Brulard se mit à dire du mal de « *God* »... Le thème court à travers le récit qui a trait à « la tyrannie Raillane », époque sombre au cours de laquelle l'enfant fut sous la coupe de « ce fatal abbé », le plus détestable de tous ces « coquins » qui régnaient par leur hypocrisie sur la société grenobloise[5]. Dans ce « triste drame de sa jeunesse », Brulard se définit en s'opposant : tandis que sa famille affiche son attachement à la monarchie, il se pose en « républicain enragé ». Si Chérubin Beyle vit au milieu de tartuffes, le jeune Henri clame son impiété. Brulard se définit donc comme celui qui nie ; il revendique un « caractère atroce » pour s'établir sous le masque du

---

[4] Rappelons que la jeune femme est morte en couches. Stendhal a été hanté toute sa vie par cet épisode tragique : il l'a évoqué dans la *Vie de Rossini*, au chapitre XXVI consacré à l'opéra *Mose*, où il revient sur les plaies d'Égypte, le roi Pharaon et le « massacre des premiers-nés [...], *opéré pendant la nuit* par l'ange du Seigneur ». Il précise que cette image est inévitablement liée dans son esprit au « souvenir des douze ou quinze prêtres au milieu desquels il a passé sa jeunesse ». Voir notre ouvrage *Stendhal. L'âme et la musique*, Paris, Stock, 1999, p. 569.
[5] Voir les chapitres VIII et IX de la *Vie de Henry Brulard*.

méchant, du révolté[6]. Dans cette perspective, on comprend bien la fascination que les premiers événements révolutionnaires ont exercée sur l'enfant. Le biographe se souvient de ce cri de la vieille femme de Grenoble, entendu dans la rue : « Je me révorte » !

Il convient évidemment d'apporter un correctif à la narration du conflit père-fils, tel qu'il est narré dans la *Vie de Henry Brulard*, de ne pas charger Chérubin Beyle de tous les défauts et insuffisances dont l'accable son fils. Brulard nous entretient non du père réel, mais de son image, d'un père qui tendait à s'identifier trop exclusivement à ses fonctions de père, de chef de famille et qui, par là, donnait prise à son fils. Brulard le présente toujours comme le gardien de l'autorité, du patrimoine, comme un homme dénué de personnalité, mimant les codes d'une société caduque. Henri noircit sans nul doute son père en jouant le jeu complexe du fils prodigue et révolté.

Ce faisant, Brulard se pose comme l'héritier de la Révolution et du profond bouleversement qu'elle a introduit dans les structures et la législation familiales : à savoir, la suppression du droit d'aînesse, le partage égal des biens, et au-delà de ces dispositions législatives et matérielles, la volonté de ne pas sacrifier l'individu à la lignée. Un fait important signe l'adhésion de Beyle à l'œuvre de la Révolution : il s'agit de l'utilisation du calendrier révolutionnaire pour dater le *Journal*. Beyle l'a pratiqué jusqu'à son abandon dans les actes officiels[7]. Il partage en tous points l'ambition des révolutionnaires, qui souhaitent corriger très largement le despotisme familial. Ce vœu s'exprime jusque dans ses lettres à Pauline, où on le voit conseiller à sa sœur de ne pas se choisir un tyran pour mari, et une fois celle-ci mariée, de retarder autant qu'elle le peut d'avoir des enfants.

---

[6] Au chapitre III de l'autobiographie, Brulard narre ses premiers souvenirs, qui sont autant d'exploits de cruauté : il a mordu la joue d'une de ses cousines et laissé tomber un couteau, qui eût pu atteindre une passante !

[7] Nous lisons en effet : « Dernier jour de 1805 et du calendrier républicain : 10 nivôse an XIV » (*Journal*, dans *Œuvres intimes*, éd. cit., t. I, p. 368).

Le déni du père dans le roman

On ne s'étonnera pas de retrouver une thématique aussi prégnante dans les romans. Selon un premier degré, pourrait-on dire, nous observons cette transposition du conflit de générations et sous la forme violente que dépeint Brulard. Rappelons la dimension passionnelle qui perce sous la plume du fils révolté, par exemple à travers le mot dont Henri affuble régulièrement son père : « le bâtard ». Étrange déplacement qui reporte sur le père l'indignité de la naissance, qui dit le refus du nom du père et le déni de toute filiation. Rappelons aussi, parce qu'elle est riche de résonances romanesques, une scène particulièrement violente au cours de laquelle Henry s'est opposé à son père. L'enfant souhaitait tout simplement s'affranchir de sa tutelle :

> Un jour, ennuyé du pathos de mon père, je lui dis : « Si tu m'aimes tant, donne-moi cinq sous par jour et laisse-moi vivre comme je voudrai. D'ailleurs, sois bien sûr d'une chose : dès que j'aurai l'âge, je m'engagerai ».
> Mon père marcha sur moi comme pour m'anéantir, il était hors de lui : « Tu n'es qu'un vilain impie, me dit-il ».

Et le narrateur d'ajouter ce commentaire remarquable, qui englobe une nouvelle fois dans un même refus toutes les formes d'autorité, qu'elle soit familiale ou politique : « Ne dirait-on pas l'empereur Nicolas et la municipalité de Varsovie dont on parle tant le jour où j'écris (7 décembre 1835, Civita-Vecchia), tant il est vrai que toutes les tyrannies se ressemblent[8] ».

Ce rejet du père biologique se retrouve au début du roman *Le Rouge et le noir*, dans un chapitre au titre éloquent : « Un père et un fils ». On se souvient que M. de Rênal est venu proposer au père Sorel de prendre son fils en qualité de précepteur de ses enfants. Le vieux charpentier s'enquiert de « son vaurien de fils », lequel est installé sur une poutre au-dessus de la scie à bois et occupé à lire. Il l'admoneste en termes blessants : « Eh bien paresseux ! tu liras donc toujours tes maudits livres […]. Descends, animal que je te parle ! », avant de lui asséner des coups violents qui manquent de le faire tomber sur la scie, et d'avancer

---

[8] *Vie de Henry Brulard*, éd. cit., p. 624.

une hypothèse grossière pour expliquer cette proposition inattendue (Julien aurait regardé Mme de Rênal). La seule arme que peut opposer Julien à tant de brutalité est l'hypocrisie : « Jamais ! Vous savez qu'à l'église, je ne vois que Dieu[9] ». Ce n'est d'ailleurs pas seulement à son père que s'oppose Julien, mais à toute sa famille : « Objet de mépris de tous à la maison, il haïssait ses frères et son père ». À ces épisodes de la première partie du roman fait écho un chapitre de la fin intitulé ironiquement « Un père ». Nous approchons du dénouement. Julien, qui a été condamné à mort, reçoit dans sa prison la visite de son père. Visite inévitable, qu'il redoutait au plus haut point et qu'il souhaite abréger autant que faire se peut. Cherchant à congédier ce vieillard qu'il n'a jamais aimé, il trouve soudain ce mot de génie : « j'ai fait des économies » et propose de donner une somme à chacun de ses frères et le reste à son père. Mais le vieillard manifeste une cupidité telle que Julien, pourtant préparé à la scène et assez dénué d'illusions, conclut, navré : « Voilà donc l'amour de père ». Telle est donc, selon Stendhal et contée par le menu dans le roman, « l'âpre vérité » des relations père-fils.

On pourrait être tenté d'opposer une objection, de prendre en compte l'ancrage provincial, d'expliquer l'insensibilité, la violence, l'appât du gain chez le père Sorel, par sa condition sociale, bref d'interpréter ces différentes scènes selon un schéma naturaliste avant la lettre, d'après lequel le milieu conditionne les individus. Ce serait ici un contresens : pour Stendhal, disciple des révolutionnaires, c'est le lien père-fils qui est vicié, parce qu'il est fondé sur un principe de domination arbitraire. L'égotiste exige pour tout individu la reconnaissance de sa singularité. La preuve en est que nous retrouvons la même incompréhension, la même absence de liens entre les pères et les fils dans les différents romans, par exemple dans *La Chartreuse de Parme*. Il ne s'agit ici ni du même milieu ni du même pays, et cependant les relations père-fils sont évoquées selon un schéma identique. On objectera que le père biologique de Fabrice n'est pas ce marquis del Dongo poudré et caricatural, mais le charmant capitaine Robert, soldat de l'armée napoléonienne. Or le marquis, comme Fabrice, l'ignorent et l'ignoreront toujours. Ils vivent leurs liens

---

[9] *Le Rouge et le noir*, dans Stendhal, *Romans et nouvelles*, éd. Henri Martineau, Paris, Gallimard, coll. « Bibliothèque de la Pléiade », 1952, t. I, chap. IV : « Un père et un fils », p. 232, chap. V : « Une négociation », p. 234. Les références suivantes aux romans de Stendhal renvoient à cette édition.

dans une dissonance absolue, qui affecte toute l'existence du jeune homme. Lorsque Fabrice, après son équipée à Waterloo, revient en secret à Grianta, il s'approche du fossé du château familial, vis-à-vis de la magnifique façade. On sait le charme qui attache le romancier et son héros aux *luoghi ameni* de la Lombardie, et pourtant ce retour vers ces lieux enchanteurs ne s'accompagne d'aucune émotion agréable pour le héros :

> Le noble langage de l'architecture le trouva insensible ; le souvenir de son frère et de son père fermait son âme à toute sensation de beauté, il n'était attentif qu'à se tenir sur ses gardes en présence d'ennemis hypocrites et dangereux. Il regarda un instant, mais avec un dégoût marqué la petite fenêtre de la chambre qu'il occupait avant 1815 au troisième étage. Le caractère de son père avait dépouillé de tout charme les souvenirs de la première enfance[10].

Ainsi que le soulignait Michel Crouzet, pour Stendhal comme pour ses héros, « le souvenir d'enfance est souvenir du martyre[11] ».

La thématique du conflit entre les générations est présente dans tous les romans. Elle peut revêtir une tonalité moins violente et s'exprimer sur un mode satirique ou bouffon. Tel était le cas dans le premier roman *Armance* (1827), très proche de l'inspiration des pamphlets romantiques (les deux versions de *Racine et Shakespeare* et la *Vie de Rossini*). Le père d'Octave, le marquis de Malivert, est affligé de tous les travers de l'âge. Il lui manque en particulier la seule vertu qui pourrait le sauver : « cette résignation douce et philosophique qui est la gaieté de la vieillesse ». Il est aussi et surtout le représentant d'un monde mort et le parfait exemple de ces nobles qui n'ont « rien appris ni rien oublié » pendant l'émigration. Fort riche avant la Révolution, mais ayant perdu par suite des confiscations une part de sa fortune, il se croit réduit à la mendicité tout en conservant de coquettes rentes. Alors que la grande affaire de sa vieillesse est de marier son fils, il introduit tous ses discours par ces mots : « Je puis offrir un beau nom, une généalogie certaine depuis la croisade de Louis le Jeune, et je ne connais à Paris que treize familles qui puissent marcher la tête levée à cet égard ; mais du

---

[10] *La Chartreuse de Parme*, t. II, p. 169.
[11] *La Vie de Henry Brulard, ou l'enfance de la révolte, op. cit.*, p. 71.

reste je me vois réduit à la misère, à l'aumône, je suis un gueux[12] ». Il offre l'image attristante d'une vieillesse hyperbolique, avec ses attributs ridicules (la poudre et les papillotes), dont Stendhal gratifie les survivants du siècle qui s'est achevé en 1789. Le romancier recourt à un procédé de comédie – le redoublement –, en introduisant une sorte de sosie en la personne du commandeur de Soubirane (aussi importun à Octave que son propre père). Ce personnage manifeste la même obstination à vivre, voudrait restaurer l'Ancien Régime et s'accroche au projet d'une indemnité votée aux émigrés. « L'espérance des deux millions » sonne comme un motif bouffe au centre du tableau de « l'avilissement général[13] ».

Avant de clore ce développement sur la filiation naturelle, il convient d'évoquer le roman *Lucien Leuwen*, qui pourrait sembler faire exception à ce déni général du père[14]. En effet, le père Leuwen, qui allie à l'élégance des mœurs du passé, la conviction que la révolution a gagné, offre une image acceptable de ce que pourrait être « le juste milieu », actuellement aux commandes. Par ailleurs, il fait preuve d'une réelle bienveillance et d'une grande tolérance. Cependant, c'est lui qui s'inquiète de l'avenir de son fils et qui se propose de le diriger dans sa carrière : « *Sera-t-il dieu, table ou cuvette ?* C'est de vous qu'il s'agit, et c'est à quoi nous cherchons une réponse ». Il a beau le faire avec esprit, en citant La Fontaine[15], cette intrusion dans le choix d'un état, la conduite de la destinée ne saurait convenir au fils. Lucien est beaucoup trop attaché à la libre conduite de sa vie pour suivre les chemins que lui dessine son père. Tout son effort tend à s'émanciper de la tutelle que voudrait lui imposer ce père si doué d'éminentes qualités et si ouvert à l'évolution du *monde comme il va*. Une scène en témoigne à la fin du roman : celle où Lucien songe à se ménager une existence indépendante de sa famille, à fuir les solutions que lui propose son père, à « gagner [sa] vie et celle de [sa] femme » (comme un républicain !). Différant de rentrer à la maison, de retrouver la conversation de son père et

---

12   *Armance*, t. I, p. 31.
13   *Ibid.*, chap. I et II.
14   Début de la rédaction de *Lucien Leuwen* : 11 juin 1834 ; abandon : 23 novembre 1835.
15   « Le statuaire et la statue de Jupiter », *Fables*, IX, 6. *Lucien Leuwen*, éd. Michel Crouzet, Paris, Le Livre de poche, 2007, chap. XXXVII, p. 420.

l'insidieuse habitude de vie, il monte dans un hôtel garni et songe à s'y installer incognito. Enchanté de ce projet, il se dit, paraphrasant le héros de Beaumarchais : « Ici [...], je serai à l'abri de la sollicitude paternelle, maternelle et sempiternelle[16] ». Certes, il se reproche aussitôt ce mot grossier à l'égard de sa mère, tout en justifiant cependant ce premier mouvement par son goût éperdu de la liberté. Force est de constater, avec Mona Ozouf, que le roman *Lucien Leuwen* conte aussi « cette rupture avec les pères – père éternel, rois paternels, et pères de sang, que la Révolution a incarnée : l'impossibilité désormais d'une filiation heureuse[17] ».

Pères d'adoption

Mais la position de Stendhal n'est pas univoque. Si, d'une manière générale, il peint des pères conventionnels plutôt affligeants, incapables de comprendre leurs fils, et des fils qui souhaitent s'affranchir de l'obligation de transmettre (Leuwen), il place aussi dans les romans des figures qui sont des substituts de l'image paternelle. Le déni de la filiation s'accompagne chez le romancier du désir de recréer pour ses héros une filiation, mais spirituelle cette fois, à l'image de ce que Henri a connu auprès de son grand-père, le docteur Gagnon. Tel est, en effet, le père idéal selon l'autobiographie. Il a transmis à l'enfant le goût de la lecture, une part de sa culture, l'élégance des manières, tout un système de valeurs et de références, qui se situent aux antipodes de l'univers dans lequel, selon le fils, son propre père évoluait. Stendhal admet donc, recherche même un père adoptif, à la condition que cette relation soit une relation choisie, fondée non pas sur l'autorité, mais sur un rapport consenti de disciple à maître. Nous relevons une transposition de cette relation du petit-fils à son grand-père dans le roman.

---

[16] *Lucien Leuwen*, chap. LXIII, éd. cit., p. 768. Voir Beaumarchais, *Le Barbier de Séville*, II, XIV : le comte, qui fait la cour à Rosine, est repoussé par Bartholo, lequel lui interdit de regarder sa femme ; il s'étonne : « Elle est votre femme ? [...] Je vous ai pris pour son bisaïeul paternel, maternel, sempiternel ».

[17] Mona Ozouf, *Les Aveux du roman*, *op. cit.*, p. 156.

Elle se lit dans la présence de ces figures de substitution que sont, par exemple, le chirurgien major de la Grande Armée dans *Le Rouge et le noir*, les figures des abbés (Chélan, Pirard, Blanès), ou les figures des grands ancêtres héroïques, comme ce Boniface de la Môle qui représente pour Mathilde un modèle de *virtù*, une référence absolue, aux antipodes de l'avilissement qu'elle dénonce chez les jeunes gens du siècle. La filiation que se choisit le héros stendhalien est donc fondée sur un ordre de valeurs. Si nous examinons l'exemple du Chirurgien major, nous constatons qu'il apparaît dans le récit comme un contrepoint parfait à l'image du père biologique, en même temps d'ailleurs et dans les mêmes chapitres que l'abbé Chélan. C'est grâce à ces deux hommes que Julien a appris à lire, qu'il a acquis la passion de la lecture, c'est d'eux qu'il détient les seuls biens qu'il possède : des livres, qui ont contribué à sa formation (comme à celle de leur auteur !) : *Les Confessions* de Jean-Jacques Rousseau, les *Bulletins de la Grande Armée*, *Le Mémorial de Sainte-Hélène*, « qui complète son coran » écrit Stendhal. À quoi s'ajoutent des lectures que l'on pourrait qualifier de politiques, ou stratégiques : *Le Nouveau Testament* en latin (pour plaire à l'abbé Chélan), *Le Livre du Pape* de M. de Maistre.

Ces figures nuancées de prêtres occupent une place importante, au moins dans deux romans, *Le Rouge et le noir* et *La Chartreuse de Parme*. L'abbé Pirard, par exemple, joue un rôle capital dans la deuxième étape de la formation de Julien, dans sa formation à la fois intellectuelle et politique (au sens large du terme)[18] ; il est doté d'un esprit rigoureux, qui refuse tout accommodement et toute complaisance. Nous retrouvons là les exigences intellectuelles de l'auteur : « Fuir l'hypocrisie et le vague ». Il forme un contraste marqué avec l'abbé Chélan, qui est davantage susceptible de douceur et d'affection, qualités que partage l'abbé Blanès dans *La Chartreuse*. Ce dernier a joué un rôle déterminant dans l'enfance du héros et sa tâche se poursuit au-delà. Revenons à ce chapitre essentiel, où Fabrice, de retour à Grianta, souhaite revoir l'abbé. Il aperçoit de la lumière à la fenêtre du clocher, dans lequel Blanès se livre à l'examen du ciel et au déchiffrement des destinées. Fabrice renoue avec le rituel de son admission. À son sifflement, l'abbé répond en actionnant la corde destinée à ouvrir le loquet de la porte. Fabrice monte au clocher : « Je t'attendais, dit Blanès. Il ouvrit les bras à notre héros qui s'y précipita en

---

[18] Ce prêtre est censé incarner un certain versant de l'Église (le jansénisme).

fondant en larmes. L'abbé Blanès était son véritable père ». Non seulement en raison de l'amour qu'il porte à Fabrice, mais parce qu'il est une grande figure spirituelle, qui unit à une âme généreuse un don visionnaire, il est celui qui sait, qui lit au grand livre du destin :

> Tu mourras comme moi, mon fils, assis sur un siège de bois, loin de tout luxe, et détrompé du luxe, et, comme moi, n'ayant à te faire aucun reproche.

Ces figures contrastées illustrent la dialectique stendhalienne entre les forces de l'esprit et celles du cœur. Le romancier place dans l'enfance de ses héros des figures de prêtres doués de bonté, des personnages « à la Fénelon » qui éduquent par l'affection. Il dote le héros devenu jeune homme d'un mentor qui parfait son éducation. (Le comte Mosca joue en quelque sorte ce rôle auprès de Fabrice dans l'étape mondaine de son éducation.) Tous ces cas de figure contribuent à affirmer qu'il n'est de paternité que spirituelle[19], dans l'adoption, hors de toute contrainte. Il s'agit d'une forme de paternité qui n'entrave jamais les libres choix du sujet, qui est compatible avec leur absolue singularité. Mais évidemment le choix d'un père d'adoption contribue encore à la rupture d'avec le père biologique.

Chaque roman de Stendhal conte donc à sa manière la rupture qui s'est opérée entre les générations sous le choc des événements révolutionnaires. Aucune relation de filiation n'échappe à ce constat. Pour être exhaustif, citons encore le cas de Clélia dans *La Chartreuse de Parme*, à propos de laquelle le comte Mosca remarque très finement : « Je parierais [...] qu'elle a assez d'esprit pour avoir honte de son père[20] ». Cette « jeune fille dévote et amie de la solitude » va être conduite à un examen radical de ses relations avec son père, en raison de son amour pour Fabrice, et sa vie entière sera placée sous le signe de cette passion exclusive. L'impossibilité de tous liens entre les générations se manifeste

---

[19] L'importance concédée aux figures des abbés souligne le refus de toute paternité biologique.
[20] Nous sommes au début du roman, alors que Clélia vient d'être admise à la cour de Parme, peu après avoir rencontré Fabrice, près du lac de Côme (t. II, chap. VI, p. 130-131).

en tous lieux, quels que soient les milieux, les personnalités. Elle s'étend également à la famille d'adoption, comme nous l'observons dans *Lamiel*. L'héroïne préfère être appelée « fille du diable », plutôt qu'être désignée du nom de ses parents adoptifs : « C'est bon comme du pain, les Hautemare, *mais c'est bête* ! ». Ce mot d'une commère de village jette dans l'esprit de Lamiel « une lumière soudaine[21] ». Il est clair que Stendhal transpose à travers la création romanesque bien des sentiments personnels ainsi qu'une évidente intention polémique.

Pour le républicain qu'il se veut être, la vraie famille, c'est la patrie et, conformément à l'idéal révolutionnaire, les seuls liens qui demeurent sont les liens de fraternité. On citera à titre d'exemple l'affection qui unit Julien au « bon Fouqué ». Cet « homme simple » se hisse dans l'épreuve au-dessus de sa condition ; il fait oublier son côté rustaud, se dépouille de sa gangue, pour atteindre dans les derniers chapitres du roman, au sublime du dévouement par fidélité à son ami, à sa mémoire. Notons que cette relation fraternelle n'a jamais empiété sur la liberté de chacun[22].

Affranchi de la famille, de la « postéromanie », le héros stendhalien affronte seul et dans une attitude de rupture les enjeux de l'existence, selon les valeurs qu'il s'est données. À la différence du héros de Balzac, il ne rentre jamais dans le rang, n'opère jamais un retour aux valeurs traditionnelles, celles de son rang, de sa caste. Le parcours de Rastignac est inconcevable chez Stendhal. Chacun de ses romans conte un départ à neuf dans un monde nouveau, mais cette solitude héroïque a évidemment pour corollaire une vie brève. Tel est le prix à payer pour la liberté.

---

[21] *Lamiel*, t. II, voir les chap. III et IV, en particulier p. 900-907.
[22] Citons à titre d'exemple la visite que Julien rend à Fouqué, lequel lui propose de devenir son associé. Julien, touché de la générosité de son ami, ne veut ni le décevoir, ni le tromper, mais il tient à rester fidèle à son idéal d'ambition et ne pas sacrifier sept à huit années de sa vie. Il préfère invoquer un alibi, sa « vocation pour le saint ministère », ce qui lui permet de se dérober sans blesser son ami. Chacun suit ainsi la voie qu'il s'est choisie, (*Le Rouge et le noir*, t. I, chap. XII).

Anne Rouhette – Université Blaise Pascal, CELIS

« El Desdichado » : pouvoir patriarcal, patrimoine et identité dans *The Fortunes of Perkin Warbeck* (1830), de Mary Shelley

Mary Shelley, née en 1797, est la fille de deux figures majeures de l'histoire des idées en Grande-Bretagne à la fin du XVIIIe siècle : Mary Wollstonecraft et William Godwin, tous deux ardents partisans de la Révolution française. Wollstonecraft, morte quelques jours après la naissance de sa fille, est entre autres l'auteur d'une défense des droits de l'homme (*A Vindication of the Rights of Men*, 1790), écrite en réponse au conservateur Edmund Burke, hostile aux idéaux de la Révolution et adversaire déclaré de Thomas Paine. Godwin a également soutenu les penseurs radicaux menacés par la répression gouvernementale, surtout après 1793 et l'entrée en guerre contre la France. Lectrice assidue des œuvres de ses parents et d'autres penseurs politiques, épouse du poète athée Percy Shelley qui appelait de ses vœux semblable révolution en Grande-Bretagne, Mary Shelley a toujours vécu dans un milieu radical et s'est intéressée très tôt à la pensée politique, intérêt qui apparaît dans l'ensemble de son œuvre de fiction. L'influence des écrits de son père s'y fait sentir, notamment celle de l'*opus magnum* de William Godwin, *Enquiry Concerning Political Justice* (1793 ; traduit par Benjamin Constant sous le titre *De la Justice politique*), dans lequel il expose sa philosophie politique : le gouvernement et *a fortiori* la monarchie sont par essence corrompus, le gouvernant étant, par nécessité, l'ennemi de la race humaine dans la mesure où les hommes doivent abdiquer l'usage de leur raison pour se soumettre à une autorité présentée comme supérieure, surtout quand elle est de droit divin. Godwin fonde son anarchisme politique sur l'éthique : toute forme de gouvernement est injuste car elle ôte à l'homme son indépendance et donc son jugement et sa capacité à devenir meilleur. L'idée de gouvernement en général et celle de monarchie en particulier relèvent pour Godwin de l'usurpation et par conséquent d'une forme d'injustice puisque l'usurpateur s'approprie un pouvoir auquel il n'a pas droit : toute forme de gouvernement est « une usurpation pratiquée sur le jugement personnel et la conscience individuelle de chaque homme[1] ». Le pouvoir est toujours usurpé et donc illégitime, postulat que Mary Shelley explore dans son cinquième roman, *Les Aventures de Perkin Warbeck*[2] (1830).

Il s'agit d'un roman historique qui se déroule à la fin du XVe siècle, juste après la bataille de Bosworth qui marque la victoire de Lancastre sur York et la conclusion de la guerre des Deux-Roses avec la mort de Richard III Plantagenêt et la montée sur le trône d'Henri VII Tudor : un usurpateur en remplace un autre, plaçant ainsi le roman dès les premiers chapitres sous le signe de l'usurpation, terme récurrent dans l'œuvre. Le héros en est Richard d'York, fils cadet d'Édouard IV qui, selon certains historiens suivis par Shakespeare, fut assassiné ainsi que son frère Édouard V à la Tour de Londres, sur l'ordre de leur oncle Richard III. D'après Mary Shelley au contraire, c'est de maladie que meurt le jeune Édouard, et le héros est sauvé de la Tour au début du livre pour connaître une enfance heureuse à la campagne, à l'abri des intrigues politiques, alors qu'il est présumé mort. Si la romancière invente les circonstances dans lesquelles l'enfant change d'identité pour fuir l'Angleterre et devenir « Perkin Warbeck », fils d'un prêteur sur gages flamand, avant d'être élevé en Flandre puis en Andalousie, elle fait ensuite preuve d'une assez grande fidélité envers les chroniques historiques et retrace le parcours du jeune homme à travers l'Europe et ses tentatives malheureuses d'insurrection qui finiront par le mener à la potence. Tout au long de l'œuvre, placée dès l'épigraphe sous le signe de la filiation[3], Richard revendique le droit à son héritage, à son patrimoine ;

---

[1] Government is « an usurpation upon the private judgement and individual conscience of mankind » (William Godwin, *Enquiry Concerning Political Justice* [1793], Londres, Penguin Classics, 1985, p. 401). Il sera désormais fait référence à cette œuvre par l'abréviation *PJ*. Les traductions sont de l'auteur de cet article.

[2] Mary Shelley, *The Fortunes of Perkin Warbeck. A Romance* (1830), éd. Doucet Devin Fischer, dans *The Novels and Selected Works of Mary Wollstonecraft Shelley*, dir. Nora Crook, Londres, Pickering, 1996, t. V. Il sera désormais fait référence à cette œuvre par l'abréviation *PW*. Les traductions sont de l'auteur de cet article.

[3] « J'ai veu *filz d'Angleterre*, Richard d'Yorc nommé, / Que l'on disoit en terre, estinct et consommé, / Endurer grant souffrance ; et par nobles

il cherche donc littéralement à hériter de son père et plus profondément à se montrer digne de la figure paternelle. Or il apparaît rapidement que ses efforts seront vains : l'Angleterre, dont il se présente à la fois comme le « fils » et le « père », ne veut pas de l'héritier soi-disant légitime qui souhaite la plonger dans un nouveau conflit et se range aux côtés de Tudor l'usurpateur qui, bien que tyrannique, lui fait connaître la paix et la prospérité.

L'Histoire a retenu que Perkin Warbeck était un imposteur. Mary Shelley a fait un autre choix qui, comme le souligne Jean de Palacio[4], se révèle significatif de sa pensée politique et de celle de son père : son propos va être de remettre en cause l'idée même d'héritage, et par là le concept de monarchie, grâce à l'identité de son personnage et à une réflexion sur le « droit » dont il se réclame. Dans *PW*, en fin de compte, il n'importe aucunement qu'Henri VII soit un usurpateur ou non, au sens politique, comme le clame Richard jusque dans les dernières pages, dans la mesure où le roman suggère que les quatorze Plantagenêts qui l'ont précédé étaient eux aussi des usurpateurs au sens moral. Pour Godwin comme pour Mary Shelley, la question essentielle est celle de la légitimité du prince – ou de sa non-légitimité ; du droit qui est ou non censé être le sien. Cette légitimité se fonde dans *PW* avant tout sur une vision familiale de la monarchie et particulièrement sur l'importance de la puissance paternelle : sur la fusion ou la division des rôles de père et de roi. Cette dénonciation de la monarchie est renforcée dans le roman par une réflexion sur l'identité de son protagoniste.

Mary Shelley appréciait beaucoup les romans de Walter Scott, et notamment *Ivanhoé* (1819) sur lequel je reviendrai plus loin. *PW* ne s'inscrit pourtant pas dans un cadre narratif à la Scott, où interviendrait un narrateur fictif comme Laurence Templeton (*Ivanhoé*) ou Jedediah Cleishbotham (*Les Contes de mon hôte*), agissant comme un masque qui permet une distance entre l'auteur et son œuvre. La romancière s'avance en effet étonnamment démasquée dans la préface de *PW*, dans laquelle elle écrit assumer totalement son choix de présenter son héros comme le

exploitz, / Vivre en bonne espérance d'estre Roy des Angloys » (Vieille chronique française ; je souligne).

[4] Dans *Mary Shelley dans son œuvre : contribution aux études shelleyennes*, Paris, Klincksieck, 1969, p. 162.

véritable duc d'York, et ce d'autant plus qu'à la différence par exemple d'Hugo dans la préface de *Cromwell* (1827), Mary Shelley écrit à la première personne :

> Il n'y a rien de singulier à croire, comme je le fais, que Perkin était en réalité le duc d'York. Car, en dépit de Hume et des historiens qui le suivirent, quiconque a un tant soit peu travaillé sur le sujet ne peut qu'arriver à la même conclusion. Il existe à la Tour des archives, dont certaines sont bien connues, et d'autres que les personnes qui ont accès à ces documents intéressants sont les seules à avoir lues, qui ne laissent presque aucun doute sur la question[5].

Contrairement à Scott, elle remet directement en cause l'histoire officielle remet en question dès la préface la notion d'impartialité qui s'attache théoriquement à tout travail historique en prenant en charge son texte et en affirmant son droit à une approche subjective. En choisissant de ne pas suivre la plupart des historiens, et non des moindres (David Hume notamment), qui tiennent Perkin Warbeck pour un imposteur, et en faisant de lui le véritable duc d'York, prince de sang et héritier légitime du trône d'Angleterre, Mary Shelley se place déjà dans une démarche politique. Son héros se bat en effet pour son droit, pour reconquérir ce qu'il estime être son héritage parce qu'il est fils de roi, et n'hésite pas pour parvenir à ses fins à entraîner les Anglais dans d'autres affrontements fratricides alors que l'Angleterre commence enfin à panser ses plaies après la longue guerre des Deux-Roses. Ainsi, lorsqu'un yorkiste que Richard s'attend voir épouser sa cause, explique que s'il déteste Tudor, il aime son pays et recule devant la perspective d'un nouveau conflit, le jeune prince lui répond qu'il se bat pour reconquérir ce dont il a été lésé : « si votre patrimoine n'était que la cabane d'un berger sur quelque sauvage terrain communal, vous trouveriez juste de faire couler

---

[5] « It is not singular that I should entertain a belief that Perkin was, in reality, the lost Duke of York. For, in spite of Hume, and the later historians who have followed in his path, no person who has at all studied the subject but arrives at the same conclusion. Records exist in the Tower, some well known, others with which those who have access to those interesting papers are alone acquainted, which put the question almost beyond a doubt » (*PW*, p. 5).

le sang pour déposséder l'usurpateur de ce qui vous revient *de droit*[6] ». En d'autres termes, il est prêt à provoquer le malheur de ses compatriotes et la ruine de son pays, non pas pour le bien ultime de l'Angleterre, mais dans son intérêt personnel ; son droit passe avant tout le reste. Plus loin dans le roman, il mène à la guerre une horde de soldats écossais trop contents d'avoir un prétexte pour piller les riches comtés anglais limitrophes et massacrer leurs paisibles habitants. Sous le couvert de la distance historique, Mary Shelley rejette et dénonce les effets dévastateurs des partis politiques et l'institution monarchique[7], en particulier la notion d'héritage qu'elle véhicule. Elle suit ici les principes de Godwin qui attaque la tyrannie du système féodal et écrit : « Quel homme doué de raison pourrait sérieusement se soucier de ce que le nom de roi d'Angleterre soit donné à Henri VI ou à Édouard IV[8] ? » Elle poursuit sa réflexion en opposant deux types de gouvernement, celui en quelque sorte protocapitaliste imposé par Henri VII et la vision féodale associée aux valeurs de la chevalerie défendue par Richard.

Henri est un homme froid, mesquin et avare, mais c'est aussi un souverain éclairé, un roi intelligent et rusé, sage et prudent, sous lequel l'Angleterre connaît enfin la paix et retrouve la prospérité : « tout y respire l'abondance et le confort, grâce au roi Henri et à la Rose Rouge. La terre donne des céréales à profusion ; les prés verdoyants sont remplis de troupeaux gras, qui font le délice des habitants de cette île[9] ». Comme son modèle historique, qui finança l'expédition de Jean Cabot, l'Henri

---

[6] « Though your patrimony were but a shepherd's hut on a wild nameless common, you would think it well done to waste life to dispossess the usurper of *your right* » (*PW*, p. 196 ; je souligne).

[7] Attaque qu'elle renouvellera dans son récit de voyage *Rambles in Germany and Italy* (1844). À ce sujet, voir Betty T. Bennett, « The Political Philosophy of Mary Shelley's Historical Novels : *Valperga* and *Perkin Warbeck* », dans *The Evidence of the Imagination : Studies of Interactions between Life and Art in English Romantic Literature*, éd. Donald Reiman, Michael C. Jaye et Betty T. Bennett, New York UP, 1978, p 354-371, ici p. 365.

[8] « What rational man could possibly have given himself the least disturbance for the sake of choosing whether Henry the sixth or Edward the fourth should have the style of king of England ? » (*PJ*, p. 86).

[9] « Plenty and comfort, thanks to King Harry and the Red Rose, flourish there. The earth is rich in corn, the green fields peopled with fat kine, such as delight yon islanders » (*PW*, p. 66).

VII de Mary Shelley manifeste un grand intérêt pour les découvertes de Christophe Colomb, ce qui fait de lui un véritable homme de la Renaissance et le rapproche d'un personnage très positif du roman, le marin explorateur d'origine maure Hernan de Faro, qui captive les propres fils du roi par le récit de ses aventures et qui se trouve par ailleurs être pour Richard un père d'adoption. Tout en le critiquant, la romancière associe explicitement Henri au progrès de la civilisation et à la paix :

> Un esprit mercantile était apparu au cours de son règne, grâce en partie aux progrès de la civilisation, et en partie à la disparition d'une part si importante de la vieille noblesse au cours des guerres civiles. L'esprit de la chevalerie, qui isole les hommes, avait cédé la place à celui du commerce, qui les rassemble[10],

tandis que les plaines anglaises sont plusieurs fois présentées comme fertiles et que le pays entretient de bonnes relations avec ses voisins. En garantissant la stabilité, l'ordre et la paix grâce à cet esprit commercial, Henri apparaît sous un jour favorable, tandis que le vieil ordre médiéval défendu par Richard, preux chevalier qui se réclame constamment des valeurs de la chevalerie, est décrit comme meurtrier dans l'ensemble du roman[11].

Les deux mondes ainsi dépeints, celui de Richard et celui d'Henri, évoquent deux sortes de régime, la féodalité et une forme de tyrannie qui, comme l'indique le passage cité *supra*, n'est pas entièrement négative : elle rassemble les hommes alors que le vieil ordre féodal les isolait. La bataille de Bosworth, qui historiquement marque la fin du Moyen Âge en Angleterre, prend alors l'allure d'une véritable révolution. Le changement n'est pas d'ordre institutionnel puisque le pays connaît toujours un régime monarchique (un roi est remplacé par un autre) et

---

[10] « A commercial spirit had sprung up during [Henry's] reign, partly arising from the progress of civilization, and partly from so large a portion of the ancient nobility having perished in the civil wars. The spirit of chivalry, which isolates man, had given place to that of trade, which unites them in bodies » (*PW*, p. 306).

[11] La dimension politique de cet affrontement entre Richard et Henri est développée entre autres par William T. Brewer dans « William Godwin, Chivalry, and Mary Shelley's *The Fortunes of Perkin Warbeck* », *Papers on Language and Literature*, n° 35, printemps 1999, p. 187-205.

que la société demeure patriarcale, mais il touche à la nature même de cette monarchie. D'une conception familiale, plus précisément paternelle du gouvernement, où le roi se considère et est considéré comme le père de ses sujets, où sphère publique et sphère privée se confondent, on passe en effet à une vision plus capitaliste de la politique, où le roi dirige son royaume tel un administrateur absolu, presque un chef d'entreprise (qui n'aurait rien de paternaliste) et où les deux sphères sont nettement séparées. Jamais en effet le roi Henri VII, qualifié de « tyran » et non de « père », ne fait allusion à ses sujets comme à ses enfants, tandis que Richard se présente constamment comme le « père » de ses sujets putatifs (« mes compatriotes, mes enfants[12] », s'exclame-t-il par exemple). La réussite d'Henri est à opposer à l'échec non seulement de Richard, mais du système qu'il représente, et ce sur tous les plans : si Henri Tudor est un monarque puissant et craint, c'est aussi un père, patriarche fondateur d'une lignée, qui léguera son royaume à son fils Henri, futur Henri VIII. La paternité triomphante d'Henri est d'autant plus soulignée que Mary Shelley ne mentionne pas la mort de son fils aîné Arthur en 1502, ce qui permet de garder d'Henri à la fin du roman l'image d'un roi à la tête d'un royaume prospère, roi qui se trouve être aussi un père comblé par ses deux fils – double inversé d'Édouard IV, le roi-père aux deux fils morts et à l'héritage perdu. La vision paternelle du pouvoir prônée par Richard est un échec total, tant dans le domaine public que dans la sphère privée, ce que corroborent les différents termes connotant la stérilité que Mary Shelley lui associe tout au long de l'œuvre[13]. L'incompatibilité de la politique et des liens familiaux est mise en lumière à plusieurs reprises ; ainsi Élisabeth Woodville, la mère de Richard, déclare-t-elle : « j'ai enfanté des princes. Vain titre de gloire ! J'ai perdu mes enfants[14] ! » On peut même aller jusqu'à dire que la royauté exige la dissolution de ces liens : un « prince » n'est pas un « fils », et les deux s'excluent mutuellement. Une reine donne naissance à un titre, à une fonction, et non à un enfant.

---

[12] « My countrymen, my children » (*PW*, p. 256).
[13] Je me permets sur ce point de renvoyer le lecteur à mon article disponible en ligne : « Mary Shelley et le roman historique : une vision féminine de l'Histoire ? », *lines.fr*, n° 2, décembre 2005.
[14] « I am the mother of princes. Vain boast ! I am childless ! » (*PW*, p. 46).

C'est tout un système de valeurs qui disparaît avec Richard d'York, système fondé sur les valeurs chevaleresques et l'assimilation du roi à la figure du père, pour laisser la place à une société toujours patriarcale mais dominée par les valeurs marchandes et qui peut être qualifiée de « bourgeoise ». Le roi-père survit encore quelques années en la personne de Jacques IV d'Écosse, qui se présente comme le « frère » de Richard qu'il marie à sa cousine et qui lui aussi parle de ses sujets comme de ses enfants (PW, p. 210), mais la voix narrative prend soin de préciser à deux reprises que Jacques mourra misérablement quelques années plus tard, entraîné par l'esprit chevaleresque que raille Henri VII. Le duc d'York et son cousin le comte de Warwick, qui sera exécuté deux jours avant lui, sont les derniers représentants d'une famille illustre et les derniers Plantagenêts légitimes ; on trouve ici le motif cher à la littérature romantique et au roman historique postérieur à Scott, celui de la fin d'une famille et plus généralement du dernier homme. Le roman suggère que la disparition de cette lignée est due au rejet du fils par son père, à un refus de transmission de l'héritage.

Cela apparaît tout d'abord avec le motif répété de la bâtardise. Le plus fidèle allié de Richard d'York, Edmund Plantagenêt, est un fils illégitime de Richard III ; le roman insiste sur le fait que le héros est lui-même considéré comme bâtard, son père ayant contracté un mariage antérieur. C'est historiquement la raison pour laquelle son frère Édouard V et lui furent écartés de la succession par Richard III. L'idée avancée par Henri, que Richard soit né d'une autre mère qu'Élisabeth Woodville, épouse considérée comme légitime d'Édouard IV, ne choque personne, tant la réputation de séducteur de son père était grande (le roman évoque plusieurs des maîtresses d'Édouard IV, notamment Jane Shore) ; c'est d'ailleurs l'une des explications données par les chroniqueurs contemporains pour expliquer la ressemblance de ce « Perkin Warbeck » avec Édouard et les hommes de la maison d'York. L'inconduite du père est donc à l'origine des malheurs du fils : Richard ne peut succéder à son père car le doute est jeté sur son origine. Même Henri est considéré comme un bâtard, ce qui importe moins politiquement parlant dans la mesure où il est le premier de sa lignée[15].

---

[15] On peut remarquer à cet égard que Mary Shelley a grandi au milieu d'enfants illégitimes : Fanny Imlay Godwin, fille de sa mère et de Gilbert Imlay

De façon plus générale, les relations conflictuelles au père jouent un grand rôle dans *PW*, dans le cas d'Edmund qui a été élevé dans l'ignorance de ses origines royales, et qui, après l'avoir appris, souhaite en vain racheter les méfaits de son père Richard III et tout aussi vainement veiller sur lui lors de la bataille de Bosworth ; de Jacques d'Écosse, qui se croit responsable de la mort de son père (le mot « parricide » est employé p. 209) et cherche à expier sa culpabilité par divers moyens ; et bien sûr dans le cas de Richard, qui cherche à reconquérir le royaume paternel et à se montrer digne d'un père dont il ne cesse de se réclamer, d'où les nombreuses références à l'idée de patrimoine[16]. Richard est un chevalier déshérité, et le roman suggère que ce sont ses parents, et particulièrement son père, qui l'ont déshérité, ainsi qu'en témoigne une phrase frappante : « nul voyageur épuisé, perdu dans une contrée sauvage, poursuivi par des ennemis barbares, ne souffrit jamais davantage que le fils d'Édouard IV dans les champs aliénés de son royaume paternel[17] ». L'étrange syntagme « son royaume paternel » brouille l'idée d'appartenance : est-ce « son royaume » ou « le royaume paternel » ? La question ne se pose en fait pas puisque l'Angleterre est maintenant « aliénée », possession d'Henri VII.

Richard d'York doit beaucoup à l'Ivanhoé de Scott, renié et déshérité par son père : les jeunes gens ont été dépossédés d'un héritage qu'ils considèrent comme leur revenant de droit, Ivanhoé se présentant

---

non reconnue par celui-ci, ainsi que les deux enfants de Mary Jane Clairmont, seconde épouse de Godwin, avant de mettre elle-même au monde un enfant hors-mariage. L'idée d'une filiation « légitime » peut donc apparaître comme secondaire à ses yeux.

[16] « Droits héréditaires » (« paternal rights », *PW*, p. 19) ; « le trône de son père » (« the throne of his father », *PW*, p. 130) ; « ne serait-ce pas une action honorable que [...] d'asseoir un prince lésé sur le trône de son père ? (« were it not a worthy act to [...] seat upon his father's throne an injured Prince ? » *PW*, p. 195), demande Richard ; « patrimoine » (« patrimony », *PW*, p. 196) ; « son royaume paternel » (« his paternal kingdom », *PW*, p. 370), pour ne prendre que quelques exemples.

[17] « No way-worn traveller in savage lands, pursued by barbarous enemies, ever suffered more than the offspring of Edward the Fourth amidst the alienated fields of his paternal kingdom » (*PW*, p. 370).

comme « Desdichado[18] », tandis que Richard reçoit ce nom d'Hernan de Faro, ténébreux veuf inconsolé. Mary Shelley connaissait parfaitement l'espagnol et savait que la traduction de *desdichado* est *malheureux, infortuné*, et non *déshérité*, mais les nombreux parallèles qui existent entre *PW* et *Ivanhoé* (héroïnes brune et blonde, scène de tournoi, ambivalence face aux valeurs chevaleresques, héros passif, etc.), ainsi que la profonde admiration que la romancière éprouvait pour l'auteur écossais, permettent indéniablement de voir dans l'utilisation de *desdichado* une référence à Scott et à l'interprétation qu'il donne à ce mot. Si Ivanhoé finit par récupérer son héritage, tel n'est pas le cas de Richard, peut-être parce que l'attitude paternelle se double d'un rejet maternel. Parlant de son pays, le jeune prince s'exclame ainsi : « ma mère m'accueille par un baiser glacé […]. En vérité, elle a épousé mon ennemi, et m'a privé de mon héritage[19] ». La mère-Angleterre, mi-Clytemnestre mi-Gertude[20], prive elle aussi son fils de son héritage. Quant à la place que Richard lui-même s'attribue par rapport à son pays, n'est-elle pas déjà profondément ambiguë ? En effet, comment peut-il être à la fois le *père* et le *fils* de son

[18] « Le motif peint sur son bouclier [celui d'Ivanhoé] représentait un jeune chêne déraciné, accompagné du mot espagnol *Desdichado* qui signifie Déshérité » (« the device on his shield was a young oak-tree pulled up by the roots, with the Spanish word *Desdichado*, signifying Disinherited », *Ivanhoé* [1819], Londres, Penguin Classics, 1986, p. 96). Les traducteurs français, dont Alexandre Dumas, choisissent aussi logiquement de rendre ce terme par *déshérité*.

[19] « My mother greets me with a cold kiss », said the Prince ; « In truth, she has wedded mine enemy, and cast me out from my inheritance » (*PW*, p. 174). Ou encore : « Bienvenue en Angleterre, douce Kate ! Bienvenue dans le pays dont tu es reine, dit York ; et même si son accueil est froid ou rude, aime-la pour l'amour de moi, car elle m'a enfantée. – Je ne l'appellerai pas belle-mère, mon cher seigneur, répondit la princesse, mais ces sables abandonnés manquent singulièrement de tendresse maternelle » (« Welcome to England, sweet Kate ! welcome to the country of which thou art Queen », said York ; « and even if her reception be cold or rough, love her for my sake, for she is my mother ». « A step-mother I will not call her, dear my Lord », replied the Princess, « but the maternal embrace is strangely wanting on these deserted sands », *PW*, p. 295).

[20] On trouve un certain nombre d'échos shakespeariens dans *PW*, y compris des citations d'*Hamlet*.

royaume (les termes sont récurrents dans le roman)[21] ? Son rapport avec l'Angleterre se situe dans cette ambiguïté fondamentale et il est finalement révélateur d'une identité profondément instable, identité qui joue un rôle essentiel dans la vision politique proposée par Mary Shelley.

J'ai développé ailleurs la façon dont Richard finit par s'identifier à « Perkin Warbeck », donc à un imposteur, et le lien que cela entretient avec les théories de Godwin, selon qui la monarchie et l'identité des « rois » ou des « princes » sont fondées sur l'imposture[22]. La condamnation politique est d'autant plus forte que Mary Shelley prend soin de présenter son héros comme un « Prince parfait[23] ». Contrairement au prince hypothétique présenté par Godwin, veule et faible, le sien est un être réellement supérieur, doté de toutes les qualités (franchise, pureté, innocence, courage, chasteté, simplicité, etc.) et d'une parfaite noblesse donnée comme innée. Il ressemble par ailleurs physiquement à son père, dont il est même décrit comme étant la « réplique » (*PW*, p. 130) ; une ancienne maîtresse d'Édouard IV croit voir son père lorsque Richard apparaît devant elle. Être supérieur, prince parfait, image de son père, il a tout pour réussir et être un bon roi : son échec, et à travers lui celui de la monarchie, est donc sans appel. Richard est en fait pris dans un cercle vicieux qui tient à la notion qu'il entretient de son « droit », qui constitue une forme d'*hamartia*, et est intrinsèquement liée à son identité de prince. Il est prince parce qu'il a un royaume, son héritage ; s'il n'a plus d'héritage, il n'est plus prince et n'a donc plus d'identité. Or plus il se bat pour son « droit », plus il est pris pour un imposteur, car il provoque ainsi le malheur de son pays, notamment lors de la calamiteuse campagne écossaise, ce que ne ferait pas un « bon » prince. Comme le dit un

---

[21] Par exemple (ce passage est en discours indirect libre) : « Il était né roi et père de ce royaume ; parce qu'il était privé des droits de sa haute naissance, devait-il abjurer le devoir naturel qu'il avait envers l'Angleterre, puisqu'il était son fils ? » (« He was born king and father of this realm : because he was despoiled of his high rights, was he to abjure his natural duty to her, as her child ? », *PW*, p. 251).

[22] Voir « *The Fortunes of Perkin Warbeck* de Mary Shelley : roman des marges », dans *Sens et figures de la marge dans la littérature féminine de langue anglaise*, dir. Claire Bazin et Marie-Claude Perrin-Chenour, Nanterre, Publidix - Université Paris X - Nanterre, 2006, p. 13-23, ici p. 18-19.

[23] *The Perfect Prince*, d'Ann Wroe, est d'ailleurs le titre du dernier ouvrage historique en date consacré à Perkin Warbeck (New York, Random, 2003).

vénérable prêtre yorkiste à l'agonie, « aucun fils d'York ne s'allierait à ces cruels pillards[24] ». Le sens moral s'oppose au sens juridique : Richard n'est pas digne de, n'a pas « droit » à, ce qui est censé lui revenir « de droit ». L'opposition entre ces deux sens prive le héros d'une identité stable, ce qui se confirme à plusieurs égards.

Mary Shelley utilise ainsi deux fois pour décrire son héros le terme *mercurial* (*PW*, p. 113 et 348), qui en anglais a le sens de *vif, optimiste*. Ce terme renvoie bien sûr étymologiquement à Mercure, à qui Richard est en outre associé par l'intermédiaire de l'un de ses attributs, les sandales ailées (*PW*, p. 351 et 364) ; Henri VII va jusqu'à l'appeler « notre Mercure » (« our Mercury », *PW*, p. 364). Cette comparaison renvoie à la nature profondément instable, voire oxymorique du protagoniste, que *mercure* désigne le métal liquide ou la divinité assimilée à Hermès. L'utilisation en épigraphe de l'hymne homérique à Mercure (*PW*, p. 76), traduite par Percy Shelley, renforce encore la présence du fils de Jupiter dans le roman. Dieu du voyage, messager aux sandales ailées, Mercure paraît à première vue tout indiqué pour qualifier un chevalier, et particulièrement l'errant Richard ; dieu des carrefours, il possède en cela une attribution qui convient ironiquement bien au duc d'York, souvent représenté comme étant à un moment décisif de sa vie. La comparaison semble d'autant mieux choisie que le premier exploit du petit Hermès-Mercure, comme celui du jeune Richard échappé de la Tour de Londres, consiste en une évasion : nouveau-né, il aurait réussi à se défaire des bandelettes qui le liaient[25]. Pourtant, Mercure est également associé au commerce, que favorise Henri VII, et ce dieu, voleur et menteur, protège les dissimulateurs honnis de tout bon chevalier ; le cauteleux Frion, traître sans scrupules, est également présenté comme « mercurial » (*PW*, p. 312). Enfin, Mercure est aussi célèbre pour ses aventures amoureuses et agit également comme entremetteur auprès notamment de Jupiter[26], et un parallèle avec le héros de Mary Shelley sur ce dernier point se révèle étonnamment fécond et souligne une incohérence du personnage. Richard d'York, à qui sa noblesse d'âme, son intégrité et sa pureté

---

[24] « No son of York would ally himself to these cruel border-robbers » (*PW*, p. 253).
[25] Voir Pierre Grimal, *Dictionnaire de la mythologie grecque et romaine* (1951), Paris, PUF, 2002, p. 206-207.
[26] Je remercie Roland Le Huenen d'avoir attiré mon attention sur ce point.

intrinsèques, ainsi que ses conceptions chevaleresques, inspirent non seulement un respect protecteur envers les femmes qui le pousse par exemple à vouloir devenir le champion de sa sœur Élisabeth, mais aussi des commentaires moralisateurs au grand séducteur Jacques d'Écosse, n'hésite pas en effet à se servir de ses charmes et d'un langage courtois pour s'assurer l'appui d'une jeune gitane. Il lui tient ce qui est explicitement présenté comme des propos galants[27] et lui fait la cour sous l'œil de Monina, la jeune femme dont il est alors théoriquement épris. En outre, deux chapitres suffisent pour que Richard oublie cette pauvre Monina et tombe amoureux de la princesse écossaise Katherine Gordon, ce qui semble être à nouveau en contradiction avec son personnage de chevalier preux et loyal. Le parallèle subtil mais récurrent que Mary Shelley instaure entre son héros et Mercure souligne donc un élément profondément ambigu dans la nature de Richard.

Dans *Perkin Warbeck*, Mary Shelley mêle son propos politique d'une forme d'admiration pour son noble et lumineux héros ainsi que de nostalgie pour une époque où régnaient des valeurs chevaleresques comme le sacrifice de soi ou la quête d'un idéal, valeurs prônées entre autres par Burke et tombées en désuétude sous le règne d'Henri VII ou dans l'Angleterre bourgeoise pré-victorienne où elle écrit, trente-sept ans après la publication de *Political Justice*. Elle va cependant peut-être plus loin que Godwin en attaquant l'idée de monarchie héréditaire à travers non pas un être indigne, mais un prince paré de toutes les vertus, et sa condamnation est totale. Elle présente ainsi, sous le couvert d'une œuvre de fiction, une critique tout aussi radicale du système politique dénoncé par son père.

---

[27] « The language of flattery » (*PW*, p. 186).

Isabelle Hervouet-Farrar – Université Blaise Pascal, CELIS

La France révolutionnaire, théâtre de l'intime : *Un conte de deux villes* de Charles Dickens (1859)

Parce qu'il axe sa diégèse autour d'un secret de famille qui va conduire un jeune homme à combattre l'ignominie de son père, *Un Conte de deux villes*, publié par Dickens en 1859, semble destiné à mettre en scène un conflit œdipien, peut-être même un roman familial, somme toute classique. Le choix de la France de 1789 comme théâtre d'une partie de cette mise en scène confère à ce conflit avec le père, vieil aristocrate français, un écho quasi-universel. Sans doute n'est-il pas inutile de rappeler les grandes lignes du roman. Vers 1775, Charles Darnay, le héros, fils et neveu des deux marquis d'Evrémonde, refuse de prendre sa place d'aristocrate dans le système féodal français, qui lui fait horreur. Mandaté par sa mère, il tente tout d'abord d'apporter réparation au crime affreux perpétré autrefois par les deux marquis, le viol et le meurtre d'une jeune femme, auxquels s'ajoute le meurtre du mari et du frère de celle-ci. Puis Charles Darnay fuit la France de l'Ancien Régime, défie son oncle et tente, une fois devenu marquis à son tour, d'améliorer depuis l'Angleterre les conditions de vie des gens qui travaillent sur ses terres, faisant ainsi sa révolution avant l'heure. La France de 1775 que décrit Dickens est une nation qui prépare sa propre destruction par l'abus qui est fait des vieux privilèges féodaux, tout comme la figure du père prépare par sa cruauté la révolte du fils. La grande Histoire de France se retrouve ainsi à doubler, en l'éclairant, la transgression justifiée d'une autorité cynique et destructrice. Le critique Robert Stange écrit :

> Il semble clair que lorsqu'il a construit son roman, Dickens s'est attaché à intégrer la vie privée de ses personnages au cadre plus large de l'histoire. Le projet central du roman est de montrer que le destin individuel reflète le destin de l'ordre social et est reflété par lui[1].

---

[1] « In constructing his novel – it seems clear – [Dickens] conceived his problem as one of integrating the personal lives of his characters with the

On pourra relever par exemple, comme le fait Lawrence Frank, que le viol de la jeune femme peut se lire comme le symbole de l'exploitation brutale d'une classe sociale par une autre[2]. Cependant le texte esquive les représentations directes ou limpides dès lors que la dualité se voit érigée en principe coextensif au roman et ne concerne plus seulement les échos entre le public et l'intime, l'historique et le fictionnel. On remarque d'emblée, pour donner quelques exemples, que sur la scène diégétique le héros est toujours flanqué de son double, Sydney Carton, ou qu'à la dualité des lieux (*Un Conte de deux villes* s'intéresse autant, sinon plus, à l'Angleterre qu'à la France) il faut ajouter celle de la figure du cruel marquis d'Evrémonde (à la mort du père de Charles, son frère jumeau hérite du titre). Le lecteur découvre aussi que les victimes, en France comme en Angleterre, ont très souvent tendance à se transformer en coupables, les défenseurs en accusateurs ou, plus généralement, les amis en ennemis. Cette dualité finit par miner profondément la représentation claire d'une transgression moralement justifiée. Pour mieux étudier les motifs les plus saillants de cette représentation, je me propose tout d'abord de donner brièvement quelques indications sur la place qu'occupe l'Angleterre dans *Un Conte de deux villes*, puis d'examiner les modalités selon lesquelles l'action bascule vers la France, pour voir finalement comment s'organise la mise en scène de l'acte transgressif dans le décor historique de la Révolution française.

L'Angleterre que peint Dickens abrite les victimes de l'Ancien Régime comme le docteur Manette, embastillé pendant dix-huit ans à la demande des deux marquis d'Evrémonde pour avoir refusé de taire leurs crimes. Avant que la Révolution n'éclate en France, Londres est la ville

---

wider pattern of history. It is the principal scheme of the novel to show the individual fate mirroring and being mirrored by the fate of the social order. » (G. Robert Stange, « Dickens and the Fiery Past : *A Tale of Two Cities* Reconsidered », dans *Twentieth-Century Interpretations of* A Tale of Two Cities, éd. Charles Beckwith, Englewood Cliffs, New Jersey, Prentice-Hall, Inc., 1972, p. 64-75, ici p. 68). Traduction (et toutes celles qui suivent) I. Hervouet-Farrar.

[2] « The rape points to the ruthless exploitation of one class by another ». Lawrence Frank, *Charles Dickens and the Romantic Self*, Lincoln & London, University of Nebraska Press, 1984, p. 126.

où les victimes de l'Ancien Régime peuvent jouir d'un bonheur bourgeois et entrer dans le XIXe siècle, pourrait-on dire, loin des lettres de cachet ou de la famine. C'est là que le héros, qui a changé de nom et renoncé à sa particule, peut épouser Lucie Manette et travailler pour subvenir aux besoins de sa nouvelle famille. Si l'on se fie à l'embourgeoisement calme du docteur Manette et de Charles Darnay, l'Angleterre semble promettre un contraste avec la France, à la fois celle de l'Ancien Régime et celle de la Terreur.

Mais cette promesse n'est pas tenue, et l'on remarque dès le début du deuxième volume que l'arbitraire n'est pas le seul apanage de l'Ancien Régime. Le lecteur rencontre Darnay lors du procès de celui-ci, en Angleterre précisément, où Darnay est accusé à tort et par les vrais coupables d'intelligence avec Louis XVI au sujet de l'indépendance des colonies américaines. C'est une parodie de justice à laquelle on assiste. Les spectateurs du procès de Darnay n'ont pas de doute sur son issue et se délectent à l'avance d'une mise à mort pour trahison particulièrement cruelle, dont le détail évoque les tortures infligées à Damiens pour régicide, que le roman rappelle comme en écho (voir les chapitres 2 et 15, volume II).

Avant même le procès de Darnay, Dickens n'a pas manqué de souligner à quel point la justice anglaise est fondamentalement inique, qui prononce la mise à mort, sans distinction, des coupables de meurtres atroces et des auteurs de menus larcins[3]. Comme le souligne la critique[4], pour Dickens l'observateur attentif de la vie politique une révolution semblable à celle de 1789 aurait tout à fait pu se produire dans l'Angleterre de la fin du XVIIIe siècle, au moment où il situe l'action de son roman, et serait encore possible dans les années 1850.

Au-delà de la réflexion politique et du message clair qui nous est délivré, l'Angleterre apparaît, de façon diffuse mais très prégnante,

---

[3] « Today, taking the life of an atrocious murderer, and tomorrow of a wretched pilferer who had robbed a farmer's boy of sixpence ». Charles Dickens, *A Tale of Two Cities* [1859], London, Penguin Classics, 1985, p. 37.

[4] Voir par exemple, Barton R. Friedman, « Antihistory : Dickens's *A Tale of Two Cities* » (1988), rpt in Hollington, M. (Ed.), *Charles Dickens Critical Assessments*, Volume III, London, Helm Information, 1995, 481-503, p. 500.

comme un lieu troublé. Le renoncement de Darnay à sa position de marquis et l'abandon de ses terres à tous les paysans qui en vivent, pour généreux qu'ils semblent être, se vivent comme une fuite. Darnay reconnaît en effet qu'il n'a pas eu le courage d'aller jusqu'au bout de son entreprise, et qu'il aurait dû céder ses terres légalement (voir chapitre 24, volume II). Cette fuite semble alors entraîner toute une série de phénomènes mal maîtrisés ou réellement inquiétants qui montrent bien que le passé français est mal soldé. C'est ainsi que le logement de Darnay, de sa femme et du docteur Manette n'est pas tout à fait le lieu paisible auquel le narrateur tente tout d'abord de nous faire croire :

> C'était un endroit calme, très ordinaire mais joyeux, le lieu idéal pour entendre toutes sortes d'échos, et un refuge contre la fureur des rues[5].

Le texte précise en effet, quelques pages plus tard :

> Le recoin idéal pour entendre toutes sortes d'échos résonnait de bruits de pas qui allaient et venaient, sans que jamais on ne vît marcher qui que ce fût[6].

Les échos mentionnés dès la première description deviennent troublants car ils donnent le sentiment aux personnages que quelqu'un se dirige vers eux, puis qu'une foule semble vouloir pénétrer dans leur vie, alors qu'ils ne voient jamais personne. Les échos se doublent des bruits de pas d'un mystérieux locataire, à l'étage au-dessus, qui, étonnamment, n'apparaîtra jamais dans la diégèse et dont la présence n'est mentionnée qu'à deux reprises, sans plus de détails ou d'explication (voir chapitre 6, volume II, p. 123 et 128). La présence troublante de ce locataire et celle, au-delà, d'une multitude invisible mais bruyante hantent la quiétude des bourgeois devenus anglais et donnent à penser au lecteur qu'un contenu enfoui va nécessairement resurgir. Comme l'écrit Charles Beckwith :

---

[5] « It was a cool spot, staid but cheerful, a wonderful place for echoes, and a very harbour from the raging streets ». Dickens, *A Tale of Two Cities*, p. 123.

[6] « The wonderful corner for echoes resounded with the echoes of footsteps coming and going, yet not a footstep was there ». Dickens, *A Tale of Two Cities*, p. 132.

Nous sentons que la Révolution est tout autant un entrelacs de bruits de pas et de murmures étouffés qu'un fait historique[7].

Aux échos de moins en moins discrets s'ajoutent les voyages incessants vers la France. Le mystère des allées et venues constantes de Darnay ne trouve une explication diégétique que très tardivement, ce qui a pour conséquence de mettre en exergue le caractère étrangement compulsif de ces voyages. Au moment où en France la Terreur se met en place, le héros va « chercher l'Histoire (des histoires) », dirait Philippe Hamon[8]. L'attraction mortifère que son pays natal exerce encore sur lui est exprimée par le détour de l'image de la « Montagne Noire[9] », une mine d'aimants qui apparaît dans l'un des *Contes des mille et une nuits*, « l'Histoire du troisième Calender » et qui, attirant irrésistiblement le fer des navires, les fait couler et tue leur équipage.

Nombreux sont les voyages effectués dans *Un Conte de deux villes*. Tout comme ceux du héros, ils tendent à revêtir un caractère irréel. Le lecteur est frappé, par exemple, par l'atmosphère fantomatique du premier voyage, celui du banquier Lorry vers la France, qui marque la première rencontre du lecteur avec le petit groupe de personnages. Nous sommes alors mystifiés, embarqués dans un voyage mystérieux, entourés d'ombres menaçantes et de personnages impossibles à identifier. L'irréalité du voyage est accentuée par le récit des cauchemars décousus de Lorry. Plus tard, le voyage désastreux de Darnay sera qualifié de « chevauchée sauvage et irréelle » accomplie au milieu de « gens qui, pareils à des fantômes, au beau milieu de la nuit, entonnent un chant révolutionnaire[10] ». Outre ces voyages compulsifs vers une France pourtant éminemment dangereuse, comment bascule-t-on d'un lieu à l'autre, de cette

---

[7] « We sense a Revolution that is as much an encroaching weave of footfalls and whispers as an historical fact. » Charles Beckwith, « Introduction », *in* : Charles Beckwith, (Ed.), *Twentieth-Century Interpretations of* A Tale of Two Cities, Englewood Cliffs, New-Jersey, Prentice-Hall, Inc., 1972, p. 7.

[8] Philippe Hamon, « Un discours contraint », *in* : Barthes Roland, Bersani Léo, Hamon Philippe, Riffaterre Michael, Watt Ian. *Littérature et réalité*. Paris, Editions du Seuil, 1982, p. 137.

[9] « The Loadstone Rock ». Dickens, *A Tale of Two Cities*, p. 272.

[10] « Wild unreal ride […] people, in a ghostly manner in the dead of the night […] singing a Liberty song ». Dickens, *A Tale of Two Cities*, p. 278.

Angleterre faussement paisible vers une France féodale puis révolutionnaire, toujours particulièrement barbare ?

Le passage vers la France se fait tout d'abord par cette dualité dont on a dit qu'elle se voyait érigée en principe. Le roman est articulé autour d'un système d'échos (aux niveaux narratif et diégétique), de répétitions, de parallèles, dont la fonction première semble être de favoriser le glissement vers la France. Hormis l'exemple frappant de Charles Darnay et de Sydney Carton, sur lequel il faudra revenir, les échos, les parallèles et autres contrastes abondent, qui nourrissent ce principe de dualité. Il serait fastidieux d'en dresser une liste exhaustive mais on peut mentionner que les deux figures féminines centrales, Lucie et Mme Defarge, font l'objet de représentations symboliques qui se répondent : en Angleterre Lucie la fileuse tisse la vie, en France Mme Defarge la tricoteuse confectionne des linceuls. Dickens choisit également de doubler dans la fiction un épisode de la Révolution. Foulon, conseiller d'état, fait publier sa mort mais est rattrapé et exécuté par les révolutionnaires. L'anecdote est historique. Cly, personnage fictif, met lui aussi en scène son enterrement en Angleterre pour échapper à ses ennemis. Deux scènes d'hystérie collective se répondent, l'une, en France, déclenchée par la pendaison de Foulon, l'autre, en Angleterre, par le faux enterrement de Cly (voir les chapitres 14 et 22, volume II).

Le motif du double se décline en scission entre envers et endroit, entre jour et nuit, entre le social, le policé, l'acceptable, l'anglais d'une part, le pulsionnel, le brutal, le français d'autre part. C'est ainsi que Sydney Carton l'Anglais se présente, nous dit le narrateur, comme un « Double au maintien vulgaire[11] ». Alcoolique et brisé, il est indolent le jour mais travaille la nuit. Il se montre passif en Angleterre, où il n'a ni énergie ni projet[12], mais devient actif en France, cette terre brutale qui semble lui correspondre en ce que c'est là qu'il peut donner la pleine mesure de son talent. Au contraire, l'industrie de Charles Darnay le Français lui permet de gagner honnêtement sa vie en Angleterre et de prétendre y devenir bourgeois tandis qu'il se montre singulièrement passif en France, où il est tour à tour incapable de retrouver la sœur de la jeune femme autrefois assassinée (alors qu'elle n'a, elle, aucun mal à le

---

[11] « Double of coarse deportment ». Dickens, *A Tale of Two Cities*, p. 114.
[12] « No energy and purpose ». Dickens, *A Tale of Two Cities*, p. 120.

retrouver), incapable de se défendre contre les révolutionnaires et finalement inapte à sauver lui-même sa propre vie et celle des membres de sa famille. Le comportement du héros et de son double amène à comprendre que la France se présente au lecteur comme un envers du décor, la part sombre des choses, un lieu d'essence irréelle. Sydney Carton est d'ailleurs décrit comme « unsubstantial » (p. 237). Si à l'époque de Dickens l'adjectif indique aussi que Carton manque de qualités morales, la lecture littérale révèle que le personnage est privé de cette substance qui fait les êtres humains. La France du roman est un lieu dépeint comme profondément irréel, et ceci vaut d'abord au niveau de la démonstration politique. Le Marquis est un personnage de conte, son château « la brume d'un rêve » ; l'apparition des furies et de la gorgone (chapitre 7, volume II) appuie cette déréalisation et la France tout entière est victime d'un envoûtement maléfique[13]. Tout comme les ombres fantomatiques des miséreux de Saint Antoine, l'aristocratie est contaminée par le spectral, emportée qu'elle est dans une Danse Macabre qui l'étourdit (chapitre 7, volume II) mais qui signale déjà la mort d'un système politique épuisé. « La lèpre de l'irréalité[14] » pour Dickens, est cette maladie qui touche ceux qui ne savent plus rien de ce qui se passe autour d'eux. Le mépris témoigné envers le reste de la communauté humaine déréalise et déshumanise, au sens littéral, et les aristocrates français donnent le spectacle de leur évanescence. C'est là le point central de la démonstration politique ou historique, démonstration que Dickens poursuit selon les mêmes lignes et pour les mêmes raisons après la révolution, comme on le sait. Il est fait mention du « comble de l'irréalité[15] » des prisons révolutionnaires.

Tous ces exemples participent d'un réseau nourri de métaphores liées, en France, à l'irréel et au fantasmatique, à cet « envoutement maléfique » qui touche aussi bien l'histoire de la Révolution française que l'histoire intime du petit groupe de personnages[16] et souligne le contraste

---

[13] « Like some enchanted marquis » (p. 156), « a mere mist of a dream » (p. 160), « terrible enchantment » (p. 263), Dickens, *A Tale of Two Cities*.
[14] « The leprosy of unreality ». Dickens, *A Tale of Two Cities*, p. 137.
[15] « crowning unreality ». Dickens, *A Tale of Two Cities*, p. 285.
[16] Le père que Lucie Manette retrouve à Paris est, comme elle le dit elle-même, le « fantôme » de l'homme d'autrefois, « et non pas lui » (« it will be

avec une Angleterre ancrée dans le réel. La France est bien ce lieu chimérique où des ombres s'incarnent le temps d'offrir au regard des Anglais un spectacle qui les concerne, le spectacle de ces « deux révolutions, l'une politique, l'autre générationnelle », selon les termes d'Albert Hutter[17]. Mais – et c'est un point essentiel du roman – ce spectacle est, sous la plume de Dickens, *littéralement* offert au petit groupe de personnages. Que l'on examine en effet les points où le texte fait basculer l'histoire de l'Angleterre vers la France, et l'on notera que le plus souvent les scènes françaises sont des tableaux proposés à Darnay, Manette, Lucie ou Lorry. La construction du chapitre « Echoing Footsteps » (chapitre 21, Volume II) est à ce titre remarquable puisque la première moitié, dont l'action se situe en Angleterre, se conclut sur l'image de Lucie et de Lorry écoutant ces mystérieux échos de bruits de pas, et sur la phrase « Restons assis sans faire de bruit pour mieux entendre ces échos. Ecoutons-les[18] », tandis que la seconde partie s'ouvre sur la prise de la Bastille. De même, le second paragraphe du chapitre 24, Volume II (p. 263) montre le petit groupe de Soho tendant l'oreille vers les bruits de pas qui, nous dit le texte, sont ceux des révolutionnaires. Michael Hollington souligne l'importance des sens dans *Un Conte de deux villes*[19] et l'utilisation qu'en fait Dickens est ici remarquable sur un point : après avoir écouté les bruits de pas des Français, les habitants de Soho quittent l'Angleterre comme pour s'en aller voir ce qu'ils font. Dans le Volume III, les tableaux les plus saisissants de la révolution française sont en effet introduits dans le récit comme encadrés par un regard: Manette et Lorry sont à leur fenêtre et regardent le spectacle des révolutionnaires qui aiguisent leurs armes (p. 291-2), la danse de la carmagnole est vue par Lucie (p. 307), les massacres de septembre sont

his ghost, not him », p. 57). Mais le docteur Manette n'a plus rien d'un fantôme une fois revenu en Angleterre.

[17] « Two revolutions, one generational and the other political, determine the structure of *A Tale of Two Cities* ». Albert D. Hutter, « Nation and Generation in *A Tale of Two Cities* », *in* : *PMLA*, vol. 93, n°3, May 1978, p. 448.

[18] « Let us sit quiet and hear the echoes… Only hear them ». Dickens, *A Tale of Two Cities*, p. 243.

[19] Voir Michael Hollington, *Dickens, A Tale of Two Cities*, Coll. « Clefs concours », Paris, Atlande, 2012, p. 70-82.

vus par Manette, mais puisque ce spectacle est indicible[20], alors Manette lui-même, animé par cette énergie surhumaine qui lui permet de tenter de sauver Darnay, s'offre à son tour en spectacle au regard de Lorry (p. 300-1).

La France s'ouvre comme une scène de théâtre et un espace intérieur où se donne un spectacle que l'on regarde et que l'on écoute, un monde pris dans le champ du regard. Elle se présente donc bien souvent, semble-t-il, comme ce que Freud appelle « autre scène » dans *L'Interprétation des rêves,* un espace irréel et fantasmé où peut se donner à voir un contenu enfoui en quête d'un mode d'expression. C'est « un autre espace », pour reprendre les termes d'Octave Mannoni, qui s'ouvre « dans le monde extérieur, […] comparable à la scène théâtrale [et] au terrain de jeu[21] ».

Dans *Un Conte de deux villes,* la déréalisation de cette « autre scène » qu'est la France passe par le spectral, on l'a vu, mais aussi par l'abandon fréquent de toute causalité diégétique : Darnay retourne en France pour sauver Gabelle, mais Gabelle se sauve bien tout seul, et Darnay se laisse prendre à ce piège dans lequel il se précipitait. Sydney Carton, son double, le suit sans que la moindre raison soit avancée. La cohérence de la représentation sur cette « autre scène » qu'est la France n'est plus d'ordre diégétique mais relève du fantasmatique. Charles Darnay doit aller se frotter à la transgression de la loi du père. C'est là une nécessité impérative.

Si l'on tient pour acquis que le désir transgressif qui hante l'intime se voit mis en scène dans de grandes fresques révolutionnaires, force est de constater que la représentation de la transgression, en France, est profondément incertaine. Ceci n'est pas vraiment étonnant, puisque, comme le rappelle Octave Mannoni, « la fonction de cette autre scène […] est d'échapper au principe de réalité [tout autant] que de lui obéir[22] ».

---

[20] « The sights he had seen there […] shall remain untold ». Dickens, *A Tale of Two Cities*, p. 299.

[21] Octave Mannoni, *Clefs pour l'Imaginaire, ou l'Autre Scène*, Paris, Éditions du Seuil, 1969, p. 97.

[22] *Ibidem.*

Tout d'abord, au niveau collectif, ce sont des bêtes sauvages[23] qui font la Révolution. Il ne faudrait pas imaginer que Dickens regrette l'Ancien Régime. Au contraire, il ne cesse de dire clairement que la noblesse française est responsable des événements. Il ironise par exemple sur l'idée que se font les aristocrates d'une révolution qui serait la seule récolte à n'avoir jamais été semée[24]. L'image d'une révolution monstrueuse et criminelle correspond plutôt à un aveu de l'ordre de l'intime. Je m'appuierai ici sur une brève analyse du critique John Gross :

> La Révolution est simple agent de mort, la tempête qui submerge la ville. Ou plutôt, toute la fureur et la rancœur réprimées, qui ne trouvent pas d'exutoire dans l'univers « privé » des personnages, déborde en violence révolutionnaire. Dickens danse la Carmagnole et hurle avec la foule pour réclamer la tête des aristocrates. Effrayé par les forces qu'il a lui-même libérées, il considère la Révolution avec haine et dégoût[25].

Ce que souligne Gross, c'est que la transgression de la loi du père ne sera jamais que criminelle dès lors que la violence destructrice brusquement libérée fait horreur. Même lorsque les personnages agissent dans cet espace « autre » qu'est la France, le désir de tuer le père a du mal à s'exprimer lorsque cet acte transgressif relève de l'intime. Il est bien sûr déplacé du sujet vers le peuple, du fictionnel vers l'historique, comme nous l'avons vu. Mais lorsqu'il se dit, ou du moins affleure le texte, c'est déjà l'échec à venir qui est mis en avant. Ceci se voit, par exemple, dès lors que l'on s'intéresse aux détails historiques conservés par Dickens.

---

[23] « wild beasts ». Dickens, *A Tale of Two Cities*, p. 263.

[24] « It was too much the way of Monseigneur [...] to talk of this terrible Revolution as if it were the one only harvest ever known under the skies that had not been sown ». Dickens, *A Tale of Two Cities*, p. 267.

[25] « The Revolution has become simply the agency of death, the storm that overwhelms the city. Or rather, all the pent-up fury and resentment that is allowed no outlet in the 'personal side' of the book [...] boils over in revolutionary violence: Dickens dances the Carmagnole, and howls for blood with the mob. Frightened by the forces which he has released, he views the revolution with hatred and disgust. » John Gross, « *A Tale of Two Cities* », *in* : Charles Beckwith, (Ed.), *Twentieth-Century Interpretations of* A Tale of Two Cities, Englewood Cliffs, New-Jersey, Prentice-Hall, Inc., 1972, p. 23.

En dehors de la prise de la Bastille, que reste-t-il ? Principalement, justement, la mise à mort de Foulon. Or celle-ci s'accompagne d'un détail inquiétant : le gendre de Foulon est lui aussi assassiné par la foule, ce qui ne manque pas de nous rappeler qu'en France, le héros Charles Darnay est toujours flanqué de celui qui doit le sauver, son beau-père le docteur Manette. L'impression que l'on a est que le détail authentique a été choisi par Dickens uniquement pour l'écho qu'il génère avec la situation du héros et l'ombre qu'il projette : si un (beau-) père est mis à mort, alors son fils (/ son gendre) mourra lui aussi.

Quant à l'acte historique transgressif par excellence, le régicide, la mort de Louis XVI, il fait l'objet, comme le montre Max Véga-Ritter, d'une singulière occultation. L'exécution n'est pas décrite, tout juste à peine mentionnée. Max Véga-Ritter émet l'hypothèse que ce parricide est remplacé dans le roman par le récit détaillé de l'assassinat de l'oncle, le second marquis d'Evrémonde[26]. Mais alors force est de constater que le récit insiste bien davantage sur le châtiment du meurtrier.

Que l'on s'intéresse à présent au sort réservé en France au héros – il y est jugé à deux reprises et condamné à mort à l'issue du deuxième procès - et l'on ne peut que remarquer une indéniable continuité poétique avec le procès qui s'était tenu en Angleterre. Le héros est encore en sursis, l'histoire balbutie. Si la menace qui planait sur la vie du héros en Angleterre était due aux manœuvres du vieux marquis d'Evrémonde, alors la mort de l'oncle et les débuts de la Révolution n'y ont rien changé. Quant au scénario des deux procès français, il montre de façon limpide l'origine et la nature de la menace qui pèse sur le fils. Charles Darnay est d'abord acquitté grâce à l'intervention de son beau-père, le docteur Manette, mais il est arrêté de nouveau le jour-même, sur la foi d'une très vieille lettre retrouvée lors de la prise de la Bastille dans l'ancienne cellule du docteur. Cette lettre autrefois rédigée par le docteur dévoile les crimes des marquis d'Evrémonde et maudit tous leurs descendants. Voilà qui semble montrer que derrière le premier procès, à l'issue duquel le père généreux sauve le fils, se cache un autre scénario bien plus violent selon lequel le père punira de mort la rébellion du fils. En d'autres termes, la

---

[26] Max Véga-Ritter, « Histoire et folie dans *A Tale of Two Cities* », *in* : *Cahiers Victoriens et Edouardiens*, Publications de l'Université de Montpellier, octobre 2002, n° 56, p. 83.

lettre cachée du beau-père n'a fait que remplacer la lettre de cachet par laquelle le marquis d'Evrémonde voulait faire disparaître son neveu.

Comment se fait-il que même en France, alors que cet espace semble créé précisément pour que soit mise en scène la transgression de la loi du père, l'instance poétique ne parvienne pas à un schéma qui s'apparente au moins à « crime et châtiment » ? Pourquoi, en raison même de l'occultation du parricide, a-t-on le sentiment que l'action est articulée autour du seul châtiment du héros? A propos de plusieurs romans de Dickens, dont *Un Conte de deux villes*, Dianne Sadoff écrit :

> Un fils se retrouve confronté à son propre désir de commettre un parricide, et le récit fait resurgir de la tombe le père assassiné[27].

La figure du père, mal enterrée depuis dix-huit ans dans un cachot de la Bastille, mal refoulée peut-être, est en effet dès le deuxième chapitre « rappelée à la vie » (« Recalled to Life » est le titre du premier volume). Voici par ailleurs qui pourrait expliquer l'omniprésence du motif de la mort en France, tant on a le sentiment que l'image du retour à la vie d'un père mal mort mais si peu vivant contamine l'univers fantasmé.

Le fils va donc se confronter à l'éternel retour du père. Cet éternel retour est dû à la scission de la figure paternelle, scission qui va rendre la révolte impossible. Je ne parle pas tant à présent des deux marquis d'Evrémonde, frères jumeaux, même s'il est remarquable que leur gémellité empêche de faire tout à fait du père biologique du héros un violeur et un assassin, mais plutôt de la scission « mauvais père » – « bon père », soit la figure double du marquis d'un côté et celle du docteur Manette de l'autre. Le roman nous offre une image saisissante de cette dualité de la figure à l'occasion d'un autre de ces trajets irréels. Le vieux marquis, qui vient de tuer un enfant et qui file lui-même vers la mort qui l'attend au terme de son voyage, emporte avec lui, dissimulé sous son carrosse, son double, son ombre, le père aimant, le véritable père du petit garçon (chapitre 8, volume II).

---

[27] « A son confronts his desire for paternal murder, and his narrative recalls the figure of the murdered father from the grave. » Dianne Sadoff, *Monsters of Affection: Dickens, Eliot, and Brontë on Fatherhood*, Baltimore & London, The John Hopkins University Press, 1982, p. 24.

Ce bon père qui, sous les traits du docteur Manette, revient d'entre les morts est dans *Un Conte de deux villes* la première victime du mauvais père. Manette, on le sait, a autrefois été embastillé sur ordre des deux marquis. Cette figure du bon père tenu sous clé par le mauvais père se lit comme une métaphore de l'univocité initiale de la figure paternelle, dont la noirceur semble devoir autoriser la rébellion du fils. Mais dès que celle-ci s'organise (lorsque Darnay renonce à ses terres françaises et rejette par là l'héritage de son père), alors le bon père se voit libéré comme par miracle, le fils est châtié (Darnay est jugé pour haute trahison) ou se voit frappé d'impuissance. C'est bien ce schéma-là qui sert d'articulation centrale au roman. Le bon père est cette figure intermédiaire qui brouille constamment le désir de rébellion du fils. Il rassemble en effet sur son image la dureté du père et la place de victime du fils. Manette est à la fois celui que le marquis fait emprisonner par lettre de cachet, et celui qui signe une lettre dont le but bien mal dissimulé est de faire condamner Darnay. Mais puisque le bon père est la première victime des agissements du mauvais père, il devient impossible au fils de se rebeller contre la figure pathétique et souvent aimable qu'il présente. Ce bon père est une figure très trouble dans l'univers du roman.

Quel est le destin final du fils ? Le fils semble toujours voué à calquer son comportement sur celui du père. Darnay se voit condamné à prendre la place de Manette en prison et à en perdre la raison, tout comme lui. Cette identification du fils au bon père annihile toute identité et prive le héros de toute énergie. A la fin, c'est un triste héros, apathique et passif, qui est sauvé malgré lui. Or dès le début, dès sa première apparition, Darnay sortait de prison et disait lui aussi revenir d'entre les morts (chapitre 4, volume II, p. 113). Il avait donc déjà calqué son entrée dans l'histoire sur celle de la figure du bon père.

Quant à Sydney Carton, le double du héros, qui lui peut agir en France où il n'est pas frappé d'impuissance, on comprend vite qu'il n'y défie pas l'autorité paternelle, comme on aurait pu s'y attendre, mais qu'il se précipite sur « l'autre scène » pour préserver la lignée des Manette et des Darnay, menacée depuis la mort en bas âge du fils de Charles Darnay. Sydney Carton sacrifie sa vie pour que Charles Darnay retourne en Angleterre faire des fils. On ne peut s'empêcher de songer à la terreur de Manette à l'idée de laisser une place vide dans la lignée[28]. Sydney Carton fait en sorte qu'il n'y en ait pas et exécute ainsi la volonté du père. Voilà un personnage dont le fort potentiel transgressif est une illusion de plus dans ce roman qui en regorge.

Au niveau de la grande Histoire, si les « fils » se montrent plus actifs que le héros du drame intime, on remarque vite que le décor de la France révolutionnaire n'est qu'un trompe-l'œil, puisque la violence de la Révolution ne fait que reproduire l'oppression de l'Ancien Régime. Les révolutionnaires français ne montrent pas plus de pitié envers leurs victimes que les aristocrates d'autrefois. Ces « fils »-là ont eux aussi bien du mal à ne pas simplement reproduire le comportement de leurs « pères ». Et de même qu'au niveau de l'intime le père est rappelé à la vie (le symbole est répété à l'infini) et le fils mis à mort, les révolutionnaires français sont condamnés à devenir les prochaines victimes de la guillotine. Dickens utilise jusqu'au bout le parallèle entre l'historique et l'intime, puisqu'après les excès transgressifs (bien maigres au niveau de l'intime) arrive le châtiment.

Un Conte de deux villes voit bien un héros se frotter à l'histoire et la rébellion contre le père trouver un écho dans la rébellion de tout un peuple contre une autorité abusive. Mais en transformant la France révolutionnaire en « autre scène », Dickens n'écrit pas le roman historique de cet événement majeur et nous lisons moins l'histoire d'une folie collective que celle d'une fragilité individuelle. La Révolution française fournit à Dickens l'occasion de mettre en scène un contenu intime qui revient, obsédant, dans ses derniers romans : l'impuissance d'un fils à lutter contre l'emprise paternelle et à faire autre chose de sa vie que ce que son père, autrefois, a fait de la sienne.

---

[28] « In the next generation my place was a blank ». Dickens, *A Tale of Two Cities*, p. 219.

Thierry Poyet – Université Blaise Pascal, CELIS

Les pères chez Maupassant : du parricide symbolique à une modernité de l'impossible dépassée

C'est la définition même de paternité qu'il convient d'interroger parce que Maupassant lui-même, à la fin du XIXe siècle, cherche sa reformulation, bien avant que notre époque contemporaine croie la réinventer, la reconstruire et l'imposer sous des formes nouvelles. Car du *Père Amable* au *Papa de Simon*, c'est toute la richesse de la figure du Père, protéiforme et en perpétuelle métamorphose, que Maupassant brosse, sans restriction aucune, depuis une approche narrative qui joue sur le pathétique jusqu'au développement d'une conception philosophico-sociologique implicite.

Il convient peut-être de rappeler d'emblée la question autobiographique pour mieux l'évacuer, une fois pour toutes. Peut-on dire de Maupassant qu'il n'a pas eu de père ? Oui, dans la mesure où le sien, le père biologique selon la terminologie actuelle, ne s'est guère intéressé à lui, plus préoccupé de peinture et surtout de conquêtes amoureuses. En même temps, des pères, Maupassant en connut plusieurs et l'on pense tout de suite à Flaubert mais il faut compter aussi avec Zola et surtout Louis Bouilhet. Sauf que ce sont tous de faux pères, des pères de substitution, incapables d'être de vrais pères à part entière. Zola pourrait être le père littéraire du jeune Guy de Maupassant mais Zola ne se cherche pas un fils, il veut des disciples, il lui faut asseoir les thèses de son école et le naturalisme avec lui devient synonyme d'embrigadement, ce qui apparaît tout à fait contraire à une quête quasi frénétique de liberté entreprise très tôt par le jeune Maupassant. Flaubert, lui, dont il a été définitivement prouvé qu'il n'est pas le vrai père malgré nombre de supputations un peu faciles mais bien trop romanesques[1] – quoiqu'il soit

---

[1] Pour de plus amples renseignements sur ce sujet tellement traité et une fois pour toutes réglé, nous renvoyons à différents travaux de flaubertiens reconnus dont ceux du docteur Gallerand, les articles de Mireille Bialek et Pierre Bazin sur le lieu de naissance de Maupassant dans le *Bulletin des Amis*

un ami très proche de Laure Le Poittevin épouse Maupassant, la mère de Guy –, a déjà de quoi s'occuper : une nièce et, justement, pour Maupassant, il va ressembler bien davantage à un oncle, une sorte de parrain qui introduit son filleul dans les milieux littéraires, auprès de Zola notamment. Il ne reste alors que Louis Bouilhet[2], le poète, un peu célèbre dans les années 1850 et 1860 mais celui-ci a déjà donné dans l'adoption : il vit avec une certaine Léonie Leparfait (1824-1912) et le fils de celle-ci, Philippe (1845-1909), qu'il considère définitivement comme le sien... Bien sûr, il aide avec cœur, dit-on, le jeune Guy de Maupassant qui s'aventure à lui soumettre ses premiers textes, mais Bouilhet restera d'abord celui qui confie et recommande le jeune homme à un autre, l'ami Flaubert, précisément, comme désireux lui aussi de ne pas endosser une charge trop lourde !

Il ne s'est donc jamais présenté aucun homme pour occuper pleinement la fonction paternelle auprès de Maupassant, contraint alors de redessiner cette figure-là *ex nihilo*. Et dans ce contexte personnel, son œuvre littéraire vient la révéler essentielle puisqu'elle ne cessera d'interroger pour mieux la réinventer l'image du Père : en une réflexion large qui échappe vite à la dimension autobiographique, Maupassant exprime là une soif individuelle de liberté en même temps qu'une relation problématique à la société, le tout dans une reconfiguration de quelques grandes valeurs humaines.

Pères et repères : le parricide symbolique

Le dessein de Maupassant semble s'affirmer dans la simplicité d'une intention unique : un parricide symbolique. Au sein de son œuvre, ainsi, le père biologique se trouve le plus souvent nié pour être recréé en un père choisi, rendu même omniprésent. Personnage longtemps considéré comme impossible, paradoxalement interdit par les structures

---

[2] *de Flaubert et Maupassant* (n° 9, 2000) ou encore le livre de Jean-Paul Lefebvre-Filleau, *Guy de Maupassant, fils de Flaubert*, Luneray, Bertout, 2000.
Sur la mort de Louis Bouilhet, dans *Des vers et autres poèmes*, textes établis, présentés et annotés par Emmanuel Vincent, Presses universitaires de Rouen, 2001. Maupassant a cet alexandrin : « Pauvre Bouilhet ! Lui mort ! Si bon, si paternel ! »

bourgeoises d'une société trop réglée quand se posent les problèmes de la mésalliance, le refus de l'altérité ou les difficultés à considérer les différentes facettes d'un même *moi*, le Père rattache à un passé et une histoire qui disent une appartenance difficile à assumer. Il invite à la création de pères de substitution, des pères qu'on se donne justement pour échapper à une filiation naturelle d'abord comprise comme affaire de sexe ou d'argent, ou d'égoïsme... Ou les trois à la fois mais jamais d'amour partagé ! Quand l'enfant incarne une famille interdite – impossible même de parler de famille décomposée tant elle n'a jamais été composée – qui n'a rien à transmettre parce qu'elle ne peut exister, la relation aux ancêtres devient définitivement impossible. C'est une première et paradoxale libération sur laquelle nous reviendrons.

Il convient donc, toujours, de commencer par tuer le Père, que le geste revienne à la progéniture elle-même ou qu'il soit en amont exécuté par la mère. Pourquoi ? La nouvelle *Le Père Amable*[3] nous l'explique une fois pour toutes. Le père incarne l'autorité et un pouvoir absolu, il est le dépositaire des règles d'un temps jadis qui interdisent de vivre au présent. Ne pas abattre le Père, c'est donc prendre le risque d'un châtiment aux conséquences éternelles. C'est pourquoi sa remise en cause vient fonctionner comme une garantie de liberté bien nécessaire. Combien de nouvelles et de contes qui montrent un père non reconnu jusqu'à être évincé de sorte que non seulement l'enfant mais encore la mère trouvent là une liberté et un pouvoir nouveaux ? En cela, la mère devient responsable de l'empêchement de toute relation entre l'enfant et le père. Dans le texte *Le Père*[4], par exemple, la naissance adultérine de l'enfant assure en effet une stratégie de multiplication des pères – tous dupes parce que crédules – synonyme d'un affaiblissement proportionnel de la paternité et de ses pouvoirs.

Et quand le Père n'est pas écarté – même provisoirement –, il convient encore de se rappeler combien il n'est jamais qu'un être dépassé à remplacer bien vite. Par exemple, le roman *Une vie* montre la jeune Jeanne s'abandonnant bientôt à son futur mari en train de devenir aux Peuples le nouveau maître : maître des lieux, chef de la famille, autocrate

---

[3] *Contes et nouvelles*, éd. Louis Forestier, Paris, Gallimard, coll. « Bibliothèque de la Pléiade », t. II, 1979, p. 731, 751. Texte publié initialement dans le recueil *La Petite Roque*.

[4] *Ibid.*, p. 975-979. Texte publié initialement dans le recueil *Clair de lune*.

en son royaume face à ses sujets quand le père de Jeanne, le vieux baron Le Perthuis des Vauds, usé, est en train de rendre les armes et d'abandonner le pouvoir jusqu'alors exercé en son domaine et sur sa fille, sa seule héritière. Autres exemples : dans des romans comme *Pierre et Jean* ou *Mont-Oriol*, les pères n'occupent guère plus de place parce que la société se construit ailleurs qu'en leur monde presque défunt grâce à des hommes plus vigoureux dont la puissance toute neuve vient justement expliquer leur force de séduction auprès des jeunes filles. C'est ainsi que le père de Christiane Andermatt apparaît un peu extérieur à tout, un peu lâche aussi : comme chez les Le Perthuis des Vauds, il a déjà abandonné la partie que joue à sa place son gendre, quelles que soient les conséquences pour sa fille. Dans *Mont-Oriol*, le père Oriol, encore présent mais déjà incapable de suffire à sa tâche, s'affiche avec son fils devenu nécessaire pour s'attacher à la sauvegarde et la promotion du patrimoine familial quand il se montre disposé à vendre ses filles, afin d'asseoir plus ou moins vainement son pouvoir défaillant. Au fond, le parricide symbolique ne manifeste pas une aussi grande actualité qu'attendu tellement les pères plus symboliquement encore préfèrent donc bien souvent une forme suicidaire de retrait du monde familial qu'ils avaient eux-mêmes créé.

Et puis il y a tellement de manières pour le Père de disparaître, à en croire l'œuvre de Maupassant… Par exemple, on retrouve volontiers dans les contes et les nouvelles un type de père récurrent : le viveur. Celui-ci ne sait voir dans l'enfant né ou à naître qu'une conséquence involontaire et malheureuse d'une relation sexuelle souvent oubliée depuis longtemps ! Un tel homme ne se reconnaît pas dans sa fonction paternelle puisque la naissance n'a jamais constitué pour lui un choix volontaire à assumer. Elle est le plus souvent vécue comme un piège typiquement féminin tendu à un homme trop imprudent ; elle apparaît encore comme un coup du sort, une condamnation trop lourde, celle qui empêche de rester un homme jeune et insouciant, un séducteur libre. Dans une vision peut-être misogyne des rapports humains, la femme se joue systématiquement du Père jusqu'à rendre la paternité inacceptable ou carrément impossible : soit elle la lui révèle trop tard – le jour de son mariage avec une autre dans *L'Enfant*[5] –, soit elle la lui cache définiti-

---

[5] *Ibid.*, t. I, 1974, p. 483-488. Texte publié initialement dans le recueil *Clair de lune*.

vement dans un seul intérêt pécuniaire – c'est le thème de la nouvelle intitulée *L'Aveu*[6]. Ce père-là se trouve de fait excusé sous la plume masculine de l'écrivain et peut-être aux yeux du lecteur puisque la négation de son statut apparaît alors involontaire ; ce serait lui faire un faux procès que de lui reprocher son absence.

Cependant, il existe un autre père bien plus indigne : un père qui se nie en tant que tel puisqu'il renie son enfant, considéré avant même sa naissance comme un seul moyen, un moyen d'hériter, par exemple. C'est ce que Maupassant montre dans un texte comme *L'Héritage*[7] où tous les protagonistes, le mari, l'épouse et le futur grand-père se moquent de l'identité du géniteur pourvu qu'un enfant soit enfin à naître, gage d'un héritage à toucher ! Plus cruel encore, le père d'*Histoire vraie*[8] abandonne maîtresse et enfant à naître pour cause de mésalliance impossible à supporter et se moque d'imaginer la fin des deux, la mère et l'enfant mourant bientôt l'un après l'autre.

Encore plus scandaleux peut-être, lorsque le père réclame d'exister pour son enfant mais dans une seule intention égocentrique : avoir un enfant peut en effet aider à rompre avec la solitude. C'est notamment le sens de l'expérience menée par un certain François Tessier dans un autre conte également intitulé *Le Père*[9] qui éprouve le besoin d'embrasser son fils plusieurs années après sa naissance dans un geste parfaitement égoïste ou bien dans la nouvelle *Duchoux*[10], c'est le geste du personnage éponyme envisageant de reprendre contact avec son fils naturel quand il se sent trop seul…

Dans tous les cas, la figure paternelle s'affirme comme une figure de l'impossible. Derrière cette fonction paternelle, il n'apparaît le plus souvent qu'un géniteur ou un père pour l'état-civil – les deux ne se confondant pas ! – quand la question de la filiation devient la seule

---

[6] *Ibid.*, t. II, p. 192-197. Texte publié initialement dans le recueil *Contes du jour et de la nuit*.

[7] *Ibid.*, t. II, p. 3-69. Texte publié initialement dans le recueil *Miss Harriet*.

[8] *Ibid.*, t. I, p. 457-462. Texte publié initialement dans le recueil *Contes du jour et de la nuit*.

[9] *Ibid.*, t. I, p. 1071-1079. Texte publié initialement dans le recueil *Contes du jour et de la nuit*.

[10] *Ibid.*, t. II, p. 996-1002. Texte publié initialement dans le recueil *La Main gauche*.

affaire des femmes, à la fois objet d'un nouveau pouvoir – matriarcal – et contradictoirement indice d'une faiblesse indicible – celle de la grossesse vécue comme une épreuve terrible qui isole et peut détruire.

Pères et ère : une modernité de l'impossible

On le comprend bien, en évinçant de la sorte le Père, en annulant sa présence et en exagérant le poids de son absence, Maupassant transforme une expérience personnelle en une conception politique de la société qu'il contribue ainsi à repenser en termes de modernité. Sur les ruines de la figure paternelle, Maupassant fonde les bases d'un avenir peut-être cynique mais enfin possible, provisoirement du moins. En effet, la disparition du Père offre l'opportunité de se construire selon d'autres valeurs que les siennes puisque son absence signifie la possibilité de jouir de la liberté, de l'instant présent, du matériel immédiat. Cette disparition symbolise donc une délivrance, un possible enfin reconnu à l'enfant né de l'impossible. La conception de la figure paternelle – ainsi construite sur un vide – se constitue en un retournement de valeurs : abandonné mais libre, sans passé hérité de l'autre mais avec un avenir à soi, l'enfant tourne le dos à l'Histoire en rompant avec son histoire familiale. Ainsi les pères incapables ou condamnés deviendraient-ils une chance imprévue. Un tel père ouvre sur une nouvelle ère : c'est le temps de l'individuation venu remplacer celui de la famille. C'est le temps de l'opportunisme fait seule manière d'être.

D'abord, la récusation de la figure paternelle vient garantir une liberté nouvelle pour une génération en quelque sorte spontanée qui ne devrait plus rien au passé. Car ce n'est plus le Père qui fait l'enfant mais bien l'enfant qui se choisit un père, le reconnaît et le constitue dans une existence nouvelle. Tel est l'enseignement d'une nouvelle comme *Le Papa de Simon*[11] où l'enfant, persécuté par de mauvais camarades pour n'être que le rejeton accidentel d'une fille-mère, se choisit le charpentier du village pour père et mari de sa mère et impose son choix aux deux adultes : l'enfant adopte un père. La liberté toute-puissante n'est plus du côté de l'adulte, elle est aux mains de celui qui privé de tout n'a rien et

---

[11] *Ibid.*, t. I, p. 74-82. Texte publié initialement dans le recueil *La Maison Tellier*.

s'accorde la liberté de tout. L'absence du père vient incarner alors un optimisme nouveau, celui d'une refondation de la société par les enfants contre les adultes, les démunis contre les nantis, les faibles contre les forts.

Une telle révolution dans l'ordre établi depuis toujours peut séduire parce que l'absence du Père inscrit l'individu dans la possibilité de profiter de l'instant présent : toute notion de lignée, d'héritage et de transmission, de devoirs à accomplir et d'hommages à rendre devient définitivement caduque. La réussite est personnelle, elle ne correspond plus à aucune conception aristocratique. Parti de rien, l'individu chez Maupassant se construit seul, il peut alors profiter de ce qu'il s'est donné à lui-même dans un *carpe diem* revu et corrigé, affranchi de toutes les contraintes liées aux ascendants comme aux descendants. L'archétype d'un personnage ainsi délivré de la moindre attache familiale serait à chercher du côté de Duroy dans *Bel-Ami*. Que reste-t-il de ses parents, petits taverniers normands à Canteleu à qui il tourne définitivement le dos, d'où la possibilité pour lui dans une dernière étape de la symbolique du parricide d'aller jusqu'au changement de patronyme[12] ? Fils de personne, venu de nulle part, il se donne dans une apothéose inattendue la possibilité d'une nouvelle naissance.

L'approche matérialiste de la vie, celle du jouisseur que Maupassant dans son existence a peut-être trop bien incarnée, qui ne pense au fond qu'à son confort et ses plaisirs, correspond dans cette triade définitionnelle à la conséquence la plus visible de la disparition du Père. Sans comptes à rendre, l'individu sans père se donne les règles de son cru et installe sa vie sur les rails qui lui conviennent. Délivré de toute autorité, libre de toute morale, affranchi de toute tradition, un tel homme

---

[12] Chacun se souvient du chapitre I de la deuxième partie qui se termine sur le désir pressant de Madeleine de quitter le repère parental, désir auquel Georges Duroy donne satisfaction malgré le désappointement de ses parents. Mais le plus fort, c'est son propos conclusif comme pour plaire à Madeleine : « Voilà, dit-il, je t'avais prévenue. Je n'aurais pas dû te faire connaître Monsieur et Madame du Roy de Cantel, père et mère ». Réponse de Madeleine : « Je suis enchantée *maintenant*. Ce sont de braves gens que je commence à aimer beaucoup. Je leur enverrai des gâteries de Paris » (*Romans*, éd. Louis Forestier, Paris, Gallimard, coll. « Bibliothèque de la Pléiade », 1987, p. 362 ; je souligne).

peut exister dans la seule espérance de son bonheur personnel confondu alors en une quête effrénée de ses plaisirs individuels et égoïstes.

La mort du Père dans l'œuvre de Maupassant semble donc exprimer une sorte de régénération de la société fin-de-siècle selon les principes implacables d'une modernité vindicative qui ferait fi de tous les codes d'une Histoire française passée, et plus encore de toutes les règles connues des sociétés humaines. En mêlant les portraits d'orphelins réels ou symboliques et en recensant les différentes raisons de la disparition du Père, Maupassant peint une société délivrée de la paternité et en reconstruction. Prédiction d'un écrivain-guide ou simple constat d'un observateur patenté de son temps ? La question mérite d'être posée et pourtant Maupassant n'aide pas à y répondre quand il entraîne son lecteur ailleurs, du côté d'une contradiction étonnante. En effet, c'est le même Maupassant qui, parlant de littérature, ne cesse au contraire de poser le Père littéraire comme une figure nécessaire et indépassable. Le Père est un repère : sans lui, pas question d'exister, c'est-à-dire d'écrire ! Ainsi, quand Maupassant réfléchit sur la création littéraire, quand il réfléchit sur son propre statut d'écrivain, il ne sait le faire sans s'inscrire délibérément dans un héritage et une filiation. N'y aurait-il donc de Père qu'en littérature ? La mort du Père en tant qu'expression d'une modernité nouvelle serait-elle vraie partout sauf en art ? Et si pour exister l'individu Maupassant comme tous ses congénères a besoin de tuer le Père, en revanche l'écrivain Maupassant a-t-il besoin de le revendiquer, de le recréer et mieux encore de se faire accepter de lui, de se sentir adouber, de se faire tout simplement reconnaître ? Il semblerait, tellement les articles du chroniqueur Maupassant sont nombreux à rendre des hommages appuyés à Flaubert. Ce faisant, ils disent au fond la recherche d'une tutelle, le besoin d'un Père sans qui il n'est pas possible d'exister – littérairement parlant – dès lors que la création est vécue, elle, dans une approche qui conceptualise la double notion indépassable et inéluctable de famille de pensée et d'intertextualité. Les portraits de Flaubert s'accumulent en effet dans une triple intention : inviter le lecteur à la nécessité d'un hommage à rendre à la valeur de l'artiste et ériger donc les statues de l'admiration filiale ; redéfinir avec clarté les grandes règles de l'art flaubertien pour s'inscrire dans leur lignage ; signifier implicitement en quoi l'œuvre du chroniqueur est une écriture fidèle à la parole première de Flaubert, jusqu'à sa duplication peut-être. En cela, Maupassant se choisit un père et affiche à la face de tous et les raisons et la valeur de ce choix, un peu comme le faisait au fond le petit Simon dans la nouvelle déjà évoquée ; en même temps, Maupassant vient plus humblement montrer en quoi le choix s'est opéré indépendamment de sa volonté, dans une parenté littéraire qui s'est imposée du dehors, comme une évidence, à la manière des traits de l'enfant qui grandissant voit son visage reproduire de plus en plus fidèlement ceux du père encore jeune d'autrefois. Comme s'il en allait donc toujours ainsi, la nature finissant par reprendre forcément ses droits…

L'enjeu semble donc le suivant : de même que la réalité d'un enfant sans père constitue un non-sens évident bien vite révélé en leurre décevant, de même la volonté du parricide se révèle une modernité tout aussi impossible. La disparition du Père resterait davantage le fruit d'une fantasmagorie inopérante que l'écrivain balaye d'un trait dès lors qu'il s'agit de prendre toute sa place au sein de la société et d'être reconnu à son tour pour un Maître, pour un Père. Le Père serait donc plus coriace et moins facile à tuer, l'avenir plus compliqué à tracer…

Pères et pertes : pour un dépassement de la relation au Père en une relation à l'altérité

C'est pourquoi il convient d'élargir la réflexion et de considérer dans quelle mesure le conflit originel traduit par Maupassant tient dans la possibilité – réelle ou fictive – pour une société de se construire sans prise en compte de son passé. Il en va de l'envie d'écrire une histoire originale sur les restes d'une révolution déjà ancienne mais qui ne cesse de se répéter au XIXe siècle en se fondant sur la geste symbolique du parricide. Il en va par conséquent de la définition d'une modernité nouvelle qui remplacerait sans réserve les codes familiaux par les exigences de l'individu.

Or les dernières décennies du XIXe siècle posent les éternels problèmes fin-de-siècle et Maupassant se trouve tout entier inscrit dans une problématique un peu commune au fond. Pour le trentenaire du début des années 1880, tout a déjà été construit et déconstruit, reconstruit peut-être. L'existence semble forcément passer par la prise en compte d'un passé déjà bien lourd qui estime avoir tout inventé à coup de révolutions – la liberté démocratique, la République, des lois d'égalité, etc. – et considère avoir fondé les bases d'une société toute neuve au sein de laquelle il ne suffirait plus que de fonctionner. Pourtant, l'homme chez Maupassant est un peu comme l'enfant à qui on aurait donné un corps sain et robuste, en parfait état de marche, et qui refuserait néanmoins de mettre ses pas dans ceux de ses parents. Bien entendu, l'enfant de Maupassant ne correspond jamais qu'à une société adolescente, un peu révoltée, trop légère et inconséquente chaque fois qu'un tel être individuel ou collectif refuse son père réel pour en faire un individu méprisé ou nié et s'offrir la chance d'un père fantasmé. De toute évidence, la négation du père ne constitue rien d'autre qu'une affirmation de soi et l'expression de rapports contradictoires à l'autorité et la liberté. Au fond, ce n'est pas la mort du Père que l'œuvre de Maupassant exprime dans la répétition des récits mais bien la recherche d'un autre Père, la possibilité de se confronter à un temps et un être moins proches, plus différents : c'est une quête de l'altérité qui s'exprime là quand la paternité signifie la ressemblance et porte en elle la peur d'une identité individuelle impossible à trouver puisque le Père et le Fils sont conçus comme une incarnation de l'identique.

Il est un texte étonnant dans la production de Maupassant, peu connu au fond et à mieux étudier : il s'intitule *Les Conseils d'une grand-mère*[13]. Tout le message qu'il diffuse tient en une recommandation inattendue : en revenir au XVIIIe siècle, à cette époque des Voltaire et Rousseau, un temps de l'avant-Modernité, quand le Père n'était pas encore tué et que le XIXe siècle avec ses règles bourgeoises ne s'était toujours pas imposé. Sauter en quelque sorte une génération, remonter à celle des grands-pères avec qui il ne peut y avoir de rivalité et comprendre d'où l'on vient sans s'entendre dire où l'on doit aller. En fait, l'œuvre de Maupassant bannit le Père pour mieux renouer avec la figure du Vieillard, c'est-à-dire le sage et l'expérimenté, celui de qui on a tout à apprendre sans rien risquer en termes de perte, de renoncement ou de reniement.

De la sorte, deux lectures opposées de la société se rejoignent dans l'approche opérée par Maupassant pour révéler à l'individu le Père comme un risque. En effet, une approche économique ou marxisante vient considérer l'enfant comme une pièce dans un système, un élément de conquête du pouvoir et de l'argent dans une famille bourgeoise en train de thésauriser et de se constituer un capital et une rente, une

---

[13] Ce conte a été publié le 13 septembre 1880 dans *Le Gaulois*. Il n'est pas recueilli dans l'édition de Louis Forestier. On le trouve néanmoins sur le site Internet Wikimedia Commons ou encore dans les *Œuvres complètes* de Guy de Maupassant, publiées par l'éditeur d'art Jean de Bonnot (Paris, 1991), où il est rangé dans les « contes divers », t. I, p. 465-469.

position sociale de notable. À chacun d'ajouter sa pierre à l'édifice familial cimenté par le seul lien de l'héritage et de la transmission, le patrimoine n'appartenant à personne au fond, chaque génération ne pouvant prétendre qu'à son usufruit, chacune à son tour… Et quand l'enfant ne participe pas de cette entreprise familiale, quand il paraît au contraire gêner l'édification d'une telle société, le Père, plutôt que de s'arroger tous les droits sur lui en un risque mal calculé, le renie et l'abandonne. Le pouvoir du Père est total quand il use de la colonne « pertes et profits ».

Et puis il y a une deuxième lecture comme antithétique et pourtant si proche, une lecture chrétienne qui vient confondre le Père et le Fils, l'un étant l'autre, l'un ne pouvant se passer de l'autre, l'un décidant de l'autre. Cependant, le Fils dans sa dimension christique est de fait une victime, l'objet d'un sujet omnipotent qui ne lui laisse de liberté que celle qui consiste à se faire son héraut quand le père doit rester au contraire son héros ! Un vassal face à son suzerain, un valet face à son maître, une enveloppe corporelle face à l'idée divine, tout simplement…

Les deux lectures au fond révulsent pareillement le Maupassant observateur de la société et penseur. Selon lui, elles ne font que considérer une injustice flagrante pour la mettre en scène, lui donner un sens et la rendre acceptable du plus grand nombre, pour le moins signifiante. Dans son œuvre, Maupassant n'a de cesse de montrer en quoi cette injustice se révèle au contraire inopérante : telle est même la fonction de la chose littéraire. En multipliant les contes et les nouvelles qui prennent en défaut la paternité, l'écrivain recense les imperfections flagrantes d'une relation mal pensée, il additionne les portraits de pères indignes ou bafoués qui disent la nécessité de refonder autrement la société patriarcale et paternaliste. Il réduit l'homme devenu père à ce qu'il n'a jamais cessé d'être : un être humain comme les autres, englué dans ses faiblesses et son absence de grandeur : la figure du Père n'est plus alors une figure à honorer. Dans l'accumulation des personnages de pères, il apparaît donc que Maupassant choisit de banaliser la paternité par sa démultiplication. En la peignant dans ses travers plutôt que de la montrer sous ses facettes d'exception, il l'humanise pour la rendre possible et enfin acceptable puisque toute magnificence de la paternité la rend impossible et pousse à la fuite. Car les pères sont indignes chaque fois que l'on attend trop d'eux, chaque fois que la paternité signifierait pour eux non pas un accomplissement de ce qu'ils sont et une reconnaissance de leur être, avec ses maladresses, mais un appel lancé à des qualités qu'ils ne sont jamais certains de posséder : altruisme, tolérance, ouverture, etc. Si le Devenir-père signifie le renoncement à l'homme de l'instant précédent, alors il ne peut y avoir de père ; si le Devenir-père signifie la reconnaissance jusqu'à l'épanouissement de cet homme qui préexiste à tout père, alors les plus grands espoirs redeviennent permis. Et c'est en cela que le père littéraire semble le seul possible sous la plume de Maupassant puisqu'il est le seul à qui on ne demande rien de changer mais que l'on vient prendre justement pour ce qu'il est, tel qu'il est. Le naturel remplace la fonction, le retour à sa propre essence évite à l'individu de se poser en modèle d'existence. De la sorte, Maupassant rappelle qu'on est père mais que jamais on ne se fait père[14].

Plus largement, Maupassant explique par là la réalité de tout rapport à l'autre : celui-ci devient possible quand il ne porte plus atteinte au *moi* de l'individu. Et c'est alors que dans sa propre vie, Maupassant, après s'être trouvé un père littéraire, a pu renouer avec son propre père biologique et faire des enfants aussi. L'autre n'existe qu'à la condition qu'il n'empêche rien et surtout pas l'expression d'une liberté individuelle, jusqu'à celle du reniement de son propre enfant au quotidien, jusqu'à son sacrifice dans une approche religieuse puisque le Père n'a de Fils que si celui-ci se consacre tout entier à Le dire et Le révéler, en attestant aux yeux de tous de son existence, lui assurant la grandeur qui le définit.

De fait, la paternité chez Maupassant semble considérée dans sa monstruosité : faite pour transcender, elle peut rapetisser ; faite pour l'amour, elle peut conduire à la haine. Et c'est pourquoi, peut-être, elle fascine… En tout cas, c'est ainsi qu'elle construirait la société humaine : en obligeant l'homme à se réfléchir, elle le révèle à lui-même en animal supérieur, le seul capable de penser le lien filial, le lien à l'autre par excellence qui l'autorise soit à ne pas rester qu'un géniteur, soit tout au contraire à choisir de n'être que cela. Un fameux paradoxe donc puisque la paternité crée le Père beaucoup plus qu'elle ne participe à faire l'enfant !

---

[14] Et Maupassant sait de quoi il parle, puisque ses biographes lui attribuent trois enfants, qu'il ne reconnaîtra jamais, et qu'il aurait eus avec une donneuse d'eau de Châtelguyon, Joséphine Litzelmann : Lucien (1883-1947), Lucienne (1884-1954) et Marguerite (1887-1951).

Chapitre II

**L'impossible filiation,
entre interruption et compensation**

François Kerlouégan – Université Lumière-Lyon 2, LIRE

D'un château l'autre : famille et idéologie dans *Mauprat* de George Sand

« Il y avait la branche aînée et la branche cadette des Mauprat[1] ». Dès la première page, l'un des romans de George Sand les plus connus, *Mauprat*, publié en 1837, met en scène une situation familiale pour le moins singulière. À la fin du XVIIIe siècle, dans le Berry, une famille de la petite noblesse, les Mauprat, se retrouve scindée en deux branches que tout oppose. La branche aînée, celle du sanguinaire Tristan de Mauprat, est marquée par la brutalité des mœurs et le « brigandage féodal[2] », au point que l'on surnomme ses membres les « Mauprat Coupe-Jarret[3] ». À l'inverse, la branche cadette s'incarne dans la figure positive du cousin de Tristan, Hubert de Mauprat, « homme sage et juste », « éclairé, parce que son père n'avait pas repoussé l'esprit de son siècle et lui avait fait donner de l'éducation »[4] et surnommé, en raison de son aptitude à penser et de sa détermination, « Casse-tête[5] ».

Le roman raconte le trajet d'un homme, à la fois particulier et exemplaire : Bernard de Mauprat, héros et narrateur du roman. Ce trajet, c'est le passage d'une branche de sa famille à l'autre, de celle de Tristan à celle d'Hubert, du château de la Roche-Mauprat à celui de Sainte-Sévère. Né et élevé dans la lignée des Mauprat restée obstinément féodale, obscurantiste et barbare, il est, suite à l'anéantissement de sa phratrie par la police, recueilli et « adopté », au prix de bouleversements conséquents, par le versant moderne de la famille, qui a embrassé, on l'a dit, les idéaux des Lumières et les principes démocratiques. Cet itinéraire individuel, qui

---

[1] *Mauprat* (1837), éd. Jean-Pierre Lacassagne, Gallimard, coll. « Folio classique », 1981, p. 41. Toutes les références au roman renvoient à cette édition.
[2] *Ibid.*, p. 43.
[3] *Id.*
[4] *Ibid.*, p. 42.
[5] *Id.*

ne se fait pas sans heurts, doutes et revirements, symbolise à n'en pas douter le cours de l'histoire. Quoique l'action du roman se déroule dans les années qui précèdent la Révolution, Bernard incarne l'homme du premier XIXe siècle, qui passe d'un état de civilisation à l'autre, et dont les contradictions disent à la fois l'enthousiasme et les réticences du citoyen moderne devant le pas à franchir – ou déjà franchi, si l'on se place du point de vue du lecteur de 1837. Utopiste acharnée, Sand est en effet convaincue que la largesse des idées, le progrès social et la bonté morale entraîneront une civilisation meilleure. Le roman est, on le sait, marqué par le *Contrat social* et l'*Émile* de Rousseau, mais aussi par les idées de Pierre Leroux, et il est rédigé alors que Sand est influencée par sa liaison avec le républicain Michel de Bourges. Dans ce contexte, la fable familiale peut dès lors être lue comme un processus idéologique.

Le cheminement de Bernard est, sur ce plan, exemplaire. On pourrait rappeler, banalement, que devenir adulte, c'est, quoi qu'il advienne et dans tous les cas, passer d'une famille (celle où l'on grandit) à une autre (le plus souvent celle que l'on fonde, mais ce peut être aussi celle que l'on se façonne, que l'on invente par des liens qui ne sont pas nécessairement biologiques). Plus que jamais, ce processus personnel a ici valeur collective : Bernard a été élevé dans une famille qui illustre ce que l'Ancien Régime a de plus arbitraire et de violent. À l'opposé, la famille dans laquelle il est accueilli, puis celle qu'il fondera à son tour avec Edmée à la fin du roman, apparaissent comme des configurations familiales modernes, emblèmes du nouveau contrat social, juste et respectueux, qu'entérine la Révolution. En renonçant à sa famille d'origine – ou en étant incité à le faire – pour partager d'autres valeurs et expériences familiales, le héros accomplit un acte autant privé que public, autant intime qu'historique. Inversement, l'histoire se trouve ici saisie dans un processus métaphorique où le « comparant » est la mécanique familiale : elle gagne ainsi, à utiliser un matériau connu de tous, en lisibilité.

La démarche de changer de famille, à laquelle le héros se refuse d'abord parce qu'elle n'est pas sans violence à son égard, exige courage et témérité. Franchir sans ciller la frontière qui sépare les deux phratries, tracer une ligne infranchissable entre les lignées : tel est l'acte fondateur de Bernard – c'est la raison de son *héroïsme* –, acte audacieux au terme duquel il pourra s'affirmer comme homme, c'est-à-dire comme individu social et sociable. Les deux pans de la famille, l'ancien et le moderne, le barbare et le civilisé, incarnent donc deux états de la civilisation, deux moments de l'histoire. Entre ces deux factions ou fractions familiales, on devine sans peine, bien qu'elle ne soit évoquée qu'en quelques paragraphes[6], la fracture de la Révolution, refusée par les uns, acceptée par les autres. Plus que dans tout autre roman sandien, la famille s'instaure comme un espace privilégié d'expression et de résonance des clivages politiques et des conflits historiques.

Or un fait, singulier, doit retenir notre attention. Si, dans le roman, deux pans de la même famille s'opposent, ce n'est pas, comme on s'y attendrait, de manière verticale, chronologique, selon un conflit de générations (les fils contre les pères). Ces deux pans appartiennent à la *même* génération (les deux *paterfamilias* sont cousins). Certes, Bernard fondera *in fine* une famille[7], faisant ainsi se recouper, de manière plus canonique, options idéologiques distinctes et générations. Mais il aura fallu, avant cela, un détour par l'*autre* famille, non qui succède à la première mais qui lui est contemporaine. Détour salvateur, mais qui n'est pas dans l'ordre des choses, c'est-à-dire celui de la nature. Par ce choix qui rompt avec la logique naturelle, la romancière montre comment sens de l'histoire et loi de la nature ne vont pas toujours de pair. Il faut cette déviation, cette rupture pour que Bernard devienne adulte et pour que soit établi le contrat social moderne. Cette déviation, dans laquelle on lira bien évidemment une image de la Révolution, signifie que toute révolution, et l'ordre social juste qui lui succède, suppose une rupture avec l'ordre naturel – un ordre naturel marqué par la violence et le chaos. Certes, la *transmission* (de l'ordre de la nature) se fera, mais seulement après une *translation*, c'est-à-dire un *transfert* de pouvoir entre entités similaires (qui relève, pour le coup, d'une décision humaine, d'un parti pris éthique et culturel). Ce déplacement, singulier mais vital, illustre parfaitement la part d'intervention humaine dans le cours du temps. Faire l'histoire, nous dit Sand avec cette fable politique, c'est aller parfois contre l'ordre de la nature en lui opposant un ordre social pensé, choisi, construit.

---

[6] Voir *ibid.*, p. 431-432.

[7] « Je ne vous raconterai pas le bonheur que je goûtai avec ma noble et généreuse femme […]. Elle me donna six enfants, dont quatre vivent encore et sont avantageusement et sagement établis. Je me flatte qu'ils achèveront d'effacer la mémoire déplorable de leurs ancêtres » (*ibid.*, p. 430).

Rompre avec la loi anatomique

Voilà donc pour le trajet, retracé à grands traits, du héros. Qu'en est-il dans le détail ? Attardons-nous, pour commencer, sur la manière dont est représentée la branche des Coupe-jarrets. D'emblée, de manière remarquable, la présentation de la famille, dans le premier chapitre, associe histoire et histoire familiale :

> Mon grand-père était dès lors avec ses huit fils, le dernier débris que notre province eut conservé de cette race de petits tyrans féodaux dont la France avait été couverte et infestée pendant tant de siècles. La civilisation, qui marchait rapidement vers la grande convulsion révolutionnaire, effaçait de plus en plus ces exactions et ces brigandages organisés[8].

Dans un prologue où se lit d'emblée une historicisation des structures privées, les oncles féodaux sont présentés, on le voit, comme anachroniques, comme une espèce en voie de disparition. Cette phratrie n'est pas de son temps. Charge au roman qui s'ouvre de lui en substituer une autre.

L'obsolescence de cette partie de la famille se voit dans le fait qu'y règne sans partage la loi du sang, de la descendance. Cette unique confiance dans le biologique chez les mâles de la branche s'incarne d'abord dans la récurrence du paradigme de la race. « Ce Jean était certainement le plus détestable de sa race[9] », lit-on à propos de l'un des oncles. De même, au moment où Bernard, adolescent, humilie l'ermite Patience, le sage des bois lui lance : « Tu es bien un Mauprat, et tu chasses de race, chien maudit[10] ! » La prégnance de la loi du sang est également traduite par la métaphore animale – déjà visible dans le dernier exemple cité. Le terrible aïeul Tristan « ralli[e] sa lignée autour de lui, comme le sanglier rassemble après la chasse ses marcassins dispersés[11] » et, plus loin, la phratrie est comparée à des « loups[12] ». Enfin, la place fondamentale de la lignée, de la transmission par le sang est mise en

---

[8] *Ibid.*, p. 45.
[9] *Ibid.*, p. 54.
[10] *Ibid.*, p. 72.
[11] *Ibid.*, p. 46.
[12] *Ibid.*, p. 94.

lumière par le motif généalogique. Marque par excellence d'une aristocratie féodale qui vit en dehors de son siècle et que l'on retrouve en particulier dans le roman balzacien, l'obsession de la généalogie chez le vieux Tristan (« Mon grand-père ne parlait que de sa généalogie et des prouesses de ses ancêtres[13] ») est une autre marque de la fondation de la loi sociale dans l'anatomique.

Toutefois, ce sont moins les liens de sang en tant que tels que dénonce Sand, que l'utilisation frauduleuse et excessive qui en est faite par cette petite noblesse féodale. Dans *Mauprat*, la loi du sang va de pair avec la violence et l'intérêt. On ne rappellera pas ici la liste des exactions que commettent les Coupe-jarrets, rapportées avec une précision clinique. L'une des dénaturations les plus significatives du processus de génération est, chez eux, l'éviction des femmes et mères. Le récit de Bernard laisse en effet entendre que sa propre mère a été assassinée sur ordre de l'aïeul, afin d'empêcher qu'on éduque l'enfant selon des principes que celui-ci n'aurait pas approuvés. Si la loi du sang fait autant autorité, c'est aussi qu'elle est accentuée, renforcée par l'affirmation d'une logique patrilinéaire. En d'autres termes, la première violence qu'elle commet à l'égard de l'ordre naturel est cette profonde inégalité entre les sexes. C'est d'ailleurs ce qui fait écrire à Michèle Hecquet que « l'appropriation symbolique des enfants par les pères à l'exclusion des mères est l'axe d'une société patriarcale, dont la féodalité est aux yeux de Sand la forme exacerbée[14] ». Dans le passage de la famille naturelle à la famille culturelle, la question des femmes n'est donc pas anecdotique. En effet, la maturité morale et politique n'est rien d'autre qu'un renoncement progressif aux privilèges de la naissance, mais aussi, plus globalement, à la loi de la nature, aux iniquités de l'anatomie. Le passage de la nature à la culture suppose donc aussi de renoncer à l'idée d'une infériorité de la femme, inféodation qui, on le sait, s'est toujours fondée en nature autour du prétexte fallacieux d'une prétendue « faiblesse » des femmes.

Mais la loi de la parenté, derrière laquelle les Coupe-jarrets s'abritent sans cesse, se trouve aussi dévoyée par l'intérêt. L'hérédité, chez eux, est avant tout une question d'héritage. Dans la dernière partie

---

[13] *Ibid.*, p. 49.
[14] Michèle Hecquet, Mauprat *de George Sand. Étude critique*, Presses universitaires de Lille, coll. « Textes et perspectives », 1993, p. 50.

du roman, mandaté par un Jean de Mauprat qui désire ardemment retrouver sa part d'héritage, l'hypocrite prieur du monastère où s'est réfugié l'ancien tyran ne se prive pas de détourner le lien familial au profit des intérêts de ce dernier : tentant de persuader Bernard de faire un geste envers son oncle, il invoque le « sang qui coule dans [se]s veines », l'« esprit de famille » et « l'honneur de [s]on nom »[15]. Dévalués par l'intérêt, les termes ont ici perdu leur signification, ainsi que les valeurs aristocratiques de largesse et de dignité qu'ils convoquent.

Loi de la nature, loi de la nature dévoyée : les oncles de la Roche-Mauprat incarnent bien la tyrannie du sang dans ce qu'elle a de plus glaçant. Bernard, donc, va rompre avec les cruels hobereaux qui l'ont élevé. Le lexique du passage, de la métamorphose est d'ailleurs fréquent dans le récit. Ainsi, exemple parmi d'autres, commentant le lendemain d'une journée particulièrement riche en événements et en découvertes nouvelles pour le jeune homme fraîchement adopté au château de Sainte-Sévère, le narrateur, Bernard âgé, proclame : « Je n'étais déjà plus l'homme de la veille, et je ne devais jamais redevenir complètement celui de la Roche-Mauprat[16] ». Tout le roman est ainsi rythmé par l'isotopie du changement, de la séparation d'avec un état familial antérieur. Vers la fin du roman, alors que Jean, l'un des oncles de Bernard qui a réchappé du massacre de La Roche-Mauprat, clame que le jeune homme ne doit pas oublier « l'honneur de son nom », l'abbé Aubert à qui il fait cette injonction, lui rétorque : « Puis-vous demander [...] ce que vous avez de commun aujourd'hui avec ce jeune homme[17] ? » Scission, sécession : le lien biologique apparaît bien comme un lien brisé, une communauté qui n'est plus.

Cette rupture avec la famille biologique ne se fait pourtant pas aisément. La conscience d'appartenir à une grande famille ne disparaît pas chez le jeune Bernard du jour au lendemain. Ainsi, au début du roman, après l'affront que lui fait subir Patience, il est indigné par les propos que le solitaire « [a] tenu contre [s]a famille[18] ». Plus loin, la défaite des Coupe-jarrets, vaincus par la maréchaussée, est perçue par l'adolescent comme une profonde blessure à l'égard de sa race, c'est-à-

---

[15] George Sand, *Mauprat*, éd. cit., p. 315-316.
[16] *Ibid.*, p. 180.
[17] *Ibid.*, p. 310.
[18] *Ibid.*, p. 77.

dire à son égard (phratrie et individu, à ce stade du roman, ne font qu'un) : il éprouve ainsi une grande « consternation » lorsqu'il apprend que « le manoir héréditaire qui port[e] [s]on nom [est] pris et livré aux flammes », avant d'ajouter : « C'était la honte et la défaite, et cet incendie était comme un sceau de vasselage apposé sur mon blason par ce que j'appelais les manants et les vilains[19] ». La présence d'une *conscience de classe* est ici traduite par la mention de caractéristiques familiales héritées de la féodalité (« héréditaire », « blason »). Plus loin, évoquant la foi, persistante chez son grand-oncle, en une supériorité innée de l'aristocratie, Bernard affirme : « J'ai partagé longtemps cette conviction ; elle était dans mon sang[20] ». De même, une fois recueilli à Sainte-Sévère, c'est avec réticence qu'il se verra vivre dans une famille qui n'est pas la sienne et dont le degré de civilisation lui paraît tout bonnement absurde : ainsi objectera-t-il avec une pointe de culpabilité que la fortune l'a « tiré d'un abîme pour [l]'asseoir sur l'édredon et pour [l]e faire enfant de famille[21] ».

Cependant, si la scission avec la lignée directe de la famille est douloureuse, elle est comme déjà programmée par le récit. Plusieurs signes indiquent qu'elle se fera, quoi qu'il arrive. Dès la première rencontre avec Edmée, au cours de l'entrevue brûlante et passionnée où tout se joue déjà, Bernard renonce clairement à sa famille : « Je déteste cette maison et mes oncles. Il y a longtemps que je veux me sauver[22] ». Plus loin, il livre un aveu sans ambiguïté : « J'ai toujours détesté mes oncles et leur conduite[23] ». Dans le même ordre d'idées, Edmée reconnaît que son cousin échappe à la communauté sanguinaire dont il est originaire : « Vous n'êtes pas un de ces hommes-là[24] », lui déclare-t-elle. Si Bernard parviendra si bien à se greffer à la lignée d'Hubert, c'est donc qu'il était déjà, à sa manière, étranger dans sa propre famille. C'est ce qui explique que, dès sa fuite de la Roche-Mauprat, le jeune héros perde aux yeux du clan de Sainte-Sévère son identité de Coupe-jarrets. Sauveur de sa tante, il est d'emblée, presque inconsciemment, perçu par les membres de la phratrie d'Hubert comme l'un des leurs. Le jeune sauvageon n'est

---

[19] *Ibid.*, p. 113.
[20] *Ibid.*, p. 129.
[21] *Ibid.*, p. 217.
[22] *Ibid.*, p. 105.
[23] *Ibid.*, p. 167.
[24] *Ibid.*, p. 103.

pas encore à proprement parler adopté par sa nouvelle famille mais son acte de bravoure le place aussitôt dans le nouveau camp. S'il n'a pas encore cette nouvelle identité, on lui retire du moins celle qui était la sienne jusqu'alors : « Un gendarme prétendait me reconnaître pour un Mauprat Coupe-Jarret. Patience niait que je fusse autre chose qu'un garde-chasse de M. Hubert de Mauprat escortant sa fille[25] ».

Douloureuse mais inévitable, la transition d'une idéologie familiale (et sociale) à une autre est, quoi qu'il en soit, l'un des mécanismes cruciaux du roman. *Mauprat* raconte bien, on l'a dit, l'affaiblissement progressif de la loi du sang au profit de la loi sociale. Et ce processus passe par l'adoption, acte non naturel mais culturel qui cesse de fonder en nature le nouveau socle familial. Demeuré veuf, Hubert, rappelons-le, tente de « trouver dans la branche aînée un héritier digne de relever son nom flétri[26] ». L'adoption, qui brise par essence la filiation organique, symbolise le nouvel état de civilisation fondé non sur la naissance mais sur les mérites de chacun. *Trouver un héritier* revient à nier la loi du sang ; à l'origine de cet acte, il y a le désir d'*agir* sur le cours des choses. Cependant, avant de faire sens sur le plan historique, le passage d'une phratrie à l'autre est d'abord réel et effectif, puisqu'Hubert, réalisant là un vœu ancien qu'il avait déjà voulu mettre à exécution après la mort de la mère du jeune homme[27], adopte littéralement Bernard : « Vous êtes orphelin, et je n'ai pas de fils. Voulez-vous m'accepter pour votre père[28] ? » Le changement de lignée n'est donc pas simple transfert, déplacement d'un ensemble de valeurs à un autre, mais aussi réinvention d'un passé. Pour devenir homme – et humain –, ce n'est pas tout de vivre dans un autre environnement, il faut ici se recomposer une généalogie. En devenant le fils d'Hubert, Bernard pose les fondements de sa nouvelle identité.

En effet, l'un des enjeux du parcours de Bernard est la progressive affirmation de son individualité, la lente émergence du sujet. Se défaire du déterminisme naturel, c'est affirmer son indépendance et sa singularité. Pour preuve, à la Roche-Mauprat, le clan familial est décrit

---

[25] *Ibid.*, p. 119.
[26] *Ibid.*, p. 42.
[27] « Il avait désiré vivement être chargé de mon éducation dès ma naissance ; mais son frère Tristan s'y était opposé avec acharnement » (*ibid.*, p. 129).
[28] *Ibid.*, p. 127.

comme une entité, se trouve rarement individualisé. Or cette uniformité, le détail est notable, est essentiellement due à des traits physiques communs, bref à un critère naturel : « Les huit garçons [le père et les oncles de Bernard], l'orgueil et la force du vieux Mauprat, lui ressemblaient tous également par la vigueur physique, la brutalité des mœurs[29] ». Face à cette loi du sang, qui uniformise et aliène, la communauté de Sainte-Sévère offre à voir des membres qui se singularisent chacun par un corps, un tempérament et un rapport au monde différents. Cette progressive individualisation du héros est traduite par le passage révélateur du *nous* au *je*. Les premiers chapitres de son récit sont en effet dominés par la première personne du pluriel (« Je dis nous, car je commençais à faire partir de cette bande de coupe-jarrets quand mon grand-père mourut[30] » ; « L'orage s'amassait sur nos têtes[31] » ; « Nous étions donc à toute heure sur nos gardes[32] », etc.), tandis qu'une fois à Sainte-Sévère, la première personne du singulier prend peu à peu le relais.

Une nouvelle conception de la famille

Dans les pas du héros, poursuivons notre parcours. Que trouve Bernard à Sainte-Sévère ? Aux antipodes de la conception anatomique de la famille, règne dans le domaine d'Hubert de Mauprat une conception culturelle, sociale. La « famille », ou ce qui s'y offre comme telle, y apparaît comme une association d'individus réunis par des préoccupations communes autour de ce qui s'apparente à un contrat social. Autour du chevalier gravitent en effet plusieurs personnages, reliés à lui par des liens de nature diverse : liens du sang immédiats (sa fille Edmée) ou plus lointains (son petit-neveu Bernard), mais aussi liens d'amitié proche (l'ermite Patience et l'abbé Aubert) ou plus distante mais toujours chaleureuse (le chasseur de fouines Marcasse). Rien ne rassemble par exemple Edmée, Patience, Aubert et Marcasse, si ce n'est le choix, délibéré, de vivre ensemble. La famille n'est plus vécue ici comme un

---

[29] *Ibid.*, p. 52.
[30] *Ibid.*, p. 85.
[31] *Ibid.*, p. 87.
[32] *Id.*

ensemble d'individus unis par l'hérédité, mais par une vision commune de la vie en société. Il n'y a pas loin de ce nouveau groupe au phalanstère. À l'inverse de la logique clanique des Coupe-jarrets, exclusive et bornée, la communauté de Sainte-Sévère semble ouverte à tous et pourrait, telle qu'elle apparaît, s'augmenter *ad libitum*[33]. D'ailleurs, des figures plus marginales – et sans doute moins sympathiques aux yeux du lecteur – telles que M. de La Marche ou Leblanc, la dame de compagnie d'Edmée, font aussi partie, et sans discrimination aucune, de la petite société. Pour preuve, la « famille » aux yeux de celui qui est peut-être l'architecte véritable de ce groupe, l'humaniste et utopiste Patience, n'est pas limitée au sang, mais s'élargit à l'humanité entière : n'appelle-t-il pas tout individu son « frère » (« Il pardonne à ses frères, parce que ses frères sont des ignorants comme lui, et ne savent pas ce qu'ils font[34] ») ?

Au sein de la compagnie de Sainte-Sévère – on pourrait parler d'ensemble, d'assemblage –, règne donc un nouveau *climat* fondé sur l'égalité. Alors que le domaine de la Roche-Mauprat était régi par une stricte hiérarchie, la vie est au contraire marquée ici par une parfaite équité entre les membres qui composent la société : « Un nouveau sujet de surprise pour moi, commente Bernard, fut de voir le chevalier donner de vives marques d'amitié à Patience et Marcasse. Quant au curé, il était avec ces deux seigneurs sur un pied d'égalité[35] ». La symbolique sociale est ici patente : Sainte-Sévère apparaît comme un embryon républicain. La référence à l'Antiquité l'atteste : le chevalier évoque, à propos des crimes perpétrés par les Coupe-jarrets, le « sang des Atrides[36] », modèle – ou contre-modèle – mythique auquel se substituera implicitement, une fois que le roman se déplace à Sainte-Sévère, une autre référence antique, cette fois non plus mythique mais historique : la démocratie athénienne. Très clairement, Sand fait de Sainte-Sévère, mais aussi du foyer que fonderont au dénouement du roman Bernard et Edmée, des transpositions fictionnelles dans l'espace privé de la société telle que la rêve Rousseau, pour qui la famille et la Cité sont des constructions culturelles, qui n'ont donc pas de légitimité naturelle et ne doivent pas en avoir

---

[33] On peut même hasarder que l'ultime famille, l'ultime communauté est, *in fine*, celle des lecteurs.
[34] *Ibid.*, p. 72.
[35] *Ibid.*, p. 123.
[36] *Ibid.*, p. 129.

(alors que le patriarcalisme repose, lui, sur une analogie avec l'ordre naturel)[37]. Le « phalanstère » de Sainte-Sévère est en effet un lieu de travail et d'échanges (on y cultive la terre, on y discute philosophie ou politique), où chacun a son rôle à jouer et est appelé à participer à une œuvre commune qui le dépasse. Ainsi des mots employés par Patience face à Bernard, après que celui-ci a, croit-on, mis en danger la vie d'Edmée : « Ta famille était hier encore un vaisseau superbe dont tu tenais le gouvernail ; aujourd'hui, c'est un vaisseau échoué qui n'a plus ni voile ni pilote ; il faut que les mousses fassent la manœuvre, comme dit l'ami Marcasse[38] ». Ce qui nous retient ici n'est pas le propos sur les agissements de Bernard, mais l'image à laquelle le philosophe rustique a recours : la famille est perçue de manière attendue comme un navire, mais un navire où – en temps normal (et non depuis que Bernard l'a mise en danger par son acte) – chacun a son rôle : capitaine, mousse, etc.

Le fonctionnement différent du groupe familial, souple et ouvert, a pour conséquence de laisser une large place aux émotions et effusions. À Sainte-Sévère on débat, mais l'on s'émeut aussi. Dans la droite ligne de l'éthique rousseauiste de la sensibilité, la communauté est marquée par la manifestation des sentiments, qui sert tout autant de mode de communication que de consolidation des liens. Ainsi de ce beau trio familial, où le pathétique dans le sens le plus noble, unit corps et cœurs : « Mes sanglots m'étouffaient, le chevalier serra sa fille et moi sur son cœur, et nous confondîmes nos larmes, en lui jurant de ne jamais nous séparer, ni pendant sa vie ni après sa mort[39] ». Arthur, le « frère d'armes » de Bernard en Amérique, défendra lui aussi l'importance accordée à l'expression de la sensibilité au sein de la famille : « La chaleur de l'âme, l'ardeur et la persévérance de l'affection, voilà ce qu'il faut dans la vie de famille[40] » – un credo qui a bien sûr aussi une pertinence sur le plan sociopolitique, posant les fondements d'une société plus fraternelle.

Mais c'est moins le langage des émotions que le langage tout court qui caractérise cette nouvelle configuration familiale. Le fait que Bernard prenne la parole, dans la diégèse mais surtout en tant que

---

[37] Sur cette question, voir Claudie Bernard, *Penser la famille au XIXe siècle (1789-1970)*, Publications de l'université de Saint-Étienne, 2007, p. 344-349.
[38] *Mauprat*, éd. cit., p. 358.
[39] *Ibid.*, p. 303.
[40] *Ibid.*, p. 247.

narrateur, l'oppose d'emblée à sa lignée, qui ne s'exprimait que par la brutalité des actes. Ainsi l'apprentissage de la vie adulte est-il surtout celui d'une parole. Et c'est même la marque essentielle de la sortie du héros du groupe familial auquel il appartenait au début du roman. Sainte-Sévère, de même que le tribunal, ne sont plus des lieux où l'on se bat, mais où l'on débat. La maîtrise du langage apparaît donc comme la manifestation, autant que l'assise d'un nouveau modèle familial, lui-même pierre angulaire d'un nouveau modèle social. Se penchant sur la situation d'énonciation du roman, Michèle Hecquet montre que ce n'est peut-être pas tant le récit de Bernard qui compte que le fait qu'il le fasse. Sa parole est en quelque sorte l'événement majeur du roman. « Mauprat, affirme-t-elle, parle moins à son destinataire, qu'à cet autre que le hasard lui envoie, à cet Autre de la commune mesure[41] ».

Marthe Robert, on le sait, rattache les origines du roman au « roman familial » que l'enfant se construit, mécontent qu'il est de ses parents. La littérature romanesque est donc intimement liée, pour elle, à la famille, à une famille que l'on réinvente. Or le narrateur Bernard, s'il demeure fidèle aux faits qu'il rapporte, raconte sa vie et la transforme fatalement. Il l'enjolive, l'accentue, la dramatise. Surtout, il place Patience en position centrale : n'est-ce pas là se donner un nouveau père, un père de fiction ? Réinventer une famille, partager une nouvelle conception de la famille comme groupe élargi vont de pair avec la prise de parole. Si (s')inventer une famille, c'est avoir enfin droit à la parole, à l'inverse, prendre la parole construit une famille.

On citera sur ce plan un passage situé dans la dernière partie du roman. Peu après l'accident de chasse (Bernard est accusé d'avoir volontairement tiré sur Edmée et de l'avoir blessée grièvement), l'abbé Aubert annonce au jeune homme qu'il est devenu indésirable à Sainte-Sévère. On lit alors : « Et depuis quand, m'écriai-je transporté de fureur, avez-vous le droit de me chasser du sein de ma famille ? – Hélas ! vous n'avez plus de famille [...]. D'un père et d'une fille il ne reste plus que deux

---

[41] Michèle Hecquet, Mauprat *de George Sand. Étude critique*, *op. cit.*, p. 12. Voir également, sur cette question de l'apprentissage de la parole, la lumineuse introduction de Nicole Mozet, intitulée « La parole humaine », à l'édition du roman chez Christian Pirot (Saint-Cyr-sur-Loire, 2008, p. 7-30).

fantômes[42] ». La même scène intervient quelques pages plus loin avec Patience cette fois :

> Je compte rester dans ma famille, répondis-je, tant que j'aurai une famille, et, quand je n'aurai plus de famille, ce que je ferai n'intéresse personne. – Mais, monsieur, reprit Patience, si on vous disait que vous ne pouvez pas rester dans votre famille sans porter le coup de la mort à l'un ou à l'autre de ses membres, vous obstineriez-vous à y rester[43] ?

Plus loin, le jeune homme s'entête : « Ma place est ici[44] ». Dans ces passages, la récurrence du terme *famille* dit à quel point l'enjeu pour Bernard est presque exclusivement *discursif* : le fait de nommer (ou de cesser de le faire) sa famille d'adoption possède une valeur performative. En nommant sa famille, il la fait advenir, il lui prête une réalité plus solide, lui qui a tant de mal à s'en trouver une.

Le retour de la loi du sang ?

Il ne s'agit pas pour autant d'avoir une vision irénique du roman de Sand. En effet, plusieurs phénomènes importants viennent mettre à mal ce triomphe de la famille culturelle et de la civilisation.

Il y a d'abord le fait qu'Edmée, à plusieurs reprises au cours du roman, reconnaît accorder une valeur à l'hérédité. À ses yeux, elle est et demeure une Mauprat. S'excusant de s'emporter devant son cousin, elle se justifie ainsi : « Vous savez que je suis très vive : cela est de famille. Le sang des Mauprat ne coulera jamais aussi tranquillement que celui des autres humains[45] ». Plus explicite, à l'abbé Aubert, elle affirme : « Votre étonnement vient de ce que vous ne connaissez pas bien la race Mauprat. C'est une race indomptable, incorrigible, et dont il ne peut sortir que des *casse-têtes* ou des *coupe-jarrets* ». Ailleurs, la jeune femme défend une rudesse et une énergie familiales dont elle s'affirme comme la dépositaire : « Mais que l'on me fâche, que l'on me menace, et le sang de

---

[42] *Mauprat*, éd. cit., p. 353.
[43] *Ibid.*, p. 356.
[44] *Ibid.*, p. 357.
[45] *Ibid.*, p. 168.

la race forte se ranime[46] ». Sans l'ombre d'un paradoxe, elle va même jusqu'à justifier ses idées progressistes par la sauvagerie et le courage inhérents à son sang : « Par la raison que je suis une Mauprat et que j'ai un inflexible orgueil, je ne souffrirai jamais la tyrannie de l'homme, pas plus la violence d'un amant que le soufflet d'un mari[47] ». Une communauté fondée sur un nouveau contrat social s'accommoderait-elle de l'éthique féodale ? Ou n'est-ce pas plutôt que la jeune femme ne retient de la race dont elle est issue que le meilleur, les valeurs aristocratiques de fierté et d'énergie, aux dépens de ce qui heurte son statut de femme ?

Quoi qu'il en soit, cette force souterraine du sang court tout au long du roman. Ainsi est-ce encore la puissance de la race qui, pour Edmée, explique la confiance qu'elle a en Bernard. « Moi, je suis sûre que tu es très bon [...] ; un Mauprat ne peut rien être à demi[48] ». Lors de leur première rencontre, déjà, pour défendre son honneur face aux menaces du jeune homme, elle invoquait la parenté qui les unit : « Bernard, vous êtes mon proche parent, songez aux liens du sang[49] ». On peut penser qu'il s'agit ici d'un prétexte stratégique pour faire fléchir celui qui s'apprête à l'agresser, mais c'est aussi, sans doute, qu'Edmée reconnaît, au plus profond d'elle-même, la puissance du paramètre naturel. Au point que la justification se retrouve aussi dans la bouche du héros et narrateur. Ainsi : « L'obstination, alliée à la témérité, coulait dans mes veines avec le sang des Mauprat[50] ».

Il y a donc un déterminisme familial, auquel nul ne peut échapper. Dans la bouche de Patience, cette fatalité prendra bien sûr un sens nettement négatif. « C'est toi », lance-t-il au jeune Bernard après l'humiliation que celui-ci fait subir au vieillard, « qui mérites la mort, non pas pour ce que tu viens de faire, mais pour être fils de ton père et neveu de tes oncles[51] ». D'autres passages témoignent de ce versant mortifère de la loi du sang, non plus héritage mais fatalité. Hubert ne se lamente-t-il pas ainsi à son petit-neveu : « Bernard, nous sommes victimes tous

---

[46] *Ibid.*, p. 187.
[47] *Ibid.*, p. 189.
[48] *Ibid.*, p. 199.
[49] *Ibid.*, p. 95.
[50] *Ibid.*, p. 203.
[51] *Ibid.*, p. 72.

deux d'une famille atroce[52] » ? De même, lors du procès du héros, l'avocat du roi le présente comme le « rejeton maudit d'une souche maudite » et comme un « exemple de la fatalité des méchants instincts »[53]. La fatalité du sang est d'ailleurs bien évoquée par la réapparition des oncles de Bernard, Antoine en « fantôme » et Jean en moine trappiste. Si elle relève de l'attirail du roman noir, elle dit aussi avec force la puissance des liens du sang. Tout se passe comme si, dans sa nouvelle vie d'homme civilisé, Bernard était sans cesse poursuivi par l'immémoriale et fantomatique loi du sang. « N'oubliez pas, explique Marcasse au jeune homme qui doute que l'apparition que tous deux viennent de voir soit le fantôme de son grand-oncle, que tous les Coupe-jarrets ne sont pas morts ; que si Jean est de ce monde, il fera du mal jusqu'à ce qu'il soit enterré, enfermé à triple tour chez le diable[54] ». Enfin, il n'y a pas jusqu'au titre du roman lui-même qui ne se fasse l'écho de cette résurgence de la *lex sanguinis*, puisque le patronyme peut autant désigner le héros que la famille, évoquant par là même l'idée d'une accession à l'individualité plus problématique qu'il n'y paraît.

Positive ou négative, la loi biologique n'apparaît donc pas totalement défaite dans *Mauprat*, loin s'en faut. Plus que de loi biologique, il faudrait d'ailleurs parler d'une résurgence générale, dans le roman, du corps, du corporel, de ce qui relève de la nature. Tout n'est pas scellé dans un miraculeux passage à l'état de culture. La nature et sa violence (dont la violence érotique – qu'on lise sur ce plan la troublante confession d'Edmée dans le dernier chapitre du roman, où elle loue la sensualité sauvage de Bernard[55]) apparaissent comme une force indomptable à laquelle aucun raisonnement ne peut résister. C'est donc au sein de ce vaste retour du naturel qu'il faut comprendre la valorisation (ou le constat de sa puissance) de la famille de sang : « L'organisation de chacun de nous », écrit ainsi Sand au début d'*Histoire de ma vie*,

---

[52] *Ibid.*, p. 129.
[53] *Ibid.*, p. 382.
[54] *Ibid.*, p. 296.
[55] « Je sais que Bernard est un ours […], un sauvage, un rustre […] ; c'est une brute qui sait à peine signer son nom ; c'est un homme grossier, qui croit me dompter comme une haquenée des Varennes […]. Voilà le mal, je l'aime ! […] Je le trouve plus beau qu'aucun homme qui existe. […] M. de La Marche me paraît fade et guindé depuis que je connais Bernard » (*ibid.*, p. 427).

est le résultat d'un mélange ou d'une parité de races, et la continuation, toujours modifiée, d'une suite de types s'enchaînant les uns aux autres ; j'en ai toujours conclu que l'hérédité naturelle, celle du corps et de l'âme, établissait une solidarité assez importante entre chacun de nous et chacun de ses ancêtres[56].

Mais l'illustration le plus problématique de ce retour de la filiation biologique demeure la figure d'Hubert de Mauprat qui, alors qu'il incarne précisément le nouveau modèle familial défendu dans le roman – modèle de transition, certes, pour Bernard –, reste profondément attaché à la loi du sang. C'est ce qui explique son désarroi à l'idée d'avoir du sang commun avec les Coupe-jarrets. Animé par un « orgueil de famille[57] », meurtri de subir « le malheur de porter le même nom[58] » que son cousin, le chevalier exhorte ainsi le jeune homme : « Quant à vos oncles…, vous êtes probablement le seul héritier d'un nom qu'il vous appartient de réhabiliter[59] ». Plus loin, de même : « Tâchons de réparer le mal qu'ils ont fait, et d'enlever les taches qu'ils ont imprimées à notre écusson[60] ». Le motif revient constamment : « Ce Mauprat, dit-il ailleurs de Bernard, relèvera l'honneur de la famille[61] », etc. Les commentaires du narrateur vont dans le même sens : Hubert « n'en était pas moins attaché à tous les préjugés de notre caste[62] ». La préoccupation dynastique est essentielle dans l'attachement que le vieillard témoigne pour Bernard. C'est elle qui est au cœur du programme de reconquête qu'il propose à son petit-neveu :

> Vous relèverez l'honneur de la famille, n'est-ce pas, vous le voulez ? Moi, je le veux […]. [L]a Providence vous destinait à être mon fils. Ah ! j'avais rêvé jadis une adoption plus complète. Si, à ma seconde

---

[56] *Histoire de ma vie*, 1ère partie, chap. II, éd. Damien Zanone, Paris, Flammarion, coll. « GF », vol. 1, 2001, p. 64.
[57] *Mauprat*, éd. cit., p. 142.
[58] *Ibid.*, p. 128.
[59] *Id.*
[60] *Ibid.*, p. 129.
[61] *Ibid.*, p. 144.
[62] *Ibid.*, p. 129.

tentative, on vous eût accordé à ma tendresse, vous eussiez été élevé avec ma fille, et vous seriez certainement devenu son époux[63].

Comme le souligne Michèle Hecquet, « le désir d'Hubert de Mauprat est toujours subordonné au lignage ; les intérêts des Mauprat sont les dieux que ce bon fils est prêt à servir, d'abord en ne se mariant pas, puis en se mariant, à la fin en demandant un fils – qu'il n'obtiendra qu'en lui donnant sa fille. *Mauprat* mériterait bien ce sous-titre : de l'héritage[64] ». Chez le chevalier, le souci du sang, qui est aussi un souci social (la famille doit rester pure de toute intrusion étrangère), s'explique par la conscience aristocratique qu'un homme ancré dans le XVIIIe siècle et, bien qu'il soit éclairé, partageant les valeurs de l'Ancien Régime, ne peut se résoudre à abjurer.

Ainsi y aurait-il dans le roman, non deux, mais trois conceptions de la famille, toutes trois liées étroitement à un positionnement historique et idéologique : d'abord, les Coupe-jarrets féodaux, pour lesquels les liens du sang sont sacrés ; ensuite, le chevalier, Edmée et Bernard pour qui c'est moins la famille en tant que telle que l'aristocratie qui demeure la valeur suprême (pour eux, la *famille* s'étend à *toute* l'aristocratie : il ne s'agit donc plus d'une loi du sang au sens strict, mais un phénomène qui relève d'une forme de *conscience de classe* – conception à mi-chemin entre loi du sang et loi sociale) ; enfin, les autres membres de Sainte-Sévère, Patience, l'abbé et Marcasse, chez qui ni la loi du sang, ni la conscience de classe n'ont cours, remplacées par l'association librement choisie d'individus autour d'affinités électives.

Cependant, un ultime élément accentue et complique cette rémanence de la loi du sang : le mariage entre Edmée et Bernard. Un homme épouse ici la fille du frère cadet de son grand-père. Passons sur la différence de génération, expliquée au début du roman par la paternité tardive d'Hubert. Ce qui nous retient est l'étrange endogamie sur laquelle se clôt le roman et qui semble contredire son « message » idéologique. Tout, dans le roman, prépare en effet avec insistance cette union consanguine. Bernard serre la main d'Edmée « fraternellement[65] », tandis que

---

[63] *Ibid.*, p. 130.
[64] Michèle Hecquet, Mauprat *de George Sand. Étude critique, op. cit.*, p. 49.
[65] *Mauprat*, éd. cit., p. 231.

celle-ci se dit la « sœur[66] » du jeune homme et le présente ainsi : « C'est mon cousin, c'est un Mauprat, c'est presque un frère[67] ». Ailleurs, elle le désigne comme le « fils adoptif de [s]on père[68] ». De manière similaire, Hubert souhaite que sa fille devienne la « sœur[69] » de Bernard, avant d'enjoindre ce dernier à « donne[r] le bras à [s]a cousine, ou, pour mieux dire, à [s]a sœur[70] ». Le chevalier, en réalité, veut faire de Bernard à la fois son fils et son gendre ; n'a-t-il pas envers son petit-neveu cette exhortation étonnante : « Si vous ne parvenez pas à être son mari, soyez toujours son frère[71] » ?

L'issue du roman, par ce mariage endogame, ne ferait-elle que confirmer, sans craindre de décevoir, la sclérosante loi héréditaire ? En réalité, il y a une différence de taille entre le foyer de Bernard et Edmée, et la loi patriarcale en vigueur à la Roche-Mauprat. Si Jean et Antoine de Mauprat se disent attachés à la lignée, ce sont, on l'a vu, des raisons financières qui les motivent : ils veulent leur part d'héritage. La reconfiguration de la loi du sang chez Edmée et Bernard est d'un autre ordre : celui du symbolique. On pourrait objecter que si Sand avait voulu conférer plus de poids à sa démonstration, elle aurait fait épouser à Edmée un homme sans lien de sang avec elle, un homme du peuple ou un paysan par exemple. C'est ignorer deux éléments capitaux : d'abord, l'impossibilité absolue – et donc l'invraisemblance romanesque, bien que *Mauprat* lorgne à bien des égards du côté du conte et de la fable – pour une jeune fille de l'aristocratie d'épouser hors de son milieu. Surtout, l'endogamie finale répond à un idéal politique qui traverse toute l'œuvre sandienne : celui de l'inceste. L'inceste, l'union entre frère et sœur (ou entre cousins – ou entre tante et neveu comme c'est le cas ici, l'union entre Edmée et Bernard réactivant les amours de Jean-Jacques et « Maman ») répond au désir sandien – mais aussi à celui de toute une époque[72] – d'une union idéale, censément vierge de tout désir sexuel.

---

[66] *Ibid.*, p. 101.
[67] *Ibid.*, p. 194.
[68] *Ibid.*, p. 137.
[69] *Ibid.*, p. 139.
[70] *Ibid.*, p. 144.
[71] *Ibid.*, p. 302.
[72] Voir *Éros philadelphe. Frère et sœur, passion secrète*, dir. Wanda Bannour et Philippe Berthier, Paris, Éditions du Félin, 1992, et *Adelphiques. Sœurs et*

L'innocence symbolique qui s'attache à « l'union adelphique » constitue, aux lendemains de la Révolution, le socle nouveau sur lequel pourra s'édifier et se perpétuer les idéaux démocratiques. Étrangement, ce type d'union reprend le socle même de la féodalité, l'endogamie, dont elle apparaît comme le versant idéal, la version lumineuse. Peut-être est-ce une manière de guérir le mal par le mal, d'effacer précisément ce qui heurte le sens commun en lui substituant un phénomène identique, mais à la signification pudique et sage. Ainsi constate-t-on que, loin d'entraver l'avènement d'un nouveau modèle familial, l'idéal incestueux le réalise. Mais l'on quitte alors le plan de l'histoire pour celui du romanesque, du conte, de la fable. Comme souvent chez Sand, les questions historiques et idéologiques trouvent miraculeusement une réponse dans l'écriture et le mythe.

La famille, on l'a vu, constitue l'un des enjeux cruciaux de *Mauprat*, le roman prouvant une fois de plus la manière dont famille et idéologie, histoire privée et histoire collective fonctionnent de pair dans les faits autant que dans l'imaginaire romanesque du XIXe siècle. C'est parce qu'elle incarne une loi biologique dont l'homme moderne cherche à se défaire pour parvenir à une construction culturelle de soi comme être civilisé, que la famille possède, à cette époque et dans ce corpus, une telle efficacité politique. Mais l'originalité de *Mauprat* n'est pas de signer l'avènement d'un nouveau modèle familial, la victoire du contrat social sur le modèle patriarcal. Loin de se limiter à donner à voir la famille de l'âge démocratique, le roman la met en scène, la dramatise. L'épisode du procès de Bernard est sur ce point essentiel. Le tribunal y apparaît comme l'espace où se matérialise et s'éprouve le nouveau droit issu de la Révolution. Face au public (et au lecteur), en prouvant son innocence dans l'attentat commis contre Edmée, Bernard prouve qu'il a renoncé à la violence originelle, qu'il est devenu civilisé. C'est dans ce lieu éminemment symbolique de la modernité juridique et politique qu'émerge le

---

frères dans la littérature française du XIXe siècle, dir. Claudie Bernard, Chantal Massol et Jean-Marie Roulin, Paris, Kimé, coll. « Détours littéraires », 2010.

nouveau contrat familial et social[73]. À nouveau, grâce aux ressources du romanesque, Sand nous raconte l'apprentissage de la modernité.

---

[73] Comme le rappelle Michèle Hecquet, le tribunal signe le « caractère symbolique, social, de la vérité » (Mauprat *de George Sand. Étude critique*, *op. cit.*, p. 66).

Céline Bricault – Université Blaise Pascal, CELIS

La circularité du récit : auto-transmission de l'Histoire dans *Le Chevalier Des Touches* de Barbey d'Aurevilly

Les personnages du *Chevalier Des Touches* évoluent dans un univers de la stérilité où le couperet révolutionnaire, ayant rompu le lien qui unissait les aristocrates à leurs ancêtres, semble interdire désormais toute tradition intergénérationnelle. Le récit des aventures du héros éponyme n'est paradoxalement proféré par Barbe de Percy que pour des vieillards contemporains de cet événement historique et qui en connaissent déjà les principaux rebondissements, bien que de manière parcellaire ou controuvée. La narratrice a donc pour vocation de rappeler, de préciser et d'embellir les événements pour le plus grand plaisir de ses auditeurs. Tous paraissent ignorer la présence du jeune personnage qui, dans les dernières lignes du roman, devenu adulte, se chargera de combler les lacunes persistantes de ce récit, en endossant les rôles de narrateur premier et – incidemment – d'instance auctoriale. Le texte et la dédicace[1] désignent en effet ce narrateur anonyme comme un double de Barbey d'Aurevilly, étrangement désireux de faire don de cette histoire à son propre père à qui il l'a entendue raconter dans sa jeunesse. Ainsi, s'il y a transmission dans et à travers ce roman, c'est une transmission qui se joue sur le mode de la circularité, le récit étant bâti non pour un autre mais pour soi, ou, plus précisément, étant *re*bâti pour soi et ce à chaque niveau de la narration et de l'écriture. Nous voudrions montrer ici comment et pourquoi les modulations que l'histoire apporte à l'Histoire sont fonction de cette forme particulière d'autotransmission, où à défaut d'ancêtres, c'est de soi que l'on tient sa propre H / histoire. Nous nous intéresserons donc successivement au récit cœur, au récit cadre et enfin au roman lui-même afin de souligner la paradoxale circularité dont se trouve frappée la transmission intergénérationnelle.

---

[1] Jules Barbey d'Aurevilly, « Dédicace » au *Chevalier Des Touches*, Paris, Lemerre, coll. « Guillaume », 1893, p. I-II.

L'Autotransmission

L'aventure de l'enlèvement du chevalier Des Touches que Barbe de Percy, en sa qualité de témoin direct, raconte à ses compagnons de veillée, n'est paradoxalement en rien inédite pour eux. En effet, les vieillards assemblés dans le salon des demoiselles de Touffedelys ont déjà tous eu connaissance de cet événement. Ni révélation narrative, ni legs oral, le récit apparaît d'emblée comme une réitération vouée à se dérouler dans le cadre étroit d'une seule et unique génération qui se transmet à elle-même sa propre Histoire[2] qu'elle module à plaisir.

Les personnages ont une soixantaine d'années « vers les dernières années de la Restauration[3] » ; une trentaine lorsque le chevalier est arrêté par les Républicains puis libéré par les Chouans. Leur existence a donc été littéralement scindée en deux par la Révolution française et le texte ne se prive pas d'insister sur ce point, principalement à travers la constitution d'un « univers de la stérilité[4] ». L'anéantissement de la cellule familiale et l'impossibilité de sa pérennité dans l'univers post-révolutionnaire retiennent particulièrement l'attention. À propos des sœurs Touffedelys, le romancier souligne ainsi que la « Révolution leur avait tout pris : [la] famille [...], l'amour dans le mariage [...], et enfin la maternité », et précise qu'elles sont orphelines[5]. Tous deux explicitement victimes de la Révolution, le baron de Fierdrap et l'abbé de Percy sont sans descendance, et vivent dans un isolement métaphoriquement

---

[2] Triple distinction : HISTOIRE : processus et réalité historique / Histoire : l'Histoire des historiens, toujours tributaire des idéologies, donc des intérêts sous-jacents à la vie culturelle et sociale / histoire : le récit, ce que nous raconte le roman. Voir Pierre Barbéris, *Le Prince et le marchand*, Paris, Fayard, 1980.

[3] *Le Chevalier Des Touches*, dans *Œuvres romanesques complètes*, éd. Jacques Petit, Paris, Gallimard, coll. « Bibliothèque de la Pléiade », t. I, 1964, p. 745. Les cinq vieillards rassemblés forment les « Trois siècles dans un petit coin » qui donnent leur nom au premier chapitre du roman.

[4] Voir Danièle Mounier-Daumas, « *Le Chevalier Des Touches*, un univers de la stérilité », *La Revue des lettres modernes*, série Barbey d'Aurevilly, n° 10 : *Sur Le Chevalier Des Touches*, 1977, p. 9-34.

[5] *Le Chevalier Des Touches*, éd. cit., p. 750.

monastique[6]. Barbe, la cadette de l'abbé, est pour sa part présentée comme la dernière d'une famille nombreuse et depuis longtemps dispersée[7] et sa masculinité a empêché toute alliance matrimoniale. Aimée de Spens enfin, plus jeune de quelques années, est elle aussi orpheline[8] et porte le très explicite surnom de Vierge-Veuve[9].

Ainsi privé d'ascendants et de descendants, les personnages se trouvent dans l'obligation de constituer une cellule familiale uniquement fondée sur l'horizontalité et dont la relation qu'entretiennent les sœurs Touffedelys peut être envisagée comme le paradigme. « Presque identiques », les deux femmes « s'aimaient » et « se voulaient en tout si semblables, que Mlle Sainte avait refusé un beau mariage parce qu'il ne se présentait pas de mari pour Mlle Ursule, sa sœur[10] ». Identité, affection profonde et refus de l'exogénéité sont les valeurs qui président à la constitution du groupe des anciens. Ainsi, l'abbé de Percy et sa sœur voient leur lien familial renforcé par un même physique grotesque, par une androgynie commune, ainsi que par un profond respect mutuel. Ces deux doublons – sororal et fraternel – se trouvent compliqués et enrichis par la présence du baron de Fierdrap, frère d'armes et d'émigration de l'abbé de Percy, puis par l'arrivée d'Aimée de Spens, sœur d'armes de Barbe et des demoiselles de Touffedelys durant la chouannerie et compagne fidèle de leur vieillesse. Tout se passe comme si, une fois leur lignée anéantie par l'Histoire, les personnages faisaient le choix de la fratrie, comme si l'orientation des rapports familiaux se trouvait définitivement modifiée et mise à plat par la Révolution.

Or les deux derniers personnages qui viennent compléter la famille d'élection ainsi reconstituée occupent deux fonctions antagonistes au regard de la profération du récit. C'est en effet l'ignorance du baron de Fierdrap concernant les détails de la libération de Des Touches qui vaut en partie comme « élément provocateur de récit[11] » : il n'a

---

[6] *Ibid.*, p. 753, 756-757. Le baron est comparé à un anachorète et l'abbé vit dans un *hermitage* significatif.
[7] *Ibid.*, p. 776.
[8] *Ibid.*, p. 785.
[9] *Ibid.*, p. 769.
[10] *Ibid.*, p. 750.
[11] Voir Andrée Hirschi, « Barbey "conteur" », *La Revue des lettres modernes*, série Barbey d'Aurevilly, n° 4 : *Techniques romanesques*, 1969, p. 7-30.

« jamais su [l'histoire du chevalier] que de *bric et de broc*[12] » et ignore la participation de Mlle de Percy ou encore l'emprisonnement à Avranches. Le baron, qui ne détient pas tous les éléments exacts et complets de l'histoire, la corrige et la complète. Mais il n'a de cesse d'ajouter à ce récit essentiellement énoncé à son attention de multiples précisions et digressions qui en retardent l'énonciation. La surdité d'Aimée de Spens conditionne cette même énonciation car elle ne saurait supporter d'entendre relater l'aventure qui a coûté la vie à son fiancé, ni mentionner le nom du chevalier qui la fait horriblement rougir. Mais à l'inverse du baron, Aimée sait tout de l'aventure rapportée par Barbe car elle a assisté aux événements ; elle en sait même plus que la narratrice elle-même puisqu'elle est au centre de l'épisode de Bois Frelon qui explique sa propre érubescence. La fratrie de substitution amène donc Barbe de Percy à lui raconter une histoire de sa génération que cette dernière voudrait vraie et totale mais dont elle ne saurait supporter qu'elle le soit.

La narratrice adopte alors une forme de récit adaptée aux attentes paradoxales de son auditoire, et dont le symbole dans le roman est la tapisserie. Dans le premier chapitre, « la sœur de l'abbé, la tête sur sa tapisserie, [tire] sa laine de chaque point avec une furie effrayante[13] » dont l'énergie annonce, en vertu de l'équivalence étymologique texte / tissu, l'enthousiasme avec lequel elle va endosser le rôle de narratrice. Au moment de commencer son histoire, Mlle de Percy « qui débâtissait convulsivement les points qu'elle avait faits à son travail de tapisserie repoussa son canevas dans sa corbeille[14] », substituant ainsi l'activité de conteuse à celle de brodeuse et confirmant l'équivalence entre les deux attitudes. Un détail mentionné au moment où elle termine sa relation des aventures de Des Touches retient alors l'attention : « Mlle de Percy s'arrêta de cette fois, comme quelqu'un qui a fini son histoire. Elle rejeta les ciseaux dont elle avait gesticulé dans les tapisseries, empilées avec leur laine sur le guéridon[15] ». Tout en proférant son histoire, la vieille femme a tailladé son ouvrage et les fils qui le constituaient, de sorte que le travail artisanal et artistique est probablement mutilé par de nombreuses déchirures. Ces failles tissulaires

---

[12]   *Le Chevalier Des Touches*, éd. cit., p. 764-765.
[13]   *Ibid.*, p. 752.
[14]   *Ibid.*, p. 775.
[15]   *Ibid.*, p. 864.

correspondent symboliquement à autant de lacunes narratives marquant un récit qui exhibe sa propre artificialité en même temps que son propre esthétisme.

Or le lien tissulaire et textuel peut aussi avoir valeur de lien familial compensatoire. En effet, même si elle le fait sur le mode de la négativité, Barbe de Percy insiste longuement dans son récit sur le caractère ancestral des pratiques ayant trait au fil et à la tissularité :

> [Nous] nous occupions, de ce côté-ci de la Manche, à bien autre chose, je vous assure, qu'à *filer nos quenouilles de lin*, comme dit la vieille chanson bretonne ! Les temps paisibles, où l'on ourlait des serviettes ouvrées dans la salle à manger du château, n'étaient plus... Quand la France se mourait dans les guerres civiles, les rouets, l'honneur de la maison, devant lesquels nous avions vu, pendant notre enfance, nos mères et nos aïeules assises comme des princesses de conte de Fées, les rouets dormaient, débandés et couverts de poussière dans quelque coin du grenier silencieux. Pour parler à la manière des fileuses cotentinaises : nous avions un *lanfois* plus dur à peigner. Il n'y avait plus de maison, plus de famille[16].

La citation dessine une filiation offrant un étonnant décalage avec les réalités socioculturelles de l'Ancien Régime[17]. En effet, elle semble essentiellement d'ordre matrilinéaire et l'emblème de cette ascendance féminine est le rouet, assorti de la quenouille métonymique. Tout se passe comme si les femmes avaient été instituées gardiennes des biens et des valeurs familiales par la seule vertu de ce lien à la fois tissulaire et intergénérationnel qui leur avait été donné à filer. Cette hypothèse est confirmée par l'évocation du château-gynécée de Touffedelys « tombé en quenouille[18] », c'est-à-dire « abandonné » au sens moderne du terme, mais aussi et surtout « passé par succession entre les mains d'une femme ».

---

[16] *Ibid.*, p. 776. Le *lanfois* est, en patois normand, le chanvre placé sur la quenouille.
[17] Voir Claudie Bernard, *Penser la famille au XIXᵉ siècle (1789-1870)*, Publications de l'université de Saint-Étienne, 2007, chap. « Au nom du père ».
[18] *Le Chevalier Des Touches*, éd. cit., p. 826.

Avec la Révolution et la mise à mal de la figure du roi – dieu et père –[19], les figures féminines se voient donc chargées dans le roman de toutes les formes de transmission symboliquement représentées par le parcours du fil. À l'activité artisanale du filage traditionnellement réservée aux nobles dames de l'Ancien Régime (création de fils), succède la fonction patrimoniale de protection des valeurs et des biens familiaux sous la Révolution (transmission de la quenouille portant ces fils) ; puis, dans le monde post-révolutionnaire, intervient la relation orale des événements ayant occasionné la perte de ces valeurs et de ces biens (vaine tentative pour tisser artistiquement ces fils au moment même où ils sont définitivement déchirés). Ce processus matrilinéaire possède la particularité de nier le principe de filiation sur lequel il repose : en effet, si dans un premier temps, il y a bien transmission intergénérationnelle d'un savoir-faire ancestral, si l'art du filage passe bien de mère en fille (comme le montre le terme *aïeule*), la Révolution vient interrompre cette transmission en remettant le château de Touffedelys entre les mains de deux sœurs sans descendance qui vont laisser disparaître cette quenouille qui leur avait été confiée, et Barbe de Percy ne brode sa tapisserie narrative que pour des femmes de son âge qui en connaissent déjà le motif. Ainsi le lien intergénérationnel se réduit à un fil générationnel qui ne génère rien d'autre que sa propre histoire.

Comment dès lors expliquer l'intérêt accordé par l'auditoire à ce récit qui ne fait que lui rapporter ses propres aventures ? Là encore, la métaphore filaire est révélatrice. En effet, la quenouille, juridiquement associée à la transmission matrilinéaire, acquiert dans le contexte révolutionnaire une valeur symbolique connexe : elle sert de signe de ralliement invitant les nobles à intégrer l'armée royaliste[20]. Si la famille aristocratique implose sous la Révolution, c'est donc essentiellement chez Barbey pour défendre le trône et l'autel : il s'agit pour les hommes comme pour les femmes de se battre avec les armes dont ils disposent ; mais c'est une action qu'ils ne peuvent mener qu'au prix d'un exil anglais ou provincial qui induit la dispersion de la parentèle en lieu et place de laquelle s'établissent des alliances de circonstance, lesquelles ne peuvent exister que sur le plan générationnel.

---

[19] Voir Claudie Bernard, *Penser la famille au XIXe siècle*, *op. cit.*, p. 19.
[20] *Le Chevalier Des Touches*, éd. cit., p. 752.

Trente ans plus tard, ce sont ces alliances générationnelles seules qui persistent et dont le groupe de vieillard mis en scène par Barbey est représentatif. Il ne s'agit plus seulement de dire que les personnages sont privés de lignée (au sens de descendance d'un même ancêtre vivant tournée vers sa propre postérité), mais aussi de montrer une génération entière coupée de son lignage (au sens de descendance d'un même ancêtre mort tournée vers l'antécédence et vers un passé mémorable)[21]. La description du salon des demoiselles de Touffedelys est en ce sens révélatrice puisque des « encoignures de laque de Chine garnissaient les quatre angles du salon et supportaient quatre bustes d'argile, recouverts d'un crêpe noir […] en signe de deuil ; car ces bustes étaient ceux de Louis XVI, de Marie-Antoinette, de Madame Élisabeth et du Dauphin[22] ». Les vieux personnages valent pour l'ensemble d'une aristocratie déchue vivant dans le culte d'ancêtres royaux eux-mêmes déchus.

Le lien intergénérationnel avec cette ascendance prestigieuse a été rompu par le couperet révolutionnaire (le choix du buste comme écho symbolique de la décollation ne doit rien au hasard) et le récit de Barbe de Percy a pour principale vocation de rétablir un lien équivalent mais qui restera placé sur le plan horizontal de la génération. Il s'agit donc là d'une visée idéologique et plus précisément contre-révolutionnaire : raconter, ou plus exactement conter, les aventures de sa propre génération, c'est se redonner l'antécédence et le passé mémorable dont on a été privé ; c'est substituer à l'Histoire, qui est celle de la faillite des ancêtres, une autre histoire qui est celle de son propre triomphe et de sa propre gloire, même si cela implique, comme ici, de passer sous silence la fin tragique de l'aventure contre-révolutionnaire que fut la Chouannerie. Le contexte de l'énonciation fait alors sens : Barbe de Percy « [conte] comme quelqu'un qui a vécu de la vie de son conte[23] », se donnant à elle-même le plaisir de la reconstitution factice d'une H / histoire plus conforme à ses aspirations politiques ; les vieillards forment autour d'elle un « petit cercle […] refermé autour de la cheminée[24] », en tout point

---

[21] Sur cette distinction lignée / lignage, voir Claudie Bernard, *Penser la famille au XIXe siècle, op. cit.*, p. 60.
[22] *Le Chevalier Des Touches*, éd. cit., p. 749.
[23] *Ibid.*, p. 838.
[24] *Ibid.*, p. 772.

semblable à celui qui prévaut lors des veillées traditionnelles, mais qui exclut tout participant exogénérationnel, annulant par conséquent sa fonction de transmission, mais parvenant en cela même à évacuer toute trace d'une actualité qui entérine l'échec contre-révolutionnaire.

Auto-transmission du récit cadre

Pourtant, l'intervention inattendue du narrateur premier, dans les dernières lignes du roman, semble devoir remettre en cause cette circularité idéologique du récit en l'inscrivant dans un récit cadre explicatif.

Le narrateur omniscient du début du roman souligne, à propos des figures marquantes du cercle de vieillards, que « l'oubli doit les dévorer, et l'obscurité de leur mort parachève l'obscurité de leur vie, si Dieu [...] ne jetait parfois un enfant entre leurs genoux, une tête aux cheveux bouclés sur laquelle ils posent un instant la main, et qui [...] se souviendra d'eux dans quelque roman[25] ». Il ne s'agit à ce stade que d'une allusion dénuée de toute portée immédiate, mais qui met en relief l'un des principaux enjeux du texte, à savoir la question de la mémoire historique et de sa transmission, et ce sur le mode hypothétique. Le lecteur pourrait y voir l'indice de la présence effective de ce témoin-narrateur qui va prendre le relais de Barbe de Percy au dernier chapitre si la conteuse ne prenait justement soin de préciser quelques lignes plus loin qu'elle est sans héritier : « Je ne suis qu'une vieille fille inutile maintenant, [...] et je n'ai pas même un pauvre petit bout de neveu dans les Pages à qui je puisse léguer la carabine de sa tante[26] », dit-elle. Cette assertion, qui intervient alors que Barbe prend une fois encore la défense des Bourbons contre les critiques acerbes de l'abbé et du baron, revêt une portée idéologique significative : ce n'est pas seulement une arme que la vieille Chouanne ne pourra jamais transmettre, c'est aussi et surtout un engagement politico-religieux qui va disparaître avec elle, faute de descendance. Tout se passe donc comme si le récit de Barbe était voué à l'oubli, une fois les vieillards disparus.

---

[25] *Ibid.*, p. 755.
[26] *Ibid.*, p. 762.

Et lorsque le narrateur premier est enfin mentionné, c'est sur lui-même que pèse la menace de l'oubli, comme si le conte devait impérativement n'avoir été proféré par les vieillards que pour les vieillards[27]. Le texte insiste sur le fait que le petit cercle des anciens est autocentré sur « son » histoire, que l'enfant présent est par conséquent oublié au profit de cette histoire reconstituée et enfin que celle-ci serait sans lui à son tour perdue, à l'instar de ce « foyer », de cette « famille » de vieillards dont la génération est bien morte au moment de la rédaction puisque le texte gomme toute trace de lien familial entre le jeune garçon et le cercle des anciens qui l'ont laissé à l'écart.

Or le rôle dévolu à l'enfant est explicitement d'empêcher, voire d'interdire, l'oubli : « l'enfant dont j'ai parlé grandit, et la vie, la vie passionnée avec ses distractions furieuses et les horribles dégoûts qui les suivent, ne purent jamais lui faire oublier cette impression d'enfance, cette histoire[28] ». Cette remarque ramène explicitement à la première allusion au narrateur premier et à la fonction mémorielle qui lui était dès lors attribuée. Le lecteur comprend alors que le récit de Barbe qui vient de lui être rapporté l'a été sur le mode de la redite, de la répétition du même, que « la tête aux cheveux bouclés » a paru « créer ce qu'elle [a] simplement copié, en se ressouvenant »[29].

C'est ce que confirme la structure adoptée par le récit cadre qui permet aussi de préciser les modalités de la reprise. En effet, le narrateur premier anonyme, une fois adulte, se charge de compléter le conte de Barbe de Percy. Pour ce faire, il insiste d'abord sur ce que la vieille amazone a elle-même omis de préciser dans son récit « n'ayant pas eu de dénoûment[30] », c'est-à-dire sur les interrogations liées au devenir de Des Touches et à la rougeur d'Aimée. Le narrateur premier souligne avec soin les « oublis » que comporte l'histoire de Barbe pour mieux prouver que sa propre intervention a pour vocation de les compenser par le « souvenir ». Ainsi le récit cadre vise explicitement à combler des lacunes ancestrales induites par la circularité même du récit et, ce faisant, il permet au narrateur de s'introduire virtuellement dans le « petit cercle » dont il était autrefois exclu.

---

[27] *Ibid.*, p. 865.
[28] *Ibid.*, p. 866.
[29] *Ibid.*, p. 755.
[30] *Ibid.*, p. 866.

Toutefois, si la résolution de cette double interrogation repose bien sur le souvenir, ce n'est pas d'abord sur celui du narrateur mais sur celui du chevalier qu'il rencontre au terme d'une laborieuse reconstitution[31]. La réponse à la première question est donc apportée par le rassemblement progressif d'indices épars expliquant la folie furieuse puis la folie douce du héros de la chouannerie désormais interné. La réponse à la seconde question résulte quant à elle d'un véritable interrogatoire que le narrateur fait subir au dément : « Vous souvenez-vous […] de votre enlèvement de Coutances, monsieur Des Touches ?... » ; « Et d'Aimée de Spens, vous en souvenez-vous ? »[32]. La répétition du verbe *se souvenir* replace le narrateur dans une situation similaire à celle connue dans son enfance : sa connaissance de l'Histoire est tributaire d'une histoire rapportée par un ancêtre avec lequel il n'a pas de lien familial et dont la mémoire est ici explicitement défaillante et par conséquent sujette à caution.

En outre, le narrateur premier ne se contente pas de ce que Des Touches lui rapporte. Au récit hésitant du chevalier, factuel et objectif, l'instance narrative substitue en effet bien vite une relation romanesque et subjective qui possède toutes les qualités du conte autrefois proféré par Barbe. La comparaison des deux passages est significative. Les hésitations du chevalier sont marquées par de nombreux points de suspension, les phrases assertives, voire averbales, relèvent d'une énonciation dénotée : « Elle se déshabilla. Elle se mit toute nue. Ils n'auraient jamais cru qu'un homme était là, et ils s'en allèrent. Ils l'avaient vue... Moi aussi... Elle était bien belle !... rouge comme les fleurs que voilà[33] ! » À l'inverse, le récit répété immédiatement ensuite par le narrateur premier fonctionne sur le mode de l'amplification, faisant alterner les points de vue, introduisant métaphores et comparaisons, mais aussi et surtout interprétations personnelles et jusqu'à des détails de pure invention :

> Quand, à travers la fenêtre, les Bleus virent, du dehors où ils étaient embusqués, cette chaste femme qui allait dormir et qui ôtait, un à un, ses voiles, comme si elle avait été sous l'œil seul de Dieu, ils n'eurent plus de doute ; personne ne pouvait être là, et ils étaient partis : Des

---

[31] *Ibid.*, p. 867.
[32] *Ibid.*, p. 868.
[33] *Ibid.*, p. 869.

Touches était sauvé ! Des Touches, qui, lui aussi, l'avait vue, comme les Bleus…, qui jeune alors, n'avait peut-être pas eu la force de fermer les yeux pour ne pas voir la beauté de cette fille sublime, qui sacrifiait pour le sauver, le velouté immaculé des fleurs de son âme et la divinité de sa pudeur ! Prise entre cette pudeur si fière et cette pitié qui fait qu'on veut sauver un homme, elle avait hésité[34]…

Cette reprise se veut véritable complément d'enquête et se revendique pour cela d'une démarche scientifique : « Ce peu de mots me suffisait. Je reconstituais tout. J'étais un Cuvier[35] ! » Appliquant la méthode du paléontologue au récit, le narrateur, d'un mot, voudrait faire une histoire rationnelle. Mais, bien au contraire, son récit est marqué par l'enthousiasme et l'émotion – voire par les fantasmes – de celui qui, à l'instar de Barbe de Percy, « a vécu de la vie de son conte[36] ». Lui qui n'a pas d'ancêtres connus, lui qui est privé d'Histoire et d'histoire, se donne à lui-même un passé par la médiation du souvenir d'autrui. En comblant les lacunes de l'histoire du chevalier Des Touches, le narrateur premier assume la succession de l'amazone de la chouannerie. Il s'inscrit alors dans une lignée de conteurs qui s'est donné pour tâche l'édification d'une antécédence et d'un passé mémorables.

En ce sens, ce narrateur anonyme se trouve placé au centre d'un projet dont il est la personnification et qui consiste à remonter une mécanique ancestrale. La description qu'il donne de lui-même enfant est révélatrice : assis « au coin de la cheminée contre le marbre de laquelle il posait une tête bien prématurément pensive[37] », ce petit personnage, à « la tête bouclée[38] », évoque nécessairement la pendule des demoiselles de Touffedelys qui, en marquant les heures, scande le récit de Barbe de Percy :

> Cette pendule était un Bacchus d'or moulu, vêtu de sa peau de tigre, qui, debout, tenait sur son genou divin, ni plus ni moins qu'un simple tonnelier de la terre, un tonneau dont le fond était le cadran où l'on voyait les heures, et dont le balancier figurait une grappe de raisin

---

[34] *Ibid.*
[35] *Ibid.*
[36] *Ibid.*, p. 838. Voir la syntaxe exclamative des propos du narrateur premier.
[37] *Ibid.*, p. 865.
[38] *Ibid.*, p. 755.

picorée d'abeilles. Sur le socle enguirlandé de pampres et de lierres, à trois pas du dieu aux courts cheveux bouclés, il y avait un thyrse renversé, une amphore et une coupe[39].

Si la pendule semble de prime abord associée au passage inexorable du temps, le choix de la figure originale du Bacchus romain renvoie directement au mythe grec de Dionysos qui, mis en pièce par les bacchantes ses suivantes, possède la faculté surnaturelle de se régénérer à chaque printemps. Le symbolisme de l'horloge est renversé puisqu'elle convoque une divinité de l'éternel retour, et la figure du narrateur devenu adulte est alors appelée à rajeunir perpétuellement par le souvenir pour se ressourcer au nectar enivrant du récit autrefois entendu. Il s'agit ici d'une régénération au sens où le conteur est celui qui re-crée par le récit un lignage, en l'occurrence celui des ancêtres dont il se trouve privé par l'Histoire, et où en le re-créant, il mène une véritable réforme ramenant aux valeurs idéologiques de cette antécédence.

L'anecdote concernant l'intervention de Couyart s'avère significative dans ce contexte : « "Il est venu encore ce matin remonter la pendule", dit profondément cette observatrice ineffable[40] » qu'est Sainte de Touffedelys. L'adverbe *profondément* qui, de prime abord, semble ironique, pourrait bien ne pas l'être. En effet, le vieil horloger est le garant de l'éternel retour : il vient « encore » remonter le Bacchus d'or moulu des demoiselles de Touffedelys, il porte « toujours » les même chaussons de velours de laine, il poudre encore ses cheveux car il a « toujours été *aristocrate* », il frotte « éternellement » ses mains d'horloger, « accoutumées » à tenir des choses délicates[41], et le choix des adverbes et des adjectifs le concernant montre que Couyart, malgré ses fonctions, se situe hors du présent. De plus, il est l'auteur de l'« *échappement* » de Des Touches. Le terme d'*horlogerie*, à la fin du chapitre VII[42], désignant un mécanisme qui sert à régulariser le mouvement de la pendule, prend évidemment un double sens lorsque Barbe de Percy explique au chapitre VIII comment l'artisan a libéré le chevalier de ses fers, lui permettant ainsi d'échapper aux Bleus mais aussi et surtout à un temps qui allait

[39] *Ibid.*, p. 766.
[40] *Ibid.*, p. 845.
[41] *Ibid.*, p. 846.
[42] *Ibid.*

détruire toutes les valeurs pour lesquelles il s'était battu[43]. L'horloger remonte le mécanisme de la pendule et par conséquent permet perpétuellement au narrateur bachique de remonter le temps en échappant à ses rouages destructeurs : il l'autorise à se régénérer auprès d'ancêtres de substitution sans jamais courir le risque de disparaître et de sombrer dans l'oubli avec eux.

L'autotransmission au service d'un lien intergénérationnel

Cette méthode attribuée au narrateur premier, qui consiste à amplifier et magnifier ses propres souvenirs et ceux d'autrui, pour se donner une antécédence et un passé dignes d'échapper au temps, peut être envisagée, nous l'avons dit, comme la modalité même du récit principal – Barbe de Percy ne procédant pas autrement – mais aussi, plus largement, comme celle de l'écriture aurevillienne, dans la mesure où le narrateur premier semble être un double de l'auteur.

En effet, la rédaction du *Chevalier Des Touches* semble relever d'un processus en bien des points similaires. Le parallèle, sciemment entretenu par le romancier, repose sur les sources qu'il revendique ou suggère. Les connaissances de Barbey d'Aurevilly sur l'aventure de Des Touches proviennent certainement de récits de vieilles gens entendus dans sa jeunesse (servant de modèle au « petit cercle » des vieillards), mais aussi d'un récit de son père, Théophile Barbey, et enfin de documents divers obtenus auprès de Trebutien, d'historiens locaux, ou même de La Valesnie, un survivant des Douze. À ces sources, l'auteur préfère néanmoins une « idéalité » plus conforme aux exigences de son imagination[44]. Ces multiples origines potentielles du récit ont ceci de commun qu'elles reposent effectivement sur des souvenirs personnels et / ou sur les souvenirs d'autrui, souvenirs le plus souvent ambigus et sujets à caution (à titre d'exemple, la lettre envoyée par La Valesnie à Barbey est par endroits illisible et a donc fait l'objet d'une interprétation de la part de l'auteur). Le romancier indique en particulier à Trebutien : « J'ai entendu parler de cet enlèvement comme d'une chose héroïque et titanique à

---

[43] *Ibid.*, p. 849.
[44] Voir Jacques Petit, « Notice », *Le Chevalier Des Touches*, éd. cit., p. 1390.

mon père qui avait un de ses amis, Juste le Breton, parmi ces Douze[45] ». Cette citation est intéressante à bien des égards : outre le fait que les historiens ont établi qu'aucun Juste le Breton ne participa à l'expédition même[46], la phrase « j'ai entendu parler de l'enlèvement [...] à mon père », dont la syntaxe est ambiguë, peut indiquer que le narrateur était le père lui-même ou au contraire un tiers ; néanmoins, elle attire l'attention sur l'importance accordée par le romancier à cette source familiale et plus spécifiquement à cette transmission du récit du père au fils.

Pourtant, la dédicace du roman retourne d'emblée cette filiation narrative et mérite d'être ici intégralement citée :

À mon père

Que de raisons, mon père, pour Vous dédier ce livre qui Vous rappellera tant de choses dont Vous avez gardé la religion dans votre cœur ! Vous en avez connu l'un des héros, et probablement Vous eussiez partagé son héroïsme et celui de ses onze compagnons d'armes, si Vous aviez eu sur la tête quelques années de plus au moment où l'action de ce drame de guerre civile s'accomplissait ! Mais alors Vous n'étiez qu'un enfant, – l'enfant dont le charmant portrait orne encore la chambre de ma grand'mère et qu'elle nous montrait à mes frères et à moi, dans notre enfance, le doigt levé de sa belle main, quand elle nous engageait à vous ressembler.

Ah ! certainement, c'est ce que j'aurais fait de mieux, mon père. Vous avez passé Votre noble vie comme le *Pater familias* antique, maître chez vous, dans un loisir plein de dignité, fidèle à des opinions qui ne triomphaient pas, le chien du fusil abattu sur le bassinet, parce que la guerre des Chouans s'était éteinte dans la splendeur militaire de l'Empire et sous la Gloire de Napoléon. Je n'ai pas eu cette calme et forte destinée. Au lieu de rester, ainsi que Vous, planté et solide comme un chêne dans la terre natale, je m'en suis allé au loin, tête inquiète, courant follement après ce vent dont parle l'Écriture, et qui passe, hélas ! à travers les doigts de la main de l'homme, également partout ! Et c'est de loin que je vous envoie ce livre, qui Vous rappellera, quand Vous le lirez, des contemporains et des compatriotes

---

[45] *Ibid.*, p. 1391.
[46] Jacques Petit, « Notes et variantes », *Le Chevalier Des Touches*, éd. cit., p. 1408.

infortunés auxquels le Roman, par ma main, restitue aujourd'hui leur page d'Histoire.
Votre respectueux et affectionné fils.

Jules Barbey d'Aurevilly,
Ce 21 novembre 1863.

Le retournement de la transmission s'opère à différents niveaux. Dans le premier paragraphe, l'auteur présente son père sous les traits d'un enfant modèle. Il convoque ainsi d'emblée le motif de l'enfance, source de narration mémorielle, qui prévaudra dans le dernier chapitre du roman, et relie explicitement ce motif à celui de la lignée en mentionnant sa grand-mère et en insistant sur la valeur d'exemplarité de la figure paternelle : il s'agit bien ici d'assurer déjà une postérité. Mais, paradoxalement, c'est le romancier devenu adulte qui s'apprête à raconter une histoire à son père redevenu enfant et la postérité semble remonter la chronologie. Le lecteur assiste donc à un jeu avec la temporalité cyclique qui annonce celle qui prévaudra dans le roman à travers la figure du narrateur bachique. À cela s'ajoute un jeu avec la notion même de filiation. La mention du *Pater familias* antique qui « n'avait pas à être père, ni même marié, pour revêtir ce titre », mais qui assumait une paternité, spirituelle, politique et religieuse (et non pas nécessairement génétique)[47], montre que Barbey, s'il insiste effectivement sur l'idéologie paternelle et s'il manifeste à cet égard toute la déférence et toute la reconnaissance attendue dans une dédicace, évince en revanche la fonction filiative qui devrait permettre à son père d'établir avec lui un lien de parenté[48]. En ce sens, l'auteur ne s'inscrit pas clairement dans la lignée paternelle. Enfin, le romancier dédie à Théophile Barbey une page d'Histoire dont on sait par son propre témoignage épistolaire qu'il la tient justement en partie – directement ou indirectement – de son père et de leurs souvenirs communs. Mais la dédicace elle-même oblitère cette source pour mieux insister sur ces souvenirs que doit susciter la lecture du roman grâce à la répétition, en début et fin de texte, du syntagme nominal : « ce livre, qui Vous rappellera ». Barbey d'Aurevilly joue à nouveau, avec l'oubli et la mémoire cette fois, en oubliant le contexte familial d'énonciation pour ne

---

[47] Claudie Bernard, *Penser la famille au XIXe siècle*, *op. cit.*, p. 88.
[48] *Ibid.*, p. 92.

se remémorer que le contenu du récit. Tout se passe ainsi comme s'il faisait fi de la hiérarchie familiale pour mieux retourner le processus de transmission.

La dédicace du *Chevalier Des Touches* peut faire l'objet de multiples strates de lecture qui permettent de découvrir, derrière les *topoï* du genre, un certain nombre d'aveux cachés ayant trait à l'histoire familiale de Barbey et qui expliquent en partie les difficultés éprouvées à scénariser la filiation aux différents niveaux de l'écriture. La biographie nous apprend qu'à l'âge de vingt ans, Jules Barbey adopte des positions politiques et religieuses opposées à celle de sa famille ultra et janséniste. Théophile Barbey refuse alors de laisser son fils s'engager dans la carrière militaire. Quelques années plus tard, en 1836, Jules Barbey se brouille avec ses parents qu'il ne reverra que vingt ans plus tard après s'être converti aux idéaux contre-révolutionnaires et catholiques, et après avoir repris une pratique religieuse effective. Donc cette réconciliation intervient alors qu'il a déjà commencé la rédaction du *Chevalier Des Touches*, et la dédicace au père n'apparaît qu'en 1864, dans *Le Figaro*, un an après la première parution en feuilleton dans *Le Nain jaune*[49].

Or ces différents éléments biographiques et les dysfonctionnements familiaux qu'ils induisent apparaissent en filigrane dans la dédicace. Ainsi, la carrière militaire est mentionnée sur le mode de la négativité. Barbey décrit un *Pater familias* « fidèle à des opinions qui ne triomphaient pas, le chien du fusil abattu sur le bassinet, parce que la guerre des Chouans s'était éteinte dans la splendeur militaire de l'Empire et sous la gloire de Napoléon ». La figure paternelle antique vaut ici comme garante d'une idéologie réactionnaire reprise par le fils au moment où il écrit ses lignes, mais reprise ailleurs, auprès de maîtres à penser qui concurrencent effectivement Théophile dans le processus de filiation et peuvent être envisagés comme autant de figures paternelles de substitution[50]. Il est alors significatif que la vanité des convictions paternelles soit soulignée et explicitement corrélée au triomphe militaire de l'armée napoléonienne. Barbey d'Aurevilly dépeint son père dans une position qui fut la sienne quelques années après l'éviction de l'Empereur et dans un contexte – celui de la Restauration – qui n'aurait pas dû, à son sens, interdire son engagement militaire. La dédicace est prétexte à un

---

[49] Voir Jacques Petit, « Notice », *op. cit.*, p. 1386.
[50] Bonald et de Maistre par exemple.

retournement de situation qui l'autorise à désarmer, littéralement, son propre père. La phrase « Je n'ai pas eu cette calme et forte destinée » peut alors être lue ironiquement : si Barbey n'est pas resté comme son père dans sa province, pour défendre ses idées au moyen d'un inutile fusil, sa « main » s'est emparée d'une autre arme, la plume, qui lui permet à travers le roman de se battre, malgré tout, pour des opinions qu'il s'est forgées loin du cadre familial.

Le romancier insiste d'ailleurs sur cette opposition père-fils à travers les premières lignes de la dédicace :

> Vous en avez connu l'un des héros et probablement Vous eussiez partagé son héroïsme et celui de ses onze compagnons d'armes, si Vous aviez eu sur la tête quelques années de plus au moment où l'action de ce drame de guerre civile s'accomplissait ! Mais alors Vous n'étiez qu'un enfant »

L'emploi du conditionnel minore ici très largement l'« héroïsme » paternel supposé et l'infantilisation de la figure permet à l'auteur d'insister sur l'inaction de Théophile. Jules Barbey offre à son père une reconstitution de l'Histoire dont il lui dit avec insistance qu'il est arrivé trop tard pour la vivre et surtout pour la faire. Bien sûr, Jules est également arrivé trop tard pour intervenir, mais l'image de l'enfant qu'il dessine dans la dédicace, parce qu'elle annonce celle du narrateur premier encore enfant, de cet anonyme qui, devenu adulte, dira enfin *je* dans les toutes dernières lignes du texte, est aussi et surtout une image de lui-même ; une image de celui qui est capable de raconter l'Histoire et d'en assurer ainsi la transmission romanesque, contrairement à son père défaillant. C'est ce que souligne d'ailleurs le romancier lorsqu'il fait dire à ce narrateur anonyme, à propos de l'enfant qui n'est autre que lui-même : « si elle vous a intéressée, c'est bien heureux pour cette histoire ; car sans lui elle serait enterrée dans les cendres du foyer des demoiselles de Touffedelys [...] et personne au monde n'aurait pu vous la raconter et vous la finir[51] ! » La désignation explicite du lecteur comme destinataire – à travers le pronom de la deuxième personne du pluriel – tisse un lien de filiation narrative supplémentaire et fait de ce lecteur l'ultime maillon de la lignée romanesque.

---

[51] *Le Chevalier Des Touches*, éd. cit., p. 866.

Si Barbey d'Aurevilly parvient ainsi à tenir de lui-même l'histoire qu'il rapporte, voire à la transmettre à son tour, un ancêtre vivant, origine de sa propre lignée romanesque, lui fait encore et toujours défaut. Aussi l'écrivain va-t-il utiliser l'écriture pour se donner cet ancêtre idéal qui l'autorisera à ouvrir son écriture sur l'avenir, à la dynamiser en dépit de sa portée réactionnaire. Dans la mesure où l'enfant-narrateur bachique est un double du romancier, celle dont il tient l'histoire de Des Touches, Barbe de Percy, se trouve en position d'assumer ce rôle d'ancêtre romanesque tout en concentrant les procédés d'autotransmission qui sont, nous l'avons vu, propres au récit aurevillien.

La vieille femme possède en effet la particularité de pouvoir elle aussi être envisagée comme un double du romancier. La masculinisation dont elle est l'objet la rattache évidemment au type de l'amazone cher à Barbey, mais se trouve dans son cas poussé à l'extrême au point d'effacer parfois toute trace de féminité. Masculinisée, Barbe l'est avant tout par ce prénom de baptême, homophone du nom de son auteur, avec lequel elle partage bien d'autres points communs. Sa « laideur bizarre » n'est pas sans rappeler celle que la mère de Barbey reprochait à son fils et sa « mise inouïe » évoque le dandysme du romancier normand, jusque dans les détails comme ceux concernant son accoutrement lors des guerres de la chouannerie : les « caleçons de velours rayé » et les « grosses bottes de gendarme »[52] de Barbe appartiennent au costume remarquable et remarqué qu'arborait l'auteur pour éblouir ses contemporains. L'amazone arbore aussi à son entrée dans Avranches un « petit bout de moustache brune » que l'on retrouve dans tous les portraits du romancier. Ainsi Barbey désigne en Barbe une ancêtre romanesque à laquelle il ressemble ou plutôt se donne à lui-même une ancêtre romanesque qui lui ressemble. Il s'octroie ainsi une antécédence de papier qu'il substitue à l'antécédence génétique déceptive.

Les talents dont Barbe est dotée confirment cette élaboration d'un ancêtre d'élection. La scène des noces d'Aimée est significative. Le lecteur y découvre en effet une Barbe encore jeune en ménétrier, animant cette dernière fête de la chouannerie de ses talents de musicienne. Or Barbey prétendait lui-même avoir un oncle chouan et violoniste auquel il fait déjà allusion dans *L'Ensorcelée*. Il s'agirait d'un certain Onésime Barbey du Roncey, dit *Bras-de-Violon* et dont l'existence

---

[52] *Ibid.*, p. 762.

est sujette à caution selon Jacques Petit[53]. Ce qui retient néanmoins l'attention, c'est la qualité d'artiste dévolue à l'ancêtre fictif. Barbe pour Barbey est cette ancêtre qui n'est autre que lui-même et qui lui permet de se donner à lui-même une H / histoire conforme à ses idéaux et à son idéalité.

Le Chevalier Des Touches est ainsi un roman où l'on trouve en soi-même sa propre histoire que l'on ne cesse de rebâtir pour dépasser les limites idéologiques et temporelles de la simple Histoire par la force du roman. Les véritables ancêtres et leurs valeurs ont disparu à jamais, emportés par une Révolution française destructrice, mais les ancêtres fictifs possèdent eux le don de revenir toujours à travers l'écriture et de redire toujours la force des idéaux perdus à travers un récit cyclique. C'est l'une des singularités du *Chevalier Des Touches* au sein de la production aurevillienne que de réussir à constituer cette famille romanesque d'élection qui, des narrateurs aux lecteurs, en passant par le romancier lui-même, cherche à rétablir une filiation là où tous les autres textes montrent le triomphe de la mort au sein de la cellule familiale.

---

[53] Jacques Petit, « Notes et variantes », *L'Ensorcelée*, dans *Œuvres romanesques complètes*, éd. cit., p. 1367.

Pascale Auraix-Jonchière – Université Blaise Pascal, CELIS

L'Ensorcelée de Jules Barbey d'Aurevilly : une histoire de sang ou l'impossible filiation

L'Ensorcelée, paru en feuilleton dans *L'Assemblée nationale* du 7 janvier au 11 février 1852 sous le titre *La Messe de l'abbé de la Croix-Jugan*, puis publié chez Cadot en 1855[1], n'éveille guère l'intérêt des critiques. Seul Pontmartin exprime sa désapprobation lors de la réédition du volume, fustigeant ce qu'il appelle la « grande largeur catholique » : « ne trouvez-vous pas que la largeur catholique devient décidément trop large[2] ? » La réflexion se fixe sur le personnage, il est vrai central, de l'abbé de la Croix-Jugan, prêtre qui tente de se suicider dès l'ouverture du récit inclus, et qui n'hésite pas à verser le sang de l'ennemi en combattant aux côtés des Chouans : « Au lieu d'émigrer, comme nous autres, qui disions la messe à Jersey ou à Guernesey, il oublia que l'Église avait horreur du sang, et il s'alla battre avec les seigneurs et les gentilshommes dans la Vendée et dans le Maine, et, plus tard, dans ce côté du bas-pays[3] », explique l'abbé Caillemer.

Dans ce roman, Barbey se vante auprès de Trebutien d'avoir fait « du Shakespeare dans un fossé du Cotentin » ; c'est, dit-il, « un drame horrible, mais qui a une incontestable grandeur[4] ». Drame de l'Histoire en ce temps de la Chouannerie finissante où les Bleus n'hésitent pas à torturer un agonisant dans la cabane d'une vieille plébéienne et où les prêtres, spectateurs impassibles des orgies, deviennent les acteurs de transsubstantiations sacrilèges :

---

[1] En deux volumes, suivis de la nouvelle *Ricochets de conversation. Le Dessous de cartes d'une partie de whist.*
[2] *L'Ensorcelée*, Paris, Gallimard, coll. « Folio », 1986, p. 288 (annexes). Nos références iront désormais à cette édition.
[3] *Ibid.*, p. 125.
[4] *Correspondance générale*, dir. Philippe Berthier et Andrée Hirschi, Paris, Les Belles-Lettres, t. III, 1983, p. 111.

> Il n'était pas né pour faire ce qu'il faisait... Il chassait souvent, tout moine qu'il fût [...]. Que de fois je l'ai vu, à la soupée, couper la hure saignante et les pattes boueuses de la bête tuée le matin et les plonger dans le baquet d'eau-de-vie à laquelle on mettait le feu et dont on nous barbouillait les lèvres (140),

se souvient Clotilde Mauduit.

Mais *L'Ensorcelée* est aussi et surtout un drame de l'impossible filiation et de l'extinction des races, un roman du *lignage* mais aussi de la *lignée* éteinte, un roman enfin de la souillure et du tarissement. Je me propose donc ici de relire ce texte, où les vocables *race*, *mésalliance* et *sang* se répondent avec constance, comme un grand roman du démantèlement de la famille par l'Histoire.

Généalogies et perversions

Dans *L'Ensorcelée*, l'histoire narrée procède d'un ensemble de généalogies entrelacées qui constituent une sorte d'arborescence souterraine. Le récit premier, qui met en présence le narrateur et un herbager cotentinais, maître Tainnebouy, alors qu'ils traversent de concert la mystérieuse lande de Lessay, ne fait pas exception :

> Je suis herbager et fermier, comme l'ont été tous les miens, honnêtes vestes rousses de père en fils, et comme le seront mes sept garçons, que Dieu les protège ! La race des Tainnebouy doit tout à la terre et ne s'occupera jamais que de la terre, du moins du vivant de maître Louis, car les enfants ont leurs lubies. Qui peut répondre de ce qui doit survenir après que nous sommes tombés ? (52)

Cette revendication du lignage – le respect des ancêtres disparus, de la tradition et de la filiation – procède d'une appartenance décisive à la terre, lieu de l'enracinement et facteur de cohésion assurant la continuité de la *race* et la transmission des valeurs. C'est dans un sens à la fois idéologique et symbolique qu'il faut entendre ce terme de *race*, dont c'est ici la première occurrence[5]. La terre est ce qui fonde l'identité de

---

5   Alain Rey indique que dès le XVIe siècle, *race* désigne l'« ensemble des ascendants et descendants d'une même famille, d'un même peuple »

l'herbager comme celle du seigneur, comme le suggère le narrateur, convaincu « que les sociétés les plus fortes, sinon les plus brillantes, vivent d'imitation, de tradition, de choses à la même place où le temps les interrompit » (52)[6].

Une interrogation pèse cependant sur la lignée – ces enfants, ciment de la famille, qui toutefois n'en garantissent plus forcément la pérennité. Cette continuité est sans doute menacée par un premier manquement, perçu comme une première forme de déviance : maître Tainnebouy en personne trahit ce que le narrateur appelle « la tradition vivante », celle qui « est entrée par les yeux et les oreilles d'une génération et qu'elle a laissée, chaude du sein qui la porta et des lèvres qui la racontèrent, dans le cœur et la mémoire de la génération qui la suivit » (64). Si en effet l'herbager se souvient de son père, de son grand-père et de son oncle comme d'illustres figures de la chouannerie (64), si la légende familiale lui a été transmise « au coin du feu, pendant la veillée d'hiver, quand il se chauffait sur son escabeau, entre les jambes de son père » (65), il a « à peu près oublié, s'il l'avait su jamais, tout ce qui à ses yeux, *sacrait* ses pères » (65-66). Et le narrateur d'ajouter : « D'autres intérêts, d'un ordre moins élevé mais plus sûr, avaient saisi de bonne heure l'activité de maître Tainnebouy » (66). La figure du fermier, à l'intersection de deux époques, met en lumière les menaces qui pèsent sur la famille au seuil d'une ère nouvelle.

En remontant le temps jusqu'aux dernières années de la chouannerie (le combat de la Fosse, en 1799), le récit inclus donne une image plus radicale de la dégradation du lignage. *L'Ensorcelée* est pour l'essentiel un roman de la mésalliance, incarnée par l'héroïne, Jeanne-Madelaine, dont maître Tainnebouy parle « avec une espèce d'horreur religieuse, mourant éclat de cette flamme divine du respect des races, éteinte maintenant dans tous les cœurs » (103). L'histoire de son ascendance est une première illustration de cette perversion du sang

---

(*Dictionnaire historique de la langue française*, dir. Alain Rey, Paris, Le Robert, 2004).

[6] Les « familles de type nobiliaire ou paysan » avant 1789 sont également « enracinées dans une terre et une tradition, prises dans un réseau de relations lignagères et communautaires » (Claudie Bernard, *Penser la famille au XIXe siècle [1789-1870]*, Publications de l'université de Saint-Étienne, 2007, p. 20).

générée par la césure révolutionnaire. Le chapitre V, vaste analepse qui retrace l'histoire de la mère défunte de Jeanne, surnommée *Louisine à la hache* à la suite d'un fait glorieux qui l'érige en figure de la force rayonnante, décompose les mécanismes de la mésalliance. Jeanne-Madelaine de Feuardent est en effet d'origine noble par son père, seigneur débauché qui finit par épouser « la fille d'un simple garde-chasse d'un seigneur de ses amis, son voisin de terre, le seigneur de Sang-d'Aiglon, vicomte de Haut-Mesnil » (105) : « son père, le seigneur de Feuardent, avait couronné une vie d'excès et de folies par un mariage qui l'avait mis, comme on dit, au ban de toute la noblesse du pays » (104-105) ; il « mit cette tache dans son blason et l'épousa » (110).

Cette première mésalliance s'aggrave en outre du fait de la présence de la bâtardise. En effet, en réalité, Louisine serait elle-même le fruit d'amours ancillaires : on disait du vicomte de Haut-Mesnil, rapporte le narrateur par voix interposées, « que la fille de son garde, le vieux Dagoury, [...] était la sienne » (105). C'est du reste cette bâtardise qui vaut à la jeune Louisine d'être introduite dans le château de son père présumé, où elle tient un rôle privilégié : « Il fit asseoir Louisine à sa table et lui donna, malgré sa jeunesse, la haute main et la surveillance du château » (109). Cette déviation des codes – puisque « le bâtard souffre d'un discrédit grandissant[7] » sous l'Ancien Régime, malgré diverses tentatives d'intégration chez les grands féodaux – vaut comme perversion du sang : Louisine « était la première mésalliance de ces Feuardent dont [Jeanne] portait le nom et qui devaient à jamais s'éteindre en elle. Elle, Jeanne-Madelaine, serait la seconde, mais ce serait la dernière » (104).

Si la dégradation de la race, illustrant le principe des générations décroissantes, annonce la Révolution française, l'avènement de celle-ci ne fait qu'accélérer le processus de dégénérescence. « Quand [Jeanne] atteignit l'âge nubile, la Révolution était finie », précise le narrateur, faisant coïncider cet événement pour lui « satanique » avec le possible fondement d'une nouvelle famille. Or précisément, parce que « la Révolution avait détruit [les] couvents, asiles naturels des filles nobles sans fortune, dont la fierté ne voulait pas souffrir la honte forcée d'une mésalliance » (104), Jeanne-Madelaine accepte d'épouser maître Thomas Le Hardouey, riche paysan qui la fait doublement déchoir : par son statut, mais aussi parce qu'il devient ensuite acquéreur de biens natio-

---

[7] Claudie Bernard, *Penser la famille au XIXe siècle*, *op. cit.*, p. 109.

naux, ajoutant à la condamnation sociale une condamnation morale. Jeanne est dès lors hantée par l'opprobre jeté sur elle par cette mésalliance, terme récurrent, presque obsédant, qui ressurgit lorsqu'elle est confrontée à des témoins de son passé perdu, tel Jéhoël de la Croix-Jugan : « Elle avait bien souffert déjà de sa mésalliance, mais pas comme aujourd'hui, devant ce prêtre gentilhomme qui avait connu son père » (150). Car Jeanne est une « femme d'action et de race, qui ne s'était jamais consolée d'avoir humilié la sienne dans une mésalliance » (129). Que le participe devienne substantif, et la déchéance est montrée dans ce qu'elle a de plus destructeur : « Jeanne, cette mésalliée qui gardait dans son âme la blessure immortelle de la fierté » (133), figure une perte d'identité symptomatique de la perversion du lignage et de la désagrégation de la famille.

S'il est vrai que « par le nom passe l'affirmation et la continuation du sang » et que le patronyme, « nom *propre* en ce que particulier et identificatoire » relève d'une « propriété *sui generis* »[8], la dégradation de celui-ci par le mariage entraîne dans un même mouvement vacillement identitaire et flottement onomastique. Dans le roman, le phénomène est en outre accru par la signifiance du patronyme : il est inutile de revenir sur les connotations fréquemment commentées et par ailleurs transparentes du nom de « Feuardent ». Or Jeanne – Jeanne-Madelaine de Feuardent devenue Maîtresse le Hardouey – en fonction des énonciateurs, est tour à tour appelée « la femme à maître Thomas le Hardouey[9] », « la fille de Loup de Feuardent » (149, la Clotte) ou « la fille de Louisine à la Hache » (174, le narrateur). Le ballet des dénominations, qui croisent les identités : patronyme anoblissant, ascendance maternelle héroïsante – quasi mythifiante sous la plume de Barbey –, nom marital désacralisant, met à mal la stabilité non seulement de l'individu mais de la famille, désormais en péril.

---

[8] *Ibid.*, p. 69.
[9] « Depuis son mariage, c'est-à-dire depuis dix ans, elle n'était plus que Jeanne Le Hardouey, ou, pour parler comme dans le pays, la femme à maître Thomas Le Hardouey » (91).

Extinctions

Roman des ruptures, L'*Ensorcelée* est roman des fins de race, niant le concept de « famille » en tant que « structure cognitive » et « sociale »[10], qui repose sur les notions conjointes de liaison et de fondation, double axe horizontal (le mariage) et vertical (la filiation) ici mis en péril. Dégradation des pères et des époux, faillite et stérilité des mères rendent en effet impossible toute forme de continuité et de transmission.

La mésalliance de Loup de Feuardent ne fait que clore une vie de dépravation. Louisine, fille du seigneur de Sang-d'Aiglon, a hérité du seul courage de la race de ses pères[11], de même que Jeanne est « une Feuardent », c'est-à-dire descend « d'une de ces races irlandaises [...] dans lesquelles on faisait baiser la pointe d'une épée à l'enfant qui venait au monde, avant même qu'il n'eût goûté au lait maternel » (173). Il n'en est pas moins vrai cependant que le vicomte de Haut-Mesnil est le « dernier venu d'une race faite pour les grandes choses, mais qui, décrépite, et physiologiquement toujours puissante, finissait en lui par une immense perversité. Il était duelliste, débauché, impie, contempteur de toutes les lois divines et humaines » (105). Quant à Loup de Feuardent, « qui n'avait plus guères qu'un débris de fortune », il fait partie des commensaux du château de Haut-Mesnil, « ces blasés de gentilshommes », « ces satrapes usés de jouissances » (110). Races finissantes qui viennent s'éteindre, la Révolution venant, dans des alliances qui, loin de régénérer un sang appauvri, signent le déclin et la disparition de la famille, en relation avec l'évolution de l'Histoire. « Les Feuardent avaient été une famille puissante » (102), rappelle le narrateur, lointain souvenir qu'aucun présent ne saurait réactiver : la vieille Clotilde Mauduit, unique confidente de Jeanne, « avait un respect exalté pour les anciennes familles éteintes, comme l'était celle des Feuardent » (132).

Pour Barbey, la figure du père est défaillante et entraîne par là même le désastre de la Révolution. En revanche, il sanctifie les mères,

---

[10] Rémi Lenoir, *Généalogie de la morale familiale*, Paris, Éditions du Seuil, 2003, cité par Claudie Bernard, *Penser la famille au XIXe siècle, op. cit.*, p. 21.

[11] « Remy de Sang-d'Aiglon crut sans doute reconnaître une inspiration de sa race dans le courage de cette enfant et sentit sa paternité longtemps muette se réveiller par les tressaillements de l'orgueil » (109).

réelles ou symboliques, dont il fait des images de la Force agissante, qu'il s'agisse de Marie Hecquet, incarnation de l'hospitalité et de la charité chrétienne, de Clotilde Mauduit, qui résiste à la vindicte populaire pour devenir figure christique, ou de Louisine héroïsée.

L'infortune des mères toutefois se traduit de deux façons. Les mères de substitution d'abord, échouent dans leur rôle virtuellement salvateur. Dans le chapitre III, situé l'an VI de la République française, le protagoniste, Jéhoël de la Croix-Jugan, est pris en charge après sa tentative de suicide par une vieille plébéienne : « elle eut peur d'abord de ce cadavre ; mais elle avait son fils aux Chouans. Plus mère que femme, elle finit par courber sa vieille tête, en pensant à son fils, vers le corps du Chouan défiguré » (79). Figure de la guérisseuse et version féminine du bon Samaritain, cette « rude chrétienne », « royaliste, parce qu'elle honorait Dieu », entreprend de sauver le prêtre agonisant, « prête à ruser si les Bleus passaient, et à leur dire que ce blessé qui se mourait était son fils » (81). Le *leitmotiv* du fils structure l'ensemble de l'épisode, mais s'avère inefficient. Les Bleus, alertés par le signe de croix de la bonne vieille au moment de l'Angélus, torturent Jéhoël et le laissent pour mort : « Cela ! ton fils ! – dit celui qui avait parlé déjà. – Pour ton fils, il a les mains bien blanches » (83). La séquence met clairement en relation Révolution et défaillance des figures parentales :

> Elle se rappelait même une affreuse histoire que son fils, sabotier dans la forêt, et qui venait parfois la voir entre deux expéditions nocturnes, lui avait dernièrement racontée avec l'imagination d'une âme de Chouan révoltée. C'était l'histoire de ce seigneur de Pontécoulant (je crois) dont, au matin, *au soleil de l'aurore*, on avait trouvé la tête coupée et déposée – immonde et insultante raillerie ! dans un pot de chambre, sur une des fenêtres placées au levant de son château dévasté (85).

Qu'importe ici que la note d'auteur accompagnant ce passage – « historique » – soit fausse[12]. Ce que donne à lire l'épisode, qui ne saurait trouver sa raison d'être dans un simple effet de réel, est peut-être la déstructuration de la famille et l'instauration d'une discontinuité funeste en la personne même du fils, devenu le vecteur d'une imagerie qui sous-tend le texte : celle de la coupure. La mère ici échoue donc à sauver le

---

[12] Le nom, tout au moins, semblant relever d'une erreur.

fils[13], de même encore que la Clotte, la mère maudite – autre mère de substitution, de Jeanne cette fois –, ne fait que provoquer la perte de cette dernière en l'entretenant dans le souvenir de son ascendance glorieuse :

> En effet, la Clotte avait profondément aimé Jeanne-Madelaine, mais son affection avait eu son danger pour la malheureuse femme. Elle avait exalté des facultés et des regrets inutiles, par le respect passionné qu'elle avait pour l'ancien nom de Feuardent (238).

Mais le roman met surtout en péril la figure matricielle de la mère, sans qui nulle filiation n'est possible. Le destin de Louisine est dans cette mesure annonciateur de celui de Jeanne :

> Telle avait été la mère de Jeanne, cette célèbre Louisine-à-la-Hache, à qui Jeanne ressemblait, disaient ceux qui l'avaient connue. Louisine était morte bien peu de temps après la naissance de sa fille. Le pied d'un cheval furieux brisa ce cœur qui battait dans une poitrine digne d'allaiter des héros, et broya ce beau sein dont jamais nulle passion mauvaise n'avait altéré le lait pur (110).

Lait tari, sein broyé disent en images la fin de la lignée. Orpheline, Jeanne ne procréera pas, malgré « sa taille [...] bien prise, sa hanche et son sein proéminents, comme toutes ses compatriotes dont la destination est de devenir mères » (112), signe s'il en est de la stérilité à laquelle la Révolution voue les lignées d'antan. Lors de son enterrement, les paysans trouvent

> étrange et terrible, [...] eux qui avaient au fond de leur cœur le respect de la famille, comme le christianisme l'a fait, [...] de ne pas voir de parents accompagner et suivre cette bière. [...] Il y avait donc un assez grand espace entre la bière [...] et les pauvres de la paroisse qui, pour *six blancs* et un pain de quatre livres, assistaient à la cérémonie, une torche de résine à la main. De mémoire d'homme, à Blanchelande, on n'avait vu d'enterrement où cet espace, réservé au deuil, fût resté vide (219).

---

[13] En réalité, Jéhoël survit à l'agression des Bleus. Mais la figure maternelle n'en est pas moins impuissante. Le prêtre sera du reste à l'origine de la passion destructrice de Jeanne-Madelaine.

Maître le Hardouey s'étant enfui dans des conditions mystérieuses après la mort de sa femme – à laquelle du reste il n'est peut-être pas étranger –, personne ne vient combler l'espace réservé à la famille dans un cérémonial qui témoigne dès lors d'une terrible vacuité. « Les lignées d'antan », rappelle Claudie Bernard,

> celles du moins qui en avaient les moyens, se faisaient représenter sous forme d'*arbre*, avec leur souche, leur tronc, leurs branches maîtresses et latérales, leurs bourgeons et leurs rejetons ; le sang était assimilé à une sève, la croissance familiale à une poussée végétale, ancrée dans un noyau primordial et parée, à travers décès et enfantements, de la pérennité de la *physis*[14].

Il n'est donc pas indifférent que dans ce récit l'arbre meure ou se dévalue et que le motif végétal, symbole de renaissance, se trouve inversé. Le choix des images importe dans ce roman des fins de race. Maître Le Hardouey, cet acquéreur de biens nationaux, est « un de ces hommes qui poussent dans les ruines faites par les révolutions, comme les giroflées (mais un peu moins purs) dans les crevasses d'un mur croulé » (90). En lui coule une sève empoisonnée qui procède de la destruction. C'est pourquoi sans doute Jeanne-Madelaine de Feuardent, qui depuis son mariage « n'était plus que Jeanne Le Hardouey » (91), bien que décrite comme « une femme dans la fleur mûrie de la jeunesse » (102), n'enfante pas. Les dégradations successives de la race en tarissent l'énergie fondatrice :

> Jeanne-Madelaine de Feuardent, le dernier rejeton du vieux chêne normand déraciné, orpheline à la merci du sort, fut recueillie par la famille des Aveline, qui avait de grandes obligations aux Feuardent, et qui l'éleva avec ses autres enfants comme un enfant de plus (103).

Du chêne au noisetier[15] s'effectue une greffe à rebours, non pas productrice mais désespérée. L'histoire de la mère Giguet l'avait annoncé à l'ouverture du roman : après la mort de sa fille, « elle sécha sur pied comme un arbre frappé aux racines » (54).

---

14   *Penser la famille au XIXe siècle*, op. cit., p. 67.
15   Aveline, du latin *avellana*, est un synonyme de noisette.

Les désordres du sang

Dans ce crépuscule des familles, le sang joue un rôle majeur, témoignant d'une origine qu'il est impossible de pérenniser. C'est qu'il s'agit aussi d'un sang trouble ou double, ce qui explique pour partie la destinée de Jeanne.

Beaucoup d'encre a coulé sur l'érubescence donnée en partage à bien des héroïnes aurevilliennes. Dans le cas de Jeanne, le sang qui affleure au visage jusqu'à l'incendier est avant toute chose le signe d'une ascendance irréfutable. C'est « le sang des Feuardent qui [lui] brûle les joues », comme le souligne la Clotte (137). Or ce sang témoigne d'une hérédité désormais difficile à assumer :

> Louisine avait transmis à sa fille la force d'âme qui respirait en elle comme un souffle de divinité ; mais, pour le malheur de Jeanne-Madelaine, il s'y mêlait le sang de Feuardent, d'une race vieillie, ardente autrefois comme son nom, et ce sang devait produire en elle quelque inextinguible incendie, pour peu qu'il fût agité par cette vieille sorcière de Destinée qui remue si souvent nos passions dans nos veines endormies, avec un tison enflammé ! (110).

« Sang séculaire, charriant prestige et privilèges[16] », mais aussi tares et fatalité. Si à partir des révolutions féodales de l'an mil[17], comme l'explique Georges Duby, la parenté se structure en fonction non plus d'un « rassemblement horizontal », à l'échelle d'une ou deux générations, mais selon un « assemblage [...] vertical [...], ordonné en fonction de la seule *agnatio* [...], le long de ce tronc, le souvenir englobant toujours davantage de morts, remontant vers un aïeul, qui, au fil des temps, peu à peu s'éloignait » pour devenir « le héros fondateur de la maison »[18], le sang est attestation de permanence, legs biologique porteur de valeurs. C'est pourquoi la mésalliance provoque un véritable « soulèvement de ce sang » (111) : « le sang des Feuardent bouillonnait dans ce cœur vierge à

---

[16] Claudie Bernard, *Penser la famille au XIXe siècle*, op. cit., p. 62.
[17] Auquel Barbey avait songé consacrer un livre.
[18] Georges Duby, *Le Chevalier, la femme et le prêtre. Le mariage dans la France féodale*, Paris, Hachette, 1999, p. 100 ; cité par Claudie Bernard, *Penser la famille au XIXe siècle*, op. cit., p. 62.

l'idée d'épouser un paysan et un homme comme maître Thomas Le Hardouey » (104).

Mais le sang révolté tisse des liens connexes, les affinités électives recomposant un système parallèle. Si la Clotte excelle dans l'art de déchiffrer les signes du sang sur le visage de Jeanne, c'est parce que, bien que fille du peuple, elle se reconnaît en elle. « Son sang d'autrefois, son vieux sang de concubine des seigneurs du pays » (226), fait d'elle une figure de substitution, on l'a vu : mère symbolique de Jeanne, sœur rêvée de Louisine, elle remplace la *parentèle* – « réseau concret des parents que se reconnaît l'individu » – défaillante dans un contexte de bouleversements historiques radicaux, par la *parenté* – « système fixé par la culture »[19]. Cette parenté symbolique joue aussi un rôle dans la fameuse passion de Jeanne pour l'abbé Jéhoël de la Croix-Jugan, lui aussi d'origine noble :

> C'était le quatrième fils du marquis de la Croix-Jugan, l'un des plus anciens noms du Cotentin avec les Toustain, les Hautemer et les Hauteville. Selon la coutume de la noblesse de France, [...] le dernier de tous [...], obligé d'être prêtre pour obéir à la loi des familles nobles de ce temps, et destiné à devenir, bien jeune encore, évêque de Coutances et abbé de l'abbaye de Blanchelande, n'était encore que simple moine quand la révolution éclata (124).

La passion prend racine dans une forme de consanguinité symbolique qui repose là aussi sur une *parenté* qui restaure ce que les circonstances avaient désaccordé :

> Entre elle et lui il y avait, pour embellir cette face criblée, la tragédie de sa laideur même, le passé des ancêtres, le sang patricien qui se reconnaissait et s'élançait pour se rejoindre, des sentiments et un langage qu'elle ne connaissait pas dans la modeste sphère où elle vivait, mais qu'elle avait toujours rêvés (173).

Sang qui se soulève, sang qui s'élance illustrent le double mouvement de révolte et de désir qui fait du sang l'image même de la privation : sans famille, sans descendance et sans amour, Jeanne, « l'ensorcelée », figure celle que l'Histoire a laissée pour compte, exilée de toutes les sphères.

---

[19] Claudie Bernard, *Penser la famille au XIXe siècle*, op. cit., p. 65.

C'est en cela seulement qu'elle parvient à rejoindre l'abbé Chouan, qui a trahi sa fonction – celle-là même qui lui était dévolue par la tradition –, et « oubli[é] que l'Église avait horreur du sang » (125) lorsqu'il a choisi de se battre plutôt que d'émigrer. C'est lui aussi qui a fréquenté le château de Haut-Mesnil, « repaire d'une noblesse qui se corrompait dans le sang des femmes, quand elle ne se ravivait pas dans le sang des ennemis » (131). Dans cette mesure, il choisit de sortir de la famille, système régulé par le respect des codes, et rejoint les pâtres nomades, « vagabonds et mystérieux » (61), sans feu ni lieu, qui forment tribu, brouillant définitivement toute notion de parentèle. Car c'est du nom de « fils » que le berger que maître Le Hardouey interroge dans la lande apostrophe ses « compagnons » (189), simple appellatif qui brouille définitivement tout repère en matière de structure familiale. Fruits d'une sorte d'ontogenèse, les pâtres, dont on ne sait quelle est l'influence exacte sur la destinée des personnages, dénigrent toute pertinence aux notions d'ascendance, de lignage, ou de famille.

Après la mort de Jeanne-Madelaine, le pâtre lui coupe avec sauvagerie les cheveux, sans que l'on sache vraiment pourquoi, reproduisant le geste des jacobins qui « avaient fait tomber sous d'ignobles ciseaux, en 1793, une chevelure dont [Clotilde Mauduit] avait été bien fière » (225). Cet acte tribal non sans lien avec la Révolution, le texte le suggère, pourrait se lire comme le signe du triomphe du chaos dans une France d'où la révolte a chassé la tradition.

Jean-Christophe Valtat – Université Paul Valéry Montpellier III, Rirra 21

Le rêve des ancêtres : *Aurélia* et *Peter Ibbetson*

Dans *Revenances de l'histoire*, Jean-François Hamel définit le régime d'historicité propre au XIXe siècle comme « spectral », c'est-à-dire comme un « mouvement de revenance » marquée « par une fascination non sans ambivalence pour les survivances des générations antérieures[1] ». Il distingue dans ce régime deux grandes tendances. La première, plutôt romantique, est née du « fantasme d'un moment futur où l'entièreté du passé se trouverait à nouveau disponible dans la plénitude de son sens[2] ». Elle vise à combattre le « retrait de l'éternel[3] » divin par une réunification et une réconciliation du présent et du passé des générations humaines, selon ce qu'Augustin Thierry nommait le « présent du passé[4] ». La seconde est celle d'une « mémoire du présent[5] » ; méfiante envers cet « éternel retour » qui lui donne l'impression de vivre dans le royaume des morts, elle vise au contraire à dégager « l'altérité du présent[6] » dans sa spécificité éventuellement salutaire : on y reconnaîtra sans peine les figures héroïques traditionnelles de la modernité, celles de Baudelaire, notamment.

C'est plutôt ici la première de ces tendances qui va retenir notre attention, celle dont « la poétique de l'histoire », par exemple à travers son historiographie, « tend à oblitérer le temps disjoint, la radicalité de la mort, la différenciation des générations et la rupture de la tradition qui l'avait pourtant rendue possible[7] ». Par rupture de la tradition, Hamel

---

[1] Jean-François Hamel, *Revenances de l'histoire, répétition, narrativité, modernité*, Paris, Éditions de Minuit, coll. « Paradoxe », 2006, p. 10.
[2] *Ibid.*, p. 11.
[3] *Ibid.*, p. 33.
[4] *Ibid.*, p. 45.
[5] *Ibid.*, p. 18.
[6] *Ibid.*, p. 19.
[7] *Ibid.*, p. 43.

entend le hiatus provoqué par la Révolution française et ses bouleversements postérieurs, dans laquelle les formes culturelles qui assuraient la continuité des générations ont été systématiquement détruites. Une fois cet épisode passé, le XIXe siècle, à travers son historiographie, sa philosophie, sa littérature se serait attaché à renouer ce lien organique avec le passé, quitte à se laisser déborder ou étouffer par une accumulation de représentations dans laquelle le passé serait devenu, si l'on peut dire, « omniprésent ». Hamel parle à cet égard d'une véritable « utopie hypermnésique[8] ».

Une telle spectralité s'entend au sens figuré, comme une disposition du siècle à se laisser hanter, mais elle peut aussi se comprendre au sens propre, comme une véritable puissance d'apparition et de surgissement du passé de nature hallucinatoire. On peut songer aux fantômes de la littérature fantastique, venant projeter sur le présent leur lumière douteuse. On peut songer encore aux revendications de la « spécialité » balzacienne susceptible de faire ressurgir la totalité du passé, comme dans l'hallucination dans le magasin d'antiquité qui ouvre *La Peau de chagrin*, et dans laquelle l'histoire est entièrement mise à disposition de la conscience visionnaire. On peut songer enfin à ces quelques épisodes dans lesquels le sujet éprouve ce que l'on pourrait appeler une véritable *hallucination généalogique* dans laquelle l'ensemble de ses ancêtres lui apparaît, lui permettant ainsi de se situer individuellement dans la chaîne des générations. C'est ce type d'hallucination que je souhaite étudier ici à deux moments cruciaux du siècle (sa moitié et sa fin), à travers l'exemple d'*Aurélia* de Gérard de Nerval (1855) et de *Peter Ibbetson* de George Du Maurier (1897).

Il n'est pas nécessaire sans doute de présenter ici les enjeux bien connus du premier de ces ouvrages : je me contenterai de rappeler comment, dans le chapitre IV de la première partie, le narrateur nervalien est en proie à une catalepsie étalée sur plusieurs jours, dans laquelle veille et sommeil deviennent sinon indistincts, du moins continus. Là, un soir (c'est-à-dire, sans plus de précisions, dans une zone elle-même intermédiaire entre l'éveil et le sommeil), le narrateur se trouve transporté « sur les bords du Rhin », dans une « demeure connue » où il somnole, et se trouve emporté « par un courant de métal fondu et mille fleuves pareils, dont les teintes indiqu[ent] les différences chimiques, sillonn[ent]

---

[8] *Ibid.*, p. 19.

le sein de la terre comme les vaisseaux et les veines qui serpentent parmi les lobes du cerveau[9] ». À l'intérieur de ce réseau (de ces « conduits », dit Nerval), qui est à la fois le cerveau, le corps et la terre entière, circulent des « âmes vivantes, à l'état moléculaire ». Elles sont pour l'instant presque indistinctes du fait de « la rapidité du voyage » mais on peut supposer qu'elles ne sont pas sans rapports avec les « figures connues[10] » qui vont bientôt émerger, lorsque Nerval va se trouver entraîné dans une autre maison :

> J'entrai dans une vaste salle où beaucoup de personnes étaient réunies. Partout je retrouvai des figures connues. Les traits des parents morts que j'avais pleurés se trouvaient reproduits dans d'autres, qui vêtus de costumes plus anciens, me faisaient un accueil paternel... Ils paraissaient s'être assemblés pour un banquet de famille[11].

Le lien familial, télépathique, avec l'oncle, provoque chez le rêveur la révélation d'une temporalité simultanée et anachronique proche de celle qui avait tant frappé Nerval à propos de *Faust* : « Cela est donc vrai, dis-je avec ravissement, nous sommes immortels et nous conservons ici les images du monde que nous avons habité[12] ».

Et conformément à ce régime d'historicité défini plus haut par une co-présence de l'humanité à tout son passé (« Nous vivons dans notre race et notre race vit en nous », dit l'oncle), la famille nervalienne se déploie soudain en une vision simultanée de toute l'humanité :

> Cette idée me devint aussitôt sensible, et comme si les murs de la salle se fussent ouverts sur des perspectives infinies, il me semblait voir une chaîne non interrompue d'hommes et de femmes en qui j'étais et qui étaient moi-même ; les costumes de tous les peuples, les images de tous les pays apparaissaient distinctement à la fois, comme si mes facultés d'attention s'étaient multipliées sans se confondre, par un phénomène

---

[9] Nerval, *Aurélia ou le rêve et la vie*, dans *Œuvres*, éd. Albert Béguin et Jean Richer, Paris, Gallimard, coll. « Bibliothèque de la Pléiade », 1952, p. 370.
[10] *Ibid.*
[11] *Ibid.*, p. 371.
[12] *Ibid.*, p. 371-372.

d'espace analogue à celui du temps qui concentre un siècle d'action dans une minute de rêve[13].

Peter Ibbetson, malgré la faveur de surréalistes et une adaptation cinématographique classique, est moins connu. Il y est question d'un Anglais d'origine française ayant grandi en France qui, en prison à Londres, à la suite du meurtre de l'oncle qui l'a adopté, découvre qu'il partage ses rêves avec la compagne de jeux de son enfance, Mary Séraskier, devenue duchesse de Towers en Angleterre. Ils se retrouvent ainsi chaque nuit et, finissant par constater qu'ils partagent la même trisaïeule, ils revivent l'histoire familiale commune jusqu'à ses origines les plus anciennes. Des éléments, précédemment apparus en rêve prennent tout leur sens lorsque les protagonistes découvrent qu'il s'agit en fait de réminiscences de leurs vies passées, qu'ils peuvent eux-mêmes expérimenter de nouveau à l'intérieur de leur rêve partagé. Peu à peu ils s'exercent à faire apparaître dans « la fenêtre magique » de leur maison les images de ce passé, selon un principe d'hallucination volontaire au sein même du rêve commun :

> Graduellement grâce à la pratique de la concentration de nos volontés unies, des figures du vieux temps en vinrent à prendre substance et couleurs et leurs voix devinrent perceptibles ; jusqu'à ce que finalement vint un jour où nous pûmes nous mouvoir au milieu d'elles et les entendre et les voir aussi distinctement que nos parents immédiats[14]…

Une forme systématique de déjà vu se crée alors, un « infra-rêve » fait de « souvenirs prénataux » dans lequel « tout un autre temps et tout un autre pays, où je n'avais jamais mis les pieds était familiers à mon souvenir »[15].

Il y a, au demeurant, dans ce paradis perdu que propose Du Maurier, plus d'un rapport avec Nerval : l'attachement au lieu du bonheur enfantin ou l'importance de la chanson populaire comme moteur de la mémoire (c'est un des *leitmotive* de *Peter Ibbetson*). Je n'ai pas trouvé de preuve que Du Maurier connaissait Nerval, mais s'il n'y a pas intertextualité directe, il y a une logique culturelle profonde dans le lien

---

[13] *Ibid.*, p. 372.
[14] George Du Maurier, *Peter Ibbetson*, p. 297.
[15] *Ibid.*, p. 298.

qui unit les deux œuvres, dont témoigne, entre autres choses, ce thème de la fantasmagorie généalogique.

Ce type d'hallucination est à situer au croisement de deux phénomènes conjoints d'origine différente et appelés à s'articuler l'un à l'autre : le premier, c'est bien ce régime d'historicité spectrale dont parle Hamel qui, dans sa disposition à ressusciter le passé, à la fois individuel et collectif (et on le verra individuel en tant que collectif), fournit son contenu à l'hallucination. Le second, antérieur, mais qui n'aura de cesse de se greffer sur ce régime d'historicité, c'est l'importance de la faculté visionnaire ou, comme dirait Jacques Rancière, de la « voyance », dans l'élaboration des poétiques romantiques : c'est lui qui fournit son mode d'accès et sa forme à la résurrection du passé.

L'âge de la voyance

La voyance romantique est un phénomène complexe, qui s'élabore dans la deuxième moitié du XVIIIe siècle au croisement de deux discours – qui sont aussi des pratiques. Le discours religieux et mystique, tout d'abord, qui profite d'abord de la critique par les Lumières d'institutions religieuses exténuées pour mettre l'accent sur la révélation individuelle – piétistes, martinistes, swedenborgiens etc. Nerval, dans leur lignée, et dans celle de Nodier, reprend l'idée, vieille comme le monde, que le rêve est un mode privilégié d'accès à cette dimension dans laquelle, pour citer le fameux incipit d'*Aurélia*, « le monde des esprits s'ouvre pour nous[16] ».

Le second discours, parascientifique, très marqué par l'hermétisme, st celui du mesmérisme et du magnétisme animal, qui part du postulat d'une énergie reliant tous les êtres entre eux. Ce discours affirme comme son horizon la possibilité pour un voyant placé dans état de somnambulisme semblable, d'un côté au rêve et d'un autre à la mort, d'être libéré des sens, et d'avoir accès à des phénomènes éloignés dans le temps comme dans l'espace. Notamment, dans ses formes les plus spéculatives, les contacts avec les morts sont possibles : ce sont ces dernières manifestations marginales qui évolueront et deviendront

---

[16] *Aurélia*, éd. cit., p. 364.

centrales après 1840 dans l'ensemble des pratiques connues sous le nom de *spiritisme*.

Ces deux discours, mystique et mesmériste, ne cessent de s'hybrider jusqu'à devenir quasi indistincts dans les formes les plus radicales de la *Naturphilosophie* allemande. Et même si l'on répugne aujourd'hui à en parler entre gens de bonne compagnie, ils ont laissé des traces profondes dans la conception de l'écrivain romantique comme « voyant » susceptible de transmettre à son lecteur ses visions dans lesquelles sont ressuscitées les scènes du passé révélé : qu'on pense au Hugo de *La Pente de la rêverie*, à la spécialité balzacienne, à Nerval, bien sûr.

Ces discours, loins d'échapper à la sphère du discours scientifique, ont une certaine propension à s'y loger de manière subreptice. Dans le contexte qui est celui de Nerval, la question du rêve, plus spécifiquement, prend une importance croissante. Cela se traduit par une identification assez courante des mécanismes du rêve à ceux de la folie et l'hallucination, du moins chez les médecins qui le tiennent pour le modèle de l'excitation cérébrale (Freud, par exemple, en 1900, écrit encore que « le rêve hallucine »), et qui pensent ainsi comprendre à partir du songe le fonctionnement partiel de ces troubles. Pour Nerval, on le sait, le brouillage des frontières entre rêve et folie a pour intérêt de lui permettre d'évoquer son délire en des termes qui renvoient plus à une expérience commune, relativement partageable qu'à une pathologie susceptible de le marginaliser.

Dans le contexte qui est celui de Du Maurier, qui est celui de la psychologie naissante, les questions contemporaines sont plutôt celles des troubles de l'identité et de la mémoire, des états de conscience intermédiaires (somnambulisme, suggestibilité) mais avec une tendance accrue chez les médecins à l'auto-observation. Hervey de Saint-Denis, qui écrit, en 1867, *Les Rêves et les moyens de les diriger*[17], évoque la possibilité de la réminiscence, voire de l'exercice possible de la volonté dans le rêve, ce qu'on n'appelle pas encore « le rêve lucide ». C'est cette approche qui caractérise, avec la télépathie, très à la mode dans les années 1890, les enjeux de l'onirisme dans *Peter Ibbetson*.

---

[17] Hervey de Saint-Denys, *Les Rêves et les moyens de les diriger*, Paris, Cartouche, 2010.

La « vision des ancêtres » est tout au plus rendue possible par ces discours et leur accointance avec le discours médical, mais elle n'en constitue nullement au départ un objet préférentiel. Pour qu'elle devienne l'objet même de la vision, il faut sans doute y adjoindre d'autres éléments contextuels, individuels comme collectifs. En effet, la possibilité d'une telle vision se donne implicitement comme une forme de compensation de ruptures personnelles et ensuite comme alternative à d'autres formes d'accès à l'histoire. On pourrait même dire qu'elle constitue un mode d'accès individuel, pour ne pas dire, narcissique à l'histoire collective.

Orphelins

Quand on parle de rupture individuelle, il faut bien sûr distinguer, dans un premier temps, le régime d'énonciation propre aux œuvres, plus autobiographique chez Nerval, plus romanesque, plus fantastique chez Du Maurier. Il faut ensuite relativiser cette différence. *Aurélia*, d'une part, est l'objet d'une réélaboration littéraire à la fois commandée par le rapport particulier de Nerval à un réel transfiguré, et par une revendication de sa capacité à être écrivain qui est au cœur même de son projet. *Peter Ibbetson*, d'autre part, brasse bon nombre d'éléments qui renvoient directement à la vie de Du Maurier, et de manière notable, ses origines franco-anglaises, son enfance passée à Paris, le fait, qui résume assez bien la question, que le personnage principal, Pierre ou Peter, porte curieusement le surnom de « Jojo », qui renverrait plutôt à Georges. Dans un cas comme dans l'autre, on peut donc se risquer à comparer les événements traumatiques qui conduisent les protagonistes à ce mode d'accès alternatif à une histoire à la fois individuelle et collective.

Dans le cas de Nerval, si l'on suit la tradition critique le concernant, il s'agit d'une rupture existentielle profonde associée à la perte de la mère, alors qu'il n'est âgé que de deux ans. Perte de la mère qui résulte en une tendance, selon Michel Collot, à « effacer la filiation paternelle au profit de l'ascendance maternelle[18] ». Et cette tendance s'exprime chez

---

[18] Michel Collot, *Gérard de Nerval ou la dévotion à l'imaginaire*, Paris, PUF, coll. « Le Texte rêve », 1992, p. 18.

Nerval par le recours à ce qu'on a appelé une *généalogie fantastique*, notamment visible à travers les recherches généalogiques, étymologiques, héraldiques, qui accompagnent ou précipitent la crise de 1841, c'est-à-dire la crise qui nous est précisément racontée dans le chapitre IV d'*Aurélia*. Dans cette généalogie fantastique, récemment étudiée en détail par Sylvie Lécuyer[19], l'ascendance paternelle « authentique » que Nerval reconnaît clairement comme telle, donne lieu à des spéculations étymologiques qui selon Jean Richer ou Jean-Pierre Richard, sont sans cesse « contaminées par l'instance maternelle ». Cette tendance, là encore, de manière largement reconnue, se double d'un enracinement topographique, qui renvoie aux lieux de l'enfance nervalienne : le clos Nerval, Mortefontaine, la maison d'Antoine Boucher, le grand-oncle maternel qui l'élève. Le chapitre IV d'*Aurélia* ne peut que confirmer ces lectures, où la vision des ancêtres, située dans une Allemagne, puis une Flandre fantasmatique, se situe dans une atmosphère entièrement imprégnée de références plus ou moins directes à la lignée maternelle. La demeure est explicitement celle d'un ancêtre peintre, « oncle maternel », le supposé ancêtre peintre Cornelis Bega ; le nom « Marguerite », qui désigne une vieille servante mais qui est aussi le nom de la mère ; la rencontre d'un aïeul généralement identifié comme le grand-père maternel Pierre Charles Laurent, originaire de l'Aisne ; la mention faite à « mon oncle » qui renvoie à Antoine Boucher. En d'autres termes, il n'est dans cette vision de lignée que maternelle.

Dans *Peter Ibbetson*, le thème de la rupture est nettement marqué comme tel, puisque le récit rétrospectif est celui d'un homme qui a connu le paradis sur Terre lors de son enfance française à Passy, et qui ayant perdu successivement son père et sa mère, se trouve contraint d'abandonner non seulement la maison et le jardin de son bonheur, mais aussi la part française de son identité, puisqu'il va être élevé par un oncle qui va tenter de faire de lui un gentleman anglais. S'il n'y a pas chez Du Maurier d'opposition entre le père et la mère, tous deux révérés, le personnage de l'oncle anglais, en revanche, est une figure éminemment négative, qui rétablit en quelque sorte un schéma œdipien : il a été refusé trois fois par la mère. Peter finira par le tuer parce que cet oncle prétend avoir séduit la mère et que Peter serait son fils, ce qui est pour l'intéressé

---

[19] Sylvie Lécuyer, « Aux origines : la généalogie rêveuse de Gérard de Nerval », http://www.sylvie-lecuyer.net/lagenealogiefant.html

proprement insupportable. Il faut noter aussi chez Du Maurier que la rupture individuelle est aggravée par une autre rupture, celle des mutations industrielles et urbaines de la modernité. Comme Jojo s'en rend compte lors d'un retour en France, ces mutations ont fait disparaître le paysage de son enfance, disparition qui en accroissant la nostalgie, est donnée comme un élément déclenchant de la réminiscence onirique.

La religion des ancêtres

Rapidement, dans l'un comme dans l'autre cas, les ruptures individuelles vécues par l'orphelin s'articulent avec des circonstances historiques qui leur donnent une dimension collective. Dans les deux œuvres figure en filigrane la question des bouleversements apportés par la modernité, depuis les Lumières jusqu'à l'industrialisation. Une de ces mutations qui figure de manière assez nette dans les deux œuvres, est liée à question religieuse, et plus spécifiquement à l'éloignement de la foi, voire à l'impossibilité, désormais, d'adhérer au christianisme. On sait que Nerval, dans la deuxième partie d'*Aurélia*, donne de ce phénomène à la fois individuelle et collectif une explication purement contextuelle :

> mais pour nous, nés dans des jours de révolution et d'orage, où toutes les croyances ont été brisées, [...] il est bien difficile, dès que nous en sentons le besoin de reconstruire l'édifice mystique dont les innocents et les simples admettent dans leur cœur la figure toute tracée[20].

Cette situation d'ensemble est compliquée encore par l'éducation paganiste contractée auprès de l'oncle Boucher. Celle-ci explique en partie la tendance nervalienne au syncrétisme et à l'effort, assez désespéré qui est fait dans *Aurélia* pour tenter d'accommoder le christianisme au brassage de mythologies et de traditions qui caractérise l'interprétation ésotérique du monde.

Même son de cloche, si l'on peut dire, chez Du Maurier, qui comme Nerval, sinon récuse, du moins s'excuse de ne pouvoir adhérer au dogme chrétien, en des termes beaucoup plus radicaux, qui sont à situer du côté de la libre pensée telle qu'elle se développe en Angleterre à

---

[20] *Aurélia,* éd cit., p. 390.

la fin du XIXe siècle, dans la lignée du « Higher Criticism » : « chaque argument opposé au christianisme (et je crois les connaître tous maintenant) est né spontanément en moi et tous m'ont paru irréfutables, et, en vérité, jusqu'à maintenant irréfutés[21] ».

Cet agnosticisme revendiqué devient, par l'effet de l'expérience surnaturelle du rêve partagé et des révélations post-mortem de Mary Séraskier sur la vie de l'âme après la mort, une cosmologie et un mysticisme aux résonances occultistes assez prononcées. L'idée centrale en est que les âmes, génération après génération, fusionnent progressivement dans une conscience collective harmonieuse et progressiste.

Dans un cas comme dans l'autre, et quoique de manière très différente, l'éloignement de la lettre du christianisme, et de sa tradition propre, dans laquelle les morts sont supposés enterrer les morts, et dans laquelle l'individualité de l'âme est une donnée intangible, provoque presque automatiquement l'affleurement à la surface d'une une sorte de religion de substitution, qui est justement la « spectralité » dont parle Hamel. Elle consiste, on l'a vu, dans l'entrelacement et l'interdépendance constante des morts et des vivants, telle qu'on peut la trouver dans la philosophie comtienne, dans l'historiographie de Michelet, dans la poésie hugolienne, et dont la vision des ancêtres est évidemment un mode d'expression littérale.

Métaphysique de la particule : l'aristocratie de l'humanité

Cette interdépendance suppose une sorte de médiation qui permette de passer de l'individu à la totalité, médiation qui va se constituer autour de la notion de famille puis de race. C'est dans cette optique, peut-être, qu'on peut tenter de comprendre l'obsession nobiliaire qui parcourt et les généalogies fantastiques nervaliennes et le roman de Du Maurier, dans laquelle le prisonnier déclassé et l'aristocrate parvenue se retrouvent extatiquement sur la noblesse commune de leurs aïeux. On pourrait parler à propos de Nerval comme de Du Maurier d'une métaphysique de la particule : l'aristocratie peut se comprendre, après tout, comme une forme profane de métempsycose. Car s'il y a bien

---

[21] *Peter Ibbetson*, éd. cit., p. 106.

un privilège aristocratique, qui distingue le noble de la plèbe, c'est la connaissance supposée qu'il a de ses origines, sa possession d'une archive concrète, faite de portraits, de documents, d'objets, qui assurent comme autant de fétiches la continuité d'un destin familial dont se sentent investis tous les individus sommés de le partager.

La vision des ancêtres se situe dans la continuité de cette expérience de soi-même comme indissociable de sa communauté d'origine, en tant que, pour le personnage de Du Maurier, elle la réalise concrètement, en reformant la chaîne qui relie ce petit-fils d'émigré de la Révolution française à ses origines nobles. Mais elle peut aussi se comprendre aussi comme une forme de démocratisation et de dépassement de cette expérience dans laquelle chacun peut accéder à la vision du panthéon familial, au-delà de toute considération sur la noblesse supposée. Du Maurier le dit d'ailleurs :

> Maintenant, je crois que de telles réminiscences font partie de la subconscience de tout le monde, aussi bien de celle de Mary que de la mienne, et qu'en persévérant dans la recherche de soi-même, nombreux sont ceux qui pourront les atteindre peut-être même plus aisément et plus complètement que nous[22].

L'aristocratie n'est alors que le support en quelque sorte matériel, par les traces qu'elle laisse, d'une reconstitution dont le secret est avant tout mental et inconscient. Ce mouvement vers l'universalité est de toute façon inclus par principe dans cette régression vers les origines, car plus l'on recule dans cette origine commune, plus la famille particulière se dissout dans la race au sens plus large ou dans la communauté humaine, de sorte que la parentèle finit par s'équivaloir à la quasi-totalité ou à des pans entiers de l'humanité. De fait, dans *Aurélia*, la généalogie fantastique renonce aux blasons pour se laisser submerger par le vertige du nombre, brassant « les costumes de tous les peuples, les images de tous les pays[23] », au-delà de tout fantasme d'une identité personnelle et nationale fondée sur l'origine, tandis que chez Du Maurier nation et individualité se confondent : « Au VIIe siècle, il n'y avait

---

[22] *Ibid.*, p. 299.
[23] *Aurélia*, éd. cit., p. 372.

pas une personne vivant en France (sans parler de l'Europe) qui ne fût dans la ligne de notre ascendance directe[24]... ».

Les sciences (sur)naturelles

Mais ce mouvement ne s'arrête pas là. Conformément aux conceptions hermétistes qui font de la terre et du cosmos un vaste organisme vivant dans lequel la matière et le vivant communiquent par-delà leurs différences, de sorte que, comme le dit Muray, « tous les êtres sont plus ou moins parents dans les racines sombres du temps[25] », cette mémoire familiale, devenue peu à peu mémoire de l'espèce, devient mémoire de la création tout entière. « Nous avons même pu voir, écrit Du Maurier, comme dans un miroir sombre, les ombres presque effacées du mammouth et de l'ours des cavernes, et de l'homme qui les chassait, les tuait et les mangeait, afin de pouvoir vivre et subsister[26]. »

Mais on pourrait encore aller plus loin, peut-être, au-delà même de la conscience humaine. Mary croit fermement pouvoir observer l'homme avant l'homme, « notre ancêtre poilu, muni d'oreilles pointues et d'une queue[27] », dans un pur moment de darwinisme halluciné, tandis que Nerval, dans le chapitre VII d'*Aurélia*, revivra l'évolution dans le corps des monstres antédiluviens. On a là un exemple du pacte passé entre la poétique visionnaire et les sciences naturelles, telle que Balzac l'a défini en évoquant Cuvier dans *La Peau de chagrin*. Le lamarckisme, qui préside aux mutations des monstres dans le chapitre VII d'*Aurélia*, tout comme le darwinisme, cité explicitement par Du Maurier, sont appropriés par la tradition ésotérique de la grande chaîne des êtres. De même principe de récapitulation énoncé par Haeckel en 1866, dans lequel l'ontogenèse répète la phylogenèse, y est interprété comme une mémoire, au sens psychologique du terme, susceptible d'une aperception visionnaire : c'est ce que l'on voit encore, par exemple, dans le *Before Adam* de Jack London (1907).

---

[24] *Peter Ibbetson*, éd. cit., p. 299.
[25] Philippe Muray, *Le XIXe siècle à travers les âges*, Paris, Gallimard, coll. « Tel », 1979, p. 71.
[26] *Peter Ibbetson*, éd. cit., p. 309.
[27] *Ibid.*, p. 310.

Ce mélange de sciences et de théosophie n'est pas sans risque : on pourrait parler chez Nerval et plus encore chez Du Maurier d'une sorte d'eugénisme karmique qui découle directement de la nécessité de maintenir cet héritage tout comme d'un principe de solidarité et de responsabilité envers les générations futures. Il n'y a pas loin, en ce sens, de la métempsychose au darwinisme social. Dans l'un de ses carnets, Nerval écrit : « le père qui produit au monde une race malsaine et misérable renaît dans ces malheureux qu'il est forcé d'assister[28]. » Du Maurier insiste plus lourdement encore :

> C'est pourquoi, également, prends garde ! toi qui transmets au dixième degré une face idiote, qui insouciant, engendre des corps maladifs ou chétifs avec un cœur et un cerveau à l'avenant ! Tout au long de sentiers du temps, la vengeance au pied-bot te suivra dans tes empreintes, et te rattrapera à chaque tournant[29] !

Mais le fantasme qu'il semble préférable ou plus charitable de retenir ici, pour conclure, c'est l'enjeu littéraire d'une telle vision. Chez Nerval, la vision de la totalité, « comme si mes facultés d'attention s'étaient multipliées sans se confondre », exprime au plus près le principe d'une poétique visionnaire qui garantit ses représentations les plus improbables par la légitimité d'une vision antérieure susceptible d'accéder, à l'instar de la Spécialité balzacienne, à la totalité du monde matériel comme spirituel. Cette puissance de représentation est aussi une puissance d'identification : Mary comme Peter peuvent endosser n'importe quelle personnalité ancestrale et revivre le passé à travers son regard. Et c'est bien comme écrivains qu'ils finissent leur parcours, rédigeant une « autobiographie » qui est celle de leur ascendance toute entière. « C'est ainsi que le massacre de la Saint-Barthélemy, à lui seul, fut étudié par nous de dix-sept points de vue différents ; et ne nous coûta pas moins de deux mois de travail incessant[30]. »

Par cet exercice mental et ce travail littéraire se crée alors la possibilité qui n'a cessé de venir hanter au XIXe siècle l'historien comme l'écrivain romantiques, celle de pouvoir parcourir le passé ressuscité par

---

[28] Nerval, « Sur un Carnet », dans *Aurélia*, éd. cit., p. 430.
[29] *Peter Ibbetson*, éd. cit., p. 303-304.
[30] *Ibid.*, p. 309.

la documentation comme un espace visible, descriptible, entièrement offert au regard et à l'écriture. Et c'est la seule résurrection des morts, sans doute, qui soit à notre portée.

Chapitre III

Déchéances et discordances

Alex Lascar – Université Blaise Pascal, CELIS

Conflit de générations, entre tradition et modernité, autour de la mésalliance dans le roman français (1825-1850)

Au théâtre, entre 1826 et 1837, chez Scribe, chez Picard et Mazères, la question de la mésalliance est souvent traitée[1], mais on pourrait croire que c'est là un débat d'arrière-garde. « L'action commença », note Balzac dans *Ursule Mirouët*, « par le jeu d'un ressort tellement usé dans la vieille comme dans la nouvelle littérature que personne ne pourra croire à ses effets en 1829 s'il ne s'agissait pas d'une vieille bretonne, d'une Kergarouët, d'une émigrée[2] » ! Et Théophile de Ferrière (*Les Romans et le mariage*, 1837) ironise : la mésalliance « aurait pu fournir matière à un roman il y a un siècle, il semblerait encore un peu poétique chez nos voisins d'Allemagne ou d'Angleterre, mais en France, Dieu merci[3]... ». N'est-elle pas un poncif du roman sentimental ? Avec une verve légère mais pleine d'ironie, Alphonse Karr nous présente la situation de son héroïne Clotilde, vue par Zoé son amie qui se rappelle avec enchantement leurs secrètes lectures de petites filles, imaginant l'entrée dans une vie pleine de romanesque : « il y avait encore entre vous la question de la mésalliance si chère et si commode aux romanciers

---

[1] Dans *Le Mariage de raison* (1826), de Scribe et Rougemont, M. de Brémont aime bien la jeune Suzette (une orpheline, femme de chambre de Mme de Brémont). Il refuse absolument son union avec son fils Édouard et finit par triompher avec l'approbation de l'auteur. Suzette sera heureuse avec le sergent Bertrand qui l'aime, dont elle découvre la valeur. Mais Scribe, qui témoigne ainsi de la difficulté à trancher (chez beaucoup d'hommes du temps), fait aussi un éloge de la mésalliance, instrument privilégié de réconciliation, de fusion politiques (*Avant, pendant et après*, 1828) comme Picard et Mazères (*Les Trois quartiers*, 1827). Dans la pièce de 1837 (*La Camaraderie ou la courte échelle*), l'avocat Edmond devenu député peut enfin épouser la fille du pair de France.
[2] *Ursule Mirouët*, dans *La Comédie humaine*, éd. Pierre-Georges Castex, Paris, Gallimard, coll. « Bibliothèque de la Pléiade », t. III, 1976, p. 884.
[3] Théophile de Ferrière, *Les Romans et le mariage*, t. II, p. 163.

allemands », dont les œuvres finissent d'ailleurs fort bien. Après 1830 et la révolution bourgeoise, on croit ou feint de croire que les données du problème ont changé, qu'à part une trentaine de familles au nom réellement illustre, tout le reste doit être placé au même rang. Chez maints auteurs, entre autres Sue et Lamothe-Langon en 1832, chez Dumas dans *Le Comte de Monte-Cristo*, on entend la bourgeoisie proclamer que la seule aristocratie est celle de la fortune, et comme le dit Danglars, il n'est pas de plus beau titre que celui de millionnaire[4]. *Mésalliance* : « est-ce que le mot signifie encore quelque chose ? » en 1845[5]. Et ne changerait-il pas de sens ? Des représentants fortunés et discrets de la bourgeoisie juillettiste refusent de s'allier à la noblesse[6], mais la question continue à se poser. À son propos s'affrontent d'abord le cœur, le sang, le rang ; d'autre part le désir, le droit et le devoir. S'y révèle enfin la violence latente du conflit entre générations.

Avant 1789, la mésalliance était évidemment quasi impossible selon Mélanie Waldor, en témoignent *La Famille du pauvre* dans les *Pages de la vie intime* (1836)[7], et l'histoire de la grand-mère noble de la petite Marie[8] dans *Les Moulins en deuil* (1846) ; ensuite l'interdit demeure : « À quoi servira [la Révolution] si les nobles sont toujours les mêmes, ne voulant s'allier qu'entre eux », remarque le meunier Jean Durand[9] ; mais en 1814 encore, Mme de Villefranche poussera Louise, bâtarde de sang noble, à refuser le mariage entre Marie, sa fille, et le paysan Pierre ; et en 1830, dans *André le Vendéen*, Clotilde, une jeune noble sans préjugés, se heurte sur le sujet à un mur du refus. Raymon de Ramière (*Indiana*) sait

---

[4] *Le Comte de Monte-Cristo*, éd. Jacques-Henry Bornecque, Paris, Garnier frères, 1956, p. 989.
[5] Charles de Bernard, *Un beau-père*, t. I, p. 55.
[6] Charles de Bernard, *Un homme sérieux*, t. I, p. 147 et 164.
[7] En 1787, il y eut mariage secret entre un jeune noble et une roturière. Il fut jeté à la Bastille, elle à Saint-Lazare.
[8] Certes, dans *André le Vendéen*, il y eut (au XVIe siècle) mésalliance entre Marion, la fille de l'orfèvre, et le comte Raymond ; on ne sait rien des circonstances de cette union.
[9] *Les Moulins en deuil*, Nantes, Impr. Vve C. Mellinet, 1849, p. 36 (paru en feuilleton dans *La Patrie* en 1846, le roman est republié dans *Le Breton* en 1849).

très bien qu'il ne saurait convaincre sa « haute et rigide famille[10] ». Valentine de Raimbaut, l'autre héroïne sandienne de 1832, a beau dire et croire : « Au temps où nous vivons, il n'y a plus de paysans[11] », susciter ainsi les rêves enivrés de Bénédict qu'elle aime à la passion, sa mère et son aïeule ne céderont jamais. De fait les résistances à la mésalliance sont bien ancrées. M. de Sommery, un personnage d'Alphonse Karr (1837), a accueilli chez lui sa nièce Clotilde. « Imbu des préjugés du dix-huitième siècle », il « passe sa vie », nous dit-elle, « à parler contre les préjugés », mais lorsque son fils lui dit vouloir épouser Clotilde, roturière et fort démunie, il s'indigne d'une « pareille folie »[12]. Il est inébranlable. Et le libéralisme de M. de Villepreux (*Le Compagnon du Tour de France*) est un faux-semblant. Les convictions de Maximilien Morrel dans *Le Comte de Monte-Cristo*, certain du brassage des élites dans une société révolutionnée[13], ne changent rien aux faits : une Valentine de Villefort, petite-fille de la marquise de Saint-Méran, n'épouse pas un M. Morrel, brillant capitaine de spahis, officier d'avenir.

La mésalliance est donc refusée au nom du sang, du moins parfois. Sang pourtant épuré de fraîche date (M. de Villefort est né Noirtier, la mère de Valentine, l'héroïne de George Sand, est une demoiselle Chaignon, etc.) ; sang gardé pur au fil des siècles dans la très haute ou bonne aristocratie. Balzac note : « le duc de Chaulieu », le père d'une des deux jeunes mariées, « était, pour les mésalliances, du XVIIIᵉ siècle[14] ». La chanoinesse, tante d'Albert de Rudolstadt, découvrant qu'un amour pourrait naître entre Consuelo qu'elle aime et estime infiniment, et le comte, ne songe plus qu'à éradiquer ce nouveau genre de folie plus funeste que l'autre (or cette autre folie, c'est la maladie « mentale » du jeune homme !), et la famille ne consent qu'*in extremis* au mariage. Il y va, croit-on, de la survie d'Albert. Mais celui-ci meurt et l'on comprend combien comptaient dans ce refus le respect humain et l'esprit de caste. En effet, l'hostilité de la chanoinesse contre Consuelo disparaît seulement quand la jeune femme décide de garder l'union secrète et

---

[10] *Indiana*, éd. Béatrice Didier, Paris, Gallimard, coll. « Folio », 1984, p . 264.
[11] *Valentine*, Paris, Michel Lévy frères, 1869, p. 120.
[12] *Clotilde*, p. 9.
[13] *Le Comte de Monte-Cristo*, éd. cit., p. 743.
[14] *Mémoires de deux jeunes mariées*, dans *Œuvres complètes*, éd. Pierre-Georges Castex, Paris, Gallimard, coll. Bibliothèque de la Pléiade, 1976, t. I, p. 244.

renonce à tout droit[15]. La pensée même d'une mésalliance horrifie littéralement Mlle Armande d'Esgrignon (*Le Cabinet des Antiques*). Car cette maison « ignorée depuis deux cents ans à la cour » s'était conservée depuis dix siècles au moins « pure de tout alliage[16] ». Nul n'imagine même suggérer au vieux marquis l'idée du mariage du comte Victurnien avec une demoiselle Duval, la première fortune du département. C'est pourtant ce qui pourrait seul sauver du déclassement une famille déjà fort pauvre et gravement compromise par les méfaits du jeune homme. Quelques années plus tard, en 1829, non plus en 1823, à Nemours non pas à Bayeux, Savinien de Portenduère veut épouser, par amour, Ursule Mirouët. Mme de Portenduère n'a que trois cent francs de rente, mais elle refusera obstinément, huit ans durant, une telle souillure, fière d'être la dernière peut-être à ne pas céder aux sirènes. Bathilde de Chasteller, elle, comprend bien que son union avec Lucien Leuwen est inenvisageable[17]. Pour les Villefranche (*Les Moulins en deuil*), le sang et le nom comptent avant tout.

Quant à M. de La Mole qui, depuis 1790, a tout relativisé, il a néanmoins une « folle passion », bien ancrée : « voir sa fille décorée d'un beau titre ». Grâce au mariage, sa famille doit monter un degré de l'échelle nobiliaire et de l'ordre des préséances. « Quoi », s'écrie-t-il, « ma fille s'appellera Mme Sorel ! quoi ma fille ne sera pas duchesse[18] ! » D'autres plus modestes, non moins acharnés, désirent en tout cas un « titre », ne serait-ce que d'apparence : pourquoi ce M. Leuwen, dit une

---

[15] On nous montre (*La Dernière Aldini*, 1838) à quel point les nantis refusent l'alliance avec les gens de théâtre. Dans *Consuelo*, admirant son génie, les Rudolstadt tiennent l'héroïne pour une « zingara ». Plus tard, dans *Adriani* (1854), dans *Le Dernier Amour* (1867), les mêmes préventions apparaissent.

[16] *Le Cabinet des Antiques*, dans *La Comédie humaine*, éd. cit., t. IV, p. 966.

[17] M. de Pontlevé (qui fait des scènes à Bathilde) ne veut pas qu'elle se remarie : en cas de nouveau 93, il veut pouvoir disposer de l'argent liquide des Chasteller.

[18] *Le Rouge et le noir*, dans *Œuvres romanesques complètes*, éd. Yves Ansel et Philippe Berthier, Paris, Gallimard, coll. « Bibliothèque de la Pléiade », t. I, 2005, p. 746 et 740. M. de Malivert refuse le mariage d'Octave et d'Armance parce que celui-ci ne lierait son fils à aucune famille, à aucun clan, ferait de lui un « bourgeois ». Jamais le marquis del Dongo n'accepte le mariage de sa sœur avec un « simple » comte, surtout désargenté et… jacobin.

dame fort noble et très fière de Nancy, « n'a-t-il pas pris le nom du village où il est né en guise de nom de terre, comme font tous ses pareils[19] » ? En réalité, Mme de Serpierre est petitement pourvue. Très riche lui-même, M. de La Mole trouve de fort mauvais ton d'être pauvre (et plus encore pour le mari de sa fille), mais il est vrai cependant que « les affreuses misères de l'émigration » avaient fait de lui « un homme à imagination » et celle-ci « avait préservé son âme de la gangrène de l'or », qui ronge grands et petits[20].

La duchesse de Senneterre (Eugène Sue, *L'Orgueil*, 1848) sait que sous le rapport de la naissance Mlle Vertpuis de Beaumesnil est bien peu de chose, mais qu'elle est immensément riche. Quand elle apprend que son fils Gérald ne veut pas de ce mariage, elle se résout aussitôt à rompre à jamais avec lui. Mais lorsqu'elle découvre qu'il veut épouser une maîtresse de musique, une pauvre, sa réaction est pire encore. Le conflit naît alors de ce que la jeune génération refuse de privilégier la grandeur ou l'avenir, le rang de la famille, par rapport à son bonheur personnel[21]. Pour les bourgeois, grands ou petits, médiocres ou éclairés et estimables, l'argent compte presque seul. Deux exemples seulement, mais de valeur métonymique : à la première page de *Feder* (un des « romans abandonnés » de Stendhal) on apprend que le héros éponyme avait commis une « faute majeure ». Michel Feder, le père, allemand, très riche négociant et catholique outré, « déclamait tous les jours en faveur de l'égalité naturelle mais jamais il ne put pardonner à son fils unique d'avoir épousé

---

[19] *Lucien Leuwen*, version du *Chasseur vert*, dans *Œuvres romanesques complètes*, éd. cit., t. II, 2007, p. 825.

[20] *Ibid.*, p. 746. Le comte de Walstein (Soulié, *Le Château de Walstein*), imbu de son rang mais indifférent à la pureté du sang et à la tradition, est avant tout préoccupé de fortune : il consent sans trop de difficulté au mariage de son fils avec Thérèse Kaufmann si celui-ci renonce à sa part de l'immense héritage de son grand-père.

[21] Les résistances tiennent au nom autant qu'à la pauvreté. Dans *La Dernière Aldini* (1838), *Le Compagnon du Tour de France* (1841) [il s'agit de Joséphine Clicot] et plus tard *Jean de La Roche* (1860), les jeunes filles sont roturières mais riches. Alors on épouse. Fernande (*Jacques*) rappelait que sa mère n'aurait jamais pardonné au futur sa bourgeoisie si elle n'avait été fascinée par son « million ». Partout ailleurs, le ou la prétendant(e) est pauvre et de naissance obscure, d'où une intolérance radicale.

une petite actrice[22] », et M. Leuwen, parfaitement libéral sauf en cela, dit à Lucien : « Donnez des ordres mon prince. Il n'y a qu'une chose à laquelle on ne consentira pas : c'est le mariage ». On peut (on doit) faire « des sottises et même des folies » mais celle-là « a des suites » (le mariage pour lui est une grande spéculation et une sorte d'assurance-vie)[23]. Et l'on pourrait évoquer M. Cardonnet (*Le Péché de M. Antoine*).

L'acceptation de la mésalliance passe quelquefois, pour la noblesse, celle qui n'a pas émigré à l'intérieur, par une analyse politique de ce monde où les ordres ont été abolis, de ce monde « comme il est », ainsi que l'aurait dit Custine.

En 1823, Diane de Maufrigneuse, après avoir, par son action fulgurante, sauvé des galères Victurnien d'Esgrignon, fait aux membres du Cabinet des Antiques, effarés, une leçon, absolument incomprise, de haute et basse politique matrimoniale :

> Vous êtes donc fous, ici ? [...]. Vous voulez donc rester au quinzième siècle quand nous sommes au dix-neuvième ? Mes chers enfants, il n'y a plus de noblesse, il n'y a plus que de l'aristocratie. [...] Vous serez bien plus noble quand vous aurez de l'argent. Épousez qui vous voudrez, Victurnien, vous anoblirez votre femme[24].

Mais au vrai la duchesse recevrait-elle la nouvelle marquise ? le roi, sans doute, répond-elle. Un peu plus tard, un monarchiste de haute lignée, Raymon de Ramière (*Indiana*), libéral très inquiet du ministère Polignac, songe à se retirer de l'arène journalistique et politique, à s'ancrer dans le mariage. Mais, selon lui, « la fortune ne résidait plus avec sécurité que chez les plébéiens. [...] il fallait être le gendre d'un industriel ou d'un agioteur[25] ». Contexte familial, contexte politique l'incitent à la prudence. À Nemours, en cette même année 1829, Mme de Portenduère (*Ursule Mirouët*) reçoit de proches parents des lettres « horribles[26] » qui

---

[22] *Feder*, dans *Romans abandonnés*, éd. Michel Crouzet, Paris, Union Générale d'Éditions, 1968, p. 248.

[23] *Lucien Leuwen* (manuscrit autographe), dans *Œuvres romanesques complètes*, éd. cit., t. II, p. 362.

[24] *Le Cabinet des Antiques*, dans *La Comédie humaine*, éd. cit., t. IV, 1986, p. 1092.

[25] *Indiana*, éd. cit., p. 264.

[26] *Ursule Mirouët*, dans *La Comédie humaine*, éd. cit., t. III, 1976, p. 884.

l'invitent à accepter pour son fils un mariage roturier et riche. Savinien constate qu'aujourd'hui les nobles sont isolés et dit à sa mère : je dois « me marier avec une fille riche, à quelque famille qu'elle appartienne, si elle a un million de dot[27] ». Et la duchesse de Senneterre (Eugène Sue, L'Orgueil) constate enfin que grâce au « désintéressement stupide ou plutôt à cette odieuse insouciance de l'éclat de leur nom, les représentants des plus grandes maisons tombent dans une honteuse médiocrité ». En tout cas, son père et son mari auraient « dû rétablir la fortune que cette infâme Révolution [leur] avait enlevée[28] ».

Quasi seule, semble-t-il, Émilie de Fontaine (Le Bal de Sceaux) refuse clairement la mésalliance parce qu'elle la juge indigne[29] (Senneterre par exemple ne veut pas épouser Mlle Vertpuis mais sans aucun mépris pour la roture). Émilie assume, lucidement, et préserve la gloire d'une famille prête à des compromissions infâmes. Amoureuse de Maximilien, et de lui seul, ignorant qui il est réellement, elle ne peut s'empêcher de lui demander s'il est noble. Or il s'appelle Maximilien Longueville. Elle rompt, désespérée, incomprise de son père, raillée de toute sa parentèle.

L'opposition entre les parents et leur enfant naît en fait quand ce dernier veut se mésallier, par intérêt ou par amour, par matérialisme, sous la poussée du désir ou d'un sentiment vrai.

Comment réagir devant le refus opposé, concilier autonomie et respect, sentiment, droit et devoir ? George Sand[30], Dumas le con-

---

[27] Ibid., p. 884-885.
[28] Eugène Sue, L'Orgueil, dans Les Sept péchés capitaux, Œuvres complètes illustrées, Paris, V. Benoist et Cie, 1873, p. 116.
[29] Alezia (George Sand, La Dernière Aldini) reste profondément humiliée de la tentation qu'eut sa mère d'épouser le chanteur Lélio. À la différence de Fiamma (Simon), elle ne se mésalliera pas.
[30] Pressée d'épouser M. de Lansac, Valentine « s'enfermait des heures entières pour prier », écrit Sand, « espérant toujours trouver, dans le recueillement et la ferveur, la force qui lui manquait pour revenir au sentiment du devoir. Mais ces méditations la fatiguaient de plus en plus [...], elle était plus épuisée, plus tourmentée » (éd. cit., p. 159). Révoltée, humiliée, elle cédera.

statent[31], quand l'élu de leur cœur est frappé d'interdit, certaines jeunes femmes désirent donner le primat aux avis de leur famille, tenus pour des absolus : elles sont observées, avec admiration, apitoiement ou une légère réserve. Ainsi Morrel propose à Valentine (*Le Comte de Monte-Cristo*) de résister. « Cette idée [...] ne lui était pas même venue. – Que me dites-vous, Maximilien ? [...] et qu'appelez-vous une lutte ? Oh ! dites un sacrilège. Quoi ! moi, je lutterais contre l'ordre de mon père, contre le vœu de mon aïeule mourante ? c'est impossible[32] ! » Sans doute, entraînée par la passion, aura-t-elle la tentation de la rupture. Mais, incarnation même du respect filial et parée de la poésie du sacrifice, elle méritera légitimement l'intervention du *deus ex machina*. Dans la scène ultime du *Compagnon du Tour de France* (1841), Yseut, majeure, décidée à ne jamais épouser un autre que Pierre Huguenin – et l'on ne peut douter un instant de la vérité et de la fermeté de son engagement –, refuse d'essayer même de convaincre M. de Villepreux, après son refus catégorique, et de faire sur lui la moindre pression. À force, elle l'avoue, il « céderait peut-être » à cette « persécution ». Mais « j'ai envers mon aïeul des devoirs de toute la vie, dont un jour de faiblesse et d'erreur de sa part ne saurait me dégager[33] ». Elle n'épousera donc Pierre qu'après la mort de M. de Villepreux. Or elle annonce qu'il est d'une santé florissante. De fait l'union est donc reportée par elle *sine die*. Il est vraiment beau de rester impavide et ferme dans le secret de son cœur sans troubler l'ordre. Cela mène objectivement à l'impasse.

Alors, résister ? mais comment, jusqu'à quel point ? Question d'autant plus délicate qu'existe cette conviction quasi universelle : il est une nature féminine vouée à la réserve, au retrait, une nature masculine tournée vers l'action, l'affirmation de soi.

Mais ici, d'emblée, s'impose un personnage « imaginé en dehors des habitudes sociales qui parmi tous les siècles assureront un rang si

---

[31] Clémence de Walstein, décidée à épouser un roturier, refuse de se soustraire à un mariage détesté pour sauver l'honneur familial (Soulié, *Le Château de Walstein*).

[32] *Le Comte de Monte-Cristo*, éd. cit., p. 1016.

[33] *Le Compagnon du Tour de France*, éd. Jean-Louis Cabanès, Paris, Le Livre de poche, 2004, p. 576.

distingué à la civilisation du XIXe siècle[34] », l'extraordinaire Mathilde de La Mole. Son amour pour Julien, s'il était pauvre mais noble, ne serait, à ses yeux, « qu'une sottise vulgaire[35] » ; la platitude, les banalités du mariage, la dégoûtent ; « entre Julien » et elle, « point de signature [...], pas de notaire[36] », et elle ne cesse de l'appeler son « mari ». Pleinement consciente de la relativité du « contrat social », elle voudra néanmoins, à toute force, de toute sa volonté, épouser le père de son fils. Elle a d'abord l'extraordinaire audace d'avouer tout à trac sa situation, puis de refuser tout accouchement clandestin. Craignant qu'on ait fait un mauvais parti à Julien (il a disparu), elle menace le marquis : « je prendrai le deuil et je serai publiquement Mme veuve Sorel[37] ». « Mathilde résista avec fermeté à tous les projets *prudents* de son père [et à ses fureurs]. Elle ne voulut jamais établir la négociation sur d'autres bases que celle-ci : elle serait Mme Sorel[38] » et finit par triompher. Orgueil, ténacité, sang-froid (on restait « des semaines entières sans parler de l'affaire[39] »), habileté prodigieuse de Mathilde (elle termine sur une lettre à la manière d'Othello). Par ailleurs, cachée sous la morgue, voilée de scepticisme, on remarque l'immense tendresse de ce père éperdu. Cela est fort rare dans le roman du temps.

On demande aux femmes de la clarté : Fiamma (*Simon*), Yseut (*Le Compagnon*), Minna (*Les Moulins en deuil*) disent leur sentiment, sans biaiser, à leurs parents, à leurs juges. Ainsi Fiamma, refusant toutes les pressions exercées par M. de Fougère, tous les compromis, sans entrer dans les ordres, préfère se retirer dans un couvent. Elle ne se renie pas, n'attend pas à sa « gloire », cultivant son amour malgré tout. C'est déjà, d'autre manière, la « voie d'exception sublime » que l'auteur recommandera à Marcie en 1843, avec « dans le cœur le calme de la résignation, et sur le front la sérénité de la vertu[40] ». Car la femme, parfois, doit savoir

---

[34] *Le Rouge et le noir*, éd. cit., p. 670. En fait, il prise celles qui résistent et refusent des conventions compassées, par dignité, sens de leur gloire, ou par amour, Gina del Dongo par exemple ou Vanina Vanini.
[35] *Ibid.*, p. 630.
[36] *Ibid.*, p. 629-630.
[37] *Ibid.*, p. 741.
[38] *Ibid.*, p. 742.
[39] *Ibid.*, p. 746.
[40] *Lettres à Marcie* (1843), dans *Œuvres complètes*, Paris, Perrotin, 1843, t. XVI, p. 161-162.

accepter la solitude. Et Minna, bien plus tard, dans *Les Moulins en deuil*, face à l'intransigeance de sa mère, se fait en elle-même un « cours complet relatif aux devoirs exagérés imposés aux femmes[41] ». Sans révolte ouverte, radicalement insoumise, elle s'affermit dans son amour, attend.

Les hommes doivent savoir presser, résister, s'opposer. Mais non pas comme André de Morand, incapable d'affronter son père sinon parfois par vaines foucades suivies de retraites calamiteuses. Il aime sincèrement Geneviève « l'artisane » et franchira le pas : il y aura mariage, mais secret et sans avenir (*André*, 1835). Savinien pensait, amoureux et naïf, faire triompher devant sa mère la noblesse innée d'Ursule Mirouët. Le jeune officier ne tarda pas. « L'engagement » – mot, évidemment, qui n'est pas choisi au hasard – « eut lieu sur le champ ». En dépit de toutes ses considérations personnelles, politiques et matérielles, « il connut cette volonté granitique [...] qui distinguait sa mère et voulut savoir » jusqu'où allaient ses refus. « Ainsi vous me laisserez mourir de faim et de désespoir pour une chimère qui ne devient aujourd'hui une vérité que par le lustre de la fortune » – « Tu serviras la France et tu te fieras à Dieu ». « Vous ajournez mon Bonheur au lendemain de votre mort – Ce serait horrible de ta part, voilà tout ». « Savinien aimait et respectait à la fois sa mère ; il opposa sur le champ, mais silencieusement, à l'entêtement de la vieille Kergarouët un entêtement égal[42] ». Dans la lutte parfois un soupçon de duplicité n'est pas à écarter, celle dont use par exemple Albert de Rudolstadt (*Consuelo*) : « si malgré mon zèle, on réussit à me l'enlever, je jure par tout ce qu'il y a de plus redoutable à la croyance humaine, que je sortirai de la maison de mes pères pour n'y jamais rentrer[43] ». Alors que sa santé physique et mentale semble déjà si compromise et se dégrade encore, il spécule très consciemment sur le fait qu'il est le dernier représentant de sa race dont la pérennité est pour les Rudolstadt fondamentale. Il se garde d'aller au-delà. Il le sait de plus, tous l'aiment passionnément. Ils cèdent. Passion, fermeté, continuité de la volonté, sont pour George Sand au service d'une insoumission légitime.

---

[41] *Les Moulins en deuil*, éd. cit., p. 116.
[42] *Ursule Mirouët*, éd. cit., p. 884-885.
[43] *Consuelo*, Grenoble, Éditions de l'Aurore, 1988, t. I, p. 376.

Mais aussi faut-il, au prix de tous les sacrifices, qu'hommes et femmes recherchent le consentement des ascendants directs[44]. Ainsi, bien qu'il ait recouru aux sommations « révérencielles » et se soit engagé par un contrat de fiançailles, Aymar (*Dina la belle juive* de Pétrus Borel, l'un des *Contes immoraux* de son *Champavert*) vient cependant implorer l'aval de son père, s'expliquant et s'humiliant des semaines durant. On se rappelle les démarches de maître Parquet pour amener le comte de Fougères à finalement accepter le mariage de Fiamma (*Simon*), tout le soin qu'Albert de Rudolstadt met à obtenir l'accord sincère, entier, de sa famille, et le « vrai » mariage à la fin, devant les Invisibles, révélera le caractère essentiel du consentement de la mère[45]. La première tentative de Savinien auprès de sa mère a lieu en 1829 (*Ursule Mirouët*). Officier, en campagne, il est absent trois ans. À son retour, il retrouve Mme de Portenduère intransigeante. Alors il se fiance, mais en secret, avec Ursule. « Deux années se passèrent ainsi », note Balzac, à tenter d'« obtenir le consentement de sa mère au mariage [...]. Il parlait quelquefois des matinées entières, sa mère l'écoutait sans répondre à ses raisons et à ses prières autrement que par un silence de Bretonne ou par des refus[46] ». Mme de Portenduère s'amadoue cependant, reçoit Ursule, mais sans consentir. Enfin, trois mois après la mort bouleversante du fils Minoret, en janvier 1837, « Ursule épousa Savinien du consentement de Mme de Portenduère[47] ». Savinien est né en 1806. Il aurait pu dès 1831 recourir aux actes respectueux : il n'y a pas songé (Ursule aurait-elle

---

[44] Dans *Indiana*, George Sand offre à Raymon, prêt à la mésalliance, la rencontre avec « une femme de son rang » mais adoptée par un riche bourgeois et donc « à la tête d'une belle fortune plébéienne » (éd. cit., p. 288). De plus, la mort de sa mère lui a épargné lutte ou résignation, le caractère vague de ses ultimes mises en garde l'a dispensé de la transgression. Yseut qui ne veut agir, attend néanmoins que « de lui-même [le comte] revienne à la vérité » (*Le Compagnon du Tour de France*, éd. cit., p. 576).

[45] Plus tard encore, Jean Valreg attache grande importance à celui de son oncle l'abbé (*La Daniella*, 1856). Le marquis de Villemer qui a largement dépassé vingt-cinq ans n'envisage pas de se passer du consentement de sa mère, condition *sine qua non* pour Caroline de son union avec lui (le roman est de 1861).

[46] *Ursule Mirouët*, éd. cit., p. 909.

[47] *Ibid.*, p. 986.

accepté ?). Ils auraient pu dès 1835 (tous deux sont alors majeurs) s'unir librement. Ils n'y ont pas pensé. Et Valentine dit à Morrel (*Le Comte de Monte-Cristo*) : « j'attends ma majorité qui arrive dans dix mois. [...] Et [alors] avec l'autorisation de bon papa », je vous épouserai[48].

Mélanie Waldor rappelle qu'avant 1789, « les fils de famille » étaient tenus dans « une telle ignorance de leurs droits civils » qu'adultes, « ils restaient encore sous la puissance paternelle[49] ». La Révolution a donc permis l'heureuse éclosion d'un individu autonome, bientôt appuyé sur ce Code civil qui est à l'horizon de tous les hommes du XIXe siècle. Elle ne pense pas néanmoins que pour imposer son conjoint il faille en venir aux actes respectueux. Geneviève, l'humble artisane (George Sand, *André*) ne saurait accepter que soient ainsi violés « tous les devoirs de la piété filiale[50] » et le jeune duc de Senneterre, fils exemplaire, aux antipodes de sa mère inhumaine (Eugène Sue, *L'Orgueil*), serait mort désespéré plutôt que de transgresser l'impitoyable interdit maternel. Comme le dira un peu plus tard Colomban de Pen-Hoël dans *Les Mohicans de Paris*, et il résume ainsi une opinion commune : « C'est [vraiment] une triste chose que cette révolte d'un fils [qui attend sa grande majorité et se marie] contre ses parents[51] ». Les augures sont mauvais alors. André s'adresse finalement aux huissiers malgré Geneviève qui préférerait ne pas être mariée. Il y a sur leur union, celle de Ginevra et Luigi (Balzac, *La Vendetta*), celle d'Aymar et de Dina chez Pétrus Borel, une marque funeste. Par sa bonhomie M. Leuwen est, lui, un homme absolument hors du commun : « Vous avez la ressource *des sommations respectueuses...* », dit-il à Lucien, « et pour cela je ne me brouillerai pas avec vous. Nous plaiderons mon ami en dînant ensemble[52] ». D'ordinaire, le

---

48   *Le Comte de Monte-Cristo*, éd. cit., p. 1136.
49   « [...] à l'âge où nos jeunes gens d'aujourd'hui sont depuis longtemps émancipés et plus qu'émancipés » (*Les Moulins en deuil*, éd. cit., p. 18).
50   *André*, Meylan, Les Éditions de l'Aurore, 1987, p. 153. Herminie non plus, figure populaire remarquable (*L'Orgueil*), ne saurait l'envisager.
51   *Les Mystères de Paris*, Paris, Albin Michel - Hallier, 1977, t. I, p. 382.
52   *Lucien Leuwen* (*manuscrit autographe*), éd. cit., p. 362. À noter cependant qu'il ramène l'épisode judiciaire à la sphère du privé. Et l'on ne saurait oublier qu'il « est un père de rêve » et « par cela même au bout du compte un mauvais père », qui mutile Lucien, « lesté – à en couler – de bienfaits » (Philippe Berthier, *Stendhal et la Sainte famille*, Genève, Droz, 1983, p. 73 et 75 ; voir tout le chapitre II : « Sentiments filiaux d'un parricide »). Feder

recours à l'autorité judiciaire est senti comme un attentat contre la famille tout entière, et au premier chef contre son représentant le plus autorisé, comme une provocation, un soufflet, une blessure[53].

Éclatent parfois la crainte et l'horreur de la violence réelle entre parents et enfants. Le fils en vient même à évoquer précisément l'agression physique contre le père, ou à la commettre, mais c'est toujours dans un moment où celui-ci adresse à la jeune femme aimée des menaces sérieuses. Ainsi M. de Villefranche (*Les Moulins en deuil*) annonce-t-il qu'il tuera Louise. Édouard, furieux, se dresse alors comme s'il allait attaquer son père, mais la violence reste potentielle. En revanche, on passe à l'acte chez George Sand et Eugène Sue. Mariés, André de Morand et Geneviève ont finalement trouvé refuge chez M. de Morand, qui hait une telle union. Un jour, il se déchaîne, en vient aux voies de fait. Arrive André. « À la vue de Geneviève enceinte, à demi terrassée par le bras robuste du marquis [André croit donc qu'on met en danger sa vie à travers celle de son enfant], et menacée par la servante, il s'élança sur un couteau de chasse qui était ouvert sur la table, prit d'une main son père à la gorge, de l'autre le frappa à la poitrine ». Geneviève eut un « gémissement d'horreur ». C'est elle qui les sépara. M. de Morand était en fait à peine blessé. « "Ton père ! ton père !" criait-elle à André d'une voix étouffée ; André laissa tomber le couteau et s'évanouit[54] ». Puis pendant trois jours, il a d'horribles accès nerveux. Dès la première section des *Mystères de Paris* (au chapitre XIII), un confident rappelle au Prince, ce « 13 janvier » où Rodolphe (c'est le drame originel) leva l'épée contre son père. Celui-ci, informé du mariage secret, insulte Sarah de noms ignobles, la menace de châtiments honteux :

> j'osai défendre à mon père, à mon souverain... de parler ainsi de ma femme [...]. Exaspéré par cette insulte, mon père leva la main sur moi ; la rage m'aveugla... je tirai mon épée... je me précipitai sur lui... Sans

---

n'a plus d'existence pour son père ; le marquis del Dongo supprime sa « légitime » à Gina.

[53] Le provocateur Alphonse Karr est le seul chez qui le fils brave son père sans être puni. Le père maudit d'abord, exclut, puis se résigne par paresse et par confort (*Clotilde*). Ce pied de nez à la norme est tout à fait marginal.

[54] *André*, éd. cit., p. 174.

Murph [...] qui détourna le coup... j'étais parricide de fait comme je l'ai été d'intention !... Entendez-vous... parricide[55] !...

C'est là un anniversaire terrible, obsédant, autour duquel s'ordonne en fait son aventure (il en va tout autrement pour André, caractère débile incapable de persister dans l'amour, la révolte ou le souvenir de ses fautes). L'attentat contre le père prive de descendance, immédiatement dans *André* (Geneviève, frappée moralement par l'acte d'André, perd son enfant), à long terme, de manière détournée (*Les Moulins en deuil*), avec éclat dans *Les Mystères de Paris*. À son tour, cela est explicitement énoncé, voici Rodolphe frappé dans l'enfant qu'il eut de Sarah, Fleur de Marie, perdue et retrouvée. Il la sauve de la prostitution ; elle retrouve à Gerolstein son rang de princesse ; elle va épouser le comte Henri-Maximilien qu'elle aime ; mais le souvenir de la souillure est trop fort. Le dernier chapitre de l'œuvre s'intitule : « Le 13 janvier ». Dans une lettre, le Prince y raconte le renoncement et la mort de Fleur de Marie.

Des pères et des mères préfèrent envisager ou accepter que leur enfant sorte de la vie plutôt que de leur autoriser une vie qui n'en serait pas une à leurs yeux. En 1797, Mme de Villefranche, ivre d'inquiétude, quand son fils parle de s'engager, lui ordonne peu après de le faire, acceptant le risque qu'il soit tué plutôt que de le voir mésallié. Quant à son père, pour le ramener au devoir, il lui rappelle son nom, dont il est « le seul soutien, le seul héritier ! » Il proclame néanmoins : n'espérez pas que j'accepte jamais, « j'aime mieux vous voir mort, oui, mort, entendez-vous bien[56] ». La duchesse de Senneterre ne dira pas autre chose (Eugène Sue, *L'Orgueil*). En 1812 encore, Mme de Villefranche, qui croit son fils tué en Russie, répète à sa fille Minna, qu'elle sait amoureuse de Léopold Gilbert : « Puissiez-vous vous conserver l'honneur de la famille et entrer en religion plutôt que de faire un mariage indigne de votre nom[57] ». On le voit, elle n'a rien appris, rien oublié.

La crise atteint son paroxysme quand on frôle le meurtre réel du fils (dans *Dina la belle juive* de Pétrus Borel). Bien que l'histoire se passe en 1661, Aymar de Rochegude est aussi à l'évidence un jeune homme de

---

[55] Éd. cit., t. IV, p. 131.
[56] *Les Moulins en deuil*, éd. cit., p. 9.
[57] *Ibid.*, p. 116. Il faut dire que Gilbert est non seulement roturier mais un séide de l'Usurpateur.

1830, persécuté par les philistins et par son père : celui-ci s'est opposé, méprisant, insultant, à sa vocation d'artiste. Aymar devient éperdument amoureux de Dina. Il veut l'épouser. Il ne s'agit pas pour lui d'une provocation consciemment assumée, néanmoins il fait le choix le plus inadmissible pour M. de Rochegude qui ne saurait admettre l'union avec une fille d'un peuple déicide, et plus encore peut-être qu'Aymar ait osé faire un choix indépendant. Durant les six semaines que le fils passe auprès de lui pour tenter de le fléchir, chaque jour, il est insulté, roué de coups, et finalement, exaspéré, il s'écrie : « Mon père, vous me frappez par ce que vous savez que je ne vous frapperai point ; pourtant je suis jeune et fort ; pourtant j'ai du sang qui bout ; [...]. Tenez, je vous briserai, vieillard, comme je briserai cette porte ». L'auteur d'enchaîner : « Et la porte [le symbolisme est évident] effondrée, tomba sous le choc avec un bruit épouvantable ». Est-ce attentat détourné de la part du fils ? Le père, lui, en est convaincu. Le lendemain Aymar qui a décidé de passer outre, mais sans la moindre violence, aux interdits paternels, quitte le château. Son père sur le seuil se livre à une démonstration hyperbolique d'orgueil humilié, en proie à une sorte de *furor* (*Champavert*, il est vrai, qui est de 1833, appartient à la littérature *frénétique*). M. de Rochegude conclut : « Va-t-en, va-t-en, parricide, monstre à jamais ». L'ambiguïté grammaticale marque l'ultime phrase du chapitre. « Et ajustant son arquebuse, une détonation éclata ». On a le début et la fin de la séquence. L'acte, le geste du tireur, sont mis entre parenthèses. Un peu de son horreur directe est retirée à la conduite du père. Mais si l'exécution semble se faire en dehors de lui, il a eu sans conteste, sinon la volonté de tuer son fils, du moins de l'arrêter en le blessant, peut-être surtout de l'arrêter sous le choc de cette tentative inouïe, inimaginable. « Aymar jeta un cri [l'auteur joue du faux-semblant : on croit le jeune homme atteint] et Rochegude [le père] tomba raide sur les degrés du porche[58] ». Aymar a annoncé son retour à Dina dans trois jours. Avant la fin de ce délai elle meurt, par hasard, dans une agression. Désespéré il se tue sur sa tombe. Juste avant il dit : « tu prendras mon manteau et tu le porteras à mon père, comme on porta la robe ensanglantée de Joseph à son père Jacob », allusion étrange et ambiguë, très approximative, puisque le vieux Jacob aimait son fis et le lui manifestait par trop, alors qu'en fait Joseph fut

---

[58] *Dina la belle juive*, dans *Champavert. Contes immoraux*, éd. Jean-Luc Steinmetz, Paris, Le Chemin vert, 1985, p. 131-132.

agressé en raison de la préférence paternelle. Ne serait-ce pas l'indice qu'Aymar ne peut arriver à croire à un tel dévoiement de la paternité ?

Finir par ce bref récit, marginal (après avoir traité de romans si longs) ce n'est pas coquetterie rhétorique. Le récit « excentrique » (ainsi le nomme Daniel Sangsue) ne révélerait-il pas, par son hétérodoxie même, des peurs latentes et inavouées ? Il désignerait en pointillé un quasi indicible.

Le sentiment de la gravité du conflit est si fort que parfois des auteurs tout à fait conscients du progrès des droits individuels dans le monde moderne, rêvent, nostalgiquement, d'un monde antique et proche, préservé, patriarcal, où le désir autonome s'efface devant la décision des aînés, et le devoir envers eux. Tel était l'Andorre en 1815, dit Élie Berthet dans une nouvelle de 1842. Obligé de se marier avec celle que lui a choisie son aïeul, Isidoro s'enfuit le jour de la cérémonie. Le vieux Bertren meurt de commotion après l'avoir maudit. Le jeune homme part avec celle qu'il aime et le père de celle-ci. Ce dernier lui explique qu'il s'est rendu indigne de sa fille « par l'acte de lâcheté [qu'il vient] de commettre en violant [ses] promesses, en jetant le désespoir sur [son] vénérable aïeul qui attendait de [lui] ses derniers jours de bonheur ». Isidore demande sa main à Cornélie ; elle lui répond : « Qui vous a donné le droit Monsieur de supposer que les volontés de mon père ne sont pas des ordres pour moi[59] ». De fait elle épouse celui que son père a élu pour elle. Le reste du récit évoque les remords, l'expiation d'Isidoro et Berthet conclut : « Si quelque voyageur... espérait encore trouver ces mœurs simples et patriarcales, il pourrait éprouver un cruel mécompte. Trente ans ont changé bien des choses dans la république pyrénéenne[60] ». « Ah ! c'est qu'alors encore [en 1796] il y avait crainte et respect chez les enfants », glisse M. Waldor ; « c'est que l'autorité paternelle n'était pas un vain mot, et qu'en désobéissant on se traînait à deux genoux au lieu de relever la tête ou d'invoquer la loi[61] ! »

Autour de certains mariages, le sang, l'argent, le rang s'affrontent, dans le roman, en ce début du XIXe siècle. Sans doute y eut-il d'étonnantes mésalliances sous l'Ancien Régime (on songe, dès la fin du

---

[59] Élie Berthet, *L'Andorre*, dans *Justin*, Paris, Dumont, 1842, t. II, p. 296-298.
[60] *Ibid.*, p. 329.
[61] *Les Moulins en deuil*, éd. cit., p. 18.

XVIIe siècle, aux filles de Samuel Bernard), mais dans un monde d'ordres, figé, ces étrangetés marginales ne changeaient rien. Il en va tout différemment maintenant qu'a disparu l'inégalité institutionnelle. Une partie de l'aristocratie nobiliaire s'attache farouchement aux pratiques ancestrales régissant les unions : comme l'écrivait Michel Foucault, sa « spécificité », c'était son « sang, c'est-à-dire [...] l'ancienneté des ascendants et [...] la valeur des alliances »[62]. Le sang est parfois le seul fleuron d'un patrimoine infime, au mieux fort amoindri, et l'on ne saurait tenir son rang. Or, pour la noblesse depuis des siècles, être c'est aussi paraître. Le roi ne pouvant plus rien pour elle, il lui faut désormais d'elle-même composer avec la roture riche. Ces gens qui ont vu des têtes promenées au bout d'une pique, ou en ont entendu parler, savent que rien n'est acquis et veulent se maintenir à tout prix. Réalisme, matérialisme l'emportent donc et, frappant de nullité les valeurs ancestrales, on voit le jeune comte d'Esgrignon accepter Mlle Duval pour femme huit jours après la mort de son père, un mois après la Révolution de Juillet[63]. Mais ici nulle transaction idéologique entre deux France, un simple marché. Et le conjoint roturier risque fort de jouer les George Dandin. En revanche, Savinien fait avec Ursule Mirouët un mariage d'amour et aussi un riche mariage. Aussie bien, ce roman, comme *Simon* et *Le Péché de M. Antoine*, *Le Comte de Monte-Cristo*, *L'Orgueil* et *La Luxure* d'Eugène Sue, *Les Moulins en deuil* témoigne-t-il que le XIXe siècle fut bien ce siècle des transactions dont parlait Mona Ozouf dans *Les Aveux du roman*[64]. La mésalliance devient donc parfois nouvelle alliance entre l'Ancien et le Nouveau.

Au vrai, quatre de ces réussites tiennent à l'intervention du *deus ex machina*. Mais elles sont « parfaitement convaincantes », comme dirait Thomas Pavel, « en tant qu'illustration de réalités *normatives* et *axiolo-*

---

[62] *La Volonté de savoir*, Paris, Gallimard, 1976, p. 164.
[63] Dans la version du *Constitutionnel* et dans l'édition originale du *Cabinet des Antiques*, il y avait division en chapitres et le dernier s'appelait dans les deux versions : « La Mésalliance ».
[64] « Sur le lent travail de transaction entre les deux France, celle de la tradition, celle de la Révolution, rien ne nous instruit mieux que » les œuvres des (grands) romanciers, *Les Aveux du roman*, Paris, Fayard, 2001, p. 10.

giques[65] ». En fait, sur dix-neuf cas de conflits familiaux autour de la mésalliance, on a sept réussites nettes, trois ambiguës, et neuf échecs.

L'univers imaginaire de la diégèse met face à deux extrêmes : un apaisement irénique, une violence déchaînée, et même, dans le récit excentrique, la violence toujours métaphorique du père contre le fils devient violence réelle. On a l'impression d'être dans un « entre-deux lois », dans une situation de malaise réel et tacite, entre la Loi nouvelle, dominatrice, sur tant de points si riche de possibilités pour l'individu, et la loi ancienne, invisible et présente : visible car dans le texte du Code civil, comme le rappelle Claudie Bernard, a été en effet réintroduite une rubrique « De la puissance paternelle[66] » ; agissante et cachée car dans les consciences, l'antique loi n'a peut-être pas été abolie par la « Crise sacrificielle » de la Révolution, pour reprendre les termes de René Girard.

Les parents, les pères sont absolument convaincus de leur droit. Aucun ne fait retour sur soi. Certains, on le suggère simplement, abusent de leur pouvoir. Sous l'Ancien Régime, oser, comme Dom Juan ou des Grieux, maudire son père suffisait à entraîner le châtiment. Aujourd'hui, l'interdit absolu est, quelles que soient les circonstances, de lever la main sur son père, de le tenter, de l'imaginer même. Certes, la liberté est désormais un droit. Mais les enfants ne sauraient répondre par un recours à la Loi : « *Summum jus, summa injuria* ». Sans doute retrouve-t-on là ce refus réel de judiciariser les conflits (que Patricia Mainardi a noté à propos des procès d'adultère[67]) : question de respect humain. Mais, en un autre sens, rien au fond n'est moins respectueux que les actes ainsi nommés. Par eux l'honneur de la famille et des parents, la mésentente et la résistance sont mis sur la sellette. S'affiche l'intime et ce qui relève d'un droit privé. Face à des ascendants parfois déraisonnables on demande donc à la jeunesse, un pari : celui de la modération et de la lenteur. On l'invite à une sorte de stoïcisme : « supporte et abstiens-toi ». La recherche (et l'obtention) du consentement sont un impératif même quand

---

[65] « L'axiologie du romanesque », dans *Le Romanesque*, dir. Gilles Declercq et Michel Murat, Paris, Presses de la Sorbonne Nouvelle, 2004, p. 286.

[66] Claudie Bernard, *Penser la famille (1789-1870)*, Presses de l'université de Saint-Étienne, 2007, p. 158.

[67] Patricia Mainardi, *Husbands, Wives and Lovers Marriage and its Discontents in Nineteenth-Century France*, New Haven - Londres, Yale University Press, 2003, chap. I [ouvrage non traduit en français].

le Code civil ne l'exige plus. Aux jeunes gens de vouloir maintenir la cohésion sociale entre les générations, de ne pas rompre les liens. Un individu n'est pas seulement un être de droit(s), au singulier et au pluriel. Dans la praxis il se définit par une série d'interactions, de relations essentielles et fragiles, avec ceux qui furent ses géniteurs et, vaille que vaille, ses instituteurs. Dans le filigrane du texte romanesque apparaît une autre loi que le Code, celle, prégnante, de la famille et du Père. C'est peut-être un autre aveu du Roman

Fabienne Bercegol – Université Toulouse-Jean Jaurès

La destruction de l'idylle familiale dans les fictions de Chateaubriand

Mikhaïl Bakhtine a consacré dans son essai *Esthétique et théorie du roman* des pages essentielles au « roman-idylle[1] ». Elles illustrent le concept de « chronotope », qui rend compte de la solidarité de la représentation du temps et de l'espace dans le roman, et de la vision du monde particulière qu'elle traduit. Le critique distingue trois types d'idylles : « l'idylle amoureuse », « l'idylle des travaux champêtres et artisanaux » et « l'idylle familiale ». Elles ont pour point commun une articulation spécifique du temps à l'espace que Bakhtine explicite comme l'« adhésion organique, l'attachement d'une existence et de ses événements à un lieu – le pays d'origine », voire la « maison natale », où parents et enfants se succèdent au cours de vies circonscrites à ce « coin » qui lie les différentes générations. L'idylle, quelle qu'elle soit, se définit donc d'abord par cette « unité de lieu » fondamentale, qui a pour conséquence d'estomper les frontières temporelles entre les générations et à l'intérieur des vies individuelles, en rapprochant pour chacun la naissance et la mort autour de cette origine spatiale commune et en donnant au passage des générations la forme temporelle cyclique d'un recommencement sans fin. Elle illustre par ce biais l'importance de l'ancrage topographique dans la constitution de la famille, que nous rappelle également l'étymologie de *ménage* ou de *maison*, mots issus du latin *manere* (demeurer), employés d'abord pour désigner le lieu de séjour, le logis, avant de s'étendre à ceux qui y habitent : la famille, mais aussi ses serviteurs. Par son organisation spatiale et temporelle, l'idylle manifeste l'attachement au sol natal, au foyer ancestral, et trahit l'espoir de voir s'enraciner dans ce lieu identitaire, souvent perçu comme un asile où se

---

[1] Toutes les citations de cette introduction sont extraites du chapitre consacré au « chronotope du roman-idylle » (*Esthétique et théorie du roman*, Paris, Gallimard, 1978 [trad. fr.], p. 367-377).

mettre à l'abri des aléas de l'existence, une lignée qui assumera la continuité d'un héritage, aussi bien matériel que moral. On ne s'étonnera pas que ces vies idylliques limitées à un « micromonde » où sont reconduites, de génération en génération, les mêmes occupations et les mêmes mœurs, exigent, pour être racontées, des narrations resserrées autour d'un « petit nombre de faits essentiels : l'amour, la naissance, la mort, le mariage, le labeur, le boire et le manger », qui donnent la priorité à la peinture stylisée d'un quotidien devenu l'essentiel de ces existences, puisque rien d'autre ne s'y passe. De même n'est-on pas surpris que ces récits idylliques fondés sur l'unité de lieu aient pour autre caractéristique de montrer par tous les moyens la « fusion de la vie humaine et de la vie de la nature », dans un idéal de totale symbiose.

Cela est particulièrement vrai dans les formes de « l'idylle familiale » et de « l'idylle des travaux agricoles », dont Mikhaïl Bakhtine propose de redécouvrir la fortune romanesque, trop souvent négligée au profit du succès de la seule « idylle amoureuse », avec laquelle elles sont pourtant en général associées. Le critique souligne l'importance accordée dans ce cadre à la description des travaux des champs, même si elle reste idéalisée, et donc à la nature, à la météorologie, au calendrier des saisons, dont dépendent les activités humaines. Il insiste surtout sur la dimension communautaire de ces vies unies par un même labeur et ponctuées de fêtes, notamment de repas, qui rassemblent les membres de la famille de tous les âges. Il note enfin la grande place faite aux enfants, souvent associés au motif de la nourriture, dans ces idylles qui illustrent ainsi « l'idée de croissance et de renouveau ». Bakhtine cite en exemple le « tableau idyllique de Lotte donnant à manger aux enfants » dans *Les Souffrances du jeune Werther* de Goethe, et il ne manque pas de s'appuyer sur l'extraordinaire fortune de l'idylle familiale et de l'idylle des travaux agricoles que constitue l'épisode de Clarens, dans *La Nouvelle Héloïse* de Rousseau. Ces quelques titres peuvent suffire à nous rappeler combien la tradition littéraire de l'idylle est vivace dans la seconde moitié du XVIIIe siècle, où elle continue d'inspirer les œuvres préférées des lecteurs (le succès de *Paul et Virginie* en est un autre témoignage), tandis que se développe une réflexion critique visant à mieux définir le genre et à lui donner les moyens de se renouveler[2].

Né en 1768, fervent lecteur de Rousseau, de Goethe comme de Bernardin de Saint-Pierre, Chateaubriand fait partie d'une génération qui ne renie pas l'héritage de l'idylle, mais qui s'interroge sur les formes à lui donner dans la littérature nouvelle issue de la Révolution et qui découvre le potentiel de modélisation des rapports sociaux et de représentation des relations de l'individu à l'Histoire dont le genre est porteur. Chateaubriand perçoit l'intérêt du modèle d'organisation de la famille et du travail que proposent les récits idylliques pour prendre la mesure des mutations contemporaines de la société. La France est alors bouleversée par la crise révolutionnaire où la famille de type nobiliaire, enracinée dans une terre et dans une tradition, et forte de ses relations lignagères et communautaires, vole en éclats, comme chez les peuples du Nouveau Monde dont les tribus sont pareillement secouées par les guerres coloniales. L'écrivain comprend que l'on peut exploiter ce vieux fonds idyllique pour mener à bien le projet, proprement romanesque, consistant à montrer l'impact des grands événements historiques sur les vies privées, en illustrant en l'occurrence la décomposition de la communauté familiale et laborieuse à laquelle elles étaient liées, dans l'Ancien Régime comme chez les populations primitives. Ce questionnement d'ordre politique et religieux sur l'évolution des structures familiales dans des sociétés aux prises avec les violences de l'Histoire est au cœur de ses fictions, qui empruntent aux conventions de l'idylle familiale et de l'idylle agricole pour toujours en illustrer le démantèlement. Ce faisant, ces récits confirment que, comme l'avait noté Mikhaïl Bakhtine, «l'idylle détruite» est bien «l'un des principaux thèmes littéraires à la fin du XVIIIe siècle et dans la première moitié du XIXe siècle». Ils mobilisent pour cela des motifs récurrents comme l'expérience du déracinement, la dispersion de la cellule familiale, le repli sur des relations incestueuses, la privation de toute descendance, la dégradation des figures parentales dont on aurait tort de faire seulement une lecture autobiographique, à moins de donner à la vie de l'auteur la valeur paradigmatique qu'il a voulu lui-même lui conférer dans ses

---

[2]   Voir sur ce point l'analyse de Jean-Louis Haquette dans son essai *Échos d'Arcadie. Les transformations de la tradition littéraire pastorale des Lumières au romantisme*, Paris, Classiques Garnier, 2009.

mémoires et de reconnaître avec lui dans ce parcours existentiel le portrait de toute une génération. S'il ne fait aucun doute que la remise en cause du patron idyllique fonctionne dans les fictions de Chateaubriand comme l'indice des mouvements sociétaux amenés par les crises de l'Histoire, il faut ajouter qu'elle procède plus généralement d'une compréhension tragique de la nature humaine et notamment de ses passions, qui conduit au refus de peindre des couples fondant des familles aptes à s'établir durablement dans le bonheur et dans la prospérité. Il s'ensuit une poétique romanesque qui livre au siècle naissant le type du héros solitaire, replié sur lui-même, désœuvré et marginalisé, faute de pouvoir s'intégrer dans une communauté, et qui relègue dans le registre élégiaque et même chimérique le modèle idyllique, pour l'heure dépourvu de toute résonance utopique et coupé de tout projet réformateur.

Chateaubriand a coutume d'ouvrir ses fictions par la description de communautés idéales qui reprend le schéma de l'idylle familiale et de l'idylle des travaux champêtres. Ainsi en va-t-il dans *Les Natchez*, cette « épopée de l'homme de la nature[3] » que Chateaubriand écrit dès son retour d'Amérique, mais qu'il ne se décidera à publier qu'en 1827. Dès le livre premier, Chateaubriand se sert du récit de l'arrivée de René au village indien et de l'accueil qui lui est réservé pour renouer avec la tradition idyllique, mais en la parant des couleurs nouvelles de l'exotisme américain. Il est significatif que la première scène qui s'offre dans le village au regard de René soit celle d'« une famille assemblée » dans une cabane, dans un climat de paix et d'abondance :

> Là, une famille assemblée était assise sur des nattes de jonc ; les hommes fumaient le calumet ; les femmes filaient des nerfs de chevreuil. Des melons d'eau, des plakmines sèches, et des pommes de mai étaient posés sur des feuilles de vigne vierge au milieu du cercle : un nœud de bambou servait pour boire l'eau d'érable[4].

D'emblée, l'accent est mis sur le bonheur serein qui émane de cette famille réunie sous le même toit, dans un moment de repos et de

---

[3] Préface d'*Atala* (1801), éd. Fabienne Bercegol, Paris, Champion, 2008, p. 205.
[4] *Les Natchez*, éd. Maurice Regard, Paris, Gallimard, coll. « Bibliothèque de la Pléiade », 1969, p. 168.

paisible labeur, au milieu de fruits divers et nombreux qui témoignent de la générosité de la nature environnante et qui seront offerts à René en guise de premier « festin ». Par la suite, le récit ne va cesser de jouer de la séduction tranquille de l'idylle familiale et champêtre en montrant une communauté soudée, liée à son village, où les âges se mêlent, où les générations se succèdent sans heurts, et où la vie, rythmée par les occupations quotidiennes de chacun et par les jeux qui délassent, le soir venu, la collectivité, se déroule calmement, en parfait accord avec une nature aussi belle que féconde. Ainsi la narration peut-elle s'en tenir à l'essentiel : Chateaubriand profite des rites qui scandent l'accueil de René dans la tribu pour centrer son récit, comme le veut la tradition idyllique, sur les scènes domestiques de la préparation et de l'offrande des repas, puis du lit de peau d'ours où l'étranger pourra se reposer, tandis que le tableau des divertissements, jeux, danses, chants que s'accorde la tribu, lui fournit l'occasion de célébrer la vigueur physique, la gaieté et l'ingéniosité d'un peuple dont rien ne semble altérer l'innocence et le bonheur. Quant à la symbiose entre la vie humaine et la nature, elle est sans arrêt mise en avant par les détails qui montrent comment les Indiens tirent de leur environnement de quoi se nourrir, se vêtir, se distraire, se défendre ou se repérer dans le temps, mais aussi par le choix systématique de les décrire au moyen d'images florales associant leur beauté à celle de la végétation luxuriante.

Dans ce village que l'on devine être l'unique cadre de leur existence, le « coin » qui les relie tous à une même terre et à une même histoire, hommes et femmes vaquent à leurs travaux complémentaires, tandis que des vieux s'entretiennent « des choses du passé » à côté de mères en train d'allaiter leurs enfants ou de les déposer dans leur berceau[5]. Ce voisinage de l'enfance et de la vieillesse est caractéristique de l'idylle qui veut intégrer la mort dans le cycle de la vie et qui cherche à donner l'image rassurante de générations s'enchaînant dans la solidarité d'une histoire partagée, où la mémoire du passé est conservée et transmise aux nouveaux venus. Des détails, telle cette « calebasse de l'hospitalité, où six générations avaient bu l'eau d'érable[6] » que l'on présente à René, viennent régulièrement rappeler l'antiquité d'une communauté qui a su s'inscrire dans la durée et transmettre des valeurs, dont témoignent

---

[5] *Ibid.*, p. 169.
[6] *Ibid.*, p. 173.

la pérennité des coutumes et la conservation de tels accessoires, tandis que l'empressement de la tribu autour de Chactas et les propos que lui-même tient attestent la ferveur de la vénération dont les anciens, et plus encore les aïeux, sont l'objet. Inversement, on note que dans ce cadre idyllique qui idéalise l'ancrage dans le sol natal et dans le groupe ancestral, la condition de voyageur est immédiatement perçue comme un malheur, parce qu'elle est assimilée à un exil contraint « loin de [la] terre natale[7] » : c'est pour atténuer cette souffrance que Chactas incite les Indiens à faire preuve d'hospitalité à l'égard de René, qu'il met toutefois d'emblée en garde contre la difficulté, voire l'impossibilité de vivre heureux loin des siens. Présentée comme une résolution tragique inspirée par « les Manitous du malheur[8] », la demande d'adoption formulée par René auprès des Natchez suscite la réserve de Chactas qui confirme ainsi *a contrario*, par ses soupçons, la prégnance de la représentation idyllique du bonheur comme fidélité au foyer natal.

Dans *Les Natchez*, Chateaubriand se sert donc de l'idylle familiale, réactualisée par le mythe du bon sauvage, pour célébrer l'idéal de communautés ancestrales durablement fixées en un lieu, unies par une mémoire, des mœurs, des valeurs communes, dont des vieillards, figures de sagesse, assurent le respect et la transmission. Un temps rattaché aux *Natchez* puis au *Génie du christianisme*, le récit d'*Atala* lui permet de poursuivre dans cette voie, mais en utilisant cette fois-ci le schéma de l'idylle des travaux champêtres pour faire l'éloge de l'action civilisatrice des missionnaires. La visite de Chactas à la mission du père Aubry, dans la section des « Laboureurs[9] », est en effet l'occasion de peindre le bonheur de cette petite société indienne organisée selon le modèle des « républiques évangéliques » mises en place par les jésuites du Paraguay aux XVIIe et XVIIIe siècles, auxquels Chateaubriand rend un vibrant hommage dans le *Génie du christianisme*[10]. Chactas découvre « avec ravissement » les travaux entrepris avec zèle par les Indiens pour domestiquer la nature sauvage et se fait expliquer par le père Aubry les principes de la justice distributive sur lesquels il se fonde pour répartir la récolte. Il

---

[7] *Ibid.*, p. 170.
[8] *Ibid.*, p. 172.
[9] Voir, pour le récit de cette visite, *Atala*, éd. cit., p. 124-129.
[10] *Génie du christianisme*, éd. Maurice Regard, Paris, Gallimard, coll. « Bibliothèque de la Pléiade », 1978, p. 984-996.

apprend également de lui la religion de charité et de tolérance, bien proche de la « religion naturelle » du vicaire savoyard, qu'il prêche à ses ouailles dont il est vénéré. L'accent est en effet mis sur le respect et sur l'empressement affectueux que lui témoignent les Indiens tandis qu'il parcourt le territoire de la mission et administre les différents sacrements qui scandent la vie du chrétien : on retrouve alors le voisinage de la naissance et de la mort qui caractérise la temporalité idyllique et qui lui ôte tout tragique. Belle illustration du genre des « micro-utopies » fort prisé du roman des Lumières et du roman de l'émigration[11], l'épisode alimente l'espoir d'un possible recommencement du monde au sein des sociétés primitives de l'Amérique à partir d'une nouvelle alliance entre l'humanité et son Créateur, ainsi que l'attestent les nombreux parallèles avec le temps des patriarches.

Ce retour aux origines de l'humanité s'accomplit dans *Les Martyrs*, où Chateaubriand fait s'affronter sur de vastes espaces deux civilisations, celle de l'Antiquité païenne et celle du christianisme primitif, dans le cadre d'une épopée de fondation qui montre la victoire du culte chrétien à travers la geste d'un couple de héros appelés à se sacrifier pour son établissement. Très vite, le modèle idyllique de la vie familiale et champêtre revient, pour faire l'éloge des premières communautés fondées par les chrétiens. Comme dans les épisodes précédemment analysés, Chateaubriand a recours au prétexte de la visite d'étrangers pour décrire ces sociétés idéales et, ici plus qu'ailleurs, pour souligner les bienfaits de l'organisation chrétienne de la famille et du travail. Ainsi Cymodocée et son père Démodocus découvrent-ils, surpris, l'humble mais heureux quotidien laborieux des parents d'Eudore et de toute leur maisonnée, au cours d'une scène de moisson représentée de manière à réactiver le mythe de l'âge d'or, mais dans une Arcadie désormais chrétienne[12]. De fait, l'on y retrouve tous les symboles d'abondance et de renouveau de l'idylle antique : la nature y est d'une générosité exceptionnelle, les travailleurs sont pleins de zèle et de joie, des fêtes et des repas se préparent, tandis que des enfants sont là, au milieu de la récolte,

---

[11] Comme le rappelle Jean-Michel Racault dans son livre *Nulle part et ses environs. Voyage aux confins de l'utopie littéraire classique (1657-1802)*, Presses de l'université Paris-Sorbonne, 2003, p. 275-293 (sur *Atala*).

[12] *Les Martyrs*, éd. Maurice Regard, Paris, Gallimard, coll. « Bibliothèque de la Pléiade », 1969, livre II, p. 124-127.

pour montrer la sérénité radieuse de cette communauté, pleine de confiance en l'avenir, garanti par le Dieu qu'elle ne cesse de prier et de louer. L'apologie de la religion chrétienne pénètre en effet le schéma idyllique en faisant l'éloge de la simplicité et de la charité du maître, qui laisse de pauvres glaneuses ramasser un peu de blé, et surtout des relations de respect mutuel qu'il a su établir avec ses serviteurs en abolissant l'esclavage. L'épisode vaut comme une illustration de l'épître de Paul aux Éphésiens enseignant aux serviteurs l'obéissance et l'ardeur à la tâche, et défendant aux maîtres toute violence à leur égard[13]. Il doit également illustrer les mérites de la morale du couple et de la famille prônée par saint Paul[14], en peignant le bonheur conjugal de Lasthénès et de son épouse, tous deux entourés de leurs nombreux enfants. Aussi le père fait-il l'éloge de sa « sage épouse », tendrement remerciée pour sa « constante amitié », son « humilité » et sa « chasteté », tandis qu'il se félicite d'avoir « des enfants soumis », « qui aiment leurs parents », et qui « sont heureux, parce qu'ils sont attachés au toit de leur père »[15].

Chateaubriand définit là plus nettement qu'ailleurs le profil idéal de la famille étendue, regroupant en un même lieu parents et enfants, maîtres et serviteurs, dans un climat de parfaite concorde et de labeur partagé, sous l'autorité d'un chef dont la bienveillance et l'équité assurent la légitimité. Enracinée dans une terre, attachée au culte d'ancêtres glorieux[16], cette famille est prise dans des liens de lignage et de communauté qui la constituent en un tout organique, dont le rôle et le destin de chacun dépendent. De structure patriarcale, elle reste fortement hiérarchisée, mais l'inégalité des conditions y est estompée par la solidarité de tous, par l'estime réciproque, et surtout par la forte présence de l'Église, qui place maîtres et serviteurs sous la tutelle d'un pasteur chargé de rappeler la loi du Père : c'est ce que vient faire Cyrille, l'évêque de Lacédémone, devant lequel tous se prosternent. Certes, la famille de Lasthénès a connu naguère des déchirements, lorsque Eudore, au terme

---

[13] Épître de Paul aux Éphésiens, VI, 5-9.
[14] Enseignement repris par Cyrille, *Les Martyrs*, éd. cit., p. 131.
[15] *Ibid.*, p. 127. Pour une analyse plus détaillée du couple chrétien et de l'idéal de l'amour conjugal, voir notre livre *Chateaubriand : une poétique de la tentation*, Paris, Classiques Garnier, 2009, p. 551-557.
[16] Eudore rappelle qu'il descend de Philopœmen, héros de la résistance aux Romains. Voir *Les Martyrs*, éd. cit., p. 156.

d'une vie de débauche en Italie, se détourne de la religion en dépit des lettres envoyées par sa mère et des remontrances des amis de son père, et finit par être excommunié par Marcellin, l'évêque de Rome. La rébellion du fils à l'égard de l'héritage spirituel transmis par la famille se poursuit lors de l'épisode de ses amours coupables avec la druidesse Velléda, mais la remise en cause des valeurs familiales s'arrête là car Eudore, accablé par le suicide de son amante, revient à la religion de son enfance et entre dans un processus de pénitence publique qui fait l'admiration de tous. Se fondant sur la vie de saint Augustin, dont il tient du reste à faire un ami d'Eudore, en dépit de l'anachronisme, Chateaubriand prête à son héros un parcours exemplaire de conversion par l'expiation des fautes commises qui lui permet de souligner la singulière miséricorde du Dieu des chrétiens, capable de faire servir à sa gloire ceux qui l'ont d'abord le plus désavoué. Car Eudore est désormais appelé à témoigner de sa foi retrouvée et à s'offrir en martyr pour que triomphe la religion chrétienne. L'idylle familiale et agricole sur laquelle s'ouvre l'épopée n'est donc jamais qu'une parenthèse de bonheur tranquille au milieu d'une vie bouleversée par les drames intimes et par les violences de l'Histoire, en l'occurrence, par les persécutions dont les chrétiens continuent d'être les victimes. La famille idyllique ne peut, pas plus ici qu'ailleurs, fournir un abri sûr contre les menaces et les tentations venues du monde extérieur, mais c'est sur le modèle donné par Lasthénès et son épouse que se construit le couple d'Eudore et de Cymodocée, tandis que leur sacrifice dans l'arène doit garantir la victoire définitive de la cause chrétienne. Dans ce cas, la destruction de l'idylle initiale s'insère dans un processus d'avènement de civilisation, qui consolide en l'étendant au monde chrétien le modèle domestique et les valeurs dont elle était porteuse.

Un tel dénouement fait toutefois exception dans les fictions de Chateaubriand qui se referment en général sur le spectacle tragique de la disparition des sociétés idéales dont elles avaient dépeint le fonctionnement. C'est le cas de la mission du père Aubry, qui confirme l'échec de la séquence utopique dans le roman de la fin des Lumières, en se révélant incapable d'offrir aux amants un lieu propice où surmonter les obstacles à leur bonheur. Certes, on apprendra dans l'épilogue d'*Atala* que le courage dont a fait preuve le père Aubry pendant son supplice a entraîné la conversion de plusieurs de ses bourreaux, mais rien d'autre ne semble s'être transmis de ce qu'il avait fondé. De fait, on sait que, quelques années après le massacre, lorsque Chactas est revenu à la mission, il l'a trouvée totalement abandonnée, de nouveau envahie par la nature et par les bêtes sauvages, si bien qu'il a dû chercher longtemps la tombe du missionnaire et d'Atala, dont à l'évidence plus personne ne s'occupait[17]. Contrairement à Bernardin de Saint-Pierre, qui décrit le culte dont Virginie devient l'objet après sa disparition et qui montre une communauté insulaire soudée autour des valeurs morales qu'elle a incarnées[18], Chateaubriand ôte tout pouvoir d'exemplarité à la mort du père d'Aubry et d'Atala, puisque sont dévastées et dispersées les tribus indiennes dont ils étaient membres. Plus rien ne reste du projet de synthèse des cultures que portait la mission, tandis que la terre américaine, longtemps fantasmée comme un espace possible de ressourcement et de naissance d'un nouveau monde, devient le théâtre de rivalités intestines et de violences attisées par les colons qui conduisent à l'exil de tout un peuple et à l'effondrement de sa civilisation.

C'est en effet sur ce tableau tragique que se referme le récit d'*Atala* : on y croise les derniers Natchez, dont la tribu décimée est désormais vouée à l'errance. Leur vie idyllique se termine donc par cette expérience du déracinement puis du vagabondage, qui les prive de la sécurité et même de l'identité que leur donnait leur fixation ancestrale sur une même terre. Pourtant, Chateaubriand semble rester fidèle à la représentation idyllique d'une communauté unie et encore tournée vers l'avenir, en montrant les hommes et les femmes, les enfants et les vieillards qui cheminent côte à côte. Le voisinage de la naissance et de la mort réapparaît donc une dernière fois pour préserver jusque dans le malheur la temporalité idyllique qui joint « les souvenirs et l'espérance[19] » en épousant le cycle de la vie. Mais, en dépit de la confiance exprimée *in extremis* par cette ultime vision, l'équilibre idyllique entre passé, présent et avenir est rompu dans cet épilogue par des scènes récurrentes qui annoncent la fin d'un peuple. Ainsi en va-t-il du motif appelé à devenir célèbre, dans la littérature romantique, de l'Indienne s'occupant de la dépouille de son petit enfant pour lui donner un « tombeau aérien ». Dans leur fuite à travers les forêts américaines, Atala et Chactas avaient déjà rencontré une jeune mère qui venait orner de gerbes de maïs et de lys blancs le tombeau de son fils et qui « arros[ait] la terre de son lait ».

---

[17] Voir *Atala*, éd. cit., p. 163-164.
[18] Voir *Paul et Virginie*, éd. Jean-Michel Racault, Paris, Classiques de Poche, 1999, p. 246-247.
[19] *Atala*, éd. cit., p. 165.

De même, lorsqu'il découvre les derniers Natchez, le voyageur qui clôt l'histoire d'Atala et de Chactas voit d'abord une « jeune mère » occupée à trouver un arbre pour y déposer le « corps de son fils » qu'elle veut « faire sécher », selon la coutume, pour « l'emporter ensuite aux tombeaux de ses pères[20] ». La répétition de la scène, et surtout l'association des motifs de la nourriture, de l'enfant et de la mort, suffisent à détruire le modèle de l'idylle familiale en donnant une signification tragique aux symboles de vie renaissante, de renouvellement des générations qui lui étaient traditionnellement liés. Du reste, dans les deux cas, les jeunes Indiennes ont cessé d'envisager l'avenir, puisque la première emprunte au livre de Job pour maudire la naissance, tandis que la seconde souhaite « rejoindre » son enfant mort. La récriture funèbre des scènes typiques de l'idylle familiale fait donc apparaître ces Indiens comme un peuple condamné, parce que sans descendance, uni désormais surtout par la mémoire du passé et par le culte rendu aux aïeux. De fait, Chateaubriand continue de faire l'éloge du modèle familial qu'ils incarnent en soulignant leur piété envers leurs morts, dont ils transportent respectueusement les restes dans leur exil : s'identifiant au voyageur, lui-même exilé, mais sans avoir pu emporter « les os de [ses] pères[21] », qui rencontre les derniers Natchez, il en profite pour attirer l'attention sur les souffrances endurées par les émigrés contraints de fuir de chez eux et d'abandonner les tombes de leurs ancêtres. Le comportement des Indiens le touche d'autant plus qu'il ne cesse de déplorer l'indifférence dont la société française fait de plus en plus preuve à l'égard de ses morts. La polémique contre une modernité oublieuse de tous ses devoirs envers la mémoire des disparus s'infiltre dans cette vision émue de populations primitives restées fidèles jusque dans le malheur au culte des aïeux.

L'exemplarité de la famille indienne finit pourtant par être remise en cause dans le cadre extrêmement violent des *Natchez*, dont l'intrigue raconte l'affrontement fatal des tribus et des colons, mais aussi les luttes fratricides qui conduisent à la perte des Indiens. De fait, leur malheur ne s'explique pas seulement par l'arrivée des Blancs qui accaparent leurs terres et par la présence néfaste de René en leur sein. Loin d'idéaliser les populations primitives qu'il met en scène, Chateaubriand peint au contraire des Indiens peureux, superstitieux, traîtres au besoin,

---

[20] *Ibid.*, p. 91 et p. 158-159.
[21] *Ibid.*, p. 165.

toujours cruels, facilement corruptibles par le vin et par les femmes, et surtout travaillés par des rivalités passionnelles terribles qui les conduisent à faire passer leur intérêt personnel, leurs projets de vengeance notamment, avant le bonheur de leur communauté. Cette dégradation morale n'épargne pas les anciens qui devraient pourtant être la voix de la sagesse. C'est le cas du sachem Adario, chez qui l'idéal héroïque fondé sur le sentiment patriotique et sur le sens de l'honneur dégénère en fureur sanguinaire, en perfidies, et finalement en crime odieux, puisqu'il le conduit à tuer de ses propres mains son petit-fils[22]. Certes, il s'agit à ses yeux de lui épargner l'humiliation d'une vie d'esclave : le geste n'est donc pas dépourvu de grandeur, mais on remarque que Chateaubriand exploite surtout son caractère monstrueux pour dénoncer l'emprise des passions morbides qui aveuglent la raison humaine au point de dénaturer l'amour des anciens pour leurs descendants. Le pire est en outre que, s'il est le seul à perpétrer un tel crime, il n'est pas le seul à l'envisager : Céluta y pense elle aussi lorsqu'elle se retrouve obligée d'élever l'enfant auquel elle a donné naissance après avoir été violée par Ondouré, tandis que son suicide lui fait abandonner la fille qu'elle a eue de René. Chateaubriand s'autorise par là à porter atteinte à l'image idéale de la famille indienne, soudée par la tendresse maternelle que, dès l'*Essai sur les révolutions*, il s'était employé à diffuser, pour l'opposer au relâchement des liens familiaux dans l'Europe civilisée. L'attitude de Céluta remet en cause le modèle social primitif que Chateaubriand avait d'abord investi d'un fort pouvoir de régénération. Travaillée par le jeu des passions, la société indienne affiche à travers la démission maternelle sa décomposition et par conséquent, son inéluctable condamnation.

Son image finit également par être brouillée par l'exploitation ambivalente que reçoit le thème du culte des ancêtres dans les fictions de Chateaubriand. On constate ainsi que, dans *Les Natchez*, il montre l'autorité des anciens contestée à travers le cas de Chactas, finalement impuissant à se faire obéir et à imposer ses jugements pourtant dictés par la sagesse. L'histoire d'Atala questionne quant à elle la soumission des enfants à leurs parents, même après leur mort, en illustrant ses conséquences tragiques. Chateaubriand construit en effet son intrigue à partir de la situation, récurrente dans les fictions contemporaines, de fils ou de filles empêchés de se marier par l'obéissance qu'ils pensent devoir aux

[22] *Les Natchez*, éd. cit., p. 406.

interdits proférés à leur père ou à leur mère à l'agonie. Comme Mme de Staël, par exemple, dans *Corinne*, il met en scène des figures parentales particulièrement troubles : aimés de leur vivant de leurs enfants qui les écoutent et qui se séparent d'eux avec douleur, les parents sont ensuite redoutés, dès lors que, depuis l'au-delà, leur ombre se transforme en « fantômes vengeurs » ou en « accusateurs muets » pour veiller à l'exécution de leurs dernières volontés[23]. À l'instar du père d'Oswald, la mère d'Atala devient l'une de ces figures despotiques qui s'octroie un véritable droit d'ingérence dans les affaires des vivants et qui vient, par ses apparitions, persécuter sa fille et faire échec à son bonheur. Son rôle est d'autant plus ambivalent qu'elle retourne contre sa propre fille le malheur qui l'a accablée et fait en sorte que cette dernière expie par son vœu de virginité la faute qu'elle a commise et dont elle est le fruit. En mettant en scène des enfants incapables d'échapper à la puissance parentale qui continue de s'exercer après la mort pour demander d'eux réparation des erreurs commises, Chateaubriand brosse le portrait d'une société paralysée par son passé et minée par le remords. Beaucoup plus qu'un nécessaire devoir de mémoire s'exprime à travers ces intrigues un fort sentiment de culpabilité, une difficulté à se défaire de l'emprise parentale pour s'épanouir, dans lesquels se reflète à l'évidence la mauvaise conscience de la génération du début du siècle à l'égard de son passé régicide.

    Le poids mortifère du passé est encore davantage mis en avant dans *Les Aventures du dernier Abencérage*, où la fidélité au nom aboutit au renoncement à l'amour et donc au sacrifice de toute descendance. De fait, Chateaubriand met en scène des personnages irréprochables formant une communauté héroïque qui va se disperser dès que vont resurgir les conflits du passé et les haines ancestrales qu'ils attisent. Certes, les deux amants, Aben-Hamet et Blanca, se séparent en se jurant un amour éternel, mais la loi des pères, que rien ne vient suspendre, comme à la fin du *Cid*, dont ils rejouent pourtant la tragédie, met définitivement fin à tout espoir de pouvoir vivre ensemble et de fonder une famille. Chateaubriand revient dans ce dénouement aux obsessions traumatisantes utilisées dans les fictions précédentes pour figurer

---

[23]   Claire Garry-Boussel a étudié l'influence néfaste de ces « figures de l'au-delà » dans les romans de Mme de Staël. Voir son livre *Statut et fonction du personnage masculin chez Mme de Staël*, Paris, Champion, 2002.

l'assujettissement des vivants aux crimes ou aux fautes de leurs ancêtres : comme Atala, Aben-Hamet croit « voir l'ombre de son aïeul sortir du tombeau et lui reprocher [l']alliance sacrilège[24] » qu'il pourrait former avec Blanca. De nouveau, la mémoire se fait mortifère puisqu'elle entretient la mauvaise conscience et qu'elle fige le présent dans le ressassement des conflits du passé. Dans ce dernier récit de fiction, Chateaubriand revient à la vision désabusée d'une société minée par le remords, paralysée par le souvenir lancinant des violences du passé, qui précipite son déclin en la laissant irréconciliée avec elle-même. Contrairement aux modèles tragiques dont il s'inspire, il refuse d'adoucir le malheur de la séparation par la considération de l'exemplarité d'une telle destinée. Ni Blanca ni Aben-Hamet ne songent, comme Bérénice, à « ser[vir] d'exemple à l'univers / De l'amour la plus tendre, et la plus malheureuse / Dont il puisse garder l'histoire douloureuse ». Loin de rester dans les mémoires, la vie d'Aben-Hamet s'achève significativement dans l'oubli : son effacement confirme la sombre intuition de Blanca, convaincue depuis longtemps que les êtres de leur espèce sont trop désaccordés du présent médiocre pour avoir une postérité, même symbolique.

L'analyse de la représentation des couples et des familles dans les fictions de Chateaubriand convainc aisément de la pertinence d'un décryptage historique des drames sur lesquels se fondent les intrigues. À l'évidence, Chateaubriand se sert du motif récurrent de la destruction de l'idylle familiale pour figurer les répercussions tragiques des bouleversements de l'Histoire dans les vies privées, et bien sûr, pour dire la nostalgie de la famille patriarcale enracinée dans le sol natal chez les nobles émigrés qui ont été dispersés et qui ont perdu leurs domaines ancestraux. Toutefois, en montrant des peuples ou des familles appelés à disparaître, les dénouements qu'il choisit témoignent de son refus d'ériger les communautés idylliques d'abord mises en place en modèles utopiques susceptibles de soutenir une action réformatrice dans le présent. Ils disent plutôt la nécessité de se détourner d'un passé que l'on peut certes regretter, mais qu'il serait vain de vouloir retrouver dans la nouvelle ère historique ouverte en France par la Révolution. Du reste, on

---

[24] Chateaubriand, *Les Aventures du dernier Abencérage*, éd. Arlette Michel, Paris, Champion, 2008, p. 516.

note que si Chateaubriand fait l'éloge du bonheur tranquille et de la cohésion des familles soudées par leur passé, qui renvoient à la douceur d'un foyer que lui-même n'a jamais connue, il ne manque pas non plus d'exploiter les failles de ce modèle qui valorise l'héritage et qui conduit trop souvent à sacrifier la lignée à l'honneur du lignage. La critique d'une noblesse prisonnière à l'excès des valeurs d'Ancien Régime et incapable de s'adapter à la société révolutionnée est lisible à travers ces fictions qui font découler le malheur des personnages de leur fidélité intransigeante au passé, aux volontés de leurs parents, ou qui les montrent accablés par un sentiment de culpabilité sourdement alimenté par les fautes commises par les générations précédentes. Le drame vécu par René fait à son tour la synthèse des souffrances engendrées par l'effondrement des structures familiales d'Ancien Régime tout en dénonçant l'attitude mortifère d'une noblesse qui se prive de tout avenir en se repliant sur elle-même. De fait, Chateaubriand reprend dans ce récit les motifs tragiques de la fin de l'idylle familiale en montrant d'emblée la mort des parents, la dispersion du foyer, l'errance du personnage dépossédé de ses biens et sa nostalgie du château ancestral, puis, comme dans *Atala*, il joue de la relation incestueuse nouée entre le frère et la sœur pour figurer l'impasse dans laquelle s'engage une noblesse qui refuse toute alliance avec le monde extérieur et qui se prive ainsi de toute postérité. Voué à rester seul, en marge d'une société qu'il récuse et qui ne lui fait plus de place, René incarne la génération sans ancrage et sans avenir née de la Révolution, pour laquelle la famille d'où l'on est chassé et que l'on ne peut plus fonder est incapable de jouer son rôle traditionnel d'intégration à la cité, de médiation entre le Moi et la collectivité. Les pères de substitution que deviennent Chactas et le père Souël ne réussissent d'ailleurs pas mieux : leurs conseils pour arracher le jeune homme à son mal-être et pour le rendre à ses semblables ne sont pas écoutés et sont impuissants à le guérir de sa mélancolie. René ne se révolte pas contre eux, mais son refus de leur obéir manifeste le fossé qui se creuse entre deux générations qui ne se comprennent plus et qui ne partagent plus les mêmes valeurs. Chateaubriand a eu beau dénoncer ensuite le pouvoir de fascination de René, la jeunesse désenchantée du début du XIXe siècle s'est facilement reconnue dans ce type d'individu solitaire, rebelle à toute intégration sociale, coupé de toute structure familiale, et miné par un désespoir sans issue.

   Si elle se prête à un déchiffrement historique, la destruction de l'idylle familiale dans les fictions de Chateaubriand fait également signe vers un pessimisme nourri du sentiment de la vanité des amours humaines qui lui interdit de peindre longuement le bonheur conjugal, même chez les peuples primitifs que l'on pouvait croire préservés de toute corruption morale. Renouant avec les grands thèmes de l'apologétique développés par Pascal et par Bossuet, le sermon du père Aubry au moment de l'agonie d'Atala vient ainsi rappeler la misère de l'homme voué à l'inconstance des sentiments et à l'amertume des unions vite dégradées par les vicissitudes de la vie. Le mythe de la pureté des amours édéniques n'échappe pas à ce tableau désabusé de la vie en couple fatalement « troublée » par les passions, telle la jalousie, et aigrie par les « soucis du ménage, les disputes, les reproches mutuels, les inquiétudes et toutes ces peines secrètes qui veillent sur l'oreiller du lit conjugal »[25]. Incompatible avec l'augustinisme qui imprègne la représentation des amours humaines dans ces premières fictions, l'idylle familiale y disparaît enfin parce qu'elle ne correspond pas au choix esthétique fait par Chateaubriand, qui dédaigne d'exploiter la veine réaliste vers laquelle risquait de l'entraîner la peinture du couple dans la vie ordinaire telle que la présente le père Aubry. Son souci de jouer des ressorts tragiques de la terreur, de la pitié, ou de l'admiration ne pouvait s'accommoder longtemps du climat moral de l'idylle familiale, de ses vertus de patience, de modération et de son bonheur dans le repos des cœurs, au milieu de la prospérité collective. Le dénouement tragique des *Martyrs* illustre parfaitement le refus de Chateaubriand de mettre en scène le couple établi au sein du foyer familial : justifié par le dessein apologétique de l'œuvre, le sacrifice d'Eudore et de Cymodocée au moment de leurs retrouvailles a aussi l'avantage de le dispenser du tableau médiocre de ce qu'aurait été le quotidien de leur vie à deux. Un temps donnée en exemple dans cette épopée de fondation, l'idylle familiale est écartée au profit d'une poétique du sublime tournée vers l'héroïsme du mal ou du bien, qui répond mieux aux exigences de la sensibilité post-révolutionnaire, avide de passions énergiques et d'événements violents.

---

[25] *Atala*, éd. cit., p. 141.

Claude Schopp

Les familles dans *Le Drame de la France* d'Alexandre Dumas

Le Drame de la France est le titre, calqué sur *La Comédie humaine* de Balzac, « grande et belle œuvre à cent faces », qu'a choisi Alexandre Dumas pour désigner l'ensemble de ses romans historiques. Ce monument grandiose, bien qu'inachevé, qui a l'ambition de redoubler par la fiction l'histoire de France, repose sur de puissants piliers, trilogies ou tétralogie, qui le soutiennent. Celles-ci peuvent se lire comme une illustration de *Gaule et France*, essai de philosophie politique, publié en 1833 alors que le jeune Dumas n'est encore qu'un dramaturge novateur. Après avoir divisé l'histoire de France en quatre ères, à partir des structures de la propriété territoriale (féodalité, seigneurie, aristocratie, propriété privée), Dumas conclut que la France en est à la fin de son ère monarchique, et que toute monarchie nouvelle est impossible. Cette vision économiste et matérialiste est régentée par la loi du progrès, sur laquelle veillent indifféremment Dieu, la Nature ou la Providence.

Les deux premiers polyptyques du *Drame de la France* traitent de l'Ancien Régime. Le premier, composé de *La Reine Margot*, *La Dame de Monsoreau* et *Les Quarante-Cinq* traite de la fin des Valois et peuvent être considérés comme les romans de la décadence de la seigneurie. Le second, le cycle des *Mousquetaires*, comme les romans de la fin de la seigneurie et de la naissance de l'aristocratie, préludant à la monarchie absolue.

Le troisième polyptyque, nommé les *Mémoires d'un médecin* (*Joseph Balsamo*, *Le Collier de la Reine*, *Ange Pitou*, *La Comtesse de Charny*), décrit l'abaissement et la mort de l'aristocratie, et donc de la monarchie.

Le quatrième polyptyque, trilogie composée des *Blancs et les Bleus*, des *Compagnons de Jéhu* et d'*Hector de Sainte-Hermine*, que j'ai eu la chance de redécouvrir et d'éditer sous le titre *Le Chevalier de Sainte-Hermine*, imposé par l'éditeur (absurde puisque Hector ne porte à aucun moment ce titre de courtoisie), a pour ambition de refléter le passage de l'ancien monde au monde nouveau.

Nous nous proposons d'analyser les structures familiales qui se dégagent de ces différentes sommes romanesques.

Sans famille et dynasties

Dans les polyptyques Ancien Régime, on constate que les rapports familiaux du héros fictionnel ou du héros historique fictionnalisé (par là, j'entends un second rôle de l'histoire qui est poussé au premier plan par le roman : Coconnas, La Mole, Chicot, Diane de Monsoreau, Bussy d'Amboise, Athos, Porthos, Aramis, d'Artagnan) sont d'une insigne pauvreté quand ils ne sont pas inexistants.

Si l'on considère d'abord leurs ascendants, on remarque que, dans *La Reine Margot*, on ne sait rien des parents de Coconnas, on apprend très brièvement que la comtesse Lerac de la Mole, morte avant le début de l'action, n'apparaît qu'à l'état de vision fantomatique : « Tandis que j'étais poursuivi, j'ai pensé à ma mère, qui était catholique ; il m'a semblé que je la voyais glisser devant moi sur le chemin du Louvre, une croix à la main, et j'ai fait vœu, si Dieu me conservait la vie, d'embrasser la religion de ma mère » (chap. XIII) ; d'où l'on peut déduire que le père était protestant et a transmis sa religion à son fils. Dans *La Dame de Monsoreau*, le beau Bussy d'Amboise ou le bouffon Chicot, comme Coconnas, n'a ni père ni mère connus, seule l'héroïne, la dame de Monsoreau, née Diane de Méridor, a un père, le baron de Méridor, au prénom fluctuant, Augustin ou Guillaume (chap. XXIII). Ce vieux féodal poitevin, ancien compagnon de captivité de François Ier à Madrid, qui obéit aux anciennes valeurs chevaleresques et qui se fie au respect de ces valeurs par autrui, se laisse duper par Bryan de Monsoreau à qui il accorde sa fille, son seul amour, que bientôt il croit morte. Comme ce seul résumé le montre, Méridor ne joue pas pleinement son rôle de père, c'est-à-dire de protecteur. Quant à la mère et aux frères de Diane, ce sont pour elle des ombres, disparues avant ou peu après sa naissance : « À son retour d'Espagne, mon père se maria. Deux premiers enfants, deux fils, moururent […]. Je naquis comme par miracle, dix ans après la mort de mes frères […]. Trois ans après ma naissance, je perdis ma mère » (chap. XIII). La mort du père, apprise par Diane dans *Les Quarante-Cinq*, ouvre à celle-ci libre carrière pour venger Bussy d'Amboise, son amant assassiné : « Sur ton cadavre sanglant, dit-elle, j'avais juré de payer la mort par la mort, le sang par le sang ; mais alors je chargeais d'un crime la tête blanchie du vénérable vieillard qui m'appelait son innocente enfant » (chap. LXI). Dans la trilogie des Mousquetaires, si l'on apprend au premier chapitre que d'Artagnan a bien un père et une mère, ceux-ci disparaissent comme dans un conte, aussitôt après avoir fait, comme des fées, des dons (lettre, cheval, baume) ; certes, Athos possède des ascendants, père et grand-père, comtes de la Fère comme lui, mais seule une vague allusion le révèle ; Porthos et Aramis, quant à eux, ne sont fils de personne.

Sans famille d'origine, la plupart de ces héros sont aussi des solitaires, sans alliance, qui, sur le plan amoureux, vivent, hors mariage, de passions exclusives : Marguerite pour La Mole, Mme de Nevers pour Coconas, Diane de Monsoreau pour Bussy d'Amboise, une maîtresse qu'il a partagée avec Mayenne, pour Chicot (ce qui lui a valu de la part de son rival une bastonnade dont il veut se venger), Mme de Chevreuse pour Aramis, Constance Bonacieux pour D'Artagnan. Diane de Méridor épouse bien, de peur de tomber sous la domination du duc d'Anjou, le comte de Monsoreau, le Grand-Veneur, mais c'est une maumariée, une mariée blanche qui se refuse à son mari. Le comte de La Fère, plus connu sous le nom d'Athos, a bien été marié, mais, trompé, il a pendu son épouse, la future et terrible Milady. Porthos lui aussi se marie, mais sur le tard, avec sa vieille maîtresse, la procureuse, dont il a longtemps été le gigolo et dont il hérite une fortune considérable. Aussi la vie proprement familiale ne tient-elle aucune place dans ces romans.

Il va de soi, compte tenu de ce qui précède, que la descendance de ces héros est rarissime : seul le fils de Milady, Mordaunt, le damné, y fait pendant à Raoul de Bragelonne, conçu, on le sait, par surprise – sa mère, Mme de Chevreuse étant entrée dans le lit d'Athos sous les apparences d'un jeune gentilhomme. Raoul est davantage le fils des quatre Mousquetaires que de cette mère. Porthos écrit dans son testament :

> J'ai vécu sans avoir d'enfants, et il est probable que je n'en aurai pas, ce qui m'est une cuisante douleur. Je me trompe cependant, car j'ai un fils en commun avec mes autres amis : c'est M. Raoul Auguste-Jules de Bragelonne, véritable fils de M. le comte de La Fère.
> Ce jeune seigneur m'a paru digne de succéder aux trois vaillants gentilshommes dont je suis l'ami et le très humble serviteur[11].

Dans ces différents romans, il n'est de famille qu'historique et dynastique. Dans la trilogie Renaissance, il s'agit de la famille des Valois, composée d'une reine, de ses trois fils, de sa fille et de son gendre : Catherine de Médicis, et ses rejetons, Charles IX, Henri III et le duc

---

[1] *Le Vicomte de Bragelonne*, chap. CCLXI.

d'Anjou, qui se disputent un trône, et la reine Marguerite qui a épousé Henri, roi de Navarre. Dans les *Mousquetaires*, de la famille des Bourbons, successivement d'un roi et d'une reine, Louis XIII et Anne d'Autriche, se détestant ou se méfiant l'un de l'autre, dans *Les Trois Mousquetaires* ; d'une mère et son fils (et son amant-mari), Anne d'Autriche, Louis XIV (et Mazarin), dans *Vingt ans après*, d'un fils après qui, suite à la mort des deux autres, s'instaure la Monarchie absolue, c'est-à-dire la solitude absolue, dans *Le Vicomte de Bragelonne*. Le lien entre ces deux dynasties est le premier des Bourbons, Henri IV, qui n'apparaît pas dans ces trilogies en temps que roi, sinon de Navarre.

Valois ou Bourbon, les membres de ces familles n'ont qu'une fin, obsessionnelle : le pouvoir, à conserver ou à acquérir ; qu'un moyen : le meurtre, plus ou moins dissimulé, car la mort de l'un assure le règne de l'autre. Ainsi Catherine de Médicis, la Florentine, la reine douairière des Valois qui a déjà sévi dans le premier drame de Dumas, *Henri III et sa cour*, apparaît dans *La Reine Margot*, comme le type même de la marâtre royale, manipulatrice, avide de pouvoir ; avertie par les horoscopes que trois de ses fils règneraient (François II, Charles IX et Henri III), mais qu'ils laisseraient le trône à Henri de Navarre, elle lutte contre les décrets du destin en tentant de supprimer le Béarnais, mais ni le poison ni le fer n'auront d'effet. Mauvais génie de Charles IX, elle le pousse à ordonner le massacre des protestants, tente de casser le mariage de sa fille et d'Henri de Navarre, et n'hésite pas à trucider le messager de celui-ci, le jeune Orthon. Elle cause la mort de Charles IX, empoisonné par le livre destiné à Henri. Elle ménage tout pour qu'Anjou, le seul fils qu'elle ait aimé, puisse revenir à temps de la lointaine Pologne qui l'a élu roi. Dans les romans suivants (*La Dame de Monsoreau*, *Les Quarante-Cinq*), elle passe le relais de la malfaisance à son dernier fils, le duc d'Anjou, celui qui ne règnera pas, et à qui elle a transmis la soif du pouvoir, la lâcheté, la fourberie et le penchant à la trahison, que couronnent des désirs pervers ou incestueux.

C'est en se heurtant à ces nœuds de vipères aussi lubriques qu'historiques que les personnages de la fiction courent à leur perte. Dans les antagonismes entre la sphère politique et la sphère privée, l'individu est toujours broyé. Ainsi, accusé par la Médicis d'être, par sorcellerie, responsable de la maladie du roi (qu'elle a elle-même causée), La Mole connaît la torture de la question et l'échafaud, martyre commun à Coconnas ; ainsi le duc d'Anjou donne au beau Bussy, assassiné par Monsoreau, le coup de grâce.

Famille doublure de la Monarchie, ou les Taverney-Maison-Rouge

La première famille véritablement constituée, dans les polyptyques du *Drame de la France*, est constituée par la famille des Taverney-Maison-Rouge (d'abord appelés Faverney, jusqu'à ce qu'une famille existante ne porte réclamation) dans *Les Mémoires d'un médecin*. Cette innovation a-t-elle à voir avec le temps de l'écriture ? Les deux premières trilogies sont composées (sauf *Bragelonne*) sous la monarchie de Juillet, tandis que la tétralogie comprenant *Joseph Balsamo*, *Le Collier de la Reine*, *Ange Pitou*, *La Comtesse de Charny* l'est, sauf *Balsamo*, sous la deuxième République ; or on sait l'importance de la pliure de 1848 pour la génération de 1830.

Les destins comico-tragiques de la famille Taverney vont doubler ceux de la dynastie bourbonnienne dans cette suite de romans qui, nous l'avons dit, décrit l'abaissement et la mort de l'aristocratie, en parallèle avec l'abaissement et la mort de la monarchie. Pour ceux qui auraient oublié ces milliers de pages (ou qui ne les auraient jamais lues), la narration synthétique des avatars de cette famille pourrait être utile. Le père, le baron de Taverney, qui naît vers 1704 et que nous voyons mourir à Versailles le 15 août 1785, est à l'ouverture de l'action, le 14 ou 15 mai 1770, un vieillard de soixante à soixante-cinq ans, grand-croix de l'ordre de Saint-Louis, à qui les père et grand-père ont laissé une jolie fortune à dilapider ; il a servi quinze ans dans les armées, en particulier comme aide de camp du duc de Richelieu, mais, ruiné, il s'est retiré dans son domaine des environs de Nancy. D'une femme morte en 1754, avant le début de l'action (la disparition de la mère est une constante pour les héros de Dumas, si l'on en excepte les mères dynastiques et abusives), il a eu un fils, Philippe, et une fille, Claire (ou Marie) *Andrée*. Au début de *Joseph Balsamo*, son fils Philippe, chevalier (ou vicomte) de Maison-Rouge, lieutenant aux gendarmes du dauphin, sensible aux idées nouvelles des Lumières est le premier Français que rencontre la dauphine Marie-Antoinette – croiser le chemin d'un puissant est toujours une malédiction. La dauphine décide de faire « son bonheur et celui de sa famille » en l'attachant à son service ; il propose à la dauphine de faire halte chez son père. Cette visite rouvre à Taverney une carrière à ses ambitions. Il s'embarque pour Versailles avec sa fille de seize ans, à peine sortie du couvent. À Versailles, Philippe soupire en secret pour la dauphine, tandis qu'Andrée, nommée lectrice de cette dernière, attire les regards libidineux du vieux Louis XV qui, pour éloigner de la cour un frère gênant, octroie à Philippe un régiment. Le vieux Taverney, libertin dépourvu de toute morale et de tout amour paternel, se prêtant aux intrigues de Richelieu, tente de pousser sa fille dans le lit du roi. Il toucherait à son but si le roi ne s'effrayait du sommeil magnétique dans lequel Balsamo a plongé Andrée. Saisissant l'occasion, Gilbert, frère de lait de la jeune femme, la viole. Taverney connaît alors la chute. La charge de son fils est annulée après le fiasco royal. Ses enfants, pleins de dégoût pour leur père, lui signifient qu'ils rompent avec lui, ce qui conduit le baron à se retirer à Taverney. Enceinte, Andrée se retire de la cour, vivant avec son frère à Paris. Après la naissance de l'enfant, qui lui est aussitôt enlevé par Gilbert, elle trouve refuge dans un couvent, tandis que Philippe s'embarque pour un voyage vers l'Amérique. Dans *Le Collier de la reine*, les Taverney sont de retour à Versailles. Après dix ans passés en Amérique, où il a pris part à la guerre d'Indépendance, Philippe est toujours amoureux de Marie-Antoinette devenue reine, qui ne semble pas insensible à son amour. Le père, rajeuni grâce à un philtre de Balsamo, tente de jeter son fils dans les bras de Marie-Antoinette. Andrée, elle, revenue aux côtés de la reine, dont elle est la fidèle compagne, s'éprend, comme la reine, d'Olivier de Charny, lequel n'a d'yeux que pour sa souveraine. Le vieux Taverney croit une fois encore le succès assuré, sans s'apercevoir que Charny supplante peu à peu son fils. Celui-ci se bat en duel avec son rival et le blesse. Délirant à cause de sa blessure, Charny avoue son amour pour la reine. Désespérée, Andrée regagne son couvent, tandis que son frère, après avoir surpris dans le parc un rendez-vous entre la reine et Olivier, demande un congé pour rejoindre La Peyrouse dans sa circumnavigation. Surprise par le roi, alors que Charny est à ses genoux, la reine invente la fiction d'une demande en mariage d'Andrée par Charny. Celui-ci vient en conséquence demander à Taverney la main de sa fille. Ivre de joie d'abord, la jeune femme, quand elle comprend la vérité, est pétrifiée de désespoir. Cependant, elle accepte, approuvée par son frère, ce mariage blanc qui sauvegarde l'honneur de la reine. Le vieux Taverney, apprenant que c'est son futur gendre et non son fils qui est dans les faveurs de la reine, meurt d'apoplexie. Les nouveaux époux se séparent.

Dans cette famille aristocratique pré-révolutionnaire, par un jeu de miroir, le père est le reflet du vieux roi, et naviguant avec l'élégant mais corrompu duc de Richelieu, l'incarnation de la déchéance de la noblesse, de cette aristocratie que Louis XIV, puis Louis XV, ont fait courtisans, et dont le seul ressort est de complaire au souverain, lequel les rétribuera en pensions, honneurs et place. Roi ou père renvoient une image de vampire, à la recherche d'une éternelle jeunesse, qu'ils espèrent trouver, le premier dans son commerce sexuel avec de très jeunes filles, le second grâce à un philtre de Balsamo. Cette recherche égoïste les aveugle sur l'état de pourrissement qui porte en lui le germe de l'anéantissement de leur régime et de leur classe ; ils ne voient pas l'urgente obligation qui s'impose de trouver des solutions nouvelles. Les deux premiers romans de la tétralogie pourraient illustrer la phrase paradoxale de Chateaubriand : « La Révolution était achevée lorsqu'elle éclata. » Dans la famille Taverney, il existe pourtant une fracture générationnelle, qu'elle soit représentée par Andrée dont l'opposition à la débauche, régnant sous le nom de Louis XV, est toute de réprobation morale, ou par Philippe, sensible à l'esprit des Lumières, spectateur lucide d'une classe privilégiée, qui déplore le discrédit croissant de la monarchie. Dans la suite de la tétralogie, Andrée est la seule des Taverney à jouer un rôle. Au service d'une reine ingrate, jalouse lorsqu'elle s'aperçoit que Charny se détache d'elle pour se rapprocher de sa femme en titre, elle finit, devant la froideur de la reine, par se retirer dans sa maison de la rue Coq-Héron. Après la mort de son mari, avec qui elle a connu un bref laps de bonheur et qui meurt le 10 août 1792, en protégeant la reine, elle est emprisonnée à l'Abbaye, et refuse d'être sauvée, afin de rejoindre Olivier dans la mort. Elle est massacrée par les septembriseurs.

Il est l'un des membres de la famille Taverney, que j'ai à peine mentionné, non par moralisme, mais parce qu'il n'avait pas encore l'âge convenant à un héros de roman : il s'agit de l'enfant né du viol, Sébastien, qui comme Dumas, possède une double origine, populaire ou plébéienne par son père, aristocratique par sa mère. Ce bâtard, orphelin de mère, s'embarque à la fin du dernier roman de la tétralogie pour l'Amérique en compagnie de Gilbert, son père.

Les Saint-Hermine, ou vieilles familles et homme nouveau

Le dernier pilier du *Drame de la France*, que la redécouverte d'*Hector de Sainte-Hermine* a permis de dégager et de restaurer, est constitué des *Blancs et les Bleus*, des *Compagnons de Jéhu* et d'*Hector de Sainte-Hermine*, en adoptant la chronologie des événements relatés par les trois romans et non la chronologie de leur composition, car le deuxième volet, *Les Compagnons de Jéhu*, a précédé de presque dix ans le premier et a fait longtemps figure de roman isolé. À considérer la tétralogie de la mort de l'aristocratie, c'est-à-dire les *Mémoires d'un médecin*, qui se terminent en février 1794, après la mort de Louis XVI et de Marie-Antoinette, et *Les Blancs et les Bleus*, qui commencent le 21 frimaire an II (11 décembre 1793), on pourrait estimer que ces massifs sont gémellaires, l'un engagé dans l'autre. Ce serait ignorer, au profit d'une chronologie d'apparence, le sens de l'une et de l'autre. Le premier polyptyque représente la fin d'une ère, car ce n'est pas seulement la tête d'un roi et celle d'une reine qui roulent dans le panier ; c'est, à travers eux, toute la classe dominante qui est guillotinée ; le second polyptyque s'inscrit dans le commencement d'une ère nouvelle, « les quinze premières années du dix-neuvième siècle [qui] sont la genèse de la société moderne ». Dumas écrit dans « Notre préface » des *Blancs et les Bleus*, qui pourrait servir de préambule à l'ensemble de la trilogie, romans du passage à la république future :

> Eh bien, ce sont ces quinze années que je vais essayer de peindre ; c'est cette grande figure de Bonaparte se faisant Napoléon que je vais tenter d'esquisser.
> Nous savons bien que cette tâche de ressusciter quinze ans de notre histoire, en y introduisant des personnages de notre création et en essayant d'élever ces personnages à la hauteur des géants modernes, est au-dessus de nos forces ; mais qu'oserait-on entreprendre si l'on n'entreprenait que ce qu'on est sûr de glorieusement achever ? [...] Dans un jour d'audace, nous avons pris la plume et, encore une fois, nous avons ajouté une pierre à ce monument que chacun de nous élève à la mesure de ses forces et de son génie.

Ce qui organise la continuité historique et l'unité romanesque, c'est d'abord l'ascension de Bonaparte (dans *Les Blancs et les Bleus* et *Les Compagnons de Jéhu*, écrits dix ans plus tôt), puis l'épopée napoléonienne (*Hector de Saint-Hermine*). Dumas, qui a toujours porté « aussi haut que le pouvait [s]on faible bras la bannière de la France, qu'elle fût vermeille aux mains de saint Louis – blanche, aux mains de Henri IV ou tricolore aux mains de Napoléon », se propose de mettre en scène ces épisodes avec un but facile à comprendre : « glorifier les grandes journées de la république et de l'empire, et mettre sous les yeux des fils et des petits-fils, l'histoire telle que l'ont faite les pères et les grands-pères ». Dans le premier volet des *Blancs et les Bleus*, « Les Prussiens sur le Rhin », Bonaparte n'apparaît pas au prologue, mais les généraux de l'armée du Rhin apprennent son existence comme simple officier d'artillerie, s'illustrant au siège de Toulon ; dans « Le 13 vendémiaire », il est appelé par Barras pour défendre la Convention contre les menées contre-révolutionnaires ; dans « Le 18 fructidor », général en chef de l'armée d'Italie, il envoie Augereau à Paris pour empêcher que les Clichyens majoritaires ne rétablissent les Bourbons sur le trône ; enfin, dans « La huitième croisade », il termine la campagne d'Égypte, par laquelle il a voulu « éblouir ces gens-là », et il part à la conquête du pouvoir. *Les Blancs et les Bleus*, qui s'achève avec son embarquement près d'Alexandrie (25 juillet 1799), semble rétrospectivement préparer *Les Compagnons de Jéhu* qui débute par le débarquement de Bonaparte à Fréjus (8 octobre 1799). Dumas écrit :

> On doit le remarquer, dans l'œuvre que nous mettons sous les yeux de nos lecteurs, nous sommes plutôt historien romanesque que romancier historique. Nous croyons avoir fait assez souvent preuve d'imagination pour qu'on nous laisse faire preuve d'exactitude, en conservant toutefois à notre récit le côté de fantaisie poétique qui en rend la lecture plus facile et plus attachante que celle de l'histoire dépouillée de tout ornement[22].

L'historien romanesque se concentre sur la destinée de Napoléon Bonaparte, astre fulgurant et solitaire, dont la famille ne compte pas : l'apparence de dynastie n'est qu'un trompe-l'œil, et aucun Bonaparte ne songerait à tuer l'empereur pour s'emparer du pouvoir. Vis-à-vis de ce sans-famille souverain, Dumas place une famille, ou plutôt une fratrie trinitaire de fantaisie poétique, qui lie, avec des liens assez lâches, les trois romans de la trilogie. À vrai dire, ces trois frères

---

[2] *Les Blancs et les Bleus*, « Le 13 Vendémiaire », chap. XVI. Les citoyens directeurs. Pour composer ces « histoires romantisées », pour reprendre son expression, l'écrivain rejette les historiens : il s'appuie sur des mémorialistes qui, ne prétendant pas à l'objectivité, offrent sur les événements un point de vue de témoin, qui s'apparente davantage à celui du romancier. Pour chacune des parties, Dumas privilégie un seul mémorialiste, comme s'il craignait la cacophonie de témoignages multiples : dans la première, ce sont les six chapitres initiaux des *Souvenirs de la Révolution et de l'Empire* de Charles Nodier ; dans la deuxième, l'*Essai sur les journées des treize et quatorze vendémiaire* par Pierre-François Réal ; dans la troisième, le *Journal ou témoignage de l'adjudant général Ramel... l'un des déportés à la Guyane après le 18 Fructidor (4 septembre 1797). Sur quelques faits relatifs à cette journée, sur le transport, le séjour et l'évasion de quelques-uns des déportés* ; dans la quatrième, les trois premiers volumes des *Mémoires de M. de Bourrienne, ministre d'État, sur Napoléon, le Directoire, le Consulat, l'Empire et la Restauration.*

semblent une réplique des trois frères Charny des *Mémoires d'un médecin*, qui sacrifient l'un après l'autre leur vie pour la royauté. Le premier à apparaître est le deuxième frère Charles de Sainte-Hermine, alias Morgan, le Blanc qui, dans *Les Compagnons de Jéhu*, s'oppose à Roland de Montrevel, le Bleu. Compagnon de Jéhu et détrousseur de diligences en vue d'alimenter les caisses de Cadoudal et de ses chouans, il est guillotiné sur la place du Bastion de Bourg-en-Bresse, tandis que son adversaire, dont il a épousé la sœur, est dévoré par le volcan qu'il a lui-même allumé à Marengo, le 14 juin 1800. *Les Blancs et les Bleus* est bien une continuation des *Compagnons de Jéhu*, mais une continuation en amont, mettant en scène le père et le frère aîné de Charles de Saint-Hermine, restés jusque-là dans l'ombre. Le père, y apprend-on, a été guillotiné pour avoir participé à la conjuration des œillets qui avait pout but l'évasion de la reine ; quant au frère aîné, Léon de Sainte-Hermine, émigré, il est fusillé pour avoir été pris en tentant de pénétrer sur le territoire national. Ce dernier personnage est repris des *Souvenirs de la Révolution* de Charles Nodier, où il reste dans l'anonymat. En même temps, *Les Blancs et les Bleus* promet une continuation en aval, puisqu'elle évoque le benjamin de la famille, Hector, futur héros du troisième volet du triptyque, qui porte son nom : *Hector de Sainte-Hermine*. Charles déclare à Cadoudal :

> Si nous ne nous revoyons pas, c'est que j'aurai été tué, fusillé ou guillotiné. Dans ce cas-là, de même que mon frère aîné a hérité de la vengeance de mon père, de même que j'ai hérité de la vengeance de mon frère aîné, mon jeune frère héritera de ma vengeance, à moi... Si la royauté, grâce au sacrifice que nous lui aurons fait, est sauvée, nous serons des héros. Si, malgré ce sacrifice, elle est perdue, nous serons des martyrs[33].

Sans prénom encore, sans caractères particuliers sinon son rang dans la fratrie, le benjamin est tenu en réserve : la mission précède le personnage.

Attardons-nous sur cet Hector de Saint-Hermine qui donne son nom pour titre à l'ultime effort de bâtisseur de Dumas, dans lequel il projette la figure problématique de Napoléon, soleil ou ogre, en lui

---

[3] *Les Blancs et les Bleus*, « Le 13 Vendémiaire », chap. VII. Le général Tête-Ronde et le chef des compagnons de Jéhu.

donnant pour contrepoids romanesque le dernier rejeton de la famille Sainte-Hermine. Chargé, sous le Consulat, de poursuivre la vengeance familiale, mais arrêté, promis à la mort, condamné par Fouché à vivre, mais à vivre comme un spectre, il est témoin et acteur de tous les hauts faits et de toutes les basses œuvres de l'Empereur, dont il est la victime admirative, croisant Joséphine, Talleyrand, Fouché, Talleyrand, Cadoudal, Chateaubriand, le duc d'Enghien, des corsaires, des espions de la police, des femmes du monde, des bandits comme Fra Diavolo, et Il Bizzarro, et mille et un autres figurants qui auraient été développés dans la fresque achevée. Napoléon, c'est la preuve vivante « que plus le génie est grand, plus il est aveugle » ; comme César, *païen*, a préparé le christianisme et Karl-le-Grand, *barbare*, la Civilisation, Napoléon, *despote*, prépare la Liberté. « Ne serait-on tenté de croire que c'est le même homme qui reparaît à des époques fixes et sous des noms différents pour accomplir une pensée unique », ajoute Dumas[44]. À ce Goliath historique, Dumas oppose un David romanesque, Hector, dernier rejeton de la famille des comtes de Sainte-Hermine, à qui est légué, en même temps que son titre comtal, la vengeance familiale. Un vengeur donc, comme l'a été avant lui le plébéien Edmond Dantès. À son entrée dans le monde, et dans le roman, Hector, fût-il beau comme Antinoüs, n'est qu'un jeune aristocrate ordinaire dans son habit de velours grenat, ses pantalons collants chamois, ses souliers à petites boucles de diamants. Hector est avant tout, comme Dantès, un jeune homme amoureux, qui se sent soulagé lorsque la situation historique nouvelle, la fin de la chouannerie, le décharge du faix de sa vengeance. Après avoir reçu le congé de Georges Cadoudal à ses troupes :

> Je rentrais en possession de ma personne engagée par mon père et par mes deux frères à une royauté que je ne connaissais que par le dévouement de ma famille et par les malheurs qu'avait attirés ce dévouement sur notre maison, dit-il à sa fiancée Claire de Sourdis. J'avais vingt-trois ans : j'avais cent mille livres de rentes ; j'aimais ! et, en supposant que je fusse aimé, cette porte du paradis que gardait l'ange exterminateur m'était ouverte[55].

---

[4]   Dans *Gaule et France* (1833).
[5]   *Le Chevalier de Saint-Hermine*, chap. XIX.

Mais, comme Dantès, il connaît en prison une initiation par le gouffre ; c'est un autre homme ou plutôt un surhomme qui en sort. La marque évidente de la métamorphose est le changement du nom : comme le plébéien Edmond Dantès s'arrogeait le titre de comte de Monte-Cristo, l'aristocratique Hector de Saint-Hermine emprunte le patronyme plébéien de René. Mais, enfermé trois ans au Temple, alors que Dantès a souffert quatorze ans au château d'If, Hector ne bénéficie pas de la présence auprès de lui d'un père spirituel, d'un initiateur sublime comme l'abbé Faria : il doit seul effectuer sa transmutation d'homme en surhomme. À vrai dire, il *disparaît* en prison, pendant que l'histoire continue, que le « masque étroit » de Bonaparte finit de se briser : Dumas l'abandonne après qu'il a été écroué pour ne le ressaisir qu'à sa sortie ; aussi le lecteur, s'il peut constater les effets de la transformation, en ignore-t-il les causes, bien que, par la suite, le narrateur ou Hector lui-même lui en révèlent quelques-unes.

Pendant ces « trois années de tristesse et d'hiver » par lesquelles « toutes les gaietés de [s]a jeunesse, toutes les fleurs de [s]on adolescence ont été brisées », il a changé physiquement, mais pas au point, comme Dantès, de ne pas se reconnaître lui-même, lorsque celui-ci se découvre dans le miroir d'un barbier de Livourne. Seule, la force de la volonté paraît à l'origine de sa transformation. Hector a aguerri son corps :

> Le besoin qu'ont les jeunes gens de dépenser leur force physique, il l'avait calmé par des exercices de gymnastique ; il avait demandé des boulets de canon de différents poids, et avait fini par les soulever et jongler avec, de quelque poids qu'ils fussent.
> Il s'était exercé, au moyen d'une corde pendue au plafond, à monter à cette corde à l'aide des mains seulement. Enfin, tous ces exercices de gymnastique moderne qui complètent l'éducation d'un jeune homme de nos jours, il les avait inventés, lui, non pas pour compléter son éducation, mais simplement pour se distraire.

Il a étendu son esprit par l'étude :

> Enfin, pendant ces trois ans de prison, Sainte-Hermine avait profondément étudié tout ce qu'on peut étudier seul, la géographie, les mathématiques, l'histoire. Passionné dans sa jeunesse pour les voyages, parlant l'allemand, l'anglais, l'espagnol comme sa langue maternelle, il avait largement usé de la permission qui lui avait été donnée de demander des livres, et avait voyagé sur les cartes, ne pouvant voyager en réalité.

> L'Inde surtout [...] avait attiré toute son attention et avait été l'objet de ses études particulières, sans qu'il eût songé jamais que ses études particulières lui serviraient, destiné qu'il se croyait à une prison perpétuelle[66].

Mais, surtout, il a longuement médité sur l'histoire et les fins dernières de l'homme, quête qui ne l'a conduit qu'au doute d'Hamlet ou de Faust :

> J'ai passé trois ans à sonder tous ces mystères ; je suis descendu dans ces insondables ténèbres d'un côté de la vie, j'en suis sorti de l'autre, ignorant comment et pourquoi nous vivons, comment et pourquoi nous mourons, en me disant que Dieu est un nom qui me sert à nommer celui que je cherche ; ce mot, la mort me le dira, si toutefois la mort n'est pas plus muette encore que la vie.
> C'est qu'au lieu d'avoir fait un Dieu des mondes, établissant l'harmonie universelle par la pondération des corps célestes, nous avons fait un Dieu à notre image, un Dieu personnel, à qui chacun demande compte, non pas des grands cataclysmes atmosphériques, mais de nos petits malheurs individuels. Nous prions Dieu, ce Dieu que notre génie humain ne peut comprendre, que les lignes humaines ne peuvent mesurer, qu'on ne voit nulle part et qui, s'il existe, est cependant partout ; nous le prions comme les anciens priaient le dieu de leur foyer, petite statuette d'une coudée de haut, qu'ils avaient là constamment sous les yeux et sous la main, comme l'Indien prie son fétiche, comme le nègre prie son grigri ; nous lui demandons, selon que la chose nous est agréable ou douloureuse : « Pourquoi as-tu fait ceci ? pourquoi n'as-tu pas fait cela ? » Notre Dieu ne nous répond pas, il est trop loin de nous, et, d'ailleurs, il ne s'occupe pas de nos petites passions. Alors nous nous faisons injustes envers lui, nous lui reprochons les malheurs qui nous arrivent, comme s'ils nous étaient envoyés par lui, et, de malheureux que nous étions seulement, nous nous faisons sacrilèges et impies.
> Nous sommes de pauvres atomes entraînés dans les cataclysmes d'une nation, broyés entre un monde qui finit et un monde qui commence, entraînés par une royauté qui s'abîme et par l'ascension d'un empire qui s'élève. Demandez à Dieu pourquoi Louis XIV a appauvri la France d'hommes par ses guerres, a ruiné le trésor par ses fastueux caprices de marbre et de bronze. Demandez-lui pourquoi il a suivi une désastreuse

---

[6] *Ibid.*, chap. XLVIII.

> politique pour en arriver à dire un mot, qui n'était déjà plus vrai à l'époque où il le disait : « Il n'y a plus de Pyrénées. » Demandez-lui pourquoi, subissant le caprice d'une femme, et courbé sous le joug d'un prêtre, il a, en révoquant l'édit de Nantes, enrichi la Hollande et l'Allemagne en ruinant la France. Demandez-lui pourquoi Louis XV a continué l'œuvre fatale de son grand-père [...]. Demandez-lui pourquoi, contre l'avis de l'histoire, il a suivi les conseils d'un ministre vendu et pourquoi, sans se souvenir que l'alliance de l'Autriche a toujours porté malheur aux lys, il a fait monter une princesse autrichienne sur le trône de France. Demandez-lui pourquoi il a donné à Louis XVI, au lieu de vertus royales, les instincts bourgeois, parmi lesquels n'étaient ni le respect de sa parole, ni la fermeté du chef de famille ; demandez-lui pourquoi il a permis qu'un roi fît un serment qu'il ne voulait pas tenir, pourquoi il permit qu'il allât chercher à l'étranger du secours contre ses sujets, et pourquoi il abaissa ainsi une tête auguste au niveau de l'échafaud, qui frappe les criminels vulgaires.
> Là, vous verrez pourquoi mon père est mort sur ce même échafaud, rouge du sang du roi ; pourquoi mon frère aîné a été fusillé, pourquoi mon second frère a été guillotiné, pourquoi moi, à mon tour, pour accomplir une promesse faite, j'ai suivi, sans enthousiasme et sans conviction, une voie qui, au moment où je touchais au bonheur, m'a arraché à toutes mes espérances pour me jeter pendant trois ans dans la prison du Temple, et me livrer ensuite à la fausse clémence d'un homme qui, en me faisant grâce de la vie, a condamné ma vie au malheur.
> Je crois à un Dieu qui a fait les mondes, qui leur a tracé leur route dans l'éther mais qui, par cela même, n'a pas le temps de s'occuper du malheur ou de la félicité de deux pauvres atomes rampant à la surface de ce globe[77].

C'est à partir de ce moment qu'Hector s'écarte du modèle de son aîné, le comte de Monte-Cristo. Alors que Dantès est mû par un désir de vengeance personnelle, Hector, « sans enthousiasme et sans conviction », n'obéit qu'à une promesse de vengeance qui lui a été imposée de l'extérieur.

« Condamné au malheur », c'est une force qui va d'abord au hasard. Pourtant, le jeune vengeur royaliste a découvert une valeur supérieure aux haines de classes ou de parti pour laquelle il va com-

---

[7] *Ibid.*, chap. LXXVII.

battre : « Il lui avait fallu beaucoup lire et beaucoup réfléchir pour arriver à reconnaître que les dévouements en dehors des lois, peuvent quelquefois devenir des crimes et qu'il n'y a de dévouements selon le cœur de Dieu que les dévouements à la patrie[88] ».

Le fils du général républicain, le petit-fils de l'aristocrate Davy de La Pailleterie et de l'esclave noire, petit-fils aussi de Claude Labouret, domestique du duc d'Orléans, puis petit-bourgeois de Villers-Cotterêts, fond la disparité de ses origines sociales dans le creuset de la nation. Aussi Hector ne combat-il ni pour ni contre Napoléon qui n'est qu'un avatar de l'Histoire des hommes, il offre en sacrifice à la France une vie sans but du moment où elle a été interdite d'amour. Témoin de l'histoire de Napoléon, il ne devient acteur que pour la gloire de la patrie.

[8] *Ibid.*, chap. LXXVIII.

Marie Makropoulou – Université Aristote de Thessalonique

Une vie ou le destin tragique d'une famille et d'une classe sociale

Une vie, le premier roman de Maupassant[1], suit étape par étape la vie de Jeanne de Lamare, descendante d'une famille de la petite noblesse de province, depuis sa sortie du couvent le 3 mai 1819, jusqu'au seuil de la vieillesse à la veille de la deuxième République. Il parcourt ainsi un quart de siècle d'histoire française. Que la France ait connu pendant cette période trois souverains, deux révolutions, un coup d'État et l'installation du Second Empire, peu importe semble-t-il, aucune allusion n'y est faite par l'auteur, qui paraît tout à fait indifférent à l'actualité vivante et aux grands événements qui ont secoué le siècle.

Contrairement à ses contemporains et prédécesseurs dont les œuvres sont imprégnées des réalités sociales et historiques de leur temps, et dont dépendent souvent les perspectives de réussite des personnages, Maupassant fait surtout une large part au décor naturel. Ce sont les odeurs, les couleurs, les bruits de la campagne normande, du pays de Caux, qui constituent les acteurs principaux du roman au détriment des détails historiques. « Si la chronologie est précise, le récit demeure intemporel, si l'action se déroule en Normandie, il reste néanmoins comme étranger à l'espace[2] », écrit Pierre Cogny dans sa préface à *Une vie*, tandis que Georges Lukács reproche à l'œuvre en question son manque d'historicité :

> Maupassant, en écrivain remarquable, rend bien les aspects purement extérieurs de la description du temps. Mais l'action essentielle du roman est tout à fait « intemporelle » ; la Restauration, la Révolution de Juillet, la Monarchie de Juillet etc. des événements qui objectivement

---

[1] *Romans*, éd. Louis Forestier, Paris, Gallimard, coll. « Bibliothèque de la Pléiade », 1987. Ce sera notre édition de référence. Les chiffres entre parenthèses renvoient à la pagination de cette édition.
[2] Pierre Cogny, préface d'*Une vie*, Paris, Garnier-Flammarion, 1974.

doivent exercer une influence extrêmement féconde sur la vie quotidienne d'un milieu aristocratique, ne jouent pratiquement aucun rôle chez Maupassant[3].

Or il existe au XIXe siècle et après Balzac une conscience historique qui trouve sa source dans les mutations fondamentales produites par la Révolution française. La passion des enquêtes sociales, le courant réaliste, le roman de mœurs séduisent les romanciers qui manifestent un souci de fidélité au réel, ancrent leur récit dans l'histoire et s'interrogent sur le devenir de la société, dont ils dénoncent la dégradation et la corruption des valeurs. Il semble que Maupassant ne soit pas resté insensible à toutes ces préoccupations ; effectivement, on trouve dans *Une vie*, comme le note André Vial, « de nombreux exemples de ce que Balzac avait désigné sous les termes d'"individualités typisées" et de "types individualisés"[4] ». De même, André Fermigier se référant au recul pris par Maupassant par rapport à l'action de son roman écrit en 1880, avance que « le déplacement de la chronologie » « était nécessaire à la démonstration que veut être *Une vie* de la décadence d'une famille et d'une classe sociale[5] », alors qu'Antonia Fonyi souligne que « le grand thème historique d'*Une* vie », c'est « cette déchéance des survivants de l'Ancien Régime[6] ». En effet, derrière les mésaventures de son héroïne, Maupassant esquisse une fresque campagnarde qui mêle aux représentants du clergé et du peuple des figures typiques de la petite noblesse de province menacée de décadence[7].

Cette classe, privilégiée sous l'Ancien Régime, à fortune exclusivement foncière, se trouve, au moment où l'auteur situe l'action de son roman à l'écart des grandes mutations économiques. Supplantée peu à peu par la bourgeoisie dont l'éclosion a été favorisée par la Révolution et l'Empire, elle est, par ailleurs, éloignée de la brillante aristocratie parisienne. Si l'action demeure intemporelle, le roman témoigne à plusieurs points de vue des bouleversements sociaux et historiques devant lesquels toute une classe se sent démunie et impuissante, et qui

---

[3] Georges Lukács, *Le Roman historique*, Paris, Payot, 1965, p. 223.
[4] André Vial, *Guy de Maupassant et l'art du roman*, Paris, Nizet, 1954, p. 391.
[5] André Fermigier, préface d'*Une vie*, Paris, Gallimard, 1974, p. 19.
[6] Antonia Fonyi, préface d'*Une vie*, Paris, Garnier-Flammarion, 1993, p. 25.
[7] Voir à ce sujet l'étude de Charles Castella, *Structures romanesques et vision sociale chez Guy de Maupassant*, Paris, L'Âge d'homme, 1972.

s'inscrivent dans la déchéance d'une famille et les mésaventures d'une femme ; il pourrait donc incontestablement se lire comme une chronique sociale sur la vie en Normandie dans la première moitié du XIXe siècle. Gérard Délaisement souligne à ce propos que, dans

> *Une vie*, Maupassant a soigneusement souligné l'insensible passage d'une classe, l'aristocratie, des vertus qualitatives de la race aux tentatives quantitatives qu'imposent le paraître et l'embourgeoisement. En toile de fond les vieilles valeurs imposées par l'usage ; en point de mire, les valeurs nouvelles réglées par l'échange[8].

De façon plus précise, nous allons voir comment Maupassant, selon les termes de Mona Ozouf, traite ce « métissage » au niveau fictionnel, et comment il met en scène « la rencontre de deux France, celle de la tradition, [et] celle de la Révolution[9] ».

Une vie rend compte de l'affrontement pacifique de deux mondes qui répondent à des systèmes de valeurs différents : d'un côté, le monde clos de l'aristocratie rurale attachée désespérément à ses principes de classe et préservant son passé comme une relique, et de l'autre, le nouveau régime porteur d'une éthique nouvelle que ces nobles convoitent ou dédaignent. Plus précisément, nous assistons, à travers l'évolution des représentants de trois générations, à la dégradation progressive des valeurs nobiliaires tombées en désuétude, congédiées petit à petit au profit d'une réalité nouvelle qui s'infiltre subtilement dans ce monde périmé et apparemment étanche.

Représentant de la première génération, le baron Le Perthuis des Vauds, père de l'héroïne, esprit éclairé et disciple de Jean-Jacques Rousseau, détenteur des véritables valeurs de sa classe, à savoir la loyauté, la générosité, la grandeur d'âme, se montre cependant incapable de les sauvegarder et de les perpétuer. Bien qu'il semble bénéficier de l'indulgence du narrateur, cet esprit libéral, ennemi des dogmes et de tout ce qui paraît contre-nature, fait souvent preuve de faiblesse mais aussi de lâcheté ; sa bonté, sa tolérance et son amour paternel fléchissent sous la rigidité des mœurs contemporaines, plus encore sous une morale

---

[8] Gérard Délaisement, *La Modernité de Maupassant*, Paris, Rive droite, 1995, p. 30.
[9] Mona Ozouf, *Les Aveux du roman*, Paris, Fayard, coll. « L'Esprit de la cité », 2001, p. 21.

bourgeoise du compromis dont il est lui-même bénéficiaire. Si le plan d'éducation qu'il conçoit pour sa fille passant par le couvent et l'épanouissement individuel au contact de la nature, satisfait son autorité paternelle et son prestige de classe, il est un véritable échec[10]. Trop théorique, il laissera la jeune aristocrate à l'écart de la réalité. Il s'avèrera même anachronique et en total désaccord avec les impératifs sociaux d'une époque qui donne à l'homme tous les droits, et où le mariage d'amour n'est plus qu'une illusion. Aussi, la veille du mariage, le baron dans un discours très maladroit se limite à de piètres conseils de soumission et de résignation qui ne peuvent assurer le bonheur de Jeanne : « je ne puis t'en dire plus, ma chérie ; mais n'oublie point ceci, seulement ceci, que tu appartiens tout entière à ton mari » (44-45). Le baron précipite aussitôt la jeune fille dans les bras du premier séducteur et coureur de dot venu. Sa nuit de noces, vécue comme un viol, amorcera une chaîne ininterrompue de désillusions. Victime d'un code social et moral légué par son éducation et ses parents qui la confine désormais dans son rôle de mère, d'épouse, de bonne chrétienne, la jeune fille sera complètement désarmée devant les vicissitudes que lui réserve le destin.

Dépositaire des règles et valeurs ancestrales désormais dépassées qu'il n'a pas la force de contester ou d'assouplir, et fermant les yeux à une réalité nouvelle, le baron amorce ainsi la première étape de la dégradation de sa classe qui sera vite consommée par son gendre et son petit-fils.

Julien de Lamare, représentant de la seconde génération, rejeton d'une famille d'aristocrates ruinés, répond à la générosité et la loyauté de son beau-père par une avarice sans précédents[11]. Épousant Jeanne, c'est

---

[10] « Elle était demeurée jusqu'à douze ans dans la maison, puis, malgré les pleurs de sa mère, elle fut mise au Sacré-Cœur. Il l'avait tenue là sévèrement enfermée, cloîtrée, ignorée et ignorante des choses humaines. Il voulait qu'on la lui rendît chaste à dix-sept ans pour la tremper lui-même dans une sorte de bain de poésie raisonnable ; et, par les champs, au milieu de la terre fécondée, ouvrir son âme, dégourdir son ignorance à l'aspect de l'amour naïf, des tendresses simples des animaux, des lois sereines de la vie » (4).

[11] Par mesure d'économie et faisant preuve d'une stupide vanité, il attribue au vieux cocher du château les fonctions de jardinier », se chargeant de conduire lui-même et ayant vendu les carrossiers pour n'avoir plus à payer leur

surtout sa dot qu'il convoite, voulant ainsi retrouver la légitimité et acquérir à nouveau sa réputation. Or, s'il sauve les apparences par son acharnement ridicule à maintenir les signes de reconnaissance, des signes extérieurs attachés à la noblesse[12], quand il n'est pas sous le regard des nobles, il prend les habitudes du peuple, se comporte comme un personnage rustre et grossier « [fumant] sa pipe, [en crachant] par terre » (69), la bonté et la grandeur d'âme de son beau-père dégénérant chez lui en une vulgarité en parfait désaccord avec ses principes aristocratiques. Si Julien bascule du « comme il faut » à l'odieux, c'est qu'il est piégé entre deux systèmes de valeurs qu'il ne peut concilier. Les multiples visages qu'il revêt, les contradictions relevées dans son comportement rendent compte du malaise de toute une classe à la recherche d'une identité sociale[13].

Paul, son fils, représentant de la troisième génération, se montre tout aussi inapte à préserver les valeurs du groupe social auquel typiquement il semble appartenir. Si Jeanne ne reconnaît plus son enfant dans l'adulte qu'il devient, c'est que ce dernier n'a plus aucune relation avec la classe dont il est issu. Fruit d'une société nouvelle, Paul symbolise la rupture définitive avec l'ordre ancien, parallèle à l'importance grandissante de l'argent, désormais valeur unique de la société. Rosalie, la servante, en avertit sa maîtresse : « sans argent, il n'y a plus que des manants » (166), lui dit-elle.

Tandis qu'au début du roman, l'argent est présenté comme une source intarissable, et que le baron dépense sans compter pour sauvegarder son prestige, son gendre Julien sacrifie ce dernier à une « féroce parcimonie » (77) pour refaire sa fortune. Plus on avance dans le roman, plus on voit l'univers protégé du château des Peuples se faire perméable aux valeurs d'une société nouvelle et dont le petit-fils du baron veut goûter les bienfaits ; son embourgeoisement commence par son change-

---

nourriture », tandis qu'« il avait fait un petit domestique d'un jeune vacher nommé Marius » (69).

[12] Voir l'épisode pendant lequel on écartèle les écussons des deux familles (68).

[13] « Il avait pris la direction de la fortune et de la maison, révisait les baux, harcelait les paysans, diminuait les dépenses ; et ayant revêtu lui-même des allures de fermier gentilhomme, il avait perdu son verni et son élégance de fiancé » (67).

ment de nom dont il supprime la particule. Sous sa nouvelle identité, Paul Delamare se lance dans les affaires mais se retrouve après avoir dilapidé toute la fortune de la famille, endetté et sans travail. Le baron devant hypothéquer ses terres, il en meurt. Le château est vendu à un riche bourgeois et Jeanne meurt dans une maison bourgeoise à Batteville. Le nouveau monde qui s'ouvre à Paul ne s'annonce pas plus heureux que celui de ses ancêtres. Le nivellement social prophétise sans doute un malaise d'une autre nature. « À travers l'histoire de trois générations, commencée après la Révolution et se terminant au milieu du XIXe siècle, se dessine l'histoire du triomphe de l'économique sur le social, de l'avoir sur l'être collectif[14] », écrit Antonia Fonyi. La fin du roman fait place aux usuriers, aux avocats, aux hommes d'affaires, mais encore aux spéculations financières, aux calculs, à la Bourse. La scène où Jeanne prend le train pour se rendre à Paris illustre à plusieurs égards la rapidité des mutations qu'elle ne peut plus suivre et auxquelles elle ne peut s'adapter : « Elle regardait passer les campagnes, les arbres, les fermes, les villages, effarée de cette vitesse, se sentant prise dans une vie nouvelle, emportée dans un monde nouveau qui n'était plus le sien, celui de sa tranquille jeunesse et de sa vie monotone » (180). La substitution des rôles à la fin du roman, la prise en charge de Jeanne, complètement impotente, par Rosalie la servante, qui gère désormais le reste de la fortune de sa maîtresse, est plus que significative de l'avènement d'une nouvelle réalité sociale, hostile aux valeurs ancestrales et à laquelle Rosalie éduque la jeune aristocrate.

On pourrait ainsi multiplier à l'infini les signes révélateurs de l'effondrement de toute une classe, diffus à travers le texte et susceptibles de conférer au roman la qualité d'un véritable document sociologique. Or il semblerait que l'essentiel soit ailleurs que dans l'information et la précision historique. Nous savons depuis sa célèbre préface à *Pierre et Jean* sur le roman, que le réalisme de Maupassant, bien qu'il paraisse répondre à une certaine vraisemblance historique, sociale ou encore biographique, réside dans l'expression d'une « vision personnelle » (706) du monde, fondée sur la notion de sincérité. Le sous-titre du roman est plus que révélateur de son refus à peindre toute la vérité mais seulement « l'humble vérité ». « Faire vrai consiste donc », pour Maupassant, « à donner l'illusion complète du vrai » (709). Dès lors, si l'œuvre feint une

---

[14] Antonia Fonyi, *Maupassant 1993*, Paris, Kimé, 1993, p. 70.

fidélité à une certaine réalité sociale, cette dernière se trouve du même coup altérée, perturbée, dévalorisée, invalidée, finissant par s'imposer comme miroir, reflet des obsessions, des angoisses d'un tempérament tout particulier. À cet effet concourent non seulement les nombreuses références à l'art scénique diffuses dans le roman, mais encore la fréquence de certaines images, de certains motifs récurrents qui entraînent le lecteur vers une signification nouvelle, dans le sens « de la vérité spéciale [que le romancier] veut montrer » (708). Il s'agira donc de lire ce qui ce cache derrière le flou événementiel, derrière le caractère intemporel de l'œuvre. « La métamorphose du matériau réel en évocation symbolique se fait en proportion même de l'intensité de la représentation et de son souci d'atteindre aux vérités les plus profondes[15] », écrit Henri Mitterand.

Parallèlement donc aux signes apparents de la dégradation d'une classe, le romancier d'*Une vie* centre surtout son regard sur le statut tragique d'individus piégés, traqués entre deux états, deux systèmes de valeur, dans une période transitoire, de sursis, pouvons-nous dire, où le temps semble s'être arrêté, juste avant le nivellement social complet. Désespérément attachés à leurs anciennes traditions qu'ils s'obstinent à sauvegarder, et impuissants à arrêter le flux irréversible du nouveau, ces nobles sont condamnés à assister au spectacle de leur propre destruction. Relégués dans un microcosme factice, qu'ils s'acharnent à reproduire à l'image d'un monde à jamais disparu, et à prolonger dans le présent, ces êtres déclassés se voient obligés d'assumer un rôle, de jouer à la comédie du passé, avec tout ce que cela implique d'activités dérisoires – discussions sur leurs origines ancestrales et leurs généalogies, sur les usages de la morale, correspondances avec des parents éloignés, visites cérémoniales aux voisins – pour suppléer au vide de leur existence. Vestiges eux-mêmes d'une époque révolue, à l'image de leurs châteaux délabrés, ils étalent leur morne existence dans un présent figé, qui semble avoir perdu ses dimensions. C'est le malaise et l'agonie de toute cette classe, mutilée dans ses rêves et projets d'avenir, victime d'une existence factice, que Maupassant met en scène à travers ces familles de hobereaux normands, ces figures falotes, derniers survivants d'une époque finissante et d'une grandeur dépassée.

---

[15] Henri Mitterand, *L'Illusion réaliste. De Balzac à Aragon*, Paris, PUF, 1994, p. 8.

Représentative à cet égard, la figure emblématique de Madame Adélaïde, mère de Jeanne, véritable personnage de vaudeville, dont la description humoristique dès les premières pages du roman fait basculer le réel dans un registre comique et dérisoire, qui sera poursuivi dans le reste du roman :

> Sa figure qu'encadraient six boudins réguliers de cheveux pendillants s'affaissa peu à peu, mollement soutenue par les trois grandes vagues de son cou dont les dernières ondulations se perdaient dans la pleine mer de sa poitrine. Sa tête soulevée à chaque aspiration, retombait ensuite ; les joues s'enflaient, tandis que, entre ses lèvres entrouvertes, passait un ronflement sonore (7).

Très vite, cependant, la tonalité comique se double d'une impression amère, devant le spectacle d'une existence morne confinée à l'espace du souvenir. En effet, si l'obésité et la lourdeur de « petite mère » (20), comme on a coutume de l'appeler, conséquence de sa maladie de cœur, de son « hypertrophie » (19), lui confèrent sa dignité, elles sont responsables d'une santé fragile qui n'est pas sans évoquer une maladie morale plus grave et sans remède. La baronne est bel et bien ancrée dans le passé, sans aucun contact avec la société dans laquelle elle vit. De tempérament romanesque et entichée de généalogie nobiliaire[16], elle s'abîme dans la mélancolie des réminiscences de sa jeunesse, concrétisées par cette fameuse boîte à reliques, qui l'enferme dans une illusion de bonheur, que nourrissent de surcroît ses lectures romantiques. Cette vie irréelle trouve sa projection spatiale dans son habitation des Peuples, qui représente pour la vieille aristocrate « un décor aux romans de son âme, lui rappelant [...] les livres de Walter Scott qu'elle lisait depuis quelques mois » (19). De même, ses allées et venues répétées dans le jardin, en guise d'exercice, qui tracent « dans toute la longueur du chemin, l'un à l'aller, l'autre au retour, deux sillons poudreux » (18), ne sont pas sans évoquer la clôture et la répétition mortifère, références implicites semble-t-il au désenchantement, à l'ennui, conséquences d'une existence condamnée au ressassement et qui annonce celle de sa fille.

---

[16] « La baronne faisait des tours de force de mémoire, rétablissant les ascendances et les descendances d'autres familles, circulant, sans jamais se perdre, dans le labyrinthe compliqué des généalogies » (23).

À l'égard des autres familles nobles qui occupent l'arrière-fond du roman, Maupassant se montre encore moins indulgent. Son regard désapprobateur inscrit le réel dans un contexte de dérision et de dégradation caricaturale qui entretient l'illusion tragique d'appartenance à une caste, en présentant les signes de sa déchéance et de sa destruction. Aussi l'apparition fortement cérémonieuse et théâtrale du couple des Briseville, « ces conserves de noblesse » (73), a lieu dans un décor glacial et humide qui exhale une odeur du passé, une odeur de pourriture. Assimilés à des marionnettes, des figurines d'ombre du théâtre de karagueuz dont on tire les ficelles, ces lamentables fantoches limitent leurs mouvements à des gestes mécaniques et leurs conversations à des clichés :

> Enfin, une des hautes portes tourna, découvrant le vicomte et la vicomtesse de Briseville. Ils étaient tous les deux petits, maigrelets, sautillants, sans âge appréciable, cérémonieux et embarrassés. La femme, en robe de soie ramagée, coiffée d'un petit bonnet douairière à rubans, parlait vite de sa voix aigrelette. Le mari serré dans une redingote pompeuse saluait avec un ploiement des genoux. Son nez, ses yeux, ses dents déchaussées, ses cheveux qu'on aurait dits enduits de cire et son beau vêtement d'apparat luisaient comme luisent les choses dont on prend grand soin (72).

Le comique issu du contraste entre leur statut social et les réalités matérielles vise surtout le tragique d'une vie précaire, la gravité et le malaise d'une situation sans remède.

En ce qui concerne les Coutelier, Maupassant sacrifie le scrupule réaliste au profit d'une vision satirique de la réalité qui frôle le sarcasme. À l'aide de ces hobereaux fort condescendants et hautains, véritables caricatures du couple royal, il tourne en dérision la majesté et la splendeur d'une époque dont il ne reste plus que les ornements et le protocole : « La femme était poudrée, aimable par fonction, et maniérée par désir de sembler condescendante. L'homme, gros personnage à cheveux blancs relevés droits sur la tête, mettait en ses gestes, en sa voix, en toute son attitude, une hauteur qui disait son importance » (110). Leur attachement obstiné au passé est signalé par un vase de Sèvres, don du roi qui décore le salon, ainsi qu'une lettre autographe, emblèmes des privilèges nobiliaires déclassés en simples curiosités. Bien qu'ils paraissent bénéficier d'une plus grande aisance matérielle, leur situation n'en est pas pour autant moins fragile. « C'étaient de ces gens à étiquette dont l'esprit, les sentiments et les paroles semblent toujours sur des échasses »

(110), écrit Maupassant raillant l'inanité d'une classe mais aussi sa stupide vanité de se hisser en imagination dans un monde à jamais disparu.

Quant au couple des Fourville, le réel se soumet entièrement à la vision fantastique. La comtesse « semblait bien la belle dame du lac, née pour ce manoir de conte » (107) et le comte un « bon géant », « un ogre » (109), tous deux paraissant sortis de l'univers légendaire des contes de fée ; personnages irréels comme leur château, ils sont à peine esquissés par l'auteur, allusion implicite à l'inconsistance de toute une classe, coquille vide, dont il ne reste que la surface. Les assimilations du conte de Fourville à « une ombre colossale, fantastique », à « un prodigieux fantôme » (109), rendent compte de cette existence illusoire et fantasmatique.

Adoptant le regard distant et critique du spectateur de théâtre, que permet le recul chronologique pris par rapport à l'action de son roman, Maupassant dénonce ainsi l'absurdité du réel en le disqualifiant, le faisant vaciller dans un contexte de faux-semblant, ludique et dérisoire. Si l'auteur s'inscrit dans l'optique pessimiste de Schopenhauer pour qui le monde n'est qu'une représentation de la vie, un théâtre de marionnettes, il n'est pas sans convoquer la conception de Ionesco sur le caractère à la fois comique et tragique, et donc théâtral, de ce qui est absurde. « On ne peut trouver de solution à l'insoutenable, et seul ce qui est insoutenable est profondément tragique, profondément comique, essentiellement théâtre[17] », écrit le dramaturge. L'illusion réaliste se confond ainsi chez Maupassant à l'illusion scénique qui amoindrit le détail historique, le ternit, le dissout, le soumet à une vision absurde de l'existence qui devient seule réalité.

C'est dans ce même contexte factice et théâtral que s'inscrit la vie ou plutôt la non-vie de Jeanne, cette « ombre démodée d'un siècle[18] », qui semble appartenir à un monde sur lequel les événements n'ont pas de prise. « L'identité entre la vie sociale et la vie privée renforce l'unité du roman, où l'aventure d'un individu condamné par la vie illustre celle

---

[17] Marianne Bury, « Récit court et langage dramatique : l'effet dans la poétique de Maupassant », dans Christopher Lloyd et Robert Lethbridge, *Maupassant conteur et romancier*, University of Durham, 1994, p. 132.

[18] Guy de Maupassant, *Contes et nouvelles*, éd. Louis Forestier, Paris, Gallimard, coll. « Bibliothèque de la Pléiade », t. I, 1974, p. 639-640.

d'une classe condamnée par l'Histoire[19] », écrit Marianne Bury. Aussi les étapes successives de la décomposition de la vie de Jeanne redoublent les étapes essentielles de la déchéance d'une classe. Les bouleversements sociaux conditionnent et imprègnent la vie de la jeune fille qui en constitue le reflet. Jeanne se trouve ainsi piégée, à l'image du groupe social dont elle est issue, entre deux systèmes de valeurs dont elle reçoit les échos et qu'elle essaye vainement de faire correspondre. C'est bien de ce déchirement que rend compte sa vie.

Les mésaventures de la jeune aristocrate mettent à l'épreuve toutes les valeurs sur lesquelles s'était édifiée la société dans laquelle elle a vécu, valeurs léguées par son éducation, son origine, sa place dans la société, son statut de femme. À cet égard, le chapitre VII du roman qui retrace la tentative de suicide de l'héroïne, est plus que révélateur de cette fusion d'une destinée individuelle avec une destinée sociale :

> Jeanne allait vite, sans souffler, sans savoir, sans réfléchir à rien. Et soudain elle se trouva au bord de la falaise. Elle s'arrêta net, par instinct, et s'accroupit, vidée de toute pensée et de toute volonté. [...] Puis des visions anciennes passèrent devant ses yeux ; cette promenade avec lui dans le bateau du père Lastique, leur causerie, son amour naissant, le baptême de la barque ; puis elle remonta plus loin jusqu'à cette nuit bercée de rêves à son arrivée aux Peuples. Et maintenant ! Maintenant ! Oh ! Sa vie était cassée, toute joie finie, toute attente impossible ; et l'épouvantable avenir plein de tortures, de trahisons et de désespoirs lui apparut (86).

Le narrateur résume dans ce bref passage les trois étapes de la vie de la jeune provinciale, un passé idéalisé face à un présent insoutenable et un avenir impossible, étapes parallèles, semble-t-il, au statut d'une classe sociale dont Jeanne incarne le caractère évanescent. En effet, faute d'avenir, l'héroïne va annuler le temps présent en le substituant à la reconstitution mentale de son passé. André Vial écrit qu'« *Une vie* n'est autre chose que l'étude du passage insensible d'un esprit, du rêve d'avenir au festin lamentable du souvenir. Toujours en avance ou toujours en retard, Jeanne finit sans avoir vécu, sans s'être jamais trouvée "au temps présent"[20] ».

---

[19] Marianne Bury, *Une vie de Guy de Maupassant*, Paris, Gallimard, 1995, p. 49.
[20] André Vial, *Guy de Maupassant et l'art du roman*, *op. cit.*, p. 120.

Effectivement, si le sous-titre du roman, « l'humble vérité », privilégie l'anonymat, le titre *Une vie* fait allusion à ce qui a été, à ce qui est déjà passé, à ce qui n'est plus, annulant ainsi toute une vie et renvoyant à sa possession illusoire. « *Une vie* : le roman de la dépossession, de l'expropriation, de la désappropriation[21] », écrit Alain Buisine. La vie de Jeanne se résume en une suite de pertes et de deuils, ses parents, ses biens, son fils, son mari mais aussi son corps, sa mémoire, finissant par répéter l'état d'insignifiance et de nullité de sa tante Lison. Sa seule activité se résumera donc à compléter le puzzle d'une vie qu'elle n'a jamais vécue, à combler les vides, suppléer aux défaillances de sa mémoire[22]. C'est en ce sens que nous pouvons concevoir son attachement maladif aux objets de sa jeunesse, moyen de concrétiser l'absence, de remédier à la vacuité de son espace vital.

> Et une idée la saisit qui fut bientôt une obsession terrible, incessante, acharnée. Elle voulait retrouver presque jour par jour ce qu'elle avait fait. Elle piqua contre les murs sur la tapisserie, l'un après l'autre, ces cartons jaunis, et elle passait des heures en face de l'un ou de l'autre, se demandant : « Que m'est-il arrivé, ce mois-là ? » Elle avait marqué de traits les dates mémorables de son histoire, et elle parvenait parfois à retrouver un mois entier, reconstituant un à un, groupant, rattachant l'un à l'autre tous les petits faits qui avaient précédé ou suivi un événement important (188).

« Se souvenir de ce qu'elle n'a pas été est sa façon d'être »[23], écrit Alain Buisine. Or s'acharner à reconstituer sa propre vie, son passé, signifie le mettre en scène et assumer en même temps le premier rôle. Dès l'incipit du roman, Jeanne semble évoluer dans un décor théâtral ; n'oublions pas qu'elle fait son apparition derrière un rideau de pluie, qu'elle cherche à se retrouver dans la vieille légende d'amour qui orne les tapisseries de sa chambre ou encore dans toutes les constructions imaginaires qu'elle échafaude en désaccord avec le présent. La scène du haut de la falaise où elle voit « les visions anciennes passer devant ses yeux » rétablit à ce propos les conventions scéniques, Jeanne se faisant

---

[21] *Une vie*, éd. Alain Buisine, Paris, Albin Michel, 1983, p. 230.
[22] Voir à ce sujet Naomi Schor, « "UNE VIE" / DES VIDES ou le nom de la mère », *Littérature*, n° 26, 1977, p. 51-71.
[23] *Une vie*, éd. Buisine, p. 234.

actrice-fantôme et spectatrice du néant, car comment faire accéder à la réalité un monde qui ne fut que leurre et illusion ?

Vainement, elle cherchera donc à se reconnaître, à se retrouver dans l'univers de ses fantasmes, vainement elle cherchera à combler les failles, tentative qu'il n'est pas difficile d'assimiler au désir insensé de toute une classe à ressusciter le prestige d'une époque à jamais révolue dans un présent qui lui échappe, une tentative d'appropriation du néant finalement qui frôle le monde de la folie, dernière étape de la déchéance. À cet égard, l'obstination de Jeanne, privée de son fils, à recomposer dans le vide les lettres qui composent son nom, est plus que symbolique de la futilité de cette entreprise :

> Et, tout bas, ses lèvres murmuraient : « Poulet, mon petit Poulet », comme si elle lui eût parlé et, sa rêverie s'arrêtant sur ce mot, elle essayait parfois pendant des heures d'écrire dans le vide, de son doigt tendu, les lettres qui le composaient. Elle les traçait lentement, devant le feu, s'imaginant les voir, puis, croyant s'être trompée, elle recommençait le P d'un bras tremblant de fatigue, s'efforçant de dessiner le nom jusqu'au bout ; puis, quand elle avait fini, elle recommençait. À la fin elle en pouvait plus, mêlait tout, modelait d'autres mots, s'énervant jusqu'à la folie (186).

Si les nombreuses allusions à l'univers de la folie à la fin du roman témoignent de l'état dépressif de Jeanne, elles ne sont pas sans refléter la déliquescence et l'aliénation de toute une classe qui s'obstine à jouer un rôle qu'on ne lui attribue plus et auquel plus personne ne croit, une classe en quête d'identité finalement. « Rares sont les entreprises romanesques de cette époque qui menacent et fragilisent à ce point la constitution de l'identité du sujet[24] », écrit Alain Buisine. On pourrait sans doute avancer que si la jeune femme véhicule et intériorise tous les signes de la dérélection d'une classe violemment coupée de ses origines, elle préconise en même temps l'avènement d'une société nouvelle où l'uniformité sociale risque de mettre en péril toute forme d'identité. L'échec de Paul mais aussi la méfiance de Maupassant en ce qui concerne la fusion des classes nous permettent de soutenir une telle supposition : « si vous voulez en changer l'ordre, mêler ces couches, les confondre, hausser brusquement les basses et abaisser les hautes, vous substituer au

---

[24] *Ibid.*, p. 228.

Temps, pour faire, avec du peuple une aristocratie spontanée, et rejeter dans le peuple l'aristocratie véritable, vous accomplirez de très mauvaise besogne pour la patrie[25] » soutient le chroniqueur.

Maupassant fausse encore une fois les pistes. Est-il républicain, conservateur, sympathise-t-il avec le nouveau, l'ancien ? Difficile de répondre. Au-delà de la tradition réaliste et l'exactitude des informations, il opte sans doute pour la cohérence esthétique de son univers romanesque, qui se nourrit de vérité historique, pour la dépasser et devenir lui-même réalité. L'absence de repères chronologiques, le flou événementiel dont on a accusé Maupassant ne signifierait-il pas dès lors la présence d'autres repères inhérents à la création artistique ? Les « héros d'un grand romancier expriment une vérité humaine plus profonde que tous les documents rassemblés autour d'un être vivant ou fixés par l'histoire[26] », écrit Henry Bouillier se référant aux frères Goncourt. Tel est sans doute le cas de Maupassant qui plie l'histoire à sa propre vision du réel, vision d'une existence où tout est illusion, leurre, piège, angoisse du néant, mais « vision plus complète, plus saisissante, plus probante que la réalité même » (708) parce qu'intériorisée, vécue par le romancier ; c'est bien cette illusion qu'il met en scène dans les pages de son roman, c'est bien ce vertige qu'il arrive à transmettre au lecteur dans un texte palimpseste qui découvre derrière la déchéance de toute une classe, derrière les mésaventures d'une famille et la destinée d'une femme, le destin de tout individu piégé dans une existence absurde. Face à cette réalité tragique, le rôle de l'histoire s'avère tout aussi dérisoire.

Je terminerai par un extrait de l'*Éthique à Nicomaque* auquel se réfère Michel Crouzet dans son article magistral sur la rhétorique de Maupassant : l'art « porte sur les choses qui peuvent être autres qu'elles sont », et a pour fonction d'« amener à l'existence une de ces choses qui sont susceptibles d'être ou de n'être pas, mais dont le principe d'existence réside dans l'artiste et non dans la chose produite »[27], écrit Aristote.

---

[25] Maupassant, *Chroniques*, préface d'Hubert Juin, Paris, UGE, coll. « 10/18 », 1980, t. II, p. 376.

[26] Henry Bouillier, *Portraits et miroirs. Études sur le portrait dans l'œuvre de Retz, Saint-Simon, Chateaubriand, Michelet, les Goncourt, Proust, Léon Daudet, Jouhandeau*, Paris, Société d'Édition d'Enseignement Supérieur, 1979, p. 124.

[27] Michel Crouzet, « Une rhétorique de Maupassant ? », *Revue d'histoire littéraire de la France*, mars-avril 1980 : *La Rhétorique au XIXe siècle*, p. 261.

On ne pourrait mieux définir, semble-t-il, cet art de l'illusionnisme, qualité du véritable artiste selon Maupassant.

Éléonore Reverzy – Université de Strasbourg

Dynasties naturalistes. Zola historien de la longue durée

Allez, on a beau faire des révolutions, c'est bonnet blanc, blanc bonnet, et le paysan reste le paysan[1].

La première des causes de « l'individualisme » démocratique selon Tocqueville est la rupture des liens : liens verticaux entre les générations, liens horizontaux à l'intérieur des classes. La société aristocratique était en effet tissée de ces fils qui liaient les aïeux aux arrière-petits-fils et l'homme à une classe comme à « une sorte de petite patrie ». Le fait d'appartenir ainsi à une famille ou à une classe disposait l'homme d'Ancien Régime à « s'oublier [soi-même] » parce qu'il était « presque toujours lié d'une manière étroite à quelque chose qui est placé en dehors » de lui. On connaît le passage célèbre : « L'aristocratie avait fait de tous les citoyens une longue chaîne qui remontait du paysan au roi ; la démocratie brise la chaîne et met chaque anneau à part[2] ».

Cette atomisation du corps social, les fictions du XIXe siècle l'enregistrent et ne cessent de la représenter. Le genre même du roman d'apprentissage naît précisément de cette perception de la dominante individualiste, caractéristique de l'homme post-révolutionnaire. Plus intéressante sans doute est la manière dont le romancier reconstruit des généalogies et cherche à penser l'individu dans une lignée, à partir de modèles scientifiques, sur nouveaux frais[3]. Le roman réaliste se plaît à représenter l'individu au sein de la famille, voire, chez Zola et nombreux

---

[1] *La Terre*, dans *Les Rougon-Macquart*, éd. Armand Lanoux et Henri Mitterand, Paris, Gallimard, coll. « Bibliothèque de la Pléiade », 1961-1966, t. IV, p. 435.

[2] Tocqueville, *De la démocratie en Amérique* (1840), Flammarion, coll. « GF », 1981, t. II, p. 126.

[3] Voir à ce propos *Mythologies de l'hérédité au XIXe siècle* (Paris, Galilée, 1981) de Jean Borie, ainsi que les analyses de Claudie Bernard dans *Penser la famille au XIXe siècle*, Publications de l'université de Saint-Étienne, 2007, p. 128 *et sq*.

de ses contemporains, à le saisir dans une filiation. La construction fictionnelle zolienne est en cela exemplaire. Elle s'assortit d'un arbre généalogique enraciné dans la période révolutionnaire, que le romancier produit lors de la publication d'*Une page d'amour* en 1878, puis avec *Le Docteur Pascal* où il est métacommenté par le médecin. À ce titre, le roman zolien, qui sera examiné ici comme un tout, dont les vingt volumes des *Rougon-Macquart* constitueraient autant de chapitres, prétend à la fois présenter un panorama de la société démocratique, et décrire la situation de l'individu en son sein, pour rétablir une chaîne verticale, celle du sang, du lignage. Que Félicité Rougon, dans le dernier volume, soit la fondatrice de l'Asile Rougon et donne ainsi le nom de Rougon à une œuvre de bienfaisance témoigne de la volonté, dynastique, d'imprimer sa marque sur la ville, et, comme l'écrit Auguste Dezalay, illustre « la mutation de la noblesse traditionnelle en notabilité[4] ».

Le roman de Zola, paradoxalement, offre un tableau de l'atomisation sociale et rétablit un lien, celui de l'hérédité. Il parle de la démocratie et présente une famille construite suivant un modèle aristocratique, voire dynastique, dans laquelle, à la branche légitime, répond une branche illégitime, dominée par la tare. Aux Rougon l'ambition et les appétits de pouvoir ; aux Macquart l'alcoolisme, la folie, et toute une série de rejetons monstres. Dans le premier roman, sous-titré « Les Origines », Zola imagine même une fable de fondation, dans laquelle deux frères rivaux, Romulus et Rémus d'un nouveau genre, se disputent la création d'un empire et sa possession[5].

Je commencerai par rappeler deux textes, l'un tiré des notes préparatoires au projet des *Rougon-Macquart*, et l'autre extrait de la préface de *La Fortune des Rougon* :

> La caractéristique du mouvement moderne est la bousculade de toutes les ambitions, l'élan démocratique, l'avènement de toutes les classes (de là la familiarité des pères et des fils, le mélange et le côtoiement de tous les individus). Mon roman eût été impossible avant 89. Je le base/donc

---

[4] Auguste Dezalay, « Noblesse(s) du naturalisme », dans *Zola sans frontières*, éd. Auguste Dezalay, Presses universitaires de Strasbourg, 1996, p. 102.

[5] Voir à ce propos l'article d'Agathe Salha, « Les jumeaux fondateurs. Le mythe de Romulus et de Rémus dans la tradition littéraire », dans *Fratries : sœurs et frères dans la littérature et les arts de l'Antiquité à nos jours*, Paris, Kimé, 2003, p. 57-65.

sur une vérité du temps : la bousculade des ambitions et des appétits. J'étudie les ambitions et les appétits d'une famille lancée à travers le monde moderne, faisant des efforts surhumains, n'arrivant pas à cause de sa propre nature et des influences, touchant au succès pour retomber, finissant par produire de véritables monstruosités (le prêtre, le meurtrier, l'artiste). Le moment est trouble. C'est le trouble du moment que je peins. Il faut absolument remarquer ceci : je ne nie pas la grandeur de l'effort de l'élan moderne, je ne nie pas que nous puissions aller plus ou moins à la liberté, à la justice. Seulement ma croyance est que les hommes seront toujours des hommes, des animaux bons ou mauvais selon les circonstances. Si mes personnages n'arrivent pas au bien, c'est que nous débutons dans la perfectibilité. [...] Pour résumer mon œuvre en une phrase : *je veux peindre, au début d'un siècle de liberté et de vérité, une famille qui s'élance vers les biens prochains, et qui roule détraquée par son élan lui-même, justement à cause des lueurs troubles du moment, des convulsions fatales de l'enfantement d'un monde*[6].

C'est bien un monde horizontal que projette de décrire Zola, un monde placé sous le signe de la confusion et du « mélange », dans lequel la notion de génération a laissé place à la « familiarité ». Caractérisée par le mouvement, cette société démocratique correspond parfaitement à celle décrite par Tocqueville dans le premier tome de la *Démocratie* qui exaltait cette dynamique américaine, due pour partie à la migration et à la conquête du territoire. La « famille centrale sur laquelle agissent au moins deux familles[7] », telle que la conçoit Zola, n'est donc qu'un agrégat d'individus qui appartiennent certes au même sang mais ne semblent pas pour autant conscients de la transmission et de l'héritage. Il n'y a plus de transcendance, mais plutôt une forme de surnature aveugle, irraisonnée et fatale, qui traverse la famille et le corps social dans son entier. « La famille brûlera comme une matière se dévorant elle-même, elle s'épuisera

---

[6] « Notes générales sur la marche de l'œuvre », *La Fabrique des Rougon-Macquart*, éd. Colette Becker et Véronique Lavielle, Paris, Champion, 2003, f° 2-4, p. 28-29. Je souligne.

[7] « Une famille centrale sur laquelle agissent au moins deux familles. Épanouissement de cette famille dans le monde moderne, dans toutes les classes. Marche de cette famille vers tout ce qu'il y a de plus exquis dans la sensation et l'intelligence. Drame dans la famille par l'effet héréditaire lui-même (fils contre père, fille contre mère) » (*ibid.*, p. 28).

presque dans une génération parce qu'elle vivra trop vite », projette encore Zola[8].

> Les Rougon-Macquart, le groupe, la famille que je me propose d'étudier, a pour caractéristique le débordement des appétits, le large soulèvement de notre âge, qui se rue aux jouissances. Physiologiquement, ils sont la lente succession des accidents nerveux et sanguins qui se déclarent dans une race, à la suite d'une première lésion organique, et qui déterminent, selon les milieux, chez chacun des individus de cette race, les sentiments, les désirs, les passions, toutes les manifestations humaines, naturelles et instinctives, dont les produits prennent les noms convenus de vertus et de vices. Historiquement, ils partent du peuple, ils s'irradient dans toute la société contemporaine, ils montent à toutes les situations, par cette impulsion essentiellement moderne que reçoivent les basses classes en marche à travers le corps social, et ils racontent ainsi le second Empire, à l'aide de leurs drames individuels, du guet-apens du coup d'État à la trahison de Sedan[9].

Cet « élan sans allant » qu'a bien mis en lumière Auguste Dezalay[10], ces « moteurs immobiles[11] » que sont les Rougon-Macquart inaugurent une dynamique démocratique placée sous le signe de l'entropie : on avance mais pour reculer ; on gagne pour perdre. C'est cette vision qui préside à la représentation des personnages et les fait échapper en un sens à l'histoire : Zola a beau dire que « [s]on roman eût été impossible avant 89 », il semble bien que sa vision d'une humanité animale tende à la faire sortir du cadre de la société issue de la Révolution. À moins d'admettre avec Sylvie Thorel que le Second Empire est la période qui, selon Zola, a déchaîné les appétits, car il a interrompu le cours de l'histoire[12], force est de constater que la

---

[8] F° 6, *ibid.*, p. 32.
[9] Préface de *La Fortune des Rougon*, éd. cit., t. I, p. 3.
[10] Voir *L'Opéra des Rougon-Macquart. Essai de rythmologie romanesque*, Paris, Klincksieck, 1983, p. 54.
[11] Auguste Dezalay, « Le moteur immobile : Zola et les paralytiques », *Travaux de linguistique et de littérature*, n° VIII-2, 1970, p. 63-74.
[12] « L'Histoire est devenue, à partir de 1852, une anti-Histoire », puisqu'« au fond de l'homme gît la bête, et [que] c'est l'Empire [...] qui la révèle » (Sylvie Thorel-Cailleteau, *Zola : la pertinence réaliste*, Paris, Champion, 2002, p. 31).

démocratie pour Zola, dont le processus semble s'être étrangement accéléré sous l'Empire autoritaire, ramène l'homme à la bête. Point de vue réactionnaire qui se tapirait sous le discours positiviste et progressiste ? Il n'est pas si dissimulé en fait : « les hommes seront toujours des hommes, des animaux bons ou mauvais suivant les circonstances ». Pour Zola, le régime politique, la forme de société n'exercent guère de pouvoir civilisateur sur les individus ; bien plus la démocratie, parce qu'elle développe cet individualisme que définit Tocqueville, ne fait que renforcer la violence des appétits et donc faire grandir la bête en l'homme. C'est dire que métaphysique et morale sont prégnantes dans la conception zolienne de l'histoire. Il y aurait ainsi, *dessous*, un ensemble de forces pérennes qui constitueraient l'homme zolien, ce que Jean Borie a désigné comme une « anthropologie mythique[13] », et qui échapperaient aux mutations historiques. Ou plus exactement le point de vue biologique adopté par le romancier sur l'histoire[14] lui conférerait inévitablement une dimension non pas linéaire et chronologique, encore moins téléologique, mais cyclique : c'est le temps naturel qui sert de patron au temps historique. Le peuple constituerait en cela un révélateur : il permettrait d'observer plus nettement la stagnation, ou pour mieux dire, le retour au même qui est le dernier mot de la démocratie[15].

Cette naturalisation s'impose très nettement dans la représentation du peuple des campagnes et des côtes : le pêcheur, le mineur, le paysan, contrairement à l'ouvrier des villes, sont, sans doute parce qu'ils dépendent étroitement de la nature, conçus sur le mode de l'immuabilité.

---

[13] Jean Borie, *Zola et les mythes, ou de la nausée au salut*, Paris, Éditions du Seuil, coll. « Pierres vives », 1971, p. 43.

[14] Je renvoie à mon article : « Zola et l'écriture de l'histoire », dans *Écritures de l'histoire XIXe-XXe siècles*, éd. Gisèle Séginger, Presses universitaires de Strasbourg, 2006, p. 223-234.

[15] « On croit que les sociétés nouvelles vont chaque jour changer de face, et moi j'ai peur qu'elles ne finissent par être invariablement fixées dans les mêmes institutions, les mêmes préjugés, les mêmes mœurs ; de telle sorte que le genre humain s'arrête et se borne ; que l'esprit se plie et se replie éternellement sur lui-même sans produire d'idées nouvelles ; que l'homme s'épuise en petits mouvements solitaires et stériles, et que, tout en se remuant sans cesse, l'humanité n'avance plus » (*De la démocratie en Amérique*, éd. cit., t. II, p. 324).

Ce peuple-là ne bouge pas. Il a droit à une lignée au sens non plus médical et tératologique du terme, mais dans un sens ancien, comme si la fracture révolutionnaire n'avait pas eu lieu. Cette immobilité, qui frappe dans *La Joie de vivre* (1884), *Germinal* (1885) et *La Terre* (1887) – mais on pourrait étendre la liste, par exemple aux paysans des Artaud dans *La Faute de l'abbé Mouret*[16] – doit être questionnée. Elle paraît révélatrice de cette conception zolienne du temps précédemment dégagée.

Il faut également interroger la manière dont Zola écrit l'histoire de son siècle, dans les marges, par la bande. La critique se penche surtout sur ce que promet cette *Histoire naturelle et sociale d'une famille sous le Second Empire*, c'est-à-dire sur les Rougon et les Macquart. Or il semble bien que ce soit surtout dans les familles annexes, pas nécessairement alliées à la famille centrale, que Zola écrive l'histoire de la société post-révolutionnaire ; les rentiers Grégoire dans *Germinal*, les Hourdequin de *La Terre*, la famille Chanteau dans *La Joie de vivre*, mais aussi les Béraud du Chatel dans *La Curée*, autant de figurations exemplaires de cet élan démocratique ou d'une dynamique politique qui pourrait corriger peut-être la vision globalement entropique donnée par les Rougon-Macquart. La particularité de ces familles parallèles, et l'une des raisons de leur exemplarité historique, est précisément qu'elles se pensent comme lignée et que chacun des individus qui la composent voit au-delà de lui-même et se projette dans l'avenir, là où les Rougon, du fait de leurs appétits démesurés, et les Macquart, du fait de la collusion entre leurs appétits et la fêlure plus profonde dont ils sont atteints, sont enfermés dans une sorte de fébrilité, faite d'élan et de retombée.

Les mouvements browniens que décrit Tocqueville au sujet de l'*homo democraticus* en 1840 caractérisent en effet parfaitement l'homme zolien : « Chez les peuples démocratiques, l'ambition est [...] ardente et

---

[16] « Tous les habitants étaient parents, tous portaient le même nom, si bien qu'ils prenaient des surnoms dès le berceau, pour se distinguer entre eux. Un ancêtre, un Artaud, était venu, qui s'était fixé dans cette lande, comme un paria ; puis, sa famille avait grandi, avec la vitalité farouche des herbes suçant la vie des rochers ; sa famille avait fini par être une tribu, une commune, dont les cousinages se perdaient, remontaient à des siècles. Ils se mariaient entre eux, dans une promiscuité éhontée ; on ne citait pas un exemple d'un Artaud ayant amené une femme d'un village voisin ; les filles seules s'en allaient parfois » (*La Faute de l'abbé Mouret*, dans *Les Rougon-Macquart*, éd. cit., t. I, p. 1231).

continue, mais elle ne saurait viser habituellement très haut ; et la vie s'y passe d'ordinaire à convoiter avec ardeur de petits objets qu'on voit à sa portée[17] ». Là où l'ambition dégénère en désirs sans cesse renaissants selon Tocqueville, Zola brosse, quant à lui, le tableau de l'éréthisme nerveux de la grande bourgeoisie d'affaires (*La Curée*, *L'Argent*) ou met en scène le rapport maladif de Nana aux objets, que sans cesse elle brise, détruit. Il décrit surtout des individus isolés et singuliers qui certes reçoivent dans leur patrimoine génétique tel ou tel trait, telle ou telle tare, mais dans une inconscience de la filiation et de la transmission. Or deux catégories de personnages présentent ces préoccupations, ceux qui, parce qu'ils vivent en relation étroite avec les rythmes naturels sont en quelque sorte an-historiques, ceux qui, repoussés aux marges du roman, racontent le passage de l'Ancien Régime à la société nouvelle. C'est sur le rapprochement de ces deux catégories que se construit chez Zola la représentation de la famille dans la société du XIXe siècle.

Les mineurs de *Germinal* ne sont pas pris dans le vaste élan démocratique. Au contraire, ils témoignent, du fait de leurs conditions de vie, du maintien d'une solidarité générationnelle très forte. Suivant le modèle d'une société animale, ils se protègent et se défendent les uns les autres, partagent leurs gains et vivent tous ensemble, du grand-père au dernier-né. Malgré ce mode de vie engendré par la misère, certaines familles se distinguent pour constituer une aristocratie ouvrière : le coron a son histoire et ses dynasties. Ainsi les Maheu exploitent un filon qui est en quelque sorte le leur, depuis que l'ancêtre, Guillaume Maheu, l'a découvert et signé de son nom : la veine Guillaume. Elle est en quelque sorte son fief, bien qu'elle soit la propriété de la Compagnie. Bonnemort, généalogiste de la famille et de la mine en même temps, retrace ainsi son lignage :

> Ah ! bien sûr, ce n'était pas d'hier que lui et les siens tapaient à la veine ! La famille travaillait pour la Compagnie des mines de Montsou, depuis la création ; et cela datait de loin, il y avait déjà cent six ans. Son aïeul, Guillaume Maheu, un gamin de quinze ans alors, avait trouvé le charbon gras à Réquillart, la première fosse de la Compagnie, une vieille fosse aujourd'hui abandonnée, là-bas, tout près de la sucrerie Fauvelle. Tout le pays le savait, à preuve que la veine découverte s'appelait la veine Guillaume, du prénom de son grand-père. [...] Quoi

---

[17] Tocqueville, *De la démocratie en Amérique*, éd. cit., t. II, p. 301.

> faire, d'ailleurs ? Il fallait travailler. On faisait ça de père en fils, comme on aurait fait autre chose. Son fils, Toussaint Maheu, y crevait maintenant, et ses petits-fils, et tout son monde, qui logeaient en face, dans le coron. Cent six ans d'abattage, les mioches après les vieux, pour le même patron : hein ? beaucoup de bourgeois n'auraient pas su dire si bien leur histoire[18] !

La conclusion du vieux mineur est significative : il n'y a plus de généalogie bourgeoise, partant plus d'histoire, tandis que les mineurs, parce qu'ils écrivent une histoire de la longue durée et de la répétition, sont capables de raconter ce qui s'est produit entre 1760 – date de création de la Compagnie de Montsou – et 1866 – date à laquelle débute le roman. C'est donc par-dessus la Révolution qui n'a rien changé à leur sort que cet ancêtre narre l'histoire des siens. C'est le travail et l'attachement à un lieu qui l'ordonnent et lui donnent son sens. Bonnemort ne croit pas au changement, son lignage raconte un servage :

> C'était de sa jeunesse qu'il causait, il disait la mort de ses deux oncles écrasés au Voreux, puis il passait à la fluxion de poitrine qui avait emporté sa femme. Pourtant, il ne lâchait pas son idée : ça n'avait jamais bien marché, et ça ne marcherait jamais bien. Ainsi, dans la forêt, ils s'étaient réunis cinq cents, parce que le roi ne voulait pas diminuer les heures de travail ; mais il resta court, il commença le récit d'une autre grève : il en avait tant vu ! Toutes aboutissaient sous ces arbres, ici au Plan-des-Dames, là-bas à la Charbonnerie, plus loin encore vers le Saut-du-Loup. Des fois il gelait, des fois il faisait chaud. Un soir, il avait plu si fort, qu'on était rentrés sans avoir rien pu se dire. Et les soldats du roi arrivaient, et ça finissait par des coups de fusil[19].

Le discours de l'ancien, personnage liminaire et témoin capital à l'ouverture et aux temps forts du récit, est ainsi plongé dans un passé et dans un espace qu'il maîtrise et dont il délivre le sens : celui d'une non-histoire ou d'une histoire qui ne fait que se répéter.

La famille Maheu est conçue par le romancier par opposition avec la famille Grégoire. Zola décline cette opposition tant structurellement qu'en organisant des rencontres (visite de la Maheude chez les

---

[18] *Germinal*, dans *Les Rougon-Macquart*, éd. cit., t. III, p. 1140.
[19] *Ibid.*, p. 1382.

Grégoire, délégation des mineurs chez Hennebeau où déjeunent les Grégoire, meurtre enfin de Cécile Grégoire par le vieux Bonnemort), et à travers toute une série d'antithèses secondaires (travail / oisiveté ; misère / confort ; famine / engraissement ; sept enfants / une fille unique, *ad libitum*) qui ne sont pas sans rappeler dans la mémoire du lecteur le conflit des Gras et des Maigres dans *Le Ventre de Paris*, troisième chapitre des *Rougon-Macquart*[20]. Or les Grégoire, dont l'histoire débute aussi en 1760, sont les héritiers du premier d'entre eux, Honoré Grégoire, régisseur chez le baron Desrumaux, qui, sur le conseil de son maître, a acheté un denier de la mine, puis dont le fils « s'est mis bourgeois[21] » et a acquis comme bien national la propriété du noble qui employait son père. C'est ainsi que, progressivement et de père en fils, la fortune de ces rentiers s'est arrondie. Comme chez Balzac le père Grandet, les Grégoire sont des hommes du *kairos*, ils sentent le vent de l'histoire et racontent en effet un siècle de l'histoire pré- et post-révolutionnaire, mais en se pensant comme une nouvelle aristocratie, avec son fondateur, le premier de la lignée qui mérite d'être nommé, et des héritiers. Liés à leur passé, ils sont également projetés dans l'avenir de leur descendance – le mariage de leur fille Cécile, les enfants qu'elle aura. Ils incarnent aux yeux du romancier le capitalisme dans son pire aspect sans doute, celui de la rente et de l'oisiveté – à ce titre, ils sont châtiés, mais sans que le meurtre de leur fille soit doté de la moindre exemplarité politique ou morale – puisqu'ils exploitent avec un paternalisme charitable un peuple d'esclaves.

C'est en tout cas sur le mode de la ressemblance dynastique que le romancier imagine ces deux lignées dont l'une vit de l'autre. Mais la trajectoire des Maheu, en apparence chronologique, est en fait un piétinement (nulle avancée) et une boucle (un Maheu trouvera une autre veine de houille que ses descendants se tueront à exploiter) quand celle des Grégoire est linéaire. Les mineurs, eux, ne peuvent pas devenir bourgeois à la place des bourgeois et d'ailleurs, ne l'ambitionnent pas. La mort de Cécile qui met fin à la dynastie Grégoire n'est qu'un accident ; elle obéit à une nécessité romanesque, non à une nécessité historique – et

---

[20] Comme l'a bien montré Chantal Pierre dans le volume récent dirigé par Philippe Hamon, Zola travaille sur la part mémorielle de sa création, s'en défie et l'exploite en même temps (*Le Signe et la consigne. Essai sur la genèse de l'œuvre en régime naturaliste. Zola*, Paris, Droz, 2009, chap. « Memoria »).
[21] Éd. cit., p. 1198.

de même la mort du fermier Hourdequin et l'incendie de sa ferme dans *La Terre*.

Le second exemple que je retiendrai est celui des paysans de *La Terre* : la famille Fouan qui semble, par la complexité de ses ramifications, redoubler celle des Rougon-Macquart. C'est un Macquart qui joue ici le rôle de l'étranger en cette terre de Beauce, après avoir abandonné l'habit de soldat ; il en est logiquement évacué aux dernières pages du roman, comme Étienne dans *Germinal*, inassimilable, et part se réengager. Zola avait placé en tête de ces « quatre Mondes », le Peuple où il rangeait « Ouvrier » et « Militaire » : c'est ce militaire qui a fait Solférino qui sera le paysan de la famille. Mais le romancier choisit aussi d'en faire un transfuge, de le placer dans un milieu où il ne pourra pas s'intégrer. C'est donc bien davantage la famille marginale – qui, dans le récit, occupe la position centrale – autour de laquelle Zola ordonne la matière romanesque. Ces Fouan constituent une dynastie serve elle aussi, mais qui présente un parcours sensiblement plus calculé, plus orienté :

> Ces Fouan avaient poussé et grandi là, depuis des siècles, comme une végétation entêtée et vivace. Anciens serfs des Rognes-Bouqueval, dont il ne restait aucun vestige, à peine quelques pierres enterrées d'un château détruit, ils avaient dû être affranchis sous Philippe le Bel ; et, dès lors, ils étaient devenus propriétaires, un arpent, deux peut-être, achetés au seigneur dans l'embarras, payés de sueur et de sang dix fois leur prix. Puis, avait commencé la longue lutte, une lutte de quatre cents ans, pour défendre et arrondir ce bien, dans un acharnement de passion que les pères léguaient aux fils [...]. Des générations y succombèrent, de longues vies d'hommes engraissèrent le sol ; mais, lorsque la Révolution de 89 vint consacrer ses droits, le Fouan d'alors, Joseph-Casimir, possédait vingt et un arpents, conquis en quatre siècles sur l'antique domaine seigneurial.
> En 93, ce Joseph-Casimir avait vingt-sept ans ; et, le jour où ce qu'il restait du domaine fut déclaré bien national et vendu par lots aux enchères, il brûla d'en acquérir quelques hectares. [...] Mais les récoltes étaient mauvaises, il possédait à peine, dans un vieux pot, derrière son four, cent écus d'économies ; et d'autre part [...] ces biens de nobles lui faisaient peur ; qui savait si on ne les reprendrait pas, plus tard ? De sorte que partagé entre son désir et sa méfiance, il eut le crève-cœur de voir, aux enchères, la Borderie achetée le cinquième de sa valeur, pièce

par pièce, par un bourgeois de Châteaudun, Isidore Hourdequin, ancien employé des gabelles[22].

Les paysans sont bien liés par une longue chaîne (féodale puis filiale) qui accompagne le déroulement historique mais ils manquent la Révolution. Au contraire, Hourdequin, « descendant d'une ancienne famille de paysans de Cloyes, affinée et montée à la bourgeoisie, au seizième siècle », achète le bien national que Joseph-Casimir Fouan n'a pas osé acquérir, épouse une fille riche et se trouve à la tête de deux cents hectares. Cette lignée embourgeoisée et qui a su profiter du *moment*, « retourn[e] à la culture, mais à la grande culture, à l'aristocratie du sol, qui rempla[ce] l'ancienne toute-puissance féodale[23] ». En ce cas encore, les bourgeois peuvent prendre la place des seigneurs, pas les paysans. Serait-ce alors cette aristocratie industrielle et commerciale des *capacités*, ces entrepreneurs décrits par Saint-Simon, que représenteraient Hourdequin ou Grégoire ? Laure Fouan, épouse Badeuil, en fournit avec son mari une ironique version : il « eut l'idée d'acheter une des maisons publiques de la rue aux Juifs, tombée en déconfiture, par suite de personnel défectueux et de saleté notoire. D'un coup d'œil, il avait jugé la situation, les besoins de Chartres, la lacune à combler dans un chef-lieu qui manquait d'un établissement honorable, où la sécurité et le confort fussent à la hauteur du progrès moderne[24] ». Et l'entreprise est reprise par sa fille, et sa petite fille en héritera aux dernières pages du roman[25].

Pour devenir bourgeois, et participer de « l'élan des basses classes à travers le corps social », il faut au paysan quitter la terre. Ou éprouver à son endroit l'amour d'un maître et non celui d'un époux jaloux et asservi. C'est le maître d'école qui le rappelle aux paysans :

---

[22] *La Terre*, éd. cit., p. 391-392.
[23] *Ibid.*, p. 440-441.
[24] *Ibid.*, p. 401.
[25] « Lentement, Élodie venait [...] de dégager sa tête, et elle se leva, de son air de grand lis poussé à l'ombre, avec sa pâleur mince de vierge chlorotique, ses yeux vides, ses cheveux incolores. Elle les regarda, elle dit tranquillement : "Mon cousin a raison, on ne peut pas lâcher ça" » (*ibid*. p. 786). Et : « L'attendrissement les noyait, ils sanglotaient comme des enfants. Sans doute, ils ne l'avaient pas élevée dans cette idée ; seulement, que faire, quand le sang parle ? » (p. 787).

> Voilà des siècles que vous êtes mariés à la terre, et qu'elle vous trompe... Voyez en Amérique, le cultivateur est le maître de la terre. Aucun lien ne l'y attache, ni famille, ni souvenir. Dès que son champ s'épuise, il va plus loin. Apprend-il qu'à trois cents lieues, on a découvert des plaines plus fertiles, il plie sa tente, il s'y installe[26].

Lequeu, l'instruit qui a renié la paysannerie de ses pères, sert ici à transmettre un discours et en particulier les idées de Jules Guesde dont Zola avait lu les articles et qu'il avait rencontré au moment de la préparation de *La Terre*[27]. Dans ce fragment précis cependant, émerge avant tout une vision de ce mouvement démocratique et de ce flux permanent qui traverse – et vivifie – la société américaine, *topos* dans la représentation de ce pays neuf à la population nomade et sans attaches. Mais la « passion [...] presque intellectuelle » d'un Hourdequin pour la terre, qui semble supérieure et en quelque sorte affinée par rapport à celle du père Fouan et de Buteau, ne le conduit qu'à la faillite[28].

Si les deux familles Hourdequin et Fouan sont conçues par Zola en opposition, selon une logique qu'il affectionne, comme l'étaient les Maheu et les Grégoire, c'est aussi bien sûr pour donner une vision complète de l'histoire et de la poussée démocratique. C'est également pour dépeindre deux rapports à la terre et deux pratiques de l'agriculture, l'ancienne et la nouvelle. Tocqueville aussi fait remonter à l'affranchis-

---

[26] *Ibid.*, p. 768.
[27] Voir les « Notes Guesde » dans le Dossier préparatoire du roman. Elles sont largement citées par Guy Robert dans son ouvrage : La Terre *d'Émile Zola. Étude historique et critique*, Paris, Les Belles Lettres, 1952, p. 173 *et sq.* Les idées du collectiviste Guesde sont fictionnalisées et prêtées à deux personnages : le collectiviste Canon et l'anarchiste Lequeu, ce qui en modalise la portée et contribue en un sens à les brouiller. De plus, comme le note Guy Robert, les notes prises par Zola sont commentées à chaud en quelque sorte, si bien qu'on ne sait quel point de vue s'exprime, celui de l'homme politique, celui d'écrivain.
[28] « Et pas moyen de briser la geôle, jamais il ne s'était senti davantage le prisonnier de sa terre, chaque jour l'argent engagé, le travail dépensé l'y avaient rivé d'une chaîne plus courte. La catastrophe approchait, qui terminerait l'antagonisme séculaire de la petite propriété et de la grande, en les tuant toutes les deux » (*La Terre*, éd. cit., p. 772). La nécessité romanesque est plus forte : Zola souhaite une catastrophe finale et la programme au détriment peut-être du sens de l'histoire.

sement des serfs la naissance de l'égalité[29] dont la Révolution n'a été qu'un accélérateur dans une histoire de la longue durée parfaitement fictionnalisée par Zola. Mais le lien à la terre et l'enfermement dans une temporalité cyclique, qui caractérise la vie des paysans comme celle des mineurs, empêche toute intellection du sens de l'histoire. Quand Bonnemort ainsi évoque les rassemblements dans la forêt, aux fins de rassembler les forces pour contester les décisions de la Compagnie, il les présente en termes météorologiques – « Des fois il gelait, des fois il faisait chaud » –, signe que l'événement ne peut être ressenti comme tel, signe que rien n'arrive qui ne se voit aussitôt assigner une place dans le cycle naturel. Lorsque Jean lit à la veillée l'histoire de Jacques Bonhomme où, dans la longue vie du paysan, 89 constitue « l'apothéose », un « nouvel âge d'or s'ouvrant pour le laboureur »[30], Fouan lui rétorque : « Non, non, c'est foutu, le paysan reste le paysan[31] ! » C'est alors en lecteur que Jean, l'intrus, s'impose à cette assemblée de paysans qui ne savent pas lire. Et leur en impose – plus ou moins.

Enfin, les pêcheurs de *La Joie de vivre* qui sont délibérément placés par le romancier à l'arrière-plan de son roman « psychologique[32] », constituent une sorte de chœur antique, tout en figurant un monde radicalement à part. Les Dossiers préparatoires montrent que Zola a voulu en faire une sorte de condensé de l'humanité souffrante[33], lui

---

[29] Voir l'introduction du premier volume de la *Démocratie en Amérique* (1835) où Tocqueville écrit : « Dès que les citoyens commencèrent à posséder la terre autrement que suivant la tenure féodale, et que la richesse mobilière, étant connue, put à son tour créer l'influence et donner le pouvoir, on ne fit point de découvertes dans les arts, on n'introduisit plus de perfectionnements dans le commerce et l'industrie, sans créer comme autant de nouveaux éléments d'égalité parmi les hommes » (éd. cit., t. I, p. 59).

[30] *La Terre*, éd. cit., p. 432-433.

[31] *Ibid.*, p. 436.

[32] Ce sont ses termes dans le Dossier : « "Je voudrais écrire un roman "psychologique", c'est-à-dire l'histoire intime d'un être, de sa volonté, de sa sensibilité, de son intelligence » (f°177, Ébauche de *La Joie de vivre*, BnF, N.A.F., ms. 10309).

[33] « Ce petit village mangé par la mer est l'image de l'humanité sous l'écrasement du monde, et ils veulent vivre. Une épidémie qui les tuera à la fin, et ils veulent vivre » (f°218/75 de l'Ébauche).

conférer une forte exemplarité[34]. Ces familles, les Cuche, les Gonin, les Prouane, résument à elles seules tous les vices et plus précisément les sept péchés capitaux – l'avarice, la luxure, la colère, la gourmandise... – et sont entièrement soumises aux éléments naturels, sans révolte, de même qu'elles veulent demeurer dans l'ignorance – les pêcheurs se moquent du savoir du bourgeois Lazare qui veut les protéger des flots. Comme le déclare le bedeau Prouane lors de l'arrivée de Pauline à Bonneville, « on est là, [...], on y reste... Il faut bien être quelque part[35] ». Cette inertie posée d'emblée comme une donnée de fait est vérifiée tout au long du récit, dans l'image très forte de maisons mangées par la mer comme une ponctuation, un rappel[36]. Dans cette société traditionnelle puisqu'elle ne comporte pas de patron et vit donc depuis toujours au même régime, aucune dynamique sociale ne peut fonctionner. L'argent, l'accès à l'instruction sont sans effet sur cette société archaïque, collée à son « rocher, avec un entêtement stupide de mollusques[37] ». On objectera sans doute la dimension très peu référentielle de cette micro-société que Zola pense d'emblée à travers la catégorie de la personnification allégorique. Il n'en demeure pas moins que, faisant bloc au bord de l'océan, les habitants de Bonneville opposent aussi leur immobilité à cet « homme moderne » qu'est Lazare Chanteau, fruit de l'union du fils d'un ouvrier charpentier et d'une institutrice, « orpheline de hobereaux ruinés[38] »,

---

[34] Sur cette exemplarité et sur la dimension parabolique de *La Joie de vivre*, voir mon livre *La Chair de l'idée. Poétique de l'allégorie dans* Les Rougon-Macquart, Paris, Droz, 2007, p. 126-137.

[35] *La Joie de vivre*, dans *Les Rougon-Macquart*, éd. cit., t. III, p. 829. Et du même Prouane, deux cents pages plus loin : « Puisqu'ils étaient nés là, pourquoi en seraient-ils partis ? Ça durait depuis des cent ans et des cent ans, ils n'avaient rien à faire autre part » (p. 1002).

[36] « Bonneville cessait de rire, des femmes emportaient des enfants en larmes. La gueuse les reprenait, c'était une stupeur résignée, la ruine attendue et subie, dans ce voisinage si étroit de la grande mer qui les nourrissait et les tuait » (*ibid.*, p. 986).

[37] *Ibid.*, p. 810.

[38] « Le seul roman de sa vie [celle de Maurice Chanteau, père de Lazare] fut son mariage, il épousa une institutrice, qu'il rencontra dans une famille amie. Eugénie de la Vignière, orpheline de hobereaux ruinés du Cotentin, semblait lui souffler au cœur son ambition. Mais lui, d'une éducation incomplète, envoyé sur le tard dans un pensionnat, reculait devant les

mariage mixte s'il en est, réconciliant deux classes, deux cultures, deux systèmes de valeurs, le corps et l'esprit, le nouveau et l'ancien. Chez George Sand, ce type de mésalliances allégorise un nouveau régime de société ; ici, elle produit Lazare, conçu en référence au Frédéric Moreau de *L'Éducation sentimentale*, comme « l'homme ondoyant et divers en un mot[39] », en proie aux désirs d'entreprises toutes inabouties. En un mot : l'homme démocratique malheureux, celui qui subit l'élan mais ne le concrétise qu'en différents essais qui restent infructueux (dans ses mains à lui[40]). Une sorte de Saccard sans l'éréthisme nerveux. Les soubresauts de Lazare sont constamment accompagnés par les fureurs de la nature qui ravage les maisons des habitants de ce petit port normand. C'est plus qu'une habileté de romancier : c'est faire se rejoindre deux impuissances et renvoyer en reflet, l'homme du XIXe siècle, fils de 89, et l'inerte pêcheur, indifférent à son sort, laissé-pour-compte de l'histoire.

À l'origine des dynasties populaires, au moment où le roman zolien les saisit, il y a l'ancêtre, Bonnemort, Fouan, dont la parole est d'abord d'autorité – il est l'auteur de la famille comme de son histoire en quelque sorte. Et tout le récit retrace la confiscation de cette parole et la perte de son efficace. Fouan, en abandonnant ses biens à ses enfants, perd le pouvoir de son verbe[41] ; Bonnemort est supplanté par Étienne qui, lui, promet aux mineurs un avenir radieux – utopie de « mauvais

---

vastes entreprises, opposait l'inertie de sa nature aux volontés dominatrices de sa femme. Lorsqu'il leur vint un fils, celle-ci reporta sur cet enfant son espoir d'une haute fortune, le mit au lycée, le fit travailler elle-même chaque soir » (*ibid.*, p. 821-822).

[39] F° 378/13, 379/14 de l'Ancien Plan.

[40] Ainsi son associé, Boutigny, qui reprend l'usine d'exploitation des algues, réussit là où Lazare a échoué. Voir à ce propos les commentaires de Jean Borie dans *Le Tyran timide. Le naturalisme de la femme au XIXe siècle*, Paris, Klincksieck, 1973, p. 150-151.

[41] Voir, dans *La Terre*, après la signature chez le notaire de la cession de ses biens, ce « "est-ce que ça vous regarderait, est-ce que je ne suis pas le maître, le père ?" » suivi de ce commentaire modalisé : « Il semblait grandir, dans ce réveil de son autorité. Pendant des années, tous, la femme et les enfants, avaient tremblé sous lui, sous ce despotisme rude du chef de la famille paysanne. On se trompait, si on le croyait fini » (*ibid.*, p. 389).

berger ». Claude Duchet[42], puis David Baguley[43] ont étudié la parole du vieux Maheu comme une parole empêchée, arrêtée, qui contraste vivement avec l'accès à la parole d'Étienne qui rêve de cesser de travailler, pour parler « à la tribune d'une salle riche[44] » à Paris, rêve bourgeois s'il en est – il jouirait ainsi des rentes de son discours. Cette représentation de la parole, perdue, déléguée ou faillie, fait signe sans doute vers une absence de conscience politique, mais, comme l'exemple des syndicalistes et autres orateurs le prouve, la conscientisation, sans doute parce qu'elle est toujours partielle et inspirée par l'intérêt personnel, ne mène à rien, et le « placement » de la parole politique comme le pratique l'internationaliste Pluchart dans *Germinal*[45], est nettement condamné.

Il faut en revenir à l'histoire de Jacques Bonhomme, écrite « à la manière » d'un livre de colportage et de fait, fabrique du romancier à partir de la table des matières du livre d'Eugène Bonnemère, l'*Histoire des paysans*, consulté très rapidement après la rédaction de l'Ébauche – dont le lecteur des Dossiers préparatoires sait l'importance séminale. C'est le personnage de Jacques Bonhomme qui s'impose à la première page, où sont évoquées successivement l'indépendance de la Gaule et l'invasion romaine[46], puis toute l'histoire de la paysannerie à l'époque féodale, et après 89. Le récit qu'en tire le romancier – et prête à Jean –, si proche de certains passages où le narrateur retrace l'histoire des Fouan sur quatre siècles, celle du long martyre de leur servage, est perçu comme une usurpation : les auditeurs, qui « ne compren[nent] pas toujours[47] » ou qui s'indignent car « c'étaient des choses [les jacqueries] dont on ne devait

---

[42] Claude Duchet, « Le trou des bouches noires : parole, société, révolution dans *Germinal* », *Littérature*, n° 24, 1976, p. 11-39.

[43] David Baguley, « *Germinal* : une moisson de texte », *Revue d'histoire littéraire de la France*, mai-juin 1985, p. 389-400.

[44] *Germinal*, éd. cit., p. 1329.

[45] Comme le feraient des commis-voyageur, les politiciens « placent leur discours » : c'est le cas de Pluchart qui bat « la province sans relâche, pour le placement de ses idées » (*Germinal*, éd. cit., p. 1344) ; c'est le cas d'Étienne qui, lors de la réunion dans la forêt, « plac[e] le discours que le commissaire de police lui avait coupé au *Bon-Joyeux* » (p. 1377).

[46] Eugène Bonnemère, *Histoire des paysans, depuis la fin du Moyen Âge jusqu'à nos jours (1200-1850)*, Paris, F. Chamerot, 1856, 2 vol.

[47] *La Terre*, éd. cit., p. 430.

pas causer tout haut, personne n'avait besoin de savoir ce qu'ils pensaient là-dessus[48] », ne peuvent, eux, raconter leur histoire. Seule la parole autoritaire du narrateur ou celle, édifiante, du livre de colportage l'énoncent et, selon eux, la gauchissent.

À travers ces personnages chargés de dire l'histoire de ces autres-là[49], le romancier pose une question cruciale pour l'historien, et pour l'historien du XIXe siècle en particulier, celle de la *délégation*. Michelet dans son *Histoire du Moyen Âge*, plus encore dans *Le Peuple* en 1846 se posait en héraut de ce peuple impuissant à se dire ; il se prêtait du fait de son origine sociale une plus grande capacité à entendre et à restituer cette voix-là. En 1869, cependant, dans *Nos fils*, il devait se reprocher de « n'avoir pas su le faire parler[50] ». Les usurpateurs de la parole populaire disent, dans la narration zolienne, cette impossible transmission : on ne peut pas faire parler ce peuple immobile, resté à l'écart du mouvement démocratique, sans le trahir. Il ne délègue pas. Le romancier ne peut le traiter qu'en historien ethnologue, lui fabriquer une langue – celle de *L'Assommoir* en est une illustration magistrale –, lui inventer des dynasties fondées sur la répétition. Représentant l'humanité éternelle, il est l'envers des fébriles Rougon-Macquart, le fond de l'étang dont ils agitent la surface. Il dit, à sa manière, « la fin de l'histoire[51] ».

---

[48] *Ibid.*, p. 432.

[49] De même est-ce Pauline qui, dans *La Joie de vivre*, relate les histoires de chacune des familles, à partir des paroles des enfants misérables qu'elle nourrit sur la vie que mènent – et leur mènent – leurs parents.

[50] « Je suis né peuple, j'avais le peuple dans le cœur. Les monuments de ses vieux âges ont été mon ravissement. J'ai pu, en 1846, poser le droit du peuple plus qu'on ne fit jamais ; en 1864, sa longue tradition religieuse. Mais sa langue, sa langue, elle m'était inaccessible. Je n'ai pas pu le faire parler. » (Jules Michelet, *Nos fils*, dans *Œuvres complètes*, Paris, Flammarion, 1893-1898, t. XXXI, p. 547.)

[51] Voir Françoise Mélonio : « Des démocraties selon Tocqueville, on peut dire comme des sociétés primitives qu'elles n'ont pas d'histoire. [...] Sociétés stagnantes, les démocraties marquent la fin de l'histoire » (*Tocqueville et les Français*, Paris, Aubier, coll. « Histoires », 1993, p. 107).

Claudie Bernard - New York University

Fin de race, fin de siècle : *Le Crépuscule des dieux* d'Élémir Bourges

Le Crépuscule des dieux d'Élémir Bourges relate l'histoire de la famille du duc de Blankenbourg, prince allemand chassé de ses États par l'invasion prussienne de 1866, et exilé dans le Paris opulent et corrompu de la fin du Second Empire ; histoire d'une fin de règne et d'une fin de race, par un auteur qui, fasciné par les batailles perdues, les coutumes en perdition, les castes en déshérence, les héros sans cause, les saints sans foi, les passionnés et possédés, est l'un des représentants de la littérature fin de siècle.

Le Crépuscule des dieux, dont le titre évoque une double chute (*cadecta*, de *cadere*), celle du jour et celle des idoles, parut en 1884, au moment où les *Essais de psychologie contemporaine* de Paul Bourget (1883-1885) s'interrogeaient sur la décadence (*de-cadere*) de l'Europe – que cette décadence relève de la réalité historique ou de son imaginaire. Au plan diachronique, Bourget situe la décadence dans un emballement de l'évolution, de plus en plus coupée de ses antécédents historiques et ancestraux : « ce serait un chapitre de psychologie comparée aussi intéressant qu'inédit que celui qui noterait, étape par étape, la marche des différentes races européennes vers cette négation définitive de tous les efforts de tous les siècles[1] ». Au plan synchronique, il associe la

---

[1] *Essais de psychologie contemporaine*, Paris, Gallimard, 1993, p. 10. Jean Pierrot accorde une place inaugurale à ces *Essais* dans *L'Imaginaire décadent (1880-1890)*, Paris, Presses Universitaires de France, 1977, p. 20-26. « Toutes les traditions sont traversées d'une déchirure, et demain ne semble pas vouloir se rattacher à aujourd'hui », confirme Max Nordau dans *Dégénérescence* (1892) ; « les idées qui jusqu'à présent ont dominé les esprits sont mortes ou expulsées comme des rois détrônés » – comparaison bien appropriée pour notre roman (trad. Auguste Dietrich, Genève, Slatkine, t. I, 1998, p. 11).

décadence à une décomposition des solidarités essentielles au bon fonctionnement de la nation et des ménages :

> Une société doit être assimilée à un organisme [...]. Pour que l'organisme total fonctionne avec énergie, il est nécessaire que les organismes moindres fonctionnent avec énergie, mais avec une énergie subordonnée, et [...] que leurs cellules composantes fonctionnent avec énergie, mais avec une énergie subordonnée. Si l'énergie des cellules devient indépendante, les organismes qui composent l'organisme total cessent pareillement de subordonner leur énergie à l'énergie totale, et l'anarchie qui s'établit constitue la décadence de l'ensemble[2].

Le Crépuscule enregistre une intensification du processus catamorphique, par laquelle la « chute » des traditions temporelles se traduit en déchéance, et la « décomposition » structurelle va jusqu'au pourrissement[3].

1884, c'est aussi la date de parution d'*À rebours*. Chute, la décadence représente une faillite de l'évolution : à rebours, elle va à contre-courant de cette évolution. Bourget redoutait qu'elle n'aboutisse à l'involution de la civilisation en barbarie : chez Huysmans pointe l'inversion de la civilisation en monstruosité[4]. Dandy névrosé, des Esseintes a plus d'un point commun avec le sybarite hystérique de Bourges : aristocrates, millionnaires, hédonistes et pessimistes, tous deux se construisent, à l'écart des voies et des valeurs communes, un monde à leur invraisemblable image. La différence entre le duc de Blankenbourg et des Esseintes est la différence entre « chute » passive et « rebours » délibéré, ou encore, entre décadence subie et décadence assumée. Comme ses émules, l'éternellement jeune Dorian Gray, le glauque M. de

---

[2] *Essais de psychologie contemporaine*, éd. cit., p. 14.

[3] Avec toutes les connotations morales de ces termes. Car, selon Gilbert Durand, le schème de la chute, si archaïque dans l'inconscient humain, et lié à la vision d'un temps néfaste et mortel, débouche facilement sur l'image du péché (*Les Structures anthropologiques de l'imaginaire*, Paris, Bordas, 1969, p. 122-129).

[4] La décadence est une tératogonie, observe Vladimir Jankélévitch (dans « La décadence », *Revue de métaphysique et de morale*, n° 4, 1950, p. 337-369) ; elle multiplie les monstres d'introspection, où la conscience se piège en elle-même ; les monstres de l'extrémisme, mégalomanie ou micromanie ; les têtes sans corps, en proie à la fureur des symboles, les corps sans têtes, voués au vide des formes.

Phocas, la sulfureuse Clara du *Jardin des supplices* de Mirbeau, la mâle Raoule de Vénérande dans *Monsieur Vénus* de Rachilde, des Esseintes cultive la décadence en lui et autour de lui. Là où le duc de Blankenbourg enfreint les normes, lui les profane ; là où le duc use d'artifices pour pallier la nature, lui en abuse pour la bafouer ; et tandis que le duc ne fait qu'entrevoir, en écoutant l'opéra de Wagner qui donne son nom à son roman, le caractère intertextuel de sa destinée, lui façonne la sienne en œuvre d'art. Ce qui, soit dit en passant, propulse cet « antimoderne » à la pointe de la modernité esthétique, tandis que le duc s'enferre dans l'arrière-garde[5].

Ou encore, là où le duc s'en tient à la métaphore du crépuscule, des Esseintes s'abîme « dans la nuit, sous un firmament que n'éclairent plus les consolants fanaux du vieil espoir ![6] » : sa neurasthénie nie tout retour du soleil. Si, dans le cadre linéaire de la journée, la métaphore crépusculaire marque le commencement de la fin, dans celui, cyclique, des jours, elle laisse prévoir un recommencement. Conscients d'avoir grandi sur les ruines de l'Ancien Régime et les décombres de la Révolution, les romantiques avaient modulé plus d'un Chant du crépuscule, et plus d'une fois invoqué le Soleil noir de la mélancolie : cet enténèbrement n'excluait pas l'attente d'une aurore. Les couchants qui pullulent plus tard dans le siècle, couchants sanguinolents de Baudelaire, couchants brouillés de Verlaine, couchants maladifs des symbolistes, font craindre une exténuation de l'Astre source de chaleur et de vie, symbole de virilité, de fécondité, d'hégémonie patriarchique, et, dans la métaphysique occidentale, de la supériorité des lumières, du Vrai et du Bien, sur les forces obscures du fantasme et des pulsions[7]. Parallèlement, la mort

---

[5] Car, insiste Antoine Compagnon dans *Les Antimodernes* (Paris, Gallimard, 2005), ces « antimodernes », qui vomissent le progrès et les idéologies de gauche, sont paradoxalement porteurs de la modernité esthétique : au plan artistique, ne l'oublions pas, la Décadence, hostile à la vieillerie poétique, est une avant-garde.

[6] J.-K. Huysmans, *À rebours*, éd. Pierre Waldner, Paris, Flammarion, coll. « GF », 1978, p. 241.

[7] Ascension, vigueur, héroïsme, transcendance et conscience, telles sont les valeurs héliocentriques repérées par Gilbert Durand dans *Les Structures anthropologiques de l'imaginaire* (*op. cit.*, p. 162-178). Jules Laforgue, féal de la Lune, insulte dans le Soleil le « vieux beau » prêcheur de « *Crescite et multiplicamini* », le « soudard plaqué d'ordres et de crachats », et le grand

des dieux solaires, égyptiens, gréco-romains ou scandinaves, avait préoccupé les écrivains romantiques ; chez Goethe, Bulwer-Lytton, Quinet, Hugo, Nerval, chez les parnassiens, chez Wagner encore, leur disparition préludait volontiers à l'avènement d'un Christ d'amour, d'une divinité syncrétique ou d'une humanité affranchie. Leurs successeurs y puisent tantôt la nostalgie (pensons à Gautier, à Louis Ménard le Païen mystique), tantôt le doute, apaisé chez Renan – « les dieux passent comme les hommes, et il ne serait pas bon qu'ils fussent éternels[8] » –, tourmenté chez le saint Antoine de Flaubert assistant au défilé vociférant des panthéons antiques. Le doute touche jusqu'au Créateur judéo-chrétien, auteur du *Fiat Lux* : « Dieu est mort », proclame Nietzsche, fidèle de Dionysos. Certains décadents, assumant la *Chute* originelle, se rangent délibérément du côté de Lucifer, le Porte-Lumière précipité au plus bas (*Inferi*), roi de la Nuit éternelle. Cependant, disgrâce suprême, les idoles du polythéisme s'avilissent dans la parodie, qui, présente dès *Les Dieux en exil* de Heine, se déploie dans les opéras bouffes d'Offenbach, *Orphée aux enfers* et *La Belle Hélène*[9]. Doute et parodie n'épargnent pas les dieux détrônés d'Élémir Bourges.

Pour Paul Bourget, enfin,

> un style de décadence est celui où l'unité du livre se décompose pour laisser la place à l'indépendance de la page, où la page se décompose pour laisser la place à l'indépendance de la phrase, et la phrase pour laisser la place à l'indépendance du mot[10].

Si cette définition convient bien au patchwork d'expériences esthético-existentielles cousues de digressions érudites qu'assemblent les chapitres d'*À rebours*, tel n'est pas le cas du *Crépuscule des dieux*, tenu par la trame d'une plus conventionnelle intrigue. Alors que des Esseintes, ayant rejeté

---

diseur de *phœbus*, « boniment creux » (*L'Imitation de Notre-Dame la Lune*, dans *Poésies complètes*, éd. Pascal Pia, Paris, Gallimard, coll. « Poésie », vol. 2, 1979, p. 17-18).

[8] « Prière sur l'Acropole », dans *Souvenirs d'enfance et de jeunesse* (1883), Paris, Calmann-Lévy, 1893, p. 72.

[9] Voir Sylvie Ballestra-Puech, « Les "pauvres dieux en décadence" : les mythes antiques dans la littérature fin-de-siècle », éd. Sylvie Thorel-Cailleteau, *Dieu, la chair et les livres*, Paris, Champion, 2000, p. 65-82.

[10] *Essais de psychologie contemporaine*, éd. cit., p. 14.

tout lien de sang et contraint ses domestiques à l'invisibilité, va seul, Charles d'Este, duc de Blankenbourg, est non seulement le chef d'une famille étendue dans le temps et dans l'espace et accrue d'un bel entourage (*familia*), mais un chef d'État : son sang, son or, son autorité relient tout un réseau d'actants dans une chronique commune. Sa famille étant dynastie, et son patriarcat se doublant d'une patriarchie, tous deux coiffés d'une référence transcendante (les dieux du titre), le récit de la décadence privée, déchéance d'une lignée et décomposition d'une maisonnée, s'accompagne du récit d'une décadence publique, déchéance d'une fastueuse Histoire, et décomposition d'une puissance souveraine. Après avoir précisé la situation de la dynastie, je suivrai l'un, puis l'autre récit ; et je scruterai en dernier lieu, sur l'envers du texte, le fil d'Ariane qui lui donne sa solidité profonde : le thème wagnérien.

Le commencement de la fin

Paris, qui depuis un siècle avait vu fuir plus d'une tête couronnée (Louis XVI vers Varennes, Louis XVIII vers Gand, Charles X vers l'Autriche, Louis-Philippe vers l'Angleterre, en attendant Napoléon III), Paris devint, sous le Second Empire, « la grande auberge des porte-couronne déchus », constate Bourges. « Leurs infortunes ont une grandeur singulière qui vient de la hauteur d'où ils sont tombés ; leurs vices ont quelque chose de spécialement abject qui vient de l'idée sublime qu'on se fait de leurs devoirs[11] ». La décadence se mesure à l'ampleur de la chute. Notoire parmi ces déplacés, qui alimentent les échos de la presse mondaine, le duc Charles II de Brunswick, modèle de Charles de Blankenbourg. Descendant des Este italiens et des Guelfes germaniques, Charles II, dont le père avait été détrôné en 1807 par Napoléon pour

---

[11] Article du *Parlement*, décembre 1883, cité par André Lebois dans *La Genèse du* Crépuscule des dieux, Paris, L'Amitié par le livre, 1954, p. LXXIII. Dans cette édition critique, p. XIII-LXXIX et en notes, ainsi que dans *Les Tendances du symbolisme à travers l'œuvre d'Élémir Bourges* (Paris, Le Cercle du Livre, 1952), Lebois répertorie les innombrables sources historiques, littéraires et musicales, anciennes et récentes, nationales et internationales, d'un auteur encyclopédique. Les porte-couronne déchus alors à Paris comprennent le roi et la reine de Naples, la reine d'Espagne, le roi de Hanovre, le prince d'Orange…

créer le royaume de Westphalie, récupéra la couronne en 1815. Il refusa de reconnaître la constitution de ses États, et, en 1830, fut forcé par un soulèvement de ses sujets à laisser la place à son cadet Guillaume. Tandis que ce dernier s'alliait avec la Prusse, lui se réfugia à Paris, à l'hôtel Beaujon, dont il fit blinder les murs, et il mena grand train dans la capitale, étalant ses bijoux, ses perruques, ses chevaux et ses maîtresses. Quand éclata la guerre de 1870 – à la suite de laquelle le duché de Brunswick fut intégré dans l'Empire allemand –, il se retira à Genève, où il mourut, et fut inhumé dans un grandiose mausolée en 1873.

Charles de Blankenbourg a en outre tout un pedigree littéraire. Sans remonter au sadique Néron racinien, on lui trouverait la féroce bonhomie des tyrans débauchés du romantisme, François Ier le Roi qui s'amuse, l'Alexandre de Médicis de *Lorenzaccio*, le Louis XV de *Stello*, alias « Pharaon » dans *Madame Putiphar* de Pétrus Borel, le Charles II d'Angleterre de *L'Homme qui rit* ; il a la forfanterie paranoïaque de Ferdinand de Naples dans *Fragoletta* d'Henri de Latouche et de Ranuce-Ernest dans *La Chartreuse de Parme*. Mais le véritable homologue, et concurrent, de Charles de Blankenbourg est le lamentable Christian d'Illyrie campé par Daudet dans *Les Rois en exil* (1879). Roman naturaliste, parlant de « rois » et non de « dieux », l'ouvrage de Daudet fait plus de place à l'Histoire que celui de Bourges ; il abrite une reine imbue de sa majesté, un héritier présomptif qu'on prépare à son rôle, un ministre dévoué, des théoriciens ultras, des fanatiques sacrificiels, une insurrection, des complots, une tentative de débarquement en Dalmatie ; roman « parisien » (d'après son sous-titre), il décrit les cabarets et les tripots où se perd un monarque faible et libertin, les manigances que fomentent profiteurs et demi-mondaines, la dilapidation d'une fortune chiffrée. Roman décadent, *Le Crépuscule* repousse l'Histoire en filigrane pour se concentrer sur l'univers claustrophobique où s'agitent des dieux de clinquant, conférant à l'emphase grotesque de son protagoniste, à la perversité de ses proches, et à l'or qui luit maléfiquement dans l'ombre une dimension mythique. En ce sens, et quoique totalement dépourvu d'idéalisme mélomane et mystique, Charles d'Este se rapproche du Roi Vierge de Catulle Mendès (1881), inspiré de Louis II de Bavière, par sa prodigalité, sa folie bâtisseuse, et son goût du travestissement en héros, voire, sacrilègement, en Dieu.

Le livre s'ouvre, en 1866, sur une splendide fête de nuit donnée par Charles d'Este à ses sujets en son château saxon de Wendessen. Tandis qu'on joue *Tannhäuser*, le souverain promena ses yeux avec fierté sur la multitude qui l'entourait, sur ses enfants jeunes et beaux qui se serraient à ses côtés, sur cette noblesse fidèle, dont les ancêtres servaient les siens. Gardé par ses soldats, acclamé par son peuple, il était bien le fils d'une famille de dieux, le chef des derniers de ces Guelfes, aussi puissants jadis que les Habsbourg, aussi nobles que les Bourbons. Cette longue suite d'aïeux lui revint, d'un seul coup, en mémoire : son grand-père, le duc fameux par son manifeste contre la France, Othon, le vaincu de Bouvines, l'empereur Henri le Lion, dépossédé, mis au ban de l'Empire, et Witikind enfin, l'ancêtre fabuleux, le plus grand des Saxons (36)[12].

Dans l'épilogue, le même Charles rumine, à l'opéra de Bayreuth, en écoutant la fin de *L'Anneau du Niebelung* :

Ainsi, cette race superbe qui avait tenu autrefois l'Allemagne entière sous son joug, et brillé par les plus grands hommes en tous genres, des rois, des empereurs, des saints, finissait dans un abîme de boue sanglante, avec des bâtards, des incestueux, des voleurs et des parricides.
[…] Et lui-même, d'ailleurs, qu'avait-il été ? Fils dénaturé, cruel père, mari terrible, maître détestable […]. Il se vit seul, plus que malheureux en famille, en frère, en oncle, et en enfant […] abandonné à deux ou trois valets qui le gouvernaient despotiquement […]. Ces temps cruels, hélas ! avaient été le crépuscule de sa race (210).

Ravalement du sang bleu, sous l'influence des « temps cruels », à une « boue sanglante »… Mais qui étaient, en fait, les fondateurs de la race ? Des personnages soit honnis du lecteur français (le Brunswick de l'ultimatum d'août 1792 aux Parisiens), soit défaits, comme Othon, Henri le Lion, ou Witikind lui-même, soumis par Charlemagne. Quoique étalée sur plus de siècles que chez les des Esseintes, passés des capitaines bravaches de jadis aux mignons lymphatiques de naguère puis au duc taré d'aujourd'hui, la déchéance de la dynastie était en germe dès les commencements, dès la Chute du premier des Saxons.

La fête de l'incipit célébrait l'anniversaire du duc. Comme celui des jours, le temps des anniversaires progresse cycliquement, faisant croire à l'éternel retour des saisons, et à la perpétuité des régimes. Mais la

---

[12] Les chiffres entre parenthèses renvoient au *Crépuscule des dieux*, éd. Hélène Tuzet et Christian Berg, Saint-Cyr-sur-Loire, Christian Pirot, 1987.

lumière profuse des lampions et des feux d'artifice, reflétée par les jets d'eau, les miroirs et les diamants, est artificielle ; cet autocrate, qui se prend pour le Roi-Soleil et accable chacun « de sa majesté et de ses rayons » (82), n'allume qu'un soleil factice et éphémère. Le « rocher de vin », « ancienne coutume […] que le Duc avait rétablie pour soulever les acclamations, et tâcher de se ramener quelque semblant de popularité » (33), offre, avec ses grappes d'ampoules scintillantes d'où jaillit un flot de liqueur, un bon emblème de la fragilité et de l'illusionnisme d'un pouvoir soutenu par la magie de l'électricité et de l'alcool. La soirée de Wendessen n'aura pas de lendemain.

En effet, le duc a beau lui tourner le dos, il va être rattrapé par l'Histoire, une Histoire linéaire et brutale, qui raye de la carte les petites principautés féodales au profit des grandes nations centralisées. En 1866, la guerre a éclaté entre la Prusse et les États confédérés d'Allemagne, alliés à l'Autriche, et l'armée commandée par Wilhelm, frère de Charles, est en déroute. Charles tente de s'enfermer dans le tourbillon du plaisir, camouflé sous un stoïcisme de façade – « un mépris si hautain et si affiché de l'ennemi lui semblait d'une âme romaine, et une admirable politique pour donner du cœur à ses sujets » (29). Ce qui ne l'empêche pas, à l'annonce de l'invasion, de donner le signal du sauve-qui-peut ; il mobilise ses soldats non contre l'ennemi, mais pour son déménagement ; et, oubliant le Cheval-Passant, c'est-à-dire en marche guerrière, dressé sur ses armoiries, il fait atteler les chevaux de trait de ses berlines.

C'est ainsi que Charles d'Este abandonne à jamais la terre de ses aïeux, emportant leurs portraits dans ses bagages. À Paris, il les exhibera dans sa galerie d'apparat, et ne les regardera presque plus. Quant à sa parentèle vivante, il voudrait la voir « au fond des enfers ! » (122). Son oncle et tuteur François de Modène, chef de la branche cadette, lui aussi chassé de ses États, l'accuse de folie dilapidatrice dans le but d'accaparer ses biens – mais Charles a de quoi le compromettre à son tour... Son frère s'est laissé écraser par les Prussiens – et Charles trépigne comme « sur le cadavre de son ennemi », pris d'une fureur fratricide (39). Dégradation, dépravation, dissensions, le mythe lignager de la dynastie a du plomb dans l'aile.

*

Les lignages titrés de jadis s'enracinaient dans un domaine et souvent dans un château auquel ils s'identifiaient, et dont ils portaient le nom. Une fois quittés ses pénates saxons, le duc de Blankenbourg, perpétuel émigré, ne connaîtra que des logis provisoires, à Paris, puis à Naples, Rome, La Haye, et finalement à Genève, ville cosmopolite où il se traîne de palace en palace.

À Paris, Charles d'Este a préféré au faubourg Saint-Germain, bastion des ci-devant fossilisés de *La Duchesse de Langeais* et du gotha fascinant et futile de la *Recherche du temps perdu*, les quartiers neufs des Champs-Élysées. Ce Paris n'est pas celui de *La Fille aux yeux d'or*, dont toutes les sphères étaient entraînées, sous l'aiguillon de la cupidité et du plaisir, dans une dynamique épuisante mais productive, c'est celui de *La Curée*, le Paris de l'haussmannisation et de la « fête impériale », de l'or frelaté et de la chair viciée, qui est aussi celui des *Rois en exil* de Daudet. Notre Roi-Soleil (déclinant) édifie son Versailles particulier dans l'hôtel Beaujon, qui appartient à Lola Montès, l'aventurière qui séduisit Louis Ier de Bavière et contribua à sa disgrâce et à son abdication en 1848. Sans s'alarmer de cet augure, il transforme la bâtisse, au prix de travaux prodigieux, en un pot-pourri architectural bien dans le style Napoléon III, celui de l'hôtel Saccard au parc Monceau, de l'hôtel de Nana avenue de Villiers. Sur sa façade, les médaillons d'Henri le Lion et de l'empereur Othon voisinent avec les ferronneries pseudo-grecques et les décorations les plus kitsch.

« Rien de plus triste que l'existence des rois tombés », constatait Chateaubriand rendant visite à Charles X à Prague en 1833 :

> leurs jours ne sont qu'un tissu de réalités et de fictions : demeurés souverains à leur foyer, parmi leurs gens et leurs souvenirs […] ils trouvent l'ironique vérité à leur porte […]. Ils ont le double inconvénient de la vie de cour et de la vie privée ; les flatteurs, les favoris, les intrigues, les ambitions de l'une ; les affronts, la détresse, le commérage de l'autre […] les soucis d'un trône perdu dégénèrent en tracasseries de ménage[13].

---

[13] *Mémoires d'outre-tombe*, Paris, Gallimard, coll. « Bibliothèque de la Pléiade », t. II, 1951, p. 678. « Un roi n'est roi que sur le trône », confirme Christian d'Illyrie dans *Les Rois en exil* d'Alphonse Daudet ; « tombé, moins que rien, une loque… Vainement nous nous attachons à l'étiquette, à nos titres, mettant de la Majesté partout, aux panneaux des voitures, à nos boutons de manchette… » (*Œuvres*, éd. Roger Ripoll, Paris, Gallimard, coll. « Bibliothèque de la Pléiade », t. II, 1990, p. 1031).

Dépouillés de leur royaume et de leur prestige, les rois tombés s'engluent dans les petitesses de l'existence bourgeoise. Pour oublier « l'ironique vérité » de leur impuissance publique, ils maintiennent la « fiction » de leur grandeur en privé, scénarisation qui leur fournit un « public » mais réduit au sens dramaturgique du terme. Charles d'Este pousse cette scénarisation jusqu'au burlesque. Car qu'est au fond l'hôtel Beaujon, qu'un palais d'opéra-comique ? De ses balcons, le propriétaire contemple le défilé des élégants vers le Bois, et se fait contempler lui-même en grande tenue ; ses magnifiques attelages épatent les badauds – nouvel abaissement du glorieux destrier de son blason. À l'intérieur, adorant « tout ce qui sentait la machine, le théâtre et l'extraordinaire » (94), il a fait aménager force murs coulissants et dispositifs secrets, y compris un ascenseur, d'où il débouche comme un *deus... ex machina*.

N'exerçant, ou plutôt n'exhibant plus son despotisme régalien que sur sa nombreuse maisonnée, au sens ancien incluant parents pauvres, clients et serviteurs, le duc a décoré ses officiers de lit et de bouche de titres ronflants, chambellan, aide de camp, grand trésorier ; pour favorites, il a des demi-mondaines qu'il entretient grassement ; pour vassaux, ses rejetons ; pour sujets, sa valetaille. Les cabales ne manquent pas plus qu'à la cour, d'autant qu'« il avait mis sa politique à entretenir sournoisement les inimitiés de ses familiers » (67). Fiction que tout cela ; l'ironique vérité veut qu'il soit trahi par tous : son chambellan caduc épousera une de ses maîtresses ; l'ignare gouverneur de son benjamin se révèlera être un espion ; son trésorier américain se fera nommer unique légataire. Son bouffon et entremetteur, son Figaro, son Triboulet, son Lorenzaccio, le Napolitain Arcangeli le mal nommé, « bon à tout, depuis vider le pot de chambre de Son Altesse, jusqu'à reconquérir ensemble le duché, après dîner » (113), « avait enchaîné la capricieuse volonté du duc » (66).

Le parasitage du cercle familial

La maisonnée du duc, et en particulier sa composante nucléaire, est en proie à une décomposition qui va accélérer la déchéance de la lignée. Pour l'apprécier, il faut rappeler que la famille est fondée sur une délicate combinaison de « même » et d'« autre ». D'un côté, elle cultive le même : elle met en commun le toit de la maisonnée, le nom de la lignée, les biens, l'honneur, les allégeances, les sentiments ; par la filiation, elle garantit sa conformité organique et éducative ; dans l'alliance elle-même, elle privilégie l'homogamie. D'un autre côté, la famille implique l'autre : dans l'alliance, hétéro-sexuelle par définition, l'interdit de l'inceste oblige à substituer aux proches un étranger ou une étrangère, choisi(e) dans un rayon de plus en plus étendu au XIXe siècle ; la filiation elle-même comporte un élément de différence ou d'altérité, au plan biologique et, surtout lorsque s'amplifie le fossé des générations, au plan du vécu.

La famille de Charles d'Este ne parvient pas à équilibrer les exigences du « même » et de l'« autre ». J'examinerai en premier lieu sa trop grande ouverture à l'autre, qui l'expose au fléau du « parasitage ». Les parasites sont des organismes qui vivent, étymologiquement, aux dépens de la table, donc de la bourse d'un autre, et, par extension, aux dépens de son corps, qu'ils débilitent sans le détruire. Les premiers pullulent à l'hôtel Beaujon, avec les pique-assiettes de tous rangs attirés par les prodigalités gastronomiques et somptuaires du duc, et favorisés par sa négligence et son incurie. Les seconds attaquent la chair familiale, travaillée par la métaphore pathologique chère aux décadents, le maladif, l'impuissant, le déliquescent (pour citer Adoré Floupette) allant au rebours des valeurs courantes de santé, de fécondité et de vie.

La maisonnée est dépourvue de « maîtresse de maison » qui en symboliserait la légitimité et l'indissolubilité : point de sublime reine Frédérique comme dans *Les Rois en exil* ; point même d'indéfectible Joséphine Claës ni d'Adeline Hulot. À une telle maîtresse de maison, le duc, tombé, sur les traces du baron Hulot, des équipées militaires dans les prouesses galantes, préfère les « maîtresses » tout court : compagnes adultérines – or l'adultère, *adulterium*, de *ad-alter*, insinue un « autre », illicite, dans le cercle domestique – ou, après son veuvage, concubines. Et quoique ces infractions à la loi de l'alliance soient mieux tolérées en milieu seigneurial qu'en milieu bourgeois, et de la part de l'homme que de la femme, elles introduisent un ferment de désorganisation, de décomposition, en vampirisant la vigueur, la bourse, et jusqu'à l'autorité du « père prodigue ».

Mais sa maîtresse, la Belcredi, a une tout autre perversité que la sournoise Valérie Marneffe, que la ravageuse Nana, que la calculatrice Séphora qui achève Christian d'Illyrie, que la rousse soprane qui détruit le Roi Vierge. Sous sa blondeur et sa brillance, la cantatrice cache la « noirceur de son âme » (85), et d'« horribles monstres de vices » (68). Sans ancrage géographique – cette demi-Anglaise au nom italien et aux attaches viennoises se produit à Wendessen puis à Paris –, sans appartenance sociale ou familiale autre que « le prince des démons dont elle était la digne fille » (141), elle surclasse ses modèles réels, Lola Montès ou la Païva, pour rejoindre les femmes fatales fin de siècle et, en-deçà, les amantes criminelles de Barbey, la lady Josyane de *L'Homme qui rit*, la Vittoria Accorambona de la Renaissance : « c'était une femme faite exprès pour vivre dans ces temps sanglants, dominer sur quelque cour italienne, s'occuper de guerres, de politique, d'intrigues, de poisons, de sonnets » (68) ; derrière les souvenirs stendhaliens se devinent le White Devil de John Webster, lady Macbeth, les héroïnes des drames élisabéthains, pièces de terreur et de sang dont raffole l'actrice. Habituée à incarner sur les planches des reines et des princesses, la Belcredi n'admet d'amants que couronnés, et là-dessus, « n'avait jamais dérogé » (69) : point d'honneur à rebours, qui sape le véritable honneur des couronnes. Son parasitage a pour fin de s'emparer des privilèges des Blankenbourg. L'ayant achetée à prix d'or, le « dieu » teutonique vit avec cette *diva* une liaison tumultueuse, scandée de ruptures et de rentrées en grâce, d'atroces « scènes » (de ménage) et de coups de théâtre. Pendant ses éclipses défilent autour du vieux libertin danseuses et aventurières, qui chacune lui sucent un peu plus d'or et de sang, et qui ne sont pas sans rappeler l'abjection du baron Hulot du côté des petites filles. « Le pauvre homme n'était plus débauché que par un reste d'habitude, mais il voulait une maîtresse sur laquelle étaler son luxe, comme sur un mannequin » (174).

Ses innombrables liaisons lui ont donné cinq bâtards, tous de génitrices différentes ; infraction à la loi de la filiation plus acceptable dans une grande famille seigneuriale que dans les familles bourgeoises, repliées sur leur décence et sur leur affection. Homme d'Ancien Régime, le duc considère ces bâtards comme ses « héritiers », c'est-à-dire comme les véhicules du sang, de la fortune et de l'autorité patriarcaux et patriarchiques ; quant au sentimental, de plus en plus déterminant dans les classes moyennes, il n'est pas son fort. Mais quel sang coule dans les veines de ses rejetons, s'il s'accouple aussi volontiers avec des serves que des dames ? Et à quel droit du sang se réfère-t-il quand il légitime les deux plus jeunes, au mépris de la primogéniture des autres ?

*

Instance de trop grande ouverture familiale à l'« autre », plus grave, parce que plus définitive que les coucheries extraconjugales : la mésalliance. Pour que l'alliance intègre l'autre dans le cercle du même, et transforme un étranger ou une étrangère en allié(e), encore faut-il que l'écart ne soit pas trop ample, ni l'altérité trop prononcée ; ou, dans les races nobles, le sang trop mal né. Une telle mésaventure arrive à Franz, l'aîné des bâtards, dandy qui ne répond guère aux attentes du patriarche, et qui tombe victime d'un parasitage particulièrement efficace. Courtisant par désœuvrement une cameriste italienne aux allures de « reine de théâtre » (79), que dirige des coulisses son demi-frère Arcangeli, Franz se laisse prendre à son apparente résistance, ainsi qu'aux billets doux et aux cadeaux qu'il lui prodigue : « la passion était venue, ainsi qu'il arrive, à force de la simuler » (63). Comédie de l'engagement, la belle feignant de croire à des serments que son sigisbée feint de vouloir tenir, vaudeville de la grossesse, tartufferie des scrupules religieux aboutissent, dans la ville des papes, à un « mariage clandestin à la romaine » (134), que Franz estime une simagrée, mais qui se révèle désastreusement sérieux ! Or cette histrionesque mésalliance n'est pas la première dans le lignage : n'est-ce pas à la suite d'un stratagème analogue, remarque le duc, que son père avait épousé la Ghigelli ?

Pour mettre le comble à cette dérogeance, Franz se laisse ensuite parasiter par un joueur, qui lui insinue son vice. Surpris dans un tripot en flagrant délit de tricherie, condamné à la prison, déshonoré, il déshonore aussi son nom et sa race. Aussi s'exclut-il de celle-ci et du roman, sans même saluer le fils qui lui est né – et qui du reste s'éteint presque aussitôt, la déchéance physique de la dynastie confirmant ainsi sa déchéance morale.

L'autodestruction du cercle familial

Outre le fléau du parasitage externe, la famille du duc souffre d'une décomposition interne, dans la mesure où, en dépit, ou peut-être à cause de leur « mêmeté », ses membres se détruisent les uns les autres. Leur sang, affaibli par l'endogamie de règle dans les races nobles et bien illustrée par les des Esseintes, qui « marièrent, pendant deux siècles, leurs enfants entre eux, usant leur reste de vigueur dans les unions consanguines[14] », leur sang va oser violer le sang, en un élan soit d'inimitié, soit d'amour perverti. Mauvais sang ne saurait mentir…

La première victime de cette corruption est la benjamine de la couvée. Auréolée de « cheveux d'or pâle » (62), Claribel, dont le nom

---

[14] À rebours, éd. cit., p. 61.

évoque une clarté non point crépusculaire, mais matutinale, tient de la Cordélia de Shakespeare, de la Déa d'Hugo, de l'Angélique du *Rêve* de Zola, de la Clara d'Ellébeuse de Jammes et de la princesse Maleine de Maeterlinck, avec un zeste de l'esprit sarcastique de Louise, l'adolescente mûrie trop vite dans *La Curée*. Cette « infante de tableau, frêle et hautaine » (31), que le duc a légitimée, a l'orgueil de son sang bleu ; elle aime à revêtir le riche trousseau des comtesses de Blankenbourg, et « prenait plaisir à discourir longuement des Guelfes, dont elle connaissait la suite, le chaos de tant de diverses branches, les vertus et les actions mémorables » (62), en bonne gardienne des traditions dynastiques.

Minée d'une de ces maladies de consomption typiquement décadentes[15], Claribel succombe au soir de la Nativité, en une éloquente inversion du mythe de naissance ; le sapin illuminé se transforme en chapelle ardente, les girandoles en cierges funéraires. De quoi, au fond, Claribel est-elle morte ? De sa famille. De l'épuisement du sang héréditaire, qu'incarne mieux que les autres cette « singulière petite fille, espèce de monstre charmant comme en produit le déclin des races » (62) – charmante, mais « monstre ». Et, plus immédiatement, de son demi-frère Otto, dont les taquineries sadiques ont déclenché sa maladie nerveuse. Son enterrement au Père-Lachaise, tout en blanc et argent, avec deux mille écus de cierges, « parmi une foule énorme, amassée le long des rues et aux fenêtres, comme pour le passage d'une reine », sont une mise en scène orchestrée par son père, qui mène un deuil voyant, et mime le sentimental absent – « spectacle nouveau, où la chaise percée du Duc joua son rôle, car il n'avait plus, comme l'on dit, qu'un agonisant dans sa chemise [...] rien ne fit défaut à la comédie » (76-77).

---

[15] M. de Phocas vante « le charme d'hôpital, la grâce de cimetière, de la phtisie et de la maigreur », « les petites filles anguleuses, effarantes et macabres, le ragoût de phénol et de piment des chloroses fardées et des invraisemblables minceurs » (Jean Lorrain, *Monsieur de Phocas* [1901], préface de Thibaut d'Anthonay, Paris, La Table ronde, coll. « La Petite Vermillon », 1992, p. 28). Le petit prince des *Rois en exil* souffre lui aussi d'une faiblesse chronique, et deviendra incapable de régner.

*

Désordre familial cardinal : l'inceste. L'ouverture à l'autre conjugal est au fondement de la circulation exogamique, et du renouvellement génétique ; en accueillant une altérité illicite, adultère et concubinage perturbaient l'axe de l'alliance, avec d'éventuelles conséquences sur celui de la filiation ; l'inceste, qui replie l'axe de l'alliance sur l'axe de la filiation, bloque au contraire toute dynamique, et enferme la caste dans une « mêmeté » scandaleuse. Scandaleuse : car l'inceste n'est pas seulement, comme l'adultère et le concubinage, hors la loi ; cette collusion du même avec le même, où le sang consomme son propre sang, est tenue pour contre-nature. Avec l'intimisation de la sphère privée au XIXe siècle, et quand, à la déviance sexuelle, s'adjoint un débordement sentimental, l'inceste devient la plus vertigineuse, et la plus inavouable des passions. Aussi a-t-il captivé la littérature, notamment décadente.

Symétrique et opposé du sororicide, corps à corps hostile qui a terrassé Claribel, voici, corps à corps amoureux, l'inceste adelphique. Certes, Christiane et Hans Ulric, germains par leur père, ne se ressemblent pas, issus l'une d'une blonde Irlandaise, l'autre d'une noiraude esclave russe ; mais le lait de leur nourrice commune a complété leur adelphie de sang. Ils ne quittent jamais, dans une aile de l'hôtel Beaujon, le nid matriciel dont ils ont fait, à l'instar de des Esseintes à Fontenay-aux-Roses, un véritable musée, et, comme plus tard les Enfants terribles de Cocteau, un îlot de rêve, où leur existence « n'était qu'idéal, sourire, tendresse et amour du beau » (85). « En mêlant sans cesse tous leurs sentiments, leurs pensées et leurs émotions », ils sont devenus « un seul esprit, une seule âme » (52) : quasi-gémellité, voire androgynie, chaste et artistiquement sublimée[16].

Mais dans le couple s'insinue un tiers délétère : la Belcredi, qui, pour mener à bien le parasitage des Blankenbourg, doit neutraliser les héritiers, en jouant sur leurs propensions autodestructrices. Comme le Serpent arrachait Adam et Ève à l'Éden de l'innocence, leur faisait prendre conscience de leur corps, et discerner le bien et le mal, la Belcredi, ayant démêlé le désir inconscient des jeunes gens, s'acharne à leur « jeter son venin » (106), et, dans « la sombre aurore de quelque

---

[16] Frédéric Monneyron analyse le lien entre inceste adelphique et androgynie dans *L'Androgyne décadent*, Grenoble, ELLUG, 1996, p. 118-127 et 143-145.

machination d'enfer » (100), clarté affreusement oxymorique, va les plonger dans la nuit éternelle. Indifférents aux vicissitudes ambiantes, le frère et la sœur se jouaient à leur insu une platonique idylle : et voici qu'un « démon se divertissait […] à leur lever sans cesse ce fatal rideau » (104). Très cultivée, la Belcredi n'agit pas sur le corps, mais sur l'âme. Si elle n'a pas pensé à *René*, elle leur fait découvrir le *Manfred* de Byron, brûlant pour Astarté. Elle leur fait parcourir les Elisabéthains, en particulier la scène de l'aveu dans *'Tis Pity She's a Whore* de John Ford : « aimez-moi ou tuez-moi, mon frère », dit Annabella ; « aimez-moi ou tuez-moi, ma sœur », réplique Giovanni (89)[17]. Enfin, profitant de la vogue des théâtres de salon attestée par *La Curée*, elle imagine de leur faire chanter le duo d'amour de Siegmund et Sieglinde, les jumeaux engendrés par Wotan, dans *La Walkyrie*. Les amants, enivrés par l'opéra, s'identifient si bien à leurs rôles que le lecteur ne peut déterminer si leurs paroles sont celles des personnages, ou les leurs ; « tout ce qu'ils n'avaient jamais pu se dire, ils se le criaient par ce chant, qui était leur aveu nuptial » (109). Hélas ! Ce qui aux feux de la rampe a des aspects de hiérogamie se révèle, le rideau tombé, l'obscurité revenue, tabou pour les humains. En une volupté de terreur, les amants consomment leur union, et Hans se brûle la cervelle[18]. Au sang de la femme versé dans le

---

[17] Sur l'influence du théâtre élisabétain, friand d'inceste, sur Bourges et ses contemporains, voir André Lebois, *Les Tendances du symbolisme, op. cit.*, p. 145-182. Au XIXe siècle, « le récit du couple frère-sœur peut être tenté, esquivé, détourné, ou accompli, désiré, répété, proclamé, compliqué de gémellité ou encore dissimulé, pardonné, idéalisé, feint, nié, renoncé ou simplement imaginé », écrit Bertrand d'Astorg dans *Variations sur l'interdit majeur, littérature et inceste en Occident*, Paris, Gallimard, 1990, p. 117. Ce que confirment, de Paul et Virginie à Verlaine et sa Sœur fantasmée, les études rassemblées par Wanda Bannour et Philippe Berthier dans *Éros philadelphe*, Paris, Éditions du Félin, 1992, p. 107-208.

[18] Dans la pièce de Ford, Giovanni poignarde Annabella ; dans *La Ville morte* de D'Annunzio (1898), Léonard assassine sa sœur-amante. Siegmund est abattu par le mari de Sieglinde ; dans *Pelléas et Mélisande* de Maeterlinck (1893), Pelléas, (beau-)frère de Mélisande, est tué par le mari de celle-ci, Golaud, homicide et fratricide. Sur un suicide se termine l'inceste adelphique esquissé dans *Pierre ou les ambiguïtés* d'Herman Melville (1852). Sur un double suicide se clôt, dans *Zo'har* de Catulle Mendès (1886), l'inceste des rejetons d'un marquis débauché, rapprochés par les trames d'une

dépucelage prohibé répond le sang de l'homme, versé dans l'acte non moins prohibé du suicide. Sang corrompu ; car le « poison mortel » dont les a infectés la Belcredi (98), poison livresque, n'était que le révélateur et le stimulant du poison qu'ils secrétaient, de leur « cancer intérieur », du « monstre qu'ils nourrissaient en eux » (102).

Les adolescents incestueux d'*Une page d'histoire* de Barbey montaient ensemble sur l'échafaud ; ceux de Bourges ne connaîtront pas cette grinçante apothéose. Veuve de son frère, « toute noire au soleil couchant » (133), la luthérienne Christiane, revenant, à l'exemple de la fille de Charles de Brunswick, convertie par Lacordaire, et de son ancêtre Antoine Ulric de Blankenbourg (lisons de Brunswick-Wolfenbüttel), au catholicisme de ses aïeux, suivant aussi, sans s'en douter, l'Amélie de Chateaubriand expiant ses amours interdites, va s'enterrer dans la nuit du couvent. Mais quand, sur la tombe de Hans au Père-Lachaise, elle se couche « toute pâmée sur la dalle, avec ses cheveux défaits », ce geste, préfiguration du trépas symbolique de la prise de voile et prélude à l'union spirituelle avec le Christ – « et c'est une morte aussi qui te parle, pensait Christiane, car je me sépare de ce monde » –, ce geste s'avère profondément ambigu : « je t'aime, je t'aime, Ulric ; prends-moi, étends les bras… » (184-185). Du reste, comme dans les drames anglais, « la terrible tragédie eut un contraste ridicule, par la farce qui lui succéda » (111).

*

Le second inceste du livre fait intervenir Otto, le fils puîné du duc. Otto « montrait dans son front bas et bombé, dans ses narines dilatées, dans ses énormes mâchoires, dont la supérieure emboîtait presque celle de dessous, tout ce qu'il avait d'instincts grossiers, farouches, passionnés » (53) ; avec lui émerge, chez les Este décadents comme chez les terribles Mauprat de Sand ou chez les Feuardent de *L'Ensorcelée* de Barbey, une barbarie enfouie sous le glorieux mythe ancestral. Dans ses « monstrueux passe-temps de débauche démesurée » et d'inventions sacrilèges (119), sans égards pour les rangs, les sexes, voire les espèces, Otto se vautre avec les palefreniers dans le pissat et le

perfide qui vise leur héritage, et encouragés par un ballet symboliste où, autour d'une idole d'or hermaphrodite, forniquent des couples gémellaires.

fumier, et piaffe, « étalon » auprès de ses montures (119) – ultime disgrâce du Cheval-Passant, l'insigne des Blankenbourg. L'homo-sexualité, thème décadentiste par excellence, est une forme d'exacerbation de la « mêmeté », la zoophilie pousserait au contraire l'« altérité » à sa limite ; toutes deux vont « au rebours » des attractions dites naturelles, et sont vouées à la stérilité. Pis, à la damnation : avec sa tignasse rousse et ses yeux verts, Otto, « sorte d'âme rouge », ressemble aux « flammes livides du soufre de l'enfer » (117). Or le duc, qui retrouve en son benjamin sa « vive image » et « toutes les fougues de sa jeunesse » (82), lui passe ses pires sauvageries, mieux, l'a proclamé son successeur, et outrageusement avantagé dans son testament.

L'inceste qui se développe entre la Belcredi et Otto, le fils de son amant, rappelle *La Curée*, où Renée Saccard couche avec son beau-fils Maxime, le petit crevé ; et, en deçà, *Phèdre*, hypotexte qui sous-tend le récit zolien. Phèdre, à l'hérédité abominable, s'est éprise de son beau-fils Hippolyte, a causé sa mort, et s'est empoisonnée : c'est le sort qui attend la Belcredi, également marquée par le tératologique. Hippolyte, littéralement « celui qui libère les chevaux », a péri à cause d'un monstre marin suscité par son père et roi, Thésée ; Otto, grand amateur de chevaux indomptables, sera abattu d'un coup de pistolet par son père et duc. La différence entre les personnages de la tragédie et ceux des romans tient à la différence entre Fatalité et Histoire ; chez Zola et chez Bourges, pas de Vénus attachée à sa proie, mais personne non plus pour proclamer que le jour n'est pas plus pur que le fond de son cœur : tous sont touchés par les ténèbres, et complices dans l'horreur, référable à la dépravation des régimes sublunaires. La différence entre les deux romans tient, elle, à la différence entre Réalisme et Décadence : Zola, refusant la terreur et la pitié, montre l'ignominieuse réconciliation du père et du fils, aux dépens de la femme ; Bourges cultive la terreur, mais une terreur sans catharsis : chez lui, la femme et le fils vont jusqu'à fomenter le meurtre du père, et leur écrasement les laissera sans remords.

Il n'est jamais clair si l'attachement de la Belcredi pour l'héritier présomptif des Blankenbourg est sincère ou intéressé. Dès son arrivée, la sirène, « de ses froids yeux bleus, avait dompté le jeune monstre » (53). C'est que, sous sa gracieuse enveloppe, elle peut être homme comme lui – « de cerveau mâle » (68), « virile et d'un esprit hardi » (86) –, monstrueuse comme lui – dragon dont la robe « bruissait et serpentait derrière elle » (198) –, diabolique comme lui. Leur invraisemblable accointance semble d'abord contrarier le crépuscule des dieux : intérieurement inondés « d'une clarté semblable à celle de l'aurore », ils se forgent l'un de l'autre « comme autant d'idoles spirituelles qu'ils érigeaient au profond d'eux-mêmes, pour les adorer » (151) ; et Otto s'incline devant cette « déesse si connue et si inconnue » (163). Mais quel dieu, ou plutôt quel « démon chaud et lourd » (153) pèse sur leur passion, avide d'émotions inouïes, marquée de « désordres tels qu'ils eussent fait trembler les plus abandonnés » (164), et secouée de querelles ? Le pire est que cet éréthisme cache peut-être le vide : « elle s'y révéla complaisante, savante même, indifférente » (164) ; et lui, « parmi ses pires furies, ses plus violentes résolutions, il se sentait comme un comédien qui s'agite sur le théâtre, et ne croit pas au conte qu'il déclame » (176)...

Le meurtre du duc, aboutissement et du parasitage, et de l'autodestruction de la famille, scellerait dans le sang le plus tabou le couple scandaleux. En ont-ils puisé l'idée dans le rapport du procès de Mme Lafarge, accusée d'avoir intoxiqué son mari avec de l'arsenic, ou dans le compte rendu des assassinats d'Hermann (déformation de Troppmann), au moyen d'un mélange d'acide prussique ? Ou dans le répertoire familier à la Belcredi, chez Médée, experte en herbes magiques, dans *Hamlet* – où elle aurait vu comment la reine complice d'empoisonnement de son conjoint périt par empoisonnement... D'abord « un rêve, un vain amusement, un roman qu'ils s'imaginaient » (195), l'attentat prend forme, le poison consistance – poison ici littéral, le duc étant corps plus qu'esprit –, et s'amorce une tragédie, ponctuée par le burlesque qu'apportent les « ruses de Mascarille » d'Arcangeli (196).

Le duc devrait être puni par où il pèche : par son estomac de grand mangeur, et surtout par son sang, sang vicié dont le poison ne fait que souligner et stimuler la nocivité. Par un temps d'orage qui fait le crépuscule en plein jour, la Locuste lui présente les oranges imprégnées du breuvage, nouvelle version de la pomme du jardin d'Éden. Pour rendre compte d'un geste aussi sacrilège, « on sera bien tenté de croire à quelque impulsion du mauvais Ange, qu'aucune philosophie ne saurait expliquer » (203). Mais tout vacille : le duc soupçonneux s'insurge contre la Belcredi, Otto affolé tire maladroitement sur son père, son père réplique en l'abattant : parricide suivi d'infanticide[19]. La Belcredi se jette

---

[19] À propos d'infanticide, notons que, déjà, le duc avait offert à Hans Ulrich le pistolet avec lequel il se supprima. Le parricide le plus célèbre de la littérature romantique, illustré par Shelley, Stendhal et Dumas, est celui perpétré contre le vieux Cenci par Béatrice, sa fille incestueuse, assistée de

sur le corps d'Otto en hurlant son amour, et avale le reste du poison, en un dénouement à la *Roméo et Juliette* dont on ne sait s'il est authentique ou joué. Pas plus que celles de Hans et Christiane, ces noces de sang ne sont une apothéose : Otto, survivant, plonge dans la nuit définitive de la démence, coupant tout espoir de postérité dynastique[20].

Corps et biens en putréfaction

Déchéance diachronique et décomposition synchronique n'épargnent pas le patriarche lui-même, corps et biens. Au plafond du château de Wendessen s'étalait un Apollon dans sa nudité, dont on disait qu'il « était peint au vif d'après le duc Charles » (35). Hélas ! Arraché à ce cadre merveilleux, tombé dans le temps linéaire, le corps du dieu va redevenir périssable. À Paris, décoré, coiffé, cosmétiqué, Charles s'exhibe aux Champs-Élysées, dans les cafés et dans les avant-scènes, « et c'était une comédie que de le voir s'épanouir sous les regards surpris des passants » (173). Sous ses costumes malheureusement s'empâtent ses formes, son nez rougit, ses cheveux tombent, dans le miroir « il cherchait sa physionomie, son front, ses yeux, tous ses traits, lesquels ne se retrouvaient plus » (135). Aussi s'est-il fait confectionner trente bustes à son image, supports de trente perruques différentes, et Arcangeli passe des heures à « reproduire les couleurs peintes aux joues de la tête de cire, sur le visage de Charles d'Este » (173) ; comme dans *À rebours* les fleurs naturelles imitent les fausses, si d'abord l'artefact imitait la chair, la chair en vient à imiter l'artefact : « côte à côte, on ne discernait guère l'original de la copie » (202)[21]. Au motif de la tête royale coupée, qui peut avoir

---

sa seconde femme et de ses fils. Si le duc n'est pas sans points communs avec l'odieux seigneur romain, ses agresseurs, eux, ne peuvent guère prétendre au rôle de victimes.

[20] On est à des lieues de l'idéalisme d'*Axël*, la pièce de Villiers de l'Isle-Adam (1890), dont les héros, ayant surmonté la malédiction du trésor ancestral et renoncé successivement à toutes les tentations mondaines, s'empoisonnent ensemble, dans leur aspiration vers un « monde astral » aux antipodes de ce bas monde crépusculaire.

[21] Le thème du masque de cire revêtira des connotations plus macabres dans l'atelier du sculpteur Claudius Ethal, âme damnée de M. de Phocas, grand

son tragique, s'ajoute celui, plus dégradant, de la tête réifiée, infiniment reproductible, et vide : « l'on put craindre que la cervelle ne lui tournât complètement » (172).

Plus qu'une tête, le duc est un ventre ; il s'empiffre de sucreries, de sorbets, de liqueurs, et s'entoure de cuisiniers et de marmitons, au point d'annoncer parfois Ubu Roi et sa gidouille... Sa « Merdre » aussi : car toute cette gloutonnerie aboutit aux latrines[22]. L'excrément, forme ultime de la décomposition, est très présent dans le roman, et pas seulement comme élément farcesque, avec les mésaventures intestinales d'Arcangeli. Pour remercier son père de l'avoir nommé héritier, Otto lui offre, installé sur la chaise percée, « la puanteur d'une selle » (117) : seul rejeton produit par ce dégénéré. Dans l'épilogue, sous son uniforme de gala, le duc, obèse, goutteux, gangrené, le corps soutenu par « une sorte de ventre d'argent » (207), n'est qu'un cadavre artificiellement animé, qui va mourir d'apoplexie sur la chaise percée, antithèse du trône. C'est cette pourriture qu'il a voulu faire embaumer, à Genève, dans un mausolée aussi ostentatoirement rococo que l'hôtel Beaujon, en une dérisoire tentative de ne pas retourner à la poussière, de s'immortaliser comme les dieux... Mais, au cours de splendides funérailles dont il a réglé d'avance le protocole et que ne suivent aucun parent, l'urne contenant ses entrailles fermentées éclate, dans une puanteur effroyable, et sur cette notation, dénichée dans les *Mémoires* de Saint-Simon, s'achève le texte.

*

Plus dur et plus durable que les corps, l'or échappera-t-il, lui, à la décadence ? Charles d'Este roule littéralement sur l'or, il est littéralement cousu d'or ; l'or est dans le carrosse qui l'introduit dans le livre, « tout en glaces et le toit doré » (32) ; il est dans ses atours, sur son épée enchâssée de pierreries, sur la gorge de ses maîtresses ; il est dans son château de Wendessen, sur la façade de l'hôtel Beaujon, dans ses écuries, sur « le

---

collectionneur de fleurs du mal, soupçonné d'intoxiquer de parfums ses charmants modèles.

[22] De la création du potache Jarry, pastiche d'Œdipe Roi, du Roi Lear et des princes de la tragédie française, le duc, dont l'orgueil est un mixte de superbe aristocratique et de mégalomanie infantile, a aussi les caprices, et passe tous ceux qui lui déplaisent « à la trappe ! ».

plafond d'argent et d'or mat » de sa chambre, sur son lit « doré et majestueux » (95) ; il étincellera sur sa bière et dans son mausolée. L'or le relie à ses prestigieuses origines : il est dans la robe argentée de ses chevaux, descendants du destrier donné par Charlemagne à Witikind et figurant dans les armoiries des Guelfes ; dans le vénérable insigne de la Toison d'Or ; dans son patrimoine financier, « ducats, doublons, pistoles à l'effigie des ancêtres de Charles d'Este, vieilles guinées de tous les règnes, depuis l'avènement au trône d'Angleterre de la branche cadette de Blankenbourg » (94)[23]. Le coffre-fort blindé enfermé dans sa chambre à l'hôtel Beaujon abrite un « chaos de richesses prodigieuses », répandant « comme une espèce de soleil mystérieux » (96), qui semble devoir le maintenir perpétuellement au zénith.

Son magot va se dilapider sous deux forces. Celle, externe, du parasitage, aux mains de son entourage et de ses enfants, qui se remplissent les poches sans vergogne, et dont, émule du Volpone de Ben Jonson, il titille périlleusement la convoitise ; le précieux métal tente la Belcredi aux cheveux d'or, et réveille « au fond de son sein mille serpents » (98) : car, plus encore qu'à César, il appartient à Satan. L'autre force, interne, de dilapidation est une vertigineuse consommation, de nourriture, d'objets, de sexe, de symboles, jusqu'au narcissique tombeau de la fin. Dans *La Maison du Chat-qui-pelote*, le drapier déclarait que l'argent « est plat pour les gens économes qui l'empilent » : conception petite-bourgeoise des écus, qu'on obtient à la sueur de son front, qu'on comptabilise et qu'on entasse. Charles d'Este estime, avec le jeune aristocrate du roman, que « si l'argent était rond, c'était pour rouler[24] ! » Pour cet homme d'Ancien Régime, la « générosité », caractère de l'âme bien née, doit s'accompagner de « générosité » au sens de largesse, façon d'affirmer son rang ; il sème donc à pleines mains une fortune obtenue, du reste, par héritage, par confiscation, ou par le labeur de ses sujets. À cette munificente éthique ressortit encore le jeu auquel s'adonne Franz.

---

[23] Sur l'omniprésence de l'or jusque dans la texture phonétique du roman (or-age, or-gueil, or-ange), en particulier dans la thématique de l'or-nement et de l'or-dure, voir Eliane Jasenas, « The making of Decadence in E. Bourges' *Le Crépuscule des dieux* », éd. Wagar Walter Warren, *Essays on Decadence*, Binghampton, SUNY, 1975, p. 11-17.

[24] Balzac, *La Maison du Chat-qui-pelote*, préface d'Hubert Juin, Paris, Gallimard, coll. « Folio », 1970, p. 65.

Mais la générosité dégénère quand le jeu se mue pour Franz en tricherie, ou quand le duc sombre dans des accès de ladrerie presque aussi sordides que ceux du père Grandet[25]. À ces deux conceptions s'oppose celle du Saccard de *La Curée* et de *L'Argent*, capitaliste qui décuple ses fonds par des spéculations reposant moins sur la réalité desdits fonds que sur leurs signes : pour lui, l'argent ne roule pas, mais « circule », afin de rapporter. Formule moderne que le duc n'ignore pas plus que le père Grandet, puisque son trésorier américain effectue pour lui de fructueux placements, et qui finira par l'emporter : en vertu du testament final, l'argent des Blankenbourg n'ira pas aux Blankenbourg, il retournera à l'argent – au trésorier, et aux banques suisses.

La substance monétaire s'avère aussi instable que la chair. D'abord, elle peut être maquillée : comment discerner les vrais billets, les vrais diamants des faux ? Tout ce qui brille est-il or ? Et elle n'est pas à l'abri de la putréfaction. Au tripot – incident tiré de la *Gazette des tribunaux* –, Franz et son complice sont trahis par le butin volé qui coule de leurs pantalons, comme si, « en proie à un de ces besoins pressants », ils souffraient d'« un flux de billets de banque » (191-192) ; inversion du mythe de la poule aux œufs d'or ou de l'âne au crottin d'or de Perrault, l'or se corrompt ici en ordure.

Patriarchies en péril

Le duc de Blankenbourg a beau singer le Roi-Soleil, et Bourges emprunter pour lui force détails aux écrits du Grand siècle, *Mémoires* de Saint-Simon, *Historiettes* de Tallemant des Réaux ou sermons de Bossuet, il n'échappe pas à l'Histoire du XIXe siècle européen. Charles de Brunswick s'était enfui en 1830. En déplaçant le départ de son Charles fictionnel en 1866, pour cause non plus d'insurrection civile, mais d'invasion prussienne, Bourges esquive la question révolutionnaire, qu'il avait posée à propos de la Terreur dans *Sous la hache* (1883), et qu'il traitera sans sympathie dans *Les oiseaux s'envolent et les fleurs tombent* (1893), à l'occasion de la Commune. En revanche, il se fait l'écho des désastres du Second Empire, avec la débâcle de son prince devant cette Prusse qui

---

[25] Ou quand le Christian d'Illyrie de Daudet fait commerce de décorations royales, vend les diamants de sa couronne, monnaie son abdication.

vient d'écraser et de mutiler la France, et dont la force apparaît d'autant plus terrifiante qu'elle ne se manifeste jamais directement dans le texte.

À Paris, le duc de Blankenbourg, trompé par ses flatteurs, n'ouvrant ni dépêches ni journaux, tente de noyer l'Histoire dans la temporalité privée et amorphe du loisir, et la défait et refait à son gré en découpant des images : « la tête casquée de M. de Bismarck se trouvait ainsi, d'aventure, sur les épaules d'une baladine » (48). Mais l'Histoire le rejoint jusque dans ses divertissements : à l'Exposition universelle de 1867, Guillaume Ier présente un gigantesque canon... Charles doit alors se rendre compte que les Prussiens sont à Blankenbourg, qu'ils ont pillé ce qui restait de ses biens et de son autorité : « Votre maître ne règne plus ! » (49). Il a beau se démener, mobiliser, à défaut de régiments, des proclamations martiales et des cocardes au Cheval, Sadowa l'achève, confirmant, avec l'amoindrissement des Habsbourg et l'incorporation de nombreux princes germaniques à la Confédération allemande, la déchéance de son Histoire[26].

Cette déchéance, Charles de Blankenbourg y a contribué, par son infidélité aux prédécesseurs. N'a-t-il pas installé sa dynastie, jadis alliée à Berlin contre la France, en France, sans égards pour Berlin ? Ne s'est-il pas logé près de l'Arc de Triomphe, « ce superbe trophée de *La Marseillaise*, qui criait éternellement la guerre et le défi à son aïeul » (92), l'auteur du manifeste de Brunswick, généralissime des armées prussiennes ? Ne s'est-il pas mis sous la protection de Napoléon III, dont l'oncle, Napoléon Ier, arracha le duché de Brunswick à son père, jusqu'à ce que les Prussiens le lui restituent ? D'autre part, la décomposition de son État a eu les mêmes causes que celle de sa maison, parasitage – l'usurpation étrangère – et désorganisation intérieure – commerce dépérissant, finances taries, troupes négligées, notables humiliés, et, au sommet, désertion du monarque, que le Landtag cherche à faire suspendre comme fou. Sa patriarchie publique a souffert des mêmes déficiences que son patriarcat privé. Sentimentalement indifférent à ses

---

[26] Dans *Les Pléiades* de Gobineau (1874), le prince de Burbach, principauté imaginée d'après le Hanovre, « savait que tôt ou tard […] ses domaines iraient se fondre dans les territoires d'une grande monarchie voisine » ; d'autant que lui aussi est affligé d'un peuple peu fiable, d'une noblesse nulle, d'un frère ambitieux et vil, et n'a pas de descendant mâle (éd. Pierre-Louis Rey, Paris, Gallimard, coll. « Folio », 1997, p. 278).

descendants, il a également dénié à ces successeurs virtuels la moindre ambassade, la moindre mission : « il craignit de les émanciper s'il les sortait de leur néant » (49). Et voici que son frère Wilhelm négocie avec les vainqueurs, et se fait nommer duc de Blankenbourg à sa place !

Régnant, le duc de Bankenbourg avait été reçu en grande pompe aux Tuileries. Mais une fois qu'il est exilé, Napoléon III le convoque en privé, pour lui demander de transiger avec sa remuante parentèle, et d'éloigner l'encombrant Otto traqué par la police. L'Empereur, aussi retors que le souverain entrevu dans *La Curée*, joue ici le tenant de l'ordre patriarcal et patriarchique ; dans son cabinet, sous les portraits de sa mère Hortense et de son oncle le prince Eugène, il se permet de donner au duc subjugué une leçon de bon cousinage, d'éducation paternelle – Otto a été « mal fouetté » (126) –, et même, lui, Buonaparte sans quartiers propulsé sur le trône par un coup d'État, de bonne tenue princière. Ce que le Buonaparte ignore, et que le narrateur du *Crépuscule* ne nous dit pas, mais que savent parfaitement ses lecteurs, c'est que l'autocrate français est promis au même sort que l'autocrate allemand, que son Histoire suivra la même déchéance que la sienne. Alors que la « fête impériale », comme naguère la fête de Wendessen, bat son plein, le pitoyable Badinguet s'effondrera à son tour devant la supériorité militaire des Hohenzollern, cahotera avec les bagages de sa berline dans *La Débâcle* de Zola, connaîtra l'exil... Le jour de l'assassinat raté du duc s'entend au loin « un régiment, en route pour quelque embarcadère, car la guerre, depuis trois jours, était déclarée à la Prusse » (202). Au même moment, dans un autre livre, Nana, vedette de la fête impériale, agonise, sur fond de défilés de patriotes hurlant « À Berlin ! À Berlin[27] ! »

---

[27] La situation est encore aggravée, selon le vieux Christian d'Alfanie, dans *Les Rois* de Jules Lemaître (1893), par une diminution de la « vertu royale », voire « une terreur de régner ». « Pauvre race de rois ! À mesure que son sang s'appauvrissait, son âme aussi semblait défaillir... ». Et de passer en revue les capitales d'Europe : « Ici, une impératrice névrosée, empoisonnée de morphine et publiquement amie d'une écuyère de cirque. Là, une reine écrivassière [...]. Ailleurs, un roi morose [...] qui n'aspirait qu'au renom de bon géographe. Non loin, un prince mélomane à l'âme cabotine s'était noyé une nuit [...]. Un autre prince s'était suicidé avec sa maîtresse ; un autre avait épousé une danseuse... », liste à laquelle on pourrait ajouter le Christian d'Illyrie de Daudet (Jules Lemaître, *Les Rois*, Paris, Calmann-Lévy, 1893, p. 13-14).

*

Dans l'épilogue, en 1876, le Second Empire tombé, l'Allemagne unifiée, l'empereur Guillaume Ier se fait acclamer dans sa loge à l'opéra de Bayreuth, entouré de sa famille et de quelques élus – dont le prince Wilhelm de Blankenbourg. Guillaume Ier occupe ici une position analogue à celle de Charles d'Este dans l'incipit, à Wendessen, tandis que Charles somnole maintenant parmi la foule, au son du *Crépuscule des dieux* de Wagner. C'est alors que lui apparaît la petite Claribel, venue, un crâne à la main, lui réciter un *Pater* – un *Pater*, à lui, le fils et le père dénaturé, l'indigne père de ses sujets, le chrétien oublieux de Dieu-le-Père. Cette vision déclenche chez le vieillard une méditation, digne de celle d'Hamlet devant le crâne du bouffon Yorick, sur les « plaies domestiques » qui, suite à la mort de l'infante, marquèrent le « crépuscule de sa race » et l'achevèrent dans un « abîme de boue sanglante », point extrême de la déchéance et de la décomposition (209-210) – et l'on pense aux plaies domestiques qui affectèrent pareillement la dynastie d'Elseneur après la noyade d'Ophélie. De là, la méditation du duc s'étend à l'état du monde ambiant ; car il y a quelque chose de pourri en Europe occidentale, comme au royaume de Danemark.

Dans cet opéra de Bayreuth, où le spectacle est d'abord dans la salle, microcosme de l'élite européenne, que découvre Charles d'Este ? Industriels, hommes d'affaires, légistes, reporters, femmes galantes,

> tout mêlé, nivelé, confondu, devenu peuple, grands et petits, connus et inconnus, dans la parité des habits. Plus de règle, plus de hiérarchie ! Une arrogante bourgeoisie, des suppôts brouillons de politique, des écrivassiers besogneux, se mêlaient, comme bon leur semblait, aux seigneurs et aux souverains mêmes, tant l'esprit de révolte et d'innovation avait comme enivré le monde (210).

Yankees parvenus ; juifs rafleurs de « tous les trésors et l'or du monde », dont les filles « entraient au lit des princes, et mêlaient au plus pur sang chrétien la boue immonde du Ghetto » (211) ; « multitude infinie de peuples, d'ouvriers et de misérables » (212), n'ayant plus rien des populations loyalistes et cultivées évoquées par Mme de Staël dans

De l'Allemagne, ni des campagnards en goguette de Wendessen[28]. Tous ces barbares, tous ces monstres ont parasité la civilisation européenne de l'extérieur, pire, ils l'ont contaminée de l'intérieur, à travers les collusions et le métissage, de sorte qu'on ne peut plus distinguer les mêmes que soi des autres, dans le magma des rangs, des races et des frontières. Sur l'Histoire à son crépuscule plane une menace d'Apocalypse – « Tous les signes de destruction étaient visibles sur l'ancien monde, comme des anges de colère, au-dessus d'une Gomorrhe condamnée » –, à moins que ce ne soit une menace de Déluge ; Déluge venu non du Ciel, mais des bas-fonds, de l'« abîme immense » qui, embrassant l'« abîme de boue sanglante » où pataugent les Blankenbourg, « bouillonnait, par-dessous la terre » (212).

> Quel sombre avenir attendait les hommes ? Désormais libres et égaux, sujets de personne, pas même de Dieu […] enflés par l'orgueil de la matière, ils en seraient pour ainsi dire crevés […] la terre allait, en peu de temps, devenir une auge immonde, où le troupeau des hommes se rassasierait (212).

Devant cette entropie généralisée de l'Histoire jaillissent des lamentations analogues chez le porte-parole des Pléiades[29], chez des Esseintes[30], chez

---

[28] Ainsi, repassant, dans sa loge de théâtre, au dénouement de son existence, sa fulgurante carrière, le Nabab ruiné de Daudet contemple-t-il, dans le parterre de banquiers faillis, journalistes véreux, sodomites et drôlesses, « tous les scandales, toutes les turpitudes, consciences vendues ou à vendre, le vice d'une époque sans grandeur, sans originalité… » (*Le Nabab* [1877], *Œuvres*, éd. cit., t. II, p. 848).

[29] L'Europe en décrépitude sera achevée par la barbarie, « qui tuera tout et ne créera rien ». S'il pouvait s'armer des « foudres de Jupiter », l'orateur anéantirait une bonne partie de cette tourbe ; mais Jupiter est désormais impuissant… Au-dessus de la tourbe cependant planent ces « êtres étincelants qui, le front couronné de scintillements éternels, se groupent intelligemment dans les espaces infinis » : les Pléiades, Fils de roi (quoique rarement fils de Rois), preux et courtois, héritiers « des éléments nobles, divins, si vous voulez, que des aïeux anciens possédaient en toute plénitude, et que les mélanges des générations suivantes avec d'indignes alliances avaient, pour un temps, déguisés » (*Les Pléiades*, éd. cit., p. 42-47). Cette poignée d'individus échappera à la décadence – et le prince de Burbach épousera son « Aurore ».

le philosophe des *Oiseaux s'envolent*[31]. « L'antique mythe du Nord renfermait le dogme effroyable du Crépuscule des Dieux », écrit Nordau. « De nos jours s'éveille dans les esprits d'élite la sombre inquiétude d'un Crépuscule des Peuples dans lequel tous les soleils et toutes les étoiles s'éteignent peu à peu, et où, au milieu de la nature mourante, les hommes périssent avec toutes leurs institutions et leurs créations[32] ».

Alors Charles d'Este, qui avait d'abord ostensiblement tourné le dos à l'empereur, s'incline respectueusement devant lui :

> Il lui pardonnait maintenant d'avoir anéanti les souverains d'Allemagne, et écrasé les derniers débris de cette noble et grande féodalité.

---

[30] « La noblesse décomposée était morte ; l'aristocratie avait versé dans l'imbécillité ou dans l'ordure » ; la bourgeoisie triomphante et vile « mitraillait sans pitié son éternelle et nécessaire dupe, la populace, qu'elle avait elle-même démuselée et apostée pour sauter à la gorge des vieilles castes ! ». « C'était le grand bagne de l'Amérique transporté sur notre continent [...] l'incommensurable goujaterie du financier et du parvenu, rayonnant tel qu'un abject soleil, sur la ville idolâtre... ». Et des Esseintes d'appeler l'Apocalypse – « les pluies de flamme qui consumèrent les cités jadis réprouvées » –, ou le Déluge – que, « comme un raz de marée, les vagues de la médiocrité humaine montent jusqu'au ciel » (*À rebours*, éd. cit., p. 235 et 239-241). On trouve les mêmes images de décomposition, d'ordure, de soleil crevé et de faux dieux que dans *Le Crépuscule*.

[31] « *Todo es nada* », tout est rien, politique, science, religion, amour... La vie se nourrit de mort, et l'homme est voué à l'éternel retour des mêmes fléaux ; nous sommes toujours des barbares, « le cercle de ténèbres qui nous environne n'a pas reculé d'un empan ». Le seul avenir est la décomposition ultime du globe, dont les « entrailles de rocs peu à peu se désagrégeront », et dont « l'immense cadavre tombera dispersé à travers l'espace » (Élémir Bourges, *Les oiseaux s'envolent et les fleurs tombent*, éd. Gisèle Marie, Paris, Mercure de France, 1964, p. 343 et 360). Ce récit au titre décadent (« tombent »), voyage au bout de la nuit d'un jeune grand-duc de Russie travaillé d'une *hybris* spleenétique, dans un cadre de guerres civiles et d'insatiable soif de l'or, relate l'autodestruction d'une famille princière déplacée dans toute l'Europe, et ne nous fait grâce ni de la tyrannie paternelle, ni de l'inceste adelphique (compliqué de viol), ni de la mort des jeunes filles et des héritiers en gestation, ni de l'uxoricide, ni du fratricide, ni du suicide !

[32] *Dégénérescence*, éd. cit., t. I, p. 5.

> Contre les peuples turbulents, les violences de l'esprit nouveau, et la licence débordée et triomphante, qu'eussent fait ces princes vides de tout, et ne formant nul corps ensemble ? Au lieu qu'un seul chef et guide unique [...] pouvait les écraser et remettre tout dans la soumission et dans le devoir (211).

Glissant d'un pessimisme xénophobe, antisémite et antipeuple à un sursaut fascinant, le patriarche et potentat déchu en appelle in extremis à une figure de Père, de Sauveur – et on pense à Fortinbras, le conquérant norvégien qui, sur les ruines de la dynastie maudite, s'empare du royaume de Danemark. Cependant, n'étant plus oint par aucun Dieu, le Sauveur attendu ne pourra rétablir qu'un ordre sans légitimité, coupé de son passé (la féodalité écrasée) et tremblant devant son avenir (« les violences de l'esprit nouveau »).

La résurgence d'un dieu

L'expression la plus servile du monde actuel, selon Bourges et ses confrères décadents, c'est le naturalisme, avec sa fixation sur le contemporain et sur le quotidien, son faible pour les médiocres et les misérables, son aplomb positiviste, ses illusions progressistes. « Nos récents chefs-d'œuvre, avec leur scrupule de naturel, leur minutieuse copie des réalités journalières, nous ont si bien rapetissé et déformé l'homme, que j'ai été contraint de recourir à ce miroir magique des poètes, pour le revoir dans son héroïsme, sa grandeur, sa vérité », explique l'avertissement des *Oiseaux s'envolent*. Et l'auteur de se proclamer « l'écolier des grands poètes anglais du temps d'Elisabeth et de Jacques », « ces maîtres des pleurs et du rire », auxquels ses œuvres doivent leur oscillation de la tragédie à la farce[33].

Le « poète » le plus déterminant, dans *Le Crépuscule*, est Wagner. Tout autant qu'au style naturaliste, l'intertexte wagnérien permet au texte d'échapper au « style de décadence », défini par Bourget comme émiettement et décomposition, par tout un réseau de *leitmotive*, et par la tenue de son scénario. On sait qu'à l'incompréhension qui avait accueilli *Tannhäuser* en 1861 succéda, à partir des années 1880, un véritable

---

[33] *Les Oiseaux s'envolent et les fleurs tombent*, éd. cit., p. 15.

engouement des avant-gardes symbolistes et décadentes pour le compositeur allemand, en plein chauvinisme revanchiste[34]. La musique de Wagner intervient à trois points stratégiques du roman, le début, le milieu et la fin[35]. À Wendessen, la Nuit du Vénusberg de *Tannhäuser*, avec sa bacchanale, répond bien à la sensualité du duc, et à l'orgueil que lui donne sa « famille de dieux » (36). Mais déjà, le lecteur remâche avec lui le titre de l'œuvre à venir : « Le Crépuscule des dieux ». Entamé à Wendessen avec l'admirable Belcredi, le duo d'amour de Siegmund et Sieglinde, extrait de la *Walkyrie*, deuxième opéra de l'*Anneau du Nibelung*, est repris, quelque cent pages plus loin, par Christiane et Hans Ulric à l'hôtel Beaujon, avec les conséquences funestes qu'on a vues. Finalement, l'épilogue du livre nous entraîne à Bayreuth, pour la création du quatrième et dernier opéra du *Ring*, le *Götterdämmerung*, sous la direction de Hans Richter en 1876 ; devant les trois Nornes qui filent le temps, le duc revient sur les dix ans écoulés depuis l'incipit, et sur la première mention de ce « Crépuscule des dieux » qui, « comme si cette parole eût contenu quelque malédiction », avait inauguré le déclin des Blankenbourg.

[34] Voir Émilien Carassus, *Le Snobisme dans les lettres françaises*, Paris, Armand Colin, 1966, p. 296-325. Parmi les admirateurs de Wagner se comptent, à la suite de Baudelaire, Gobineau, Barbey, Péladan… Catulle Mendès le met en scène dans *Le Roi vierge* sous le nom de Hans Hammer. Les demi-vierges du roman éponyme de Marcel Prévost (1894) font écho à la Walkyrie, la vierge frondeuse qu'elles applaudissent sur la scène du palais Garnier. Thierry Santurenne se penche sur cette « inflation de références à la musique wagnérienne », « parfaitement conforme à l'esprit de la décadence », dans « Modes d'insertion de la référence lyrique dans le roman du XIXe siècle », *Littérature et musique*, 2004, sur le site publications.univ-provence.fr. Décadence : après avoir adulé son compatriote, Nietzsche, le philosophe au marteau du *Crépuscule des idoles*, vitupère dans *Le Cas Wagner* (1888) un historicisme, un idéalisme et un histrionisme symptomatiques de cet état. Et Nordau dénonce, dans la « graphomanie » abstruse, le mysticisme imbécile et la fausse modernité de Wagner, fascinée par des passés obsolètes, la pire illustration de la dégénérescence (*Dégénérescence*, éd. cit., t. II, p. 305-380). Le musicien n'a pas cessé d'influencer des récits cinématographiques (*La Caduta degli dei* et *Ludwig, le crépuscule des dieux* de Visconti) ou littéraires (*Le Seigneur des anneaux* de Tolkien).

[35] Voir la préface de Christian Berg, *Le Crépuscule des dieux*, éd. cit., p. 9-20.

De nombreux rapprochements se décèlent entre la Tétralogie et le roman. Dès *L'Or du Rhin* s'impose le thème de la malédiction de l'or ; le cupide nain Alberich, qui le premier vola le trésor caché dans le fleuve, a pour avatars Arcangeli et consorts, mais nul n'est exempt de la souillure. Charles d'Este-Wotan, constructeur d'un pompeux Walhalla, et plus soucieux de domination que d'amour, est du coup inexorablement vieillissant[36] ; père de nombreux bâtards, il les tyrannise et n'hésite pas à les sacrifier, comme le chef des dieux laissa massacrer Siegmund, son préféré. En ce sens, Siegmund se retrouve non seulement en Hans Ulric épris de Christiane-Sieglinde, mais aussi en Otto, le favori rétif. Otto tient par ailleurs de Siegfried, le héros à cheval, l'être d'instinct qui brise la lance et les lois de son aïeul Wotan, et qui conquiert Brünnhilde, union traversée de trahisons. Et Brünnhilde, la pucelle guerrière qui a prêté à Claribel sa fonction de gardienne de la lignée, s'incarne finalement dans la Belcredi – la Belcredi, qui, maltraitée comme la Walkyrie par le duc-Wotan, se jette sur le bûcher de Siegfried pour périr avec lui. Siegfried expiré, « tous les dieux mouraient de cette mort » ; et il semble au duc que la déploration lyrique « menait le deuil de tout ce qu'il avait connu et aimé, le deuil de ses enfants, le deuil de lui-même, et le deuil des Rois, dont il voyait l'agonie en quelque sorte, et le crépuscule de ces dieux » (212). Une profonde différence subsiste pourtant. Bourges entendit des passages du *Crépuscule des dieux*, d'où il tira le titre de son ouvrage, aux concerts Pasdeloup en 1878 ; n'étant pas allé à Bayreuth, il ignore, quand il achève cet ouvrage, la dernière scène du *Ring*, dans laquelle, les dieux défaits, leur Walhalla effondré dans les flammes, le crépuscule se renverse en promesse d'aurore, l'involution se redresse en amorce de renaissance, et sur les décombres du panthéon corrompu est prophétisée une rédemption par l'amour. Rien de cela dans le roman ; derrière les dieux de Blankenbourg annihilés surgit un dieu teutonique plus moderne et plus terrible ; et alors que l'or du Nibelung retourne aux eaux primi-

---

[36] En abandonnant Freia, la déesse de l'amour, aux géants, Wotan s'est privé des pommes d'or par lesquelles elle conservait ses pareils éternellement jeunes ; il devient le *Wanderer*, l'errant, et présente dans les dernières journées des signes de folie. Parallèlement, Charles d'Este, incapable d'affection (et réduit en fait de fruits magiques à des oranges empoisonnées), est condamné au voyage, et guetté par la sénilité.

tives du Rhin, le trésor des Blankenbourg va alimenter les pernicieux canaux de la Bourse[37].

Par ailleurs, Otto et la Belcredi sont un Siegfried et une Brünnhilde bien dépravés, Hans Ulrich, un bien mièvre Siegmund, le duc, un Wotan grotesque, dans son Walhalla de mauvais goût. On l'a constaté au fil de l'article : des pompes de Wendessen aux exhibitions parisiennes et aux obsèques de Genève, le duc, « roi de théâtre sur son estrade » (115) ou « Jupiter capricieux » (131), règne sur un univers souvent assez proche de *La Belle Hélène* d'Offenbach, caricature des Olympiens et des dynastes antiques sous les traits de bourgeois vaniteux et paillards, ou de son remake *Blonde Vénus*, où triomphait Nana. Dans *Nana*, un prince anonyme, aguiché par les charmes peu voilés de la chanteuse, se rendait avec sa suite dans sa loge, et tous, dignitaires et cabotins, trinquaient ensemble ; dans les tableaux vivants de *La Curée*, riches et débauchés s'affublaient eux-mêmes en Vénus et en Plutus, en un déballage de chair et d'or trafiqués : dangereux amalgame de sérieux et de futile, de vrai et de faux, caractéristique selon Zola de la décadence impériale. Le duc, lui, ne peut, ou ne veut plus discerner le faux de l'authentique, la fiction de « l'ironique vérité ». Peu sensible à l'art dramatique en tant qu'art, s'il en endosse les oripeaux, c'est que ce Roi est nu, et que les costumes pailletés cachent l'inconsistance de son être ; c'est que ce Roi est sans peuple, et que le « public » (*publicum*, de même étymologie que *populus*) lui en offre un docile substitut ; c'est enfin que ce Roi est au crépuscule de son règne, et que les feux de la rampe, rallumés chaque jour, oblitèrent la désespérante linéarité de l'Histoire.

Des Esseintes n'était pas dupe du théâtre que, par dégoût de la plate comédie du monde, il se jouait dans un fauteuil, sur la toile de fond insolite et raffinée de son logis ; si peu dupe, que le curieux érudit poussait l'artifice jusqu'au seuil de la parodie, et de l'autoparodie… Le

---

[37] La dernière scène du *Ring*, Bourges la connaîtra quand il rédigera le drame épico-mythologique de *La Nef* (1904). Au terme de colossales épreuves, Prométhée délivré parvient à vaincre les forces déchaînées de Zeus et de ses alliés, et à faire crouler le vieil Olympe qui oppressait les hommes : « Les dieux sont morts ! » ; « Ô grand matin du monde ! Immense aurore ! » (*La Nef*, Paris, Stock, 1904, p. 325 et 5). Aurore incertaine toutefois : les hommes se mettent à pleurer leurs idoles, et les cendres du bûcher divin assombrissent le ciel…

duc de Blankenbourg et les apprentis décadents qui l'entourent s'engluent non seulement dans les simulacres tendus par leur milieu, par le bouffon Arcangeli, par la Belcredi, drapée à la ville comme à la scène, mais dans les simulacres qu'ils créent – le duc, dans sa pose régalienne, Franz, dans les grimaces d'une indigne passion, Hans et Christiane, dans les afféteries d'une tendresse stylisée. L'intertexte wagnérien, plus encore que l'intertexte élisabéthain, acquiert alors, pour les auditeurs attentifs et pour le lecteur, une fonction de révélateur : il contribue à « faire la lumière » – une lumière qui permet de mesurer la profondeur du gouffre, l'étendue du mal. Sous la surface de la chair, il dévoile aux germains incestueux, éblouissement sinistre, les pulsions de la libido. Sous les ors qui l'environnent, il incite le duc à scruter la boue où sont plongées sa dynastie et l'Europe. Derrière la parade des dieux, la Belcredi avait depuis longtemps reconnu, « de ses yeux accoutumés à sonder sans peur les mystères les plus ténébreux » (85), la griffe du diable.

*

Toutefois, au milieu de ces rois et de ces dieux, les uns en débâcle, les autres à la curée – car, d'après *Les Dieux ont soif* d'Anatole France, « les dieux se connaissent à l'appétit »[38] –, il est un roi, il est un dieu, sacré tel non par la race, non par les armes, mais par son art à la « majesté surhumaine » (212) : Wagner, que nous entrevoyons au début et à la fin du récit. Laissant s'affronter chiens et loups du crépuscule ambiant, le musicien porte en lui une lumière triomphale : « ses yeux d'aigle étincelaient » (213). Sans famille dans le texte, acceptant sans s'abaisser le mécénat de Louis II de Bavière, l'hommage de Guillaume de Prusse et la médaille du duc de Blankenbourg, il reste orgueilleusement étranger aux mesquineries domestiques et aux vicissitudes politiques. Sa *Gesamtkunstwerk* exprime une profonde fidélité au passé germanique (dans ses sujets féodaux ou mythologiques), tout en s'ouvrant à l'avenir le plus hardi (par son « esprit nouveau ») ; son audience transforme la confusion des rangs, des races et des frontières en une authentique communion esthétique. En saluant ce Père spirituel, bien plus digne que le Père temporel à qui s'en remettait le duc, l'écrivain se place sous

---

[38] *Les Dieux ont soif* (1912), dans *Œuvres*, éd. Marie-Claire Bancquart, Paris, Gallimard, coll. « Bibliothèque de la Pléiade », t. IV, 1994, p. 583.

l'égide d'un artiste qui, de *Tannhäuser*, joué au château de Wendessen, à l'apothéose du *Ring* dans son propre Palais des festivals à Bayreuth, n'a cessé de « composer » et de « progresser » : résurgence du Mage romantique dans le décadentisme, et précaire recours contre les principes de décomposition et de déchéance à l'œuvre dans les maisonnées et les lignées patriciennes, et plus généralement dans l'Histoire de cette fin de siècle.

Épilogue

Roland Le Huenen – Université de Toronto

Pérégrinations d'une paria de Flora Tristan : entre déshérence et légitimité

Pérégrinations d'une paria, paru en deux volumes chez Artus Bertrand en novembre 1837, est la relation du voyage que son auteur, Flora Tristan, entreprit entre avril 1833 et juillet 1834 et qui amena celle-ci au pays de ses ancêtres paternels, le Pérou. Flora Tristan était née en 1803 d'une mère française, Anne-Pierre Laisnay, et d'un père appartenant à la riche et influente aristocratie péruvienne, colonel au service du roi d'Espagne, Mariano Tristán y Moscoso. Les parents s'étaient mariés religieusement à Bilbao, mais en l'absence d'un mariage civil dûment enregistré auprès des autorités françaises, cette union était sans valeur juridique en France. Par conséquent, leurs deux enfants, Flora et son frère cadet Mariano Pio, étaient considérés comme illégitimes. La conscience de cette bâtardise qui relève à la fois de la sphère du privé et de la situation historique, est à l'origine et au centre même de *Pérégrinations*, puisque le voyage au Pérou fut motivé pour Flora Tristan par le désir de recouvrer auprès de sa famille péruvienne la légitimité de son nom et de son état social dont un accident de l'état civil l'avait privée. Cette entreprise sera au cœur de notre réflexion, mais au préalable il peut être utile de relever quelques particularités de l'ouvrage.

Certes, les marques d'appartenance au genre du voyage sont nombreuses dans *Pérégrinations*. Non seulement le texte se donne comme tel dans les préfaces et dans le corps même du récit, mais il use encore des topoï classiques du voyage romantique relatifs aux fonctions véridictoire et référentielle, tandis qu'il emprunte à l'*Itinéraire de Paris à Jérusalem* de Chateaubriand un modèle d'écriture qui fait place aux motivations conjointes de l'historien et du mémorialiste. La seconde édition de la relation, publiée chez Ladvocat en 1838, portera un titre modifié qui rendra encore plus sensible cette dimension personnelle : *Mémoires et pérégrinations d'une paria*. C'est qu'au tournant du XIXe siècle, l'entrée en littérature du récit de voyage, sous l'impulsion du voyage d'écrivains, consacre la substitution d'une économie narrative fondée sur le sujet à une organisation descriptive précédemment focalisée sur l'objet référentiel, ou encore le passage d'un inventaire du monde à un usage du monde, ce qui donne au moi du voyageur une autorité régulatrice jusque-là inégalée. Tout en restant certes attentif aux particularités d'un référent extérieur remarquable par sa nouveauté et sa différence, dont il s'agit de rendre compte, le récit s'attarde en même temps à l'écoute du retentissement intérieur que l'apparition d'un tel objet exerce sur la sensibilité de l'observateur. L'importance accordée au cheminement mental et affectif imprime au projet d'écriture une torsion réflexive qui reste sensible jusque dans la façon selon laquelle les titres des relations sont désormais libellés. Les intitulés légués par la tradition, qui mettaient l'accent sur les motivations historiques et géographiques du voyage, font alors place à des titres où il n'est question que d'impressions et de souvenirs. Le titre interpelle, intrigue, provoque et répond à ce besoin de publicité dont on ne saurait « méconnaître la grande utilité morale » selon Flora Tristan[1]. *Pérégrinations d'une paria*, lourdement connoté affectivement, pousse à sa limite ce recours à la subjectivité.

En même temps, on ne peut qu'être frappé par les concessions faites au romanesque et par les effets de fiction que cette relation de voyage entretient. La première partie est largement occupée par le récit de l'idylle qui progressivement se développe entre Flora et Zaccharie Chabrié, capitaine du Mexicain, le voilier qui fait la liaison entre Bordeaux et Islay, première escale au Pérou. Que Chabrié soit effectivement tombé amoureux de sa passagère, lui ait fait la cour tout au long de la traversée et lui ait proposé le mariage, cela n'est pas douteux. Que d'autre part Flora en ait été flattée, qu'elle ait été touchée en particulier par la bonté, l'affection et le dévouement de Chabrié à son égard, cela non plus n'est pas douteux. Mais ce qui surprend dans le cadre d'un récit de voyage, c'est la manière toute romanesque selon laquelle cette idylle est contée. La voyageuse n'hésite pas à recourir aux procédés de la fiction pour créer des situations d'attente, de malentendu, nimbées de pathos, des conversations romantiques au clair de lune sur le tillac du navire, pour mettre en place une énigme riche en revirements et repousser à la rencontre finale d'Aréquipa, après cinq mois de fausse hésitation, la décision finale relative à la proposition de mariage. Flora est toujours mariée au graveur Chazal, et ne peut recourir au divorce abrogé en France par la loi Bonald du 8 mai 1816. Mais cela, Chabrié ne le sait

---

[1] Flora Tristan, *Pérégrinations d'une paria*, préface, notes et dossier par Stéphane Michaud, Arles, Actes Sud, coll. « Babel », 2004, p. 45.

pas, et il croit Flora demoiselle. Celle-ci ne voulant pas lui avouer la vraie raison de son refus aura recours, afin de le faire renoncer à ses espérances de mariage, à une exigence des plus rocambolesques. Connaissant la parfaite intégrité de Chabrié, elle lui promet sa main à la condition qu'il fasse un faux et lui procure un certificat du mariage de ses parents qui lui permettrait de convaincre l'oncle Pío de l'accueillir au sein de sa famille péruvienne comme la fille légitime de Mariano, et d'obtenir ainsi la juste part de l'héritage paternel. Atterré par la nature de cette demande, Chabrié ne peut que refuser et s'en retourne, le cœur brisé. Il disparaîtra trois ans plus tard dans le naufrage du voilier L'Amérique au large du Cap Horn.

Il faudrait encore rappeler la longue galerie de portraits qui traverse le récit de part en part, tous rendus jusqu'au plus petit détail, qu'il s'agisse des passagers du Mexicain, des membres de la famille Tristán au sens étendu du terme, des habitants d'Aréquipa, en particulier de ces grands propriétaires dont les figures d'avare semblent sortis tout droit des romans de Balzac. Le fait que cette multitude de personnages, pour avoir réellement existé, n'ont jamais atteint la notoriété historique et se perdent dans l'ombre de l'anonymat, et surtout l'absence totale de censure qui préside à leur mise en texte, favorisent du point de vue du lecteur une appréhension du récit à partir des données de la fiction. On s'attend normalement à ce qu'un voyageur observe un devoir de réserve, une certaine discrétion vis-vis des personnes réelles rencontrées sur sa route. Ce n'est pas le cas de Flora Tristan qui tout au contraire, peut-être à cause du rôle de justicière qu'elle s'attribue volontiers, se fait un devoir de tout dire et de tout dévoiler. Ne déclare-t-elle pas dans la préface sans titre à *Pérégrinations* :

> Que tout individu enfin, qui a vu et souffert, qui a eu à lutter avec les personnes et les choses, se fasse un devoir de raconter dans toute leur vérité les événements dans lesquels il a été acteur ou témoin, et *nomme* ceux dont il a à se plaindre ou à faire l'éloge ; car, je le répète, la réforme ne peut s'opérer, et il n'y aura de probité et de franchise dans les relations sociales que par l'effet de semblables révélations[2].

---

2   *Ibid.*, p. 43-44.

Mais à être ainsi décrits avec la passion militante du détail qui tourne parfois à la charge, au nom d'une vérité revendiquée sans complaisance, ces figures obscures d'un univers du bout du monde finissent paradoxalement par ressembler à ces personnages de roman à propos desquels il est d'autant plus loisible de tout dire que leur caractère fictif garantit de ne pouvoir les confondre avec des personnes réelles. Ce n'est certes pas l'effet recherché par Flora Tristan qui désirait faire entendre dans les moindres méandres de sa relation les échos de sa souffrance intérieure et l'injustice causée à ses yeux par l'exercice des lois et les agissements des personnes.

Un triple traumatisme est à l'origine du voyage au Pérou et de la relation qui s'ensuit. D'abord en 1807, alors que Flora n'a que quatre ans, la mort d'un père adoré dont elle continuera de vénérer la mémoire, entraîne l'effondrement du niveau de vie de sa famille et l'expérience de la misère. Si le décès de Mariano Tristán est un coup du sort qui relève de la sphère du privé, les conséquences qui en découlent ne laissent pas d'être amplifiées par la conjoncture historique. Légal sous l'Ancien Régime, le mariage religieux qui l'unissait à Anne-Pierre Laisnay ne l'était plus dans la France révolutionnée, sauf à être déclaré à l'état civil, ce qui n'eut pas lieu. Afin d'effectuer l'enregistrement de l'acte exigé en France, Mariano, à titre de militaire au service du roi d'Espagne, aurait dû demander la permission de l'autorité espagnole. Tout ce que l'on sait, c'est qu'il ne le fit pas. Si l'acte de baptême de Flora la faisait bien fille légitime de Mariano Tristán y Moscoso, son acte de naissance la déclarait enfant naturel. Au lendemain du décès de Mariano, l'ambassadeur d'Espagne à Paris, le prince de Masserano s'empara de tous les papiers laissés par celui-ci et les transmit au frère cadet, don Pío, qui fut chargé depuis le Pérou d'administrer la succession. Rien ne revint à Flora ni à sa mère. C'était encore l'époque où la France de Napoléon était en guerre avec l'Espagne. Usant de ce prétexte, le domaine saisit la maison de la rue de Vaugirard, achetée l'année précédente, invoquant qu'elle appartenait à un ennemi de la patrie. Flora et sa mère se retrouvèrent à la rue. Le second traumatisme se produisit lorsque, à l'âge de quinze ans, Flora apprit qu'elle était une bâtarde, car jusqu'alors sa mère lui avait caché son statut civil. Tout bascule une seconde fois. C'est comme si la mémoire de son père s'effaçait un peu plus, alors que son identité vacille avec ce nom qu'elle n'a plus le droit de porter. Enfin, troisième traumatisme, Flora épouse en février 1821, à l'âge de dix-sept ans, apparemment à l'instigation de sa mère, le graveur André Chazal, personnage brutal et vulgaire, chez qui elle se trouvait placée comme apprentie ouvrière coloriste. Elle aura de lui trois enfants, un premier fils qui mourra vers l'âge de dix ans, un second prénommé Ernest-Camille né en 1824 et une fille Aline née en 1825, la future mère de Gauguin. Flora abandonnera le domicile conjugal en mars 1825, alors qu'elle est enceinte d'Aline, et ne reprendra plus la vie commune avec Chazal, mais ce mariage forcé et malheureux lui avait fait perdre sa liberté. Rappelons brièvement des choses connues, mais qu'il est utile d'avoir à l'esprit, pour mieux apprécier le contexte juridique contre lequel se débat Flora Tristan. Le statut civil de la femme dans la France du XIXe siècle est réglé par le code Napoléon de 1804. Les droits de la femme mariée sont limités et en retrait par rapport à ceux que lui avaient accordés les lois républicaines votées par la Convention en septembre 1792 et qui établissaient l'égalité entre époux. L'article 213 du code consacre la puissance maritale en stipulant que le mari doit protection et l'épouse obéissance. En outre, l'article 215 du code entérine l'incapacité juridique de l'épouse et la réduit à l'état de tutelle. En 1810, le code pénal fait de l'adultère de la femme un délit sanctionné par une peine de prison allant de trois mois à deux ans, alors que celui du mari n'est passible que d'une amende, encore faut-il que le passage à l'acte ait eu lieu au domicile conjugal et de façon répétée. Enfin, à la Restauration, le parti ultra qui domine la chambre « introuvable » obtient l'abrogation du divorce instauré par la Convention et maintenu par le code civil de 1804, quoique restreint à la faute. C'est la loi du 8 mai 1816, encore appelée loi Bonald, du nom de son rapporteur, qui permet de « rendre au mariage toute sa dignité dans l'intérêt de la religion, des mœurs, de la monarchie et de la famille ». La séparation de corps est conservée mais sans les aménagements que Louis de Bonald lui-même avait initialement proposés à titre de compromis, de sorte que l'épouse, même dégagée de l'obligation de vivre dans la maison commune, continue d'être soumise à la puissance maritale. Le divorce ne sera rétabli en France qu'en juillet 1884, par la loi Naquet, mais restreint à la faute. Ironiquement, la Révolution avait privé Flora de son identité et le retour de la monarchie lui refusait sa liberté. Dans la préface sans titre et l'avant-propos aux *Pérégrinations*, Flora Tristan plaide passionnément pour le rétablissement du divorce, et sous sa forme la plus égalitaire, celle qui est fondée sur le consentement mutuel. Elle n'hésite pas à cet effet à décrire sa propre condition, sa fuite du logis conjugal, sa honte, ses humiliations, ses stratagèmes pour déjouer les curiosités, sa peur d'être démasquée, et plus que tout le sentiment de sa destitution civile[3].

Dans cette perspective, le voyage au Pérou prend l'allure d'une quête de légitimité. Flora attend de sa famille péruvienne qu'elle la rétablisse dans ses droits en lui accordant l'héritage paternel qu'elle estime devoir lui revenir, la possession de l'avoir lui apparaissant, à ce stade de son cheminement identitaire, comme le plus sûr moyen d'accéder à l'être, à l'effacement de la marginalité qui fut son lot quotidien depuis l'enfance. Fille naturelle, elle a usurpé le nom du père, nom que la loi l'obligera à troquer contre celui de l'époux, qu'une fois séparée elle cherchera en vain à dissimuler en se créant une condition fictive – celle de veuve ou de demoiselle – sans obtenir pour autant, même sur le mode de l'imaginaire, la reconnaissance d'une identité civile qui serait pleinement sienne et à laquelle elle aspire. Dans cette quête de légitimité, l'espoir de Flora repose entièrement sur une décision en sa faveur de l'oncle Pío, ce frère cadet de son père qui doit son éducation et sa fortune à son aîné. Les derniers mots de Mariano n'avaient-ils pas été : « Ma fille… Pio vous reste[4]… » ? La mère de Flora tenta bien à plusieurs reprises de contacter l'oncle Pío, mais celui-ci prétendit, plus tard, n'avoir jamais reçu ses lettres, rejetant la faute sur les événements, cette guerre qui continuait entre la France et l'Espagne. « Tout a été fatalité dans cette mort », répond-il à Flora qui lui avait écrit en juin 1830 pour lui faire part de l'état de dénuement dans lequel elle se trouvait, « la manière dont elle a eu lieu et l'époque ont fait votre malheur et m'ont occasionné à moi

---

[3] *Pérégrinations*, éd. cit., p. 50-51. En outre, dans une adresse aux députés datée du 20 décembre 1837 et réclamant le rétablissement du divorce, Flora Tristan fait allusion à son expérience personnelle telle qu'elle est rapportée dans son livre : « Messieurs, dans un ouvrage que j'ai publié récemment et dont j'ai l'honneur de faire hommage à la chambre, j'ai laissé entrevoir une partie des maux auxquels sont exposées les femmes qui se trouvent dans ma position. L'intérêt personnel n'est pas le mobile de la démarche que je fais auprès de vous : j'y ai été portée par amour pour mes semblables, convaincue que je suis, par ma propre expérience, qu'il ne peut exister de bonheur dans les familles que sous un régime de liberté » (*Flora Tristan, la paria et son rêve*, correspondance établie par Stéphane Michaud, avec une préface de Mario Vargas Llosa, Paris, Presses de la Sorbonne Nouvelle, 2003, p. 80).

[4] *Ibid.*, p. 207.

une infinité de peine[5] ». Il ajoute : « C'est également par suite de cette invasion [de l'Espagne par la France], que nous sommes restés pendant de longues années sans communications, et ensuite la guerre de l'Amérique nous a tellement occupés, que nous ne pouvions songer à d'autres choses, dont la distance qui nous sépare rendait la conclusion difficile[6]. » Une fois de plus le destin individuel devenait le jouet des aléas de l'Histoire, ou tout moins se trouvait présenté comme tel. Selon les termes de cette lettre, datée d'octobre 1830, don Pío faisait la part des sentiments et des affaires, du privé et du juridique. Si l'oncle reconnaissait volontiers en Flora la fille de son frère et lui offrait son affection, relativement à la succession, il s'en tenait à la lettre du code et refusait de concéder plus que la part due aux enfants naturels, soit un cinquième de l'héritage attendu, ce qui représentait une somme de quinze mille francs, legs de la grand-mère et une pension annuelle de deux mille cinq cents francs. La compensation permettait de vivre simplement, mais était considérablement inférieure à la part qui lui serait normalement revenue comme enfant légitime. Flora avait au moins la consolation de savoir sa grand-mère vivante et cette pensée la décida à entreprendre le voyage du Pérou. Mais à Valparaiso une mauvaise nouvelle l'attendait : sa grand-mère était morte le jour même où le Mexicain avait quitté Bordeaux. Il ne restait plus qu'à affronter don Pío.

Celui-ci fit attendre son retour à Aréquipa, fief des Tristán y Moscoso, et où Flora s'était rendue dès le début septembre 1833. Voici ses premières impressions :

> Je me trouvais donc dans la maison où était né mon père ! maison dans laquelle mes rêves d'enfance m'avaient si souvent transportée que le pressentiment que je la verrais un jour s'était implanté dans mon âme, et ne l'avait jamais abandonnée. Ce pressentiment tenait à l'amour d'idolâtrie avec lequel j'avais aimé mon père, amour qui conserve son image vivante dans ma pensée […]. L'examen des lieux que, dans ma famille, on me donnait pour appartement fit passer dans mon âme une profonde impression de tristesse. L'avarice de mon oncle, tout ce que j'en avais redouté s'offrit à ma pensée[7].

---

[5] *Ibid.*, p. 212.
[6] *Ibid.*, p. 208-209.
[7] *Ibid.*, p. 255 et 257.

Second pressentiment qui devait se révéler juste. L'oncle a des manières charmantes et offre son affection et son hospitalité à sa nièce, mais ne modifie en rien sa position sur la succession de Mariano. Il confirme tout au plus à Flora qu'il maintiendra la pension annuelle de deux mille cinq cents francs. Celle-ci est blessée jusqu'au plus profond d'elle-même, atteinte à la fois dans son avoir et dans son être, puisque le refus de son héritage légitime la maintient dans son état social de bâtarde. Son désespoir éclate dans un passage qui donne une bonne idée du style de Flora Tristan, de sa force d'émotion, de sa passion et de sa rage :

> Cette famille que j'étais venue chercher de si loin, dont les membres me présentaient l'égoïsme sous tous ses aspects, sous toutes ses faces, froids, insensibles au malheur d'autrui comme des statues de marbre ! Mon oncle, le seul d'entre eux qui eût vécu avec mon père, dont il avait été chéri, dont il avait eu toute la confiance ; mon oncle à l'affection duquel je m'étais entièrement abandonnée, mon oncle dont le cœur à tant de titres eût dû compatir aux souffrances du mien, se montrait à moi dans toute l'aride nudité de son avarice et de son ingratitude ! Ce fut encore une des époques de ma vie où tous les maux de ma destinée se dessinèrent à mes regards dans tout ce qu'ils avaient de cruelles tortures. Née avec tous les avantages qui excitent la convoitise des hommes, ils ne m'étaient montrés que pour me faire sentir l'injustice qui me dépouillait de leur jouissance. Je voyais partout pour moi des abîmes, partout les sociétés humaines organisées contre moi ; de sûreté, de sympathie nulle part. Oh ! mon père ! m'écriai-je involontairement, que de mal vous m'avez fait ! Et vous, ma mère !... Ah ! ma mère, je vous le pardonne ; mais la masse des maux que vous avez accumulés sur ma tête est trop lourde pour les forces d'une seule créature. Quant à vous, don Pio, frère plus criminel que ne le fut Caïn tuant son frère d'un seul coup, tandis que vous assassinez la fille du vôtre par mille tourments, je ne vous livre plus à votre conscience, car il n'a plus de conscience celui qui, comme vous, se prosterne soir et matin au pied de la croix, et soir et matin dément par ses actes les saintes paroles de ses prières [...]. Oh ! mon oncle, mon oncle, qui pourra vous faire comprendre l'étendue des maux que votre exécrable avarice me condamne à endurer ? Mais non, cet homme ne sent rien que l'unique besoin de contempler son or. Eh bien ! m'écriai-je, dans un moment où

je me sentais un irrésistible besoin de vengeance, je souhaite que tu perdes la vue[8] !

Telles sont les imprécations de Flora contre sa famille quand elle se rend finalement compte qu'il n'y a d'autre issue que d'accepter sa situation de paria. « Paria dans mon pays, j'avais cru qu'en mettant entre la France et moi l'immensité des mers je pourrais recouvrer une ombre de liberté. Impossible ! Dans le Nouveau Monde, j'étais encore Paria comme dans l'autre[9] ». On notera bien sûr dans le long passage cité la véhémence du ton, l'emphase, voire l'enflure. Mais le texte se donne de lui-même comme l'expression d'un paroxysme où Flora montre du doigt les responsables de son malheur. Pour la première fois dans le récit, la mémoire du père fait l'objet de reproches, encore atténués toutefois par l'emploi de la modalisation, retour du refoulé sans doute après que Flora eut appris que pas une fois, au long de sa nombreuse correspondance avec son frère, Mariano n'avait mentionné son mariage ou l'existence de sa fille. Puis, selon un ordre ascendant, c'est la mère qui est désignée à la colère de l'impétueuse Flora, mais pardonnée car elle aussi fut victime, bien qu'elle ne sût ou ne voulût ni prévenir ni éviter les maux de son enfant. Enfin, l'oncle Pío est mis au pilori dans une diatribe où sont convoquées toutes les ressources de la rhétorique et particulièrement dans la clausule où s'exerce le pouvoir conjugué de la litote et de la métathèse : « je souhaite que tu perdes la vue » où l'on est tenté de lire « je souhaite que tu perdes la vie ». L'argument se cantonne à la sphère privée, à l'intime, au sentiment, aux valeurs familiales, alors que Pío y oppose, non sans mauvaise foi certes, le code, les lois en vigueur, les événements. Aux juristes consultés, Flora ne sait que répondre : « Je n'osais dire à ces messieurs que j'avais compté sur *l'affection, la reconnaissance* et la *justice de mon oncle* ; ils m'auraient cru *folle* : je préférais passer pour une étourdie[10]. » Plus tard, s'adressant directement à son oncle, elle explicitera sans détour les termes du débat : « Armé de la lettre de la loi, sans en éprouver aucune émotion, vous m'avez arraché pièce à pièce tous les titres qui m'unissaient à la famille au sein de laquelle je venais me

---

[8] *Ibid.*, p. 363-364.
[9] *Ibid.*, p. 172.
[10] *Ibid.*, p. 365.

réfugier[11] ». Le conflit oppose deux modes de discours qui recouvrent deux ordres de réalité, le privé et le public, l'individu et l'Histoire. On remarquerait encore que dans le réquisitoire qu'elle dresse ici devant le lecteur, figure intermédiaire entre le chef de famille et le juge, Flora, « née avec tous les avantages qui excitent la convoitise des hommes », décrit sa destitution sociale en termes de classe. Ainsi dans sa relation fera-t-elle systématiquement précéder le nom des Tristán, comme le sien d'ailleurs, de la particule nobiliaire, qui n'existe pas en espagnol. C'est là une façon de souligner pour le lecteur français l'origine aristocratique de sa famille et son appartenance à une caste qui se définirait avant tout selon le principe de la filiation qui fait du descendant le récipiendaire des vertus des ancêtres.

La quête identitaire de Flora Tristan transite volontiers par le régime épistolaire. L'usage de la lettre s'explique d'abord par le besoin de communiquer à distance, mais aussi comme un moyen de rationalisation, d'établir de manière objective les enjeux d'un débat, et en l'occurrence, dans un contexte où les documents légaux font défaut, de prendre acte. En juin 1830, Flora avait écrit à son oncle, de bonne foi, naïvement, le croyant juste et intègre, espérant sa compréhension, et lui avouant l'impossibilité où elle se trouvait de fournir le certificat de mariage de ses parents. La réponse de don Pío se tint, comme on l'a vu, à la lettre de la loi. De nouveau, suite à la confrontation d'Aréquipa, Flora prend la plume, dit son désespoir, accuse, se répand en reproches mais aussi explique les raisons pour lesquelles, alors qu'elle est en droit de le faire, elle ne portera pas le litige en justice. C'est qu'il faudrait alors, pour gagner sa cause, que don Pío présente de Mariano une image qui anéantirait celle que Flora jusqu'à maintenant a conservée de son père. Il faudrait, écrit-elle à son oncle, qu'il démontre que son frère était un malhonnête homme et un père criminel, qu'il a eu l'infamie de tromper lâchement une jeune fille sans appui en terre étrangère, et d'abandonner à la misère et au mépris de la société sa propre fille. Flora dit devoir reculer devant une telle épreuve, mais l'on sent bien par la même occasion que cette terrible révélation lui a traversé l'esprit, et qu'elle a peur de sa propre peur, de sa peur de devoir y croire, à plus forte raison si cette vision des faits devait être entérinée par les juges. Le voyage de Flora Tristan au Pérou retient quelque chose d'une descente aux enfers, de la

---

[11] *Ibid.*, p. 371.

confrontation du rêve au cauchemar. Jusqu'à maintenant elle avait idéalisé Pío à l'image de son père, le dieu de son enfance. À présent, elle en arrive à se demander où réside la vérité, s'il ne lui faut pas renoncer à ce qui fut le meilleur de sa misérable vie, le souvenir sacré de son père, car il se pourrait aussi bien que Pío fût le modèle, ou pour le moins un fidèle imitateur. Cruelle révélation, d'autant plus cruelle que le doute ne permet pas de trancher.

Il existe une autre raison pour laquelle la jeune femme spoliée n'intenta pas un procès à Pío Tristán y Moscoso. Et cette raison relève de l'Histoire, ou plus simplement de ce qu'on appelle les événements. Le seul avocat qui par sa ruse, son intelligence et sa connaissance de la jurisprudence, aurait pu lui venir en aide était un jésuite nommé Baldivia. Celui-ci s'était d'abord engagé à prendre l'affaire en main. Mais en janvier 1834, une révolution éclata au Pérou et s'étendit rapidement à Aréquipa. Le moine Baldivia s'y laissa entraîner par haine de l'évêque, un cousin de don Pío :

> L'avocat Baldivia se lança au milieu des événements dans l'espoir d'y faire sa fortune, et me fit dire qu'il ne pouvait plus se charger de mon affaire [...] Il ne me fallait pas beaucoup de pénétration pour voir que cette révolution me laissait sans la moindre chance de réussite[12].

Là encore, le mouvement de l'Histoire vient contrarier le cours de la destinée individuelle.

La quête d'identité dont témoigne *Pérégrinations d'une paria* présente un parcours successif en trois étapes. Initialement, Flora cherche à retrouver un paradis perdu, une condition sociale privilégiée dont elle a été brutalement privée, et dont le principe repose sur la filiation. Une erreur d'état civil l'a frustrée de son identité. Il faut donc que celle-ci lui soit rendue, revendication toute passive fondée sur la loi du sang et qui ne doit rien au mérite individuel. Dans un deuxième temps, elle éprouvera à deux reprises la tentation de se définir par le recours à la médiation d'un tiers, selon une relation d'alliance. C'est d'abord l'idylle avec Chabrié qui offre la protection dont elle a tant besoin. Le terme revient de nombreuses fois dans le récit. Hérité de la pratique sociale de l'Ancien Régime, il est repris dans le code civil pour définir les devoirs de

---

[12] *Ibid.*, p. 370-371.

l'époux. Mais Flora recule devant l'obligation où elle se trouverait de révéler à Chabrié son véritable état, comme elle se refuse à bâtir une relation nouvelle sur le mensonge. Une seconde idylle s'esquisse vers la fin du séjour à Aréquipa. Consciente de l'amour qu'elle inspire au bel et brillant colonel Escudero, au charme duquel elle n'est pas non plus insensible, Flora rêve un moment à la possibilité de faire de lui son chevalier servant, son lieutenant dans un Pérou ravagé par la révolution, et d'accéder par son intermédiaire au pouvoir politique, comme l'avait fait auparavant la présidente Gamarra. Mais elle se reprend vite, car elle craint la corruption du pouvoir, les changements susceptibles d'affecter sa personnalité, en bref l'apparition d'une autre elle-même, dure, despotique, cruelle, à l'image de ces visages qu'elle rencontre autour d'elle :

> Avec cet homme, il me semblait que rien ne m'eût été impossible. J'ai l'intime conviction que, devenue sa femme, j'aurais été fort heureuse [...]. Il me fallut encore, cette fois, toute ma force morale pour ne pas succomber à la séduction de cette perspective... J'eus *peur de moi*, et je jugeai prudent de me soustraire à ce nouveau danger par la fuite[13].

Là encore, Flora recule, se rendant compte qu'une fois de plus la marche vers l'identité aurait été nécessairement arbitrée par la présence de l'autre. « J'éprouvais une peine excessive d'être forcée d'avoir recours au bras d'un autre, quand je me sentais capable d'agir[14]. » Une seconde étape est franchie qui ne permet plus de faire demi-tour. Elle comprend désormais que c'est par l'action, l'action seule et pleinement assumée, que l'individu peut prétendre trouver sa place et sa vérité au sein du grand corps social. Qu'importe l'état civil, c'est dorénavant à la praxis qu'il faut se consacrer. Mais vers quelle action se diriger ?

Celle qui consiste d'abord en une prise de parole. Le Pérou pour Flora Tristan, c'est beaucoup cela, le lieu de la parole, le lieu où les femmes ont le droit à la parole :

> Vainement aurais-je cherché à fuir les conversations sur la politique : chez mon oncle, la politique était le sujet de tous les entretiens ; chez

---

[13] *Ibid.*, p. 522.
[14] *Ibid.*, p. 421.

Althaus, on ne s'occupait pas d'autre chose : sa femme s'y engageait avec ardeur[15].

Pour la première fois de sa vie, elle se sent autorisée à s'exprimer, au même titre que les autres femmes de l'endroit, mais aussi à titre spécial, à titre d'étrangère et plus particulièrement de Française. S'il arrive au moins une fois à Flora, au cours de la traversée, de se dire du pays de son père : « regardez mes traits et dites-moi à quelle nation j'appartiens[16] », elle comprend bien vite, dès qu'elle foule le sol péruvien, tout le parti qu'elle peut tirer de son ascendance, de son éducation et de sa nationalité françaises. Jouissant à la fois de la caution que lui prodigue l'oncle Pio, même si celui-ci lui mesure son héritage au plus bas, et de son statut de Française dans un pays où tout ce qui est français bénéficie d'un préjugé favorable[17], Flora prend soudain conscience de la considération dont elle est l'objet, ce qui pour elle prend la forme d'une seconde naissance, d'un avènement. Introduite dans les meilleurs salons d'Aréquipa et de Lima, elle côtoie les élites du pays, propriétaires fonciers, négociants, avocats, militaires, dirigeants politiques. Qui plus est, ces gens demandent à lui être présentés, la traitent en égale dans les débats d'idées et sollicitent son avis. Son oncle, rendu perplexe sur la conduite à tenir face à l'ampleur de la révolution, lui demande conseil. Les marques d'une telle reconnaissance, qui ne sauraient certes lui faire oublier la dureté avec laquelle ce dernier l'a traitée en la spoliant de son héritage, ne peuvent que conforter sa foi en elle-même et lui indiquer le chemin de sa vocation intellectuelle toute neuve.

L'accès à la parole débouchera naturellement sur la revendication de l'écriture. C'est au Pérou que Flora Tristan se découvre écrivain, comme c'est le Pérou qui lui fournit l'objet de son premier livre qui sera aussi son premier succès littéraire. Cette voie nouvelle qui s'ouvre à elle et dont elle était sans doute assez loin de s'imaginer la possibilité au moment de quitter la France, sur le quai de Bordeaux, en proie à l'angoisse et au désespoir, face à cette foule aveugle dont elle se sentait rejetée, lui révèle le chemin de son identité, d'une identité à construire et dont elle sera elle-même le principe d'engendrement. La clausule du récit

---

[15] *Ibid.*, p. 422.
[16] *Ibid.*, p. 152.
[17] *Ibid.*, p. 324, 326, 588-589.

est révélatrice de ce nouvel état : « Vers cinq heures, on leva l'ancre, tout le monde se retira ; et je restai seule, entièrement seule, entre deux immensités, l'eau et le ciel[18] ». Si le *je* qui s'assume entre les deux infinis du ciel et de la mer reste confronté à son absolue solitude, un autre infini s'offre concurremment à lui, celui des possibles. Le voyage physique et la découverte de soi qui l'accompagne et en forme le contrepoint touchent à leur fin. Un autre voyage s'annonce, celui d'une vie où la voyageuse accepte de se prendre en charge et commence à inventer sa vérité.

Née de l'union, consacrée par un prêtre réfractaire, d'un membre de la haute aristocratie péruvienne et d'une bourgeoise parisienne acquise à la monarchie, et dont le père avait été secrétaire à l'Intendance royale, Flora Tristan avait toutes les raisons d'envisager l'existence depuis le paradis perdu de sa brève enfance et selon les valeurs qui y étaient attachées. Ce qui est remarquable, c'est le retournement qui s'opéra en elle et qui fut suivi d'un engagement sans réserve à la cause ouvrière. Le voyage au Pérou joua de ce point de vue un rôle décisif. Il convainquit Flora de brider les dérives de son imaginaire et de regarder la réalité en face : le spectacle insoutenable de l'esclavage aux îles du Cap Vert et dans une sucrerie de la côte péruvienne, la tentation de l'opportunisme et du cynisme à l'école de l'oligarchie créole d'Aréquipa, celle de l'arrivisme politique par le truchement d'un chevalier servant, la cupidité du haut clergé dans un pays ravagé par la misère et la guerre civile, le courage des vivandières de l'armée de San Roman, ces *ravanas*, qui en constituaient l'avant-garde et sur lesquelles reposaient l'entière responsabilité de l'intendance, sans cesser d'assumer les devoirs exigeants de la maternité, la liberté des femmes de Lima, protégées par leur *saya*, et dont Flora dira que dans toutes les positions de la vie elles étaient toujours elles-mêmes et ne subissaient aucune contrainte. Autant d'expériences qui donnent à réfléchir à notre voyageuse et qui sont pour elle des étapes majeures de son apprentissage du monde, de l'Histoire et de la société.

---

[18] *Ibid.*, p. 659.

Bibliographie

Sources primaires

Honoré de Balzac, *La Maison du Chat-qui-pelote*, préface d'Hubert Juin, Paris, Gallimard, coll. « Folio », 1970.
–, *La Comédie humaine*, dir. Pierre-Georges Castex, Paris, Gallimard, coll. « Bibliothèque de la Pléiade », 1976-1981 :

- Avant propos de *La Comédie humaine*, t. I.
- *Mémoires de deux jeunes mariées*, t. I.
- *Études de mœurs au XIXe siècle*, t. I.
- *Un début dans la vie*, t. I.
- *Albert Savarus*, t. I.
- *Lettres sur Paris*, t. II.
- *Béatrix*, t. II.
- *Une fille d'Ève*, t. II.
- *Honorine*, t. II.
- *Le Père Goriot*, t. III.
- *La Messe de l'athée*, t. III.
- *La Vieille Fille*, t. IV.
- *Cabinet des Antiques*, t. IV.
- *Les Souffrances de l'inventeur*, t. V.
- *Illusions perdues*, t. V.
- *César Birotteau*, t. VI.
- *Splendeurs et misères des courtisanes*, t. VI.
- *La Cousine Bette*, t. VII.
- *Les Parents pauvres*, t. VII.
- *Le Lys dans la vallée*, t. IX.
- *La Peau de chagrin*, t. X.
- *Physiologie du mariage*, t. XI.

- *Des artistes*, dans *Œuvres diverses*, t. II.
- *Journal*, dans *Œuvres intimes*, t. I

Jules Barbey d'Aurevilly, *La Messe de l'abbé de la Croix-Jugan* [*L'Ensorcelée*], suivi de *Ricochets de conversation. Le Dessous de cartes d'une partie de whist*, Paris, Cadot, 1855.

–, « Dédicace » au *Chevalier Des Touches*, Paris, Lemerre, coll. « Guillaume », 1893.

–, *Le Chevalier Des Touches* et *L'Ensorcelée*, dans *Œuvres romanesques complètes*, éd. Jacques Petit, Paris, Gallimard, coll. « Bibliothèque de la Pléiade », t. I, 1964.

–, *Correspondance générale*, dir. Philippe Berthier et Andrée Hirschi, Paris, Les Belles-Lettres, t. III, 1983.

–, *L'Ensorcelée*, Paris, Gallimard, coll. « Folio », 1986.

Bernardin de Saint-Pierre, *Paul et Virginie*, éd. Jean-Michel Racault, Paris, Classiques de Poche, 1999.

Élie Berthet, *L'Andorre*, dans *Justin*, Paris, Dumont, 1842, t. II.

Pétrus Borel, *Dina la belle juive*, dans *Champavert. Contes immoraux*, éd. Jean-Luc Steinmetz, Paris, Le Chemin vert, 1985.

Élémir Bourges, *La Nef*, Paris, Stock, 1904.

–, *Les oiseaux s'envolent et les fleurs tombent*, éd. Gisèle Marie, Paris, Mercure de France, 1964.

–, *Le Crépuscule des dieux*, éd. Hélène Tuzet et Christian Berg, Saint-Cyr-sur-Loire, Christian Pirot, 1987.

Paul Bourget, *Essais de psychologie contemporaine*, Paris, Gallimard, 1993.

François-René de Chateaubriand, *Mémoires d'outre-tombe*, Paris, Gallimard, coll. « Bibliothèque de la Pléiade », 1951, t. II.

–, *Les Natchez*, éd. Maurice Regard, Paris, Gallimard, coll. « Bibliothèque de la Pléiade », 1969.

–, *Génie du christianisme*, éd. Maurice Regard, Paris, Gallimard, coll. « Bibliothèque de la Pléiade », 1978.

– *Les Martyrs*, éd. Maurice Regard, Paris, Gallimard, coll. « Bibliothèque de la Pléiade », 1969.

– *Les Aventures du dernier Abencérage*, éd. Arlette Michel, Paris, Champion, 2008.

–, *Atala*, éd. Fabienne Bercegol, Paris, Champion, 2008.

Alphonse Daudet, *Les Rois en exil* et *Le Nabab*, dans *Œuvres*, éd. Roger Ripoll, Paris, Gallimard, coll. « Bibliothèque de la Pléiade », t. II, 1990.

Charles Dickens, *A Tale of Two Cities*, introduction George Woodcock, Londres, Penguin Classics, 1985.

Alexandre Dumas, *Le Comte de Monte-Cristo*, éd. Jacques-Henry Bornecque, Paris, Garnier frères, 1956.

Anatole France, *Les Dieux ont soif*, dans *Œuvres*, éd. Marie-Claire Bancquart, Paris, Gallimard, coll. « Bibliothèque de la Pléiade », 1994, t. IV.

Arthur de Gobineau, *Les Pléiades*, éd. Pierre-Louis Rey, Paris, Gallimard, coll. « Folio », 1997.

William Godwin, *Enquiry Concerning Political Justice*, Londres, Penguin Classics, 1985.

J.-K. Huysmans, *À rebours*, éd. Pierre Waldner, Paris, Flammarion, coll. « GF », 1978.

Jules Laforgue, *L'Imitation de Notre-Dame la Lune*, dans *Poésies complètes*, éd. Pascal Pia, Paris, Gallimard, coll. « Poésie », vol. 2, 1979.

Jules Lemaître, *Les Rois*, Paris, Calmann-Lévy, 1893.

Jean Lorrain, *Monsieur de Phocas*, préface de Thibaut d'Anthonay, Paris, La Table ronde, coll. « La Petite Vermillon », 1992.

Guy de Maupassant, *Une vie*, éd. Pierre Cogny, Paris, Garnier-Flammarion, 1974.

–, *Une vie*, éd. André Fermigier, Paris, Gallimard, 1974.

–, *Contes et nouvelles*, éd. Louis Forestier, Paris, Gallimard, coll. « Bibliothèque de la Pléiade », t. I, 1977, t. II, 1979.

–, *Chroniques*, préface d'Hubert Juin, Paris, UGE, coll. « 10/18 », 1980.

–, *Une vie*, éd. Alain Buisine, Paris, Albin Michel, 1983.

–, *Une vie*, dans *Romans*, éd. Louis Forestier, Paris, Gallimard, coll. « Bibliothèque de la Pléiade », 1987.

–, *Œuvres complètes*, Paris, Jean de Bonnot, 1991.

–, *Une vie*, éd. Antonia Fonyi, Paris, Garnier-Flammarion, 1993.

–, *Des vers et autres poèmes*, textes établis, présentés et annotés par Emmanuel Vincent, Presses universitaires de Rouen, 2001.

Jules Michelet, *Nos fils*, dans *Œuvres complètes*, Paris, Flammarion, 1893-1898, t. XXXI.

Gérard de Nerval, *Aurélia ou le rêve et la vie*, dans *Œuvres*, éd. Albert Béguin et Jean Richer, Paris, Gallimard, coll. « Bibliothèque de la Pléiade », 1952.

George Sand, *Lettres à Marcie*, dans *Œuvres complètes*, Paris, Perrotin, 1843, t. XVI.

–, *Valentine*, Paris, Michel Lévy frères, 1869.

–, *Mauprat*, éd. Jean-Pierre Lacassagne, Gallimard, coll. « Folio classique », 1981.

–, *Indiana*, éd. Béatrice Didier, Paris, Gallimard, coll. « Folio », 1984.

–, *Consuelo*, Grenoble, Éditions de l'Aurore, 1988.

–, *Histoire de ma vie*, éd. Damien Zanone, Paris, Flammarion, coll. « GF », 2001.

–, *Le Compagnon du Tour de France*, éd. Jean-Louis Cabanès, Paris, Le Livre de poche, 2004.

Walter Scott, *Ivanhoé*, Londres, Penguin Classics, 1986.

Mary Shelley, [Correspondance], *The Letters of Mary Wollstonecraft Shelley*, éd. Betty T. Bennett, Baltimore, Johns Hopkins UP, 1980.

–, *The Fortunes of Perkin Warbeck. A Romance* (1830), éd. Doucet Devin Fischer, dans *The Novels and Selected Works of Mary Wollstonecraft Shelley*, dir. Nora Crook, Londres, Pickering, 1996.

Manuel Silvela, *El reconciliador*, dans *Obras postumas*, Madrid, Imp. Francisco de Paula Mellado, t. II, 1845, p. 65-143.

Stendhal, *Romans et nouvelles*, éd. Henri Martineau, Paris, Gallimard, coll. « Bibliothèque de la Pléiade », 1952 :

- *Armance*, t. I.
- *Le Rouge et le noir*, t. I.
- *La Chartreuse de Parme*, t. II.

- *Lamiel*, t. II.

–, *Feder*, dans *Romans abandonnés*, éd. Michel Crouzet, Paris, Union Générale d'Éditions, 1968.

–, *Vie de Henry Brulard*, dans *Œuvres intimes*, éd. Victor Del Litto, Paris, Gallimard, coll. « Bibliothèque de la Pléiade », t. II, 1982.

–, *Le Rouge et le noir*, dans *Œuvres romanesques complètes*, éd. Yves Ansel et Philippe Berthier, Paris, Gallimard, coll. « Bibliothèque de la Pléiade », t. I, 2005.

–, *Lucien Leuwen*, *ibid.*, t. II, 2007.

–, *Lucien Leuwen*, éd. Michel Crouzet, Paris, Le Livre de poche, 2007.

Eugène Sue, *L'Orgueil*, dans *Les Sept péchés capitaux*, *Œuvres complètes illustrées*, Paris, V. Benoist et Cie, 1873.

–, *Les Mystères de Paris*, Paris, Albin Michel - Hallier, 1977.

Alexis de Tocqueville, *De la démocratie en Amérique*, Flammarion, coll. « GF », 1981.

Flora Tristan, [Correspondance], *Flora Tristan, la paria et son rêve*, correspondance établie par Stéphane Michaud, avec une préface de Mario Vargas Llosa, Paris, Presses de la Sorbonne Nouvelle, 2003.

–, *Pérégrinations d'une paria*, préface, notes et dossier par Stéphane Michaud, Arles, Actes Sud, coll. « Babel », 2004.

Mélanie Waldor, *Les Moulins en deuil*, Nantes, Impr. Vve C. Mellinet, 1849.

Émile Zola, *Les Rougon-Macquart*, éd. Armand Lanoux et Henri Mitterand, Paris, Gallimard, coll. « Bibliothèque de la Pléiade », 1961-1966 :

> - *La Fortune des Rougon*, t. I.
> - *La Faute de l'abbé Mouret*, t. I.
> - *La Joie de vivre*, t. III.
> - *Germinal*, t. III.
> - *La Terre*, t. IV.

–, *La Fabrique des Rougon-Macquart*, éd. Colette Becker et Véronique Lavielle, Paris, Champion, 2003.

Sources secondaires

Agulhon, Maurice, Présentation de *La Politisation des campagnes au XIXᵉ siècle. France, Italie, Espagne, Portugal*, Rome, Collection de l'École française de Rome, 2000, p. 1-11.

Annino, Antonio, « El voto y el XIX desconocido », site foro ibero-ideas.

Ariès, Philippe, *L'Enfant et la vie familiale sous l'Ancien Régime*, Paris, Plon, 1960.

d'Astorg, Bertrand, *Variations sur l'interdit majeur, littérature et inceste en Occident*, Paris, Gallimard, 1990.

Baguley, David, « *Germinal* : une moisson de texte », *Revue d'histoire littéraire de la France*, mai-juin 1985, p. 389-400.

Bakhtine, Mikhaïl, *Esthétique et théorie du roman*, Paris, Gallimard, 1978.

Ballestra-Puech, Sylvie, « Les "pauvres dieux en décadence" : les mythes antiques dans la littérature fin-de-siècle », éd. Sylvie Thorel-Cailleteau, *Dieu, la chair et les livres*, Paris, Champion, 2000.

Barbéris, Pierre, *Le Prince et le marchand*, Paris, Fayard, 1980.

Bazin, Pierre, « Naissance à Miromesnil », *Bulletin des Amis de Flaubert et Maupassant*, n° 9 : *Maupassant 2000*, 2001, p. 25-35.

Beckwith, Charles, « Introduction », dans *Twentieth-Century Interpretations of A Tale of Two Cities*, éd. Charles Beckwith, Englewood Cliffs, New Jersey, Prentice-Hall, Inc., 1972.

Bennett, Betty T., « The Political Philosophy of Mary Shelley's Historical Novels : *Valperga* and *Perkin Warbeck* », dans *The Evidence of the Imagination : Studies of Interactions between Life and Art in English Romantic Literature*, éd. Donald Reiman, Michael C. Jaye et Betty T. Bennett, New York UP, 1978, p 354-371.

Bercegol, Fabienne, *Chateaubriand : une poétique de la tentation*, Paris, Classiques Garnier, 2009.

Bernard, Claudie, *Penser la famille au XIXᵉ siècle (1789-1870)*, Publications de l'université de Saint-Étienne, 2007.

Berthier, Philippe, *Stendhal et la Sainte Famille*, Genève, Droz, 1983.

Bialek, Mireille, « Guy de Maupassant est né à Miromesnil », *Bulletin des Amis de Flaubert et Maupassant*, n° 9 : *Maupassant 2000*, 2000, p. 17-23.

Bonnemère, Eugène, *Histoire des paysans, depuis la fin du Moyen Âge jusqu'à nos jours (1200-1850)*, Paris, Chamerot, 1856.

Borie, Jean, *Zola et les mythes, ou de la nausée au salut*, Paris, Éditions du Seuil, coll. « Pierres vives », 1971.

–, *Le Tyran timide. Le naturalisme de la femme au XIXe siècle*, Paris, Klincksieck, 1973.

–, *Mythologies de l'hérédité au XIXe siècle*, Paris, Galilée, 1981.

Bouillier, Henry, *Portraits et miroirs. Études sur le portrait dans l'œuvre de Retz, Saint-Simon, Chateaubriand, Michelet, les Goncourt, Proust, Léon Daudet, Jouhandeau*, Paris, Société d'Édition d'Enseignement Supérieur, 1979.

Bourdelais, Patrice ; Gourdon, Vincent, « L'histoire de la famille dans les revues françaises (1960-1995) : la prégnance de l'anthropologie », *Annales de démographie historique*, n° 2, 2000, p. 5-48.

Bourdieu, Pierre, « L'esprit de famille », dans *Raisons pratiques. Sur la théorie de l'action*, Paris, Éditions du Seuil, 1994.

Bressard, Marcel, « Mobilité sociale et dimension de la famille », *Annales de démographie historique*, n° 3, 1950, p. 533-566.

Brewer, William T. , « William Godwin, Chivalry, and Mary Shelley's *The Fortunes of Perkin Warbeck* », *Papers on Language and Literature*, n° 35, printemps 1999, p. 187-205.

Burguière, André ; Klapisch-Zuber, Christiane ; Segalen, Martine ; Zonabend, Françoise, *Histoire de la famille*, Paris, Armand Colin, t. III : *Le choc des modernités*, 1986.

–, « L'État monarchique et la famille (XVIe -XVIIIe siècles) », *Annales HSS*, mars-avril 2001, p. 313-335.

Bury, Marianne, *Une vie de Guy de Maupassant*, Paris, Gallimard, 1995.

–, « Récit court et langage dramatique : l'effet dans la poétique de Maupassant », dans Christopher Lloyd et Robert Lethbridge, *Maupassant conteur et romancier*, University of Durham, 1994.

Carassus, Émilien, *Le Snobisme dans les lettres françaises*, Paris, Armand Colin, 1966.

Castella, Charles, *Structures romanesques et vision sociale chez Guy de Maupassant*, Paris, L'Âge d'homme, 1972.

Chacón Jiménez, Francisco ; Hernández Franco, Juan, *Espacios sociales, universos familiares. La familia en la historiografía española*, Universidad de Murcia, 2007.

Chartier, Roger, *Les Origines intellectuelles de la Révolution française*, Paris, Éditions du Seuil, 1990.

–, « L'histoire entre récit et connaissance », dans *Au bord de la falaise. L'histoire entre certitudes et inquiétude*, Paris, Albin Michel, 1998, p. 87-107.

Collot, Michel, *Gérard de Nerval ou la dévotion à l'imaginaire*, Paris, PUF, coll. « Le Texte rêve », 1992.

Compagnon, Antoine, *Les Antimodernes*, Paris, Gallimard, 2005.

Crouzet, Michel, « Une rhétorique de Maupassant ? », *Revue d'histoire littéraire de la France*, mars-avril 1980 : *La Rhétorique au XIXe siècle*.

–, *La Vie de Henry Brulard, ou l'enfance de la révolte*, Paris, Corti, 1982.

Daumas, Philippe, *Familles en Révolution. Vie et relations familiales en Île-de-France, changements et continuités (1775-1825)*, Presses universitaires de Rennes, 2003.

Dedieu, Jean-Pierre, « Les grandes bases de données. Une nouvelle approche de l'histoire sociale. Le système FICHOZ », *História. Revista da faculdade de letras* (Universidade do Porto), IIIe série, vol. 5, 2005, p. 99-112.

–, « Amistad, familia, patria… y rey. Las bases de la vida política en la Monarquía española de los siglos XVII y XVIII », dans Jean-Philippe Luis, Maria Victoria López Cordón, *El nacimiento de la política moderna en España (mediados del siglo XVIII-mediados del siglo XIX)*, Mélanges de la Casa de Velázquez, t. 35-1, 2005, p. 27-50.

Dedieu, Jean-Pierre et Moutoukias, Zacharías, « Approche de la théorie des réseaux sociaux », dans *Réseaux, familles et pouvoirs dans le monde ibérique à la fin de l'Ancien Régime*, dir. Juan Luis Castellano et Jean-Pierre Dedieu, Paris, CNRS Éditions, 1998, p. 7-30.

Délaisement, Gérard, *La Modernité de Maupassant*, Paris, Rive droite, 1995.

Dessert, Daniel, *Argent, pouvoir et société au Grand Siècle*, Paris, Fayard, 1984.

Dezalay, Auguste, « Le moteur immobile : Zola et les paralytiques », *Travaux de linguistique et de littérature*, n° VIII-2, 1970, p. 63-74.

–, *L'Opéra des Rougon-Macquart. Essai de rythmologie romanesque*, Paris, Klincksieck, 1983.

–, « Noblesse(s) du naturalisme », dans *Zola sans frontières*, éd. Auguste Dezalay, Presses universitaires de Strasbourg, 1996, p. 93-103.

Duby, Georges, *Le Chevalier, la femme et le prêtre. Le mariage dans la France féodale*, Paris, Hachette, 1999.

Duchet, Claude, « Le trou des bouches noires : parole, société, révolution dans *Germinal* », *Littérature*, n° 24, 1976, p. 11-39.

Dulphy, Anne, *Histoire de l'Espagne de 1814 à nos jours*, Paris, Nathan université, 1992.

Durand, Gilbert, *Les Structures anthropologiques de l'imaginaire*, Paris, Bordas, 1969.

Esquier, Suzel, *Stendhal. L'âme et la musique*, Paris, Stock, 1999 ?

Fernández Pérez, Paloma, *El Rostro familar de la metrópoli. Redes de parentesco y lazos mercantiles en Cádiz, 1700-1812*, Madrid, Siglo veintiuno editores, 1997.

Fonyi, Antonia, *Maupassant 1993*, Paris, Kimé, 1993.

Foucault, Michel, *Histoire de la sexualité*, Paris, Gallimard, coll. « Tel », t. I : *La Volonté de savoir*, 1976.

–, *La Volonté de savoir*, Paris, Gallimard, 1976.

Frank, Lawrence, *Charles Dickens and the Romantic Self*, Lincoln & London, University of Nebraska Press, 1984.

Garry-Boussel, Claire, *Statut et fonction du personnage masculin chez Mme de Staël*, Paris, Champion, 2002.

Genette, Gérard, *Figures III*, Paris, Éditions du Seuil, 1972.

Grimal, Pierre, *Dictionnaire de la mythologie grecque et romaine*, Paris, PUF, 2002.

Gross, John, « *A Tale of Two Cities* », dans *Twentieth-Century Interpretations of A Tale of Two Cities*, éd. Charles Beckwith, Englewood Cliffs, New Jersey, Prentice-Hall, Inc., 1972, p. 19-28.

Guerra, François-Xavier, « Pour une nouvelle histoire politique : acteurs sociaux et acteurs politiques », dans *Structures et cultures des sociétés ibéro-américaines, au-delà du modèle socio-économique*, Paris, CNRS Édition, 1990, p. 245-260.

Guionnet, Christine, *L'Apprentissage de la politique moderne. Les élections municipales sous la monarchie de Juillet*, Paris, L'Harmattan, 1997.

Habermas, Jürgen, *L'Espace public. Archéologie de la publicité comme dimension constitutive de la société bourgeoise*, Paris, Payot, 1978.

Haquette, Jean-Louis, *Échos d'Arcadie. Les transformations de la tradition littéraire pastorale des Lumières au romantisme*, Paris, Classiques Garnier, 2009.

Hamel, Jean-François, *Revenances de l'histoire, répétition, narrativité, modernité*, Paris, Éditions de Minuit, coll. Paradoxe, 2006.

Hamon, Philippe, « Un discours contraint », dans *Littérature et réalité*, Paris, Éditions du Seuil, 1982, p. 119-181.

Hecquet, Michèle, *Mauprat de George Sand. Étude critique*, Presses universitaires de Lille, coll. « Textes et perspectives », 1993.

Heuer, Jennifer ; Verjus, Anne, « L'invention de la sphère domestique au sortir de la Révolution », *Annales historiques de la Révolution française*, 2002-1, p. 1-28.

Hirschi, Andrée, « Barbey "conteur" », *La Revue des lettres modernes*, série Barbey d'Aurevilly, n° 4 : *Techniques romanesques*, 1969, p. 7-30.

Hocquellet, Richard, « El complejo de huérfano. Los españoles antes de la acefalía », dans *La Guerra de Napoleón en España. Reacciones, imágenes, consecuencias*, dir. Emilio La Parra, Alicante, Casa de Velázquez - Universidad de Alicante, 2010.

Hunt, Lynn , *Le Roman familial de la Révolution française*, Paris, Albin Michel, 1995.

Imízcoz, José María, « Communauté, réseau social, élites. L'armature sociale de l'Ancien Régime », dans Juan Luis Castellano, Jean-Pierre Dedieu, *Réseaux, familles et pouvoirs dans le monde ibérique à la fin de l'Ancien Régime*, Paris, Éditions du CNRS, 1998, p. 31-66.

Jankélévitch, Vladimir, « La décadence », *Revue de métaphysique et de morale*, n° 4, 1950, p. 337-369.

Jasenas, Eliane, « The making of Decadence in E. Bourges' *Le Crépuscule des dieux* », dans *Essays on Decadence*, Binghampton, SUNY, 1975.

Kantorowicz, Ernst, *Les Deux corps du Roi. Essai sur la théologie politique au Moyen Âge*, Princeton University Press, 1975 ; rééd. Paris, Gallimard, 1989.

Kettering, Sharon, *Patrons, Brokers and Clients in 17th Century France*, Oxford University Press, 1986.

Labouret, Mireille, *Balzac, la duchesse et l'idole*, Paris, Champion, 2002.

–, « Balzac historiographe : de l'*Histoire de France pittoresque* à l'*Histoire des mœurs modernes mises en action* », dans *L'Historiographie romantique*, dir. Francis Claudon, André Encrevé et Laurence Richer, Pompignac, Éditions Bière, Institut Jean-Baptiste Say, Université Paris 12 - Val-de-Marne, 2007, p. 227-237.

Lebois, André, *Les Tendances du symbolisme à travers l'œuvre d'Élémir Bourges* (Paris, Le Cercle du Livre, 1952.

–, *La Genèse du* Crépuscule des dieux, Paris, L'Amitié par le livre, 1954.

Lécuyer, Sylvie, « Aux origines : la généalogie rêveuse de Gérard de Nerval », sur sylvie-lecuyer.net.

Lefebvre-Filleau, Jean-Paul, *Guy de Maupassant, fils de Flaubert*, Luneray, Bertout, 2000.

Le Huenen, Roland, « Balzac préfacier de l'Histoire », dans *Balzac dans l'Histoire*, études réunies et présentées par Nicole Mozet et Paule Petitier, Paris, SEDES, 2001, p. 111-121.

Lemercier, Claire, « Analyse de réseaux et histoire de la famille : une rencontre encore à venir ? », *Annales de démographie historique*, 2005-1 : *Histoire de la famille et réseaux sociaux*, p. 7-31.

Lenoir, Rémi, *Généalogie de la morale familiale*, Paris, Éditions du Seuil, 2003.

López, María Victoria -Cordón Cortezo, « Ved a Minerva que del alto cielo desciende presurosa... », dans *Cuadernos de Historia Moderna*, 2007 : *Cambio social y ficción literaria en la España de Moratín*, dir. Teresa Nava Rodríguez, p. 309-338.

López Tabar, Juan, *Los Famosos traidores. Los afrancesados durante la crisis del Antiguo Régimen (1808-1833)*, Madrid, Biblioteca Nueva, 2001.

Lucey, Michael, *Les Ratés de la famille. Balzac et les formes sociales de la sexualité*, Paris, Fayard, 2008.

Luis, Jean-Philippe, « Les trois temps de l'histoire des élites à l'époque moderne et contemporaine », dans Mireille Cebeillac et Laurent Lamoine, *Les Élites et leurs facettes*, Rome - Clermont-Ferrand, Collection de l'École Française de Rome, 2003, p. 37-49.

–, *L'Ivresse de la fortune. Aguado, un génie des affaires*, Paris, Payot, 2009.

Lukács, Georges, *Le Roman historique*, Paris, Payot, 1965.

Mainardi, Patricia, *Husbands, Wives and Lovers Marriage and its Discontents in Nineteenth-Century France*, New Haven - Londres, Yale University Press, 2003.

Mannoni, Octave, *Clefs pour l'imaginaire, ou l'autre scène*, Paris, Éditions du Seuil, 1969.

Mayer, Arno, *La Persistance de l'Ancien Régime. L'Europe de 1848 à la Grande Guerre*, Paris, Flammarion, 1983.

Mélonio, Françoise, *Tocqueville et les Français*, Paris, Aubier, coll. « Histoires », 1993.

Mitterand, Henri, *L'Illusion réaliste. De Balzac à Aragon*, Paris, PUF, 1994.

Monneyron, Frédéric, *L'Androgyne décadent*, Grenoble, ELLUG, 1996.

Mounier-Daumas, Danièle, « *Le Chevalier Des Touches*, un univers de la stérilité », *La Revue des lettres modernes*, série Barbey d'Aurevilly, n° 10 : *Sur Le Chevalier Des Touches*, 1977, p. 9-34.

Mozet, Nicole, « La mission du romancier ou la place du modèle archéologique dans la formation de l'écriture balzacienne », *L'Année balzacienne*, 1985, p. 211-228.

–, « La parole humaine », [introduction à] George Sand, *Mauprat*, Saint-Cyr-sur-Loire, Christian Pirot, 2008.

Muray, Philippe, *Le XIXe siècle à travers les âges*, Paris, Gallimard, coll. « Tel », 1979.

Nordau, Max, *Dégénérescence*, trad. Auguste Dietrich, Genève, Slatkine, 1998.

Orwell, George, « From *Charles Dickens* », dans *Twentieth-Century Interpretations of* A Tale of Two Cities, éd. Charles Beckwith, Englewood Cliffs, New Jersey, Prentice-Hall, Inc., 1972, p. 96-100.

Ozouf, Mona, *Les Aveux du roman*, Paris, Fayard, coll. L'Esprit de la cité, 2001 ; rééd. coll. « Tel », 2004.

Palacio, Jean de, *Mary Shelley dans son œuvre : contribution aux études shelleyennes*, Paris, Klincksieck, 1969.

Pavel, Thomas, « L'axiologie du romanesque », dans *Le Romanesque*, dir. Gilles Declercq et Michel Murat, Paris, Presses de la Sorbonne Nouvelle, 2004.

Pierrot, Jean, *L'Imaginaire décadent (1880-1890)*, Paris, Presses universitaires de France, 1977.

Racault, Jean-Michel, *Nulle part et ses environs. Voyage aux confins de l'utopie littéraire classique (1657-1802)*, Presses de l'université Paris-Sorbonne, 2003.

Reverzy, Éléonore, « Zola et l'écriture de l'histoire », dans *Écritures de l'histoire XIXe-XXe siècles*, éd. Gisèle Séginger, Presses universitaires de Strasbourg, 2006, p. 223-234.

–, *La Chair de l'idée. Poétique de l'allégorie dans* Les Rougon-Macquart, Paris, Droz, 2007.

Rioux, Jean-Pierre ; Sirinelli, Jean-François, *Pour une histoire culturelle*, Paris, Éditions du Seuil, 1997.

Robert, Guy, La Terre *d'Émile Zola. Étude historique et critique*, Paris, Les Belles Lettres, 1952.

Robert, Marthe, *Roman des origines et origines du roman*, Paris, Grasset, 1972 ; rééd. Gallimard, coll. « Tel », 1977.

Rosental, Paul-André, « Les liens familiaux, forme historique ? », *Annales de démographie historique*, n° 2, 2000, p. 49-81.

Rouhette-Berton, Anne, « Mary Shelley et le roman historique : une vision féminine de l'Histoire ? », *lines.fr*, n° 2, décembre 2005.

–, « *The Fortunes of Perkin Warbeck* de Mary Shelley : roman des marges », dans *Sens et figures de la marge dans la littérature féminine de langue anglaise*, dir. Claire Bazin et Marie-Claude Perrin-Chenour, Nanterre, Publidix - Université Paris X - Nanterre, 2006, p. 13-23.

Sadoff, Dianne, *Monsters of Affection : Dickens, Eliot, and Brontë on Fatherhood*, Baltimore-Londres, The John Hopkins University Press, 1982.

Salha, Agathe, « Les jumeaux fondateurs. Le mythe de Romulus et de Rémus dans la tradition littéraire », dans *Fratries : sœurs et frères dans la littérature et les arts de l'Antiquité à nos jours*, Paris, Kimé, 2003.

Santurenne, Thierry, « Modes d'insertion de la référence lyrique dans le roman du XIXe siècle », dans *Littérature et musique*, 2004, sur le site publications.univ-provence.fr.

Schor, Naomi, « "UNE VIE" / DES VIDES *ou le nom de la mère* », *Littérature*, n° 26, 1977, p. 51-71.

Stange, G. Robert, « Dickens and the Fiery Past : *A Tale of Two Cities* Reconsidered », dans *Twentieth-Century Interpretations of* A Tale of Two Cities, éd. Charles Beckwith, Englewood Cliffs, New Jersey, Prentice-Hall, Inc., 1972, p. 64-75.

Thorel-Cailleteau, Sylvie, *Zola : la pertinence réaliste*, Paris, Champion, 2002.

Todd, Emmanuel, *L'Invention de l'Europe*, Paris, Éditions du Seuil, 1990.

Valette, Jacques ; Wahl, Alfred, *Les Français et la France (1859-1899)*, Paris, Sedes, 1986.

Véga-Ritter, Max, « Histoire et folie dans *A Tale of Two Cities* », *Cahiers victoriens et edouardiens* (Montpellier), n° 56, octobre 2002, p. 81-100.

Verjus, Anne, *Le Bon Mari. Une histoire politique des hommes et des femmes à l'époque révolutionnaire*, Paris, Fayard, 2010.

Vial, André, *Guy de Maupassant et l'art du roman*, Paris, Nizet, 1954.

Weber, Eugen, *La Fin des terroirs. La modernisation de la France rurale 1870-1914*, Paris, Fayard, 1983.

Wroe, Ann, *The Perfect Prince*, New York, Random, 2003.

Histoire des pères et de la paternité, dir. Jean Delumeau et Denis Roche, Paris, Larousse-HER, 1990.

Éros philadelphe. Frère et sœur, passion secrète, dir. Wanda Bannour et Philippe Berthier, Paris, Éditions du Félin, 1992.

Dictionnaire historique de la langue française, dir. Alain Rey, Paris, Le Robert, 2004.

Le Signe et la consigne. Essai sur la genèse de l'œuvre en régime naturaliste. Zola, Paris, Droz, 2009.

Adelphiques. Sœurs et frères dans la littérature française du XIXe siècle, dir. Claudie Bernard, Chantal Massol et Jean-Marie Roulin, Paris, Kimé, coll. « Détours littéraires », 2010.

Résumés

Jean-Philippe Luis – La famille comme objet historique en histoire moderne et contemporaine

Cet article propose une historiographie de la famille comme objet d'étude historique apparu dans les années 1960 par le biais des courants de la démographie historique et de l'histoire des mentalités. A partir des années 1980, une vision plus dynamique de la famille a été proposée en l'étudiant sous l'angle d'une histoire sociale du politique, c'est à dire comme un acteur collectif de la distribution, la répartition et la légitimité des pouvoirs dans une société donnée. L'histoire de la famille en Espagne au XVIIIe siècle a été l'objet d'études particulièrement poussées, s'appuyant sur les travaux de la sociologie des réseaux sociaux, qui ont montré la place centrale de la famille dans la logique de répartition du pouvoir politique. L'application de ces méthodes au XIXe siècle révèle que ces logiques perdurent largement, malgré la poussée de l'individualisme porté par la nouvelle société libérale. Bien loin d'une conception de la citoyenneté incarnée par un individu majeur, la société du XIXe siècle demeure en grande partie une société articulée autour de logiques familiales implicites.

Marion Mas – Le père et l'héritière dans le roman balzacien

Mettant en évidence l'importance du scénario de l'héritage dans le roman balzacien, cette étude interroge la figuration de la relation père-fille. Elle montre que le traitement des rapports entre père et héritière éclaire les effets du Code civil sur l'autorité paternelle. Plus précisément, elle met en évidence une série de déplacement des enjeux symboliques associés à la paternité vers des foyers de valeurs nouvelles. La fiction pointe alors l'émergence d'un imaginaire de la paternité propre au Code civil, dans les années 1835-1840.

Mireille Labouret – Bi-polarité des figures parentales dans *La Comédie humaine*

Pour l'historien des mœurs en action que se veut être Balzac, la famille, aristocratique ou bourgeoise, certes tournée vers la postérité, ne peut se concevoir sans généalogie préalable. Les jeunes gens confrontés à leur « roman familial » et aux vicissitudes d'un siècle chaotique passent du dénigrement systématique des figures paternelles (R. de Valentin), au clivage entre « bonnes » et « mauvaises » représentations parentales (Rastignac, Vandenesse, d'Esgrignon) pour aboutir à l'effacement et au reniement du père (Rubempré). Fondamental pour la noblesse dont il signe la raison d'être, le rappel des ancêtres ne va pas de soi pour le fondateur d'une dynastie bourgeoise, tenté d'être pour les siens la seule origine. Et lorsque la transmission verticale s'avère impossible, voire inversée, dans *La Cousine Bette*, on peut s'interroger sur l'importance nouvelle prise par les relations horizontales, de fratrie et d'alliance, qui déploient de multiples possibles romanesque et mythiques.

Suzel Esquier – La relation au père dans le roman stendhalien

« Le bâtard » : telle est l'éloquente épithète qui jaillit sous la plume de Stendhal pour désigner son propre père. Les écrits autobiographiques abondent d'épisodes symptomatiques de cet irréductible conflit, que le romancier transpose dans la création romanesque. Héritier de la révolution, Stendhal fait table rase de la trilogie féodale : une foi, un roi, une loi. Que reste-t-il alors pour le héros des temps nouveaux ? Des liens de fraternité, des filiations choisies, un rapport consenti de disciple à maître, mais toujours sur fond de révolte et de tragédie.

Anne Rouhette-Berton – « El Desdichado » : patrimoine et pouvoir patriarcal dans *The Fortunes of Perkin Warbeck*, de Mary Shelley (1830)

Perkin Warbeck, roman historique de Mary Shelley situé à la fin du XVe siècle, retrace les aventures malheureuses de Richard d'York, fils du roi Édouard IV, dépossédé du trône d'Angleterre d'abord par son oncle Richard III puis par Henri VII (Tudor) à la fin de la guerre des Deux-

Roses. Tout au long de l'œuvre, il lutte pour faire valoir ses droits à son héritage, à son patrimoine (ces deux termes sont récurrents) et plus profondément, pour se montrer digne de la figure paternelle. Or il apparaît rapidement que ses efforts seront vains : l'Angleterre, dont il se présente à la fois comme le « fils » et le « père », ne veut pas de l'héritier légitime qui souhaite la plonger dans un nouveau conflit, et se range aux côtés de Tudor l'usurpateur qui lui fait connaître la paix et la prospérité. Le roman familial de Richard est donc indissociable de l'Histoire de son pays. Après avoir développé les rapports qu'entretient le héros avec ce père-roi ou roi-père qui se fond dans la figure plus paternelle que maternelle de l'Angleterre et n'en finit pas de rejeter son fils, cet article examine les critiques voilées que, dans une Angleterre pré-victorienne, Mary Shelley porte sur le système patriarcal et monarchique, à la lumière notamment des écrits politiques radicaux des parents de la romancière, Mary Wollstonecraft et surtout ici William Godwin avec *Political Justice* (1793).

Isabelle Hervouet-Farrar – La France révolutionnaire, théâtre de l'intime : *Un Conte de deux villes*, de Charles Dickens (1859)

Un Conte de deux villes (publié par Dickens en 1859), dont l'histoire s'articule autour d'un secret de famille qui conduit le héros à combattre l'ignominie de son père, semble destiné à mettre en scène un conflit œdipien classique. La France de 1789 est le lieu où, au niveau de l'intime comme au niveau collectif ou historique, la haine du père et la transgression de son autorité peuvent se dire et se mettre en scène : Darnay rejette l'héritage du Marquis, Saint Antoine mène sa révolution. L'univers romanesque est cependant troublé par la présence coextensive d'un principe de dualité (deux villes, deux pays, deux héros, l'historique et le fictionnel, le public et l'intime, etc.) qui finit par miner profondément la représentation claire d'une transgression moralement justifiée. La France s'offre au héros comme un lieu de cauchemar, le territoire de tous les oxymores et de tous les renversements. Le destin de la révolte du fils y est profondément brouillé : après avoir été initialement dépeinte comme juste et nécessaire, elle aboutit à une impasse dès lors que tout fils, héros dickensien ou simple sans-culotte, semble condamné à imiter le comportement de son père.

Thierry Poyet – Les pères chez Maupassant : du parricide symbolique à une modernité de l'impossible dépassée

La vie et l'œuvre de Maupassant nient la figure du Père alors même qu'elles ne cessent paradoxalement de la traquer en faisant du père réel une figure fantasmée. Le père biologique est négligé pour être refondé en un père choisi, souvent omniprésent, notamment le père littéraire. Personnage longtemps impossible, sinon interdit, le Père rattache à un passé et une histoire qui disent une appartenance impossible à assumer : il invite à la création de pères de substitution. Quand l'enfant incarne une famille explosée, la relation aux ancêtres devient impossible. Pourtant, sur les ruines de la figure paternelle, Maupassant fonde les bases d'un avenir cynique mais possible. La disparition du Père offre l'opportunité de se construire selon d'autres valeurs et son absence signifie la possibilité de jouir de la liberté dans un présent immédiat. Le père disparu symbolise une délivrance. La conception de la figure paternelle se construit sur un retournement de valeurs, l'enfant tourne le dos à son histoire en rompant avec sa famille. Il n'y a que le père littéraire pour faire exception à une politique de la table rase rendue obligée par des pères incapables et condamnés. Le conflit originel exprimé par Maupassant traduit la possibilité revendiquée par une société de se construire sans prise en compte de son passé. Il offre à la littérature l'opportunité d'écrire une histoire nouvelle sur les restes d'une révolution déjà ancienne, qui ne cesse de se répéter au XIXe siècle : un parricide (plus ou moins) symbolique. Il pose la définition d'une modernité nouvelle qui remplace sans réserve les codes familiaux par les exigences de l'individu.

François Kerlouégan – D'un château l'autre : famille et idéologie dans *Mauprat* de George Sand

Mauprat (1837), roman de George Sand, nous présente le trajet de son héros, Bernard, de la branche barbare et féodale de la famille à sa branche éclairée et civilisée, un itinéraire emblématique de la transition de l'Ancien Régime à la modernité. Or c'est par l'adoption que Bernard entre dans la branche éduquée de la famille. Cette rupture de l'ordre naturel, nécessaire pour que le héros devienne un homme libre et un citoyen, dit la nécessité d'une intervention humaine dans le cours de l'histoire. A l'inverse de la logique de la nature, l'ordre social est donc pensé et construit. Fondé sur l'association d'individus entretenant entre eux une relation d'égalité, le nouveau modèle familial qui émerge à Sainte-Sévère fonctionne, à l'inverse de la loi du sang et du principe patriarcal qui règnent à La Roche-Mauprat, comme un embryon de société républicaine. Le dénouement du roman, qui voit le héros épouser sa tante, marque en apparence un retour du déterminisme familial et de la fatalité biologique. En réalité, cette union incestueuse idéale prouve une fois de plus que, dans le roman sandien, les conflits historiques trouvent leur résolution dans le mythe.

Céline Bricault – La circularité du récit : auto-transmission de l'Histoire dans *Le Chevalier des Touches* de Barbey d'Aurevilly

Alors que le couperet révolutionnaire a rompu le lien qui unissait les aristocrates à leurs ancêtres et semble interdire désormais toute tradition intergénérationnelle et toute entente idéologique, le texte et la « Dédicace » du *Chevalier des Touches* désignent le jeune témoin anonyme du récit de Barbe de Percy, devenu adulte, comme un double de Barbey d'Aurevilly, étrangement désireux de faire don de cette histoire à son propre père à qui il l'a entendue raconter dans sa jeunesse. Ainsi, s'il y a transmission dans et à travers ce roman, c'est une transmission qui se joue sur le mode de la circularité, le récit étant bâti non pour un autre mais pour soi, ou, plus précisément, étant *re*bâti pour soi et ce à chaque niveau de la narration et de l'écriture. Les modulations que l'histoire apporte à l'Histoire sont alors fonction de cette forme particulière d'auto-transmission, où à défaut d'ancêtres, c'est de soi que l'on tient sa propre H/histoire.

Pascale Auraix-Jonchière – *L'Ensorcelée* de Jules Barbey d'Aurevilly : une histoire de sang ou l'impossible filiation

Cet article propose une relecture de ce drame de l'impossible filiation et de l'extinction des races, histoire du lignage mais aussi de la lignée éteinte, comme un grand roman du démantèlement de la famille par l'Histoire.

Jean-Christophe Valtat – Le rêve des ancêtres : *Aurélia* et *Peter Ibbetson*

Aurélia de Gérard de Nerval et *Peter Ibbetson* de George Du Maurier mettent l'un et l'autre en scène la famille comme contenu récurrent d'une expérience visionnaire et onirique. L'article s'attache à décrire et à comprendre, par-delà les contextes biographiques et contextuels, les fonctions de cette représentation, qui dépasse la famille au sens étroit, pour aller vers une perception compréhensive des « ancêtres ». Celle-ci, conformément aux cadres mystiques traditionnels, renouvelés par les sciences naturelles, d'une expérience visionnaire totalisante, finit par rattacher les auteurs et leurs personnages non seulement à l'humanité toute entière, mais aussi à toute la création terrestre dont chacun se revendique l'héritier.

Alex Lascar – Conflit de générations, entre tradition et modernité, autour de la mésalliance dans le roman français (1825-1850)

On pourrait croire que le combat pour la mésalliance est d'arrière-garde en ces années 1825-1850. Mais pour la bourgeoisie compte avant tout l'argent (on ne fait pas de mariage pauvre) et les aristocrates s'attachent à la qualité du sang. Quelques romans de Balzac, de G. Sand, d'E. Sue témoignent que le XIXe siècle fut bien ce siècle des transactions dont parlait M. Ozouf dans *Les Aveux du roman*. La mésalliance devient nouvelle alliance entre l'Ancien et le Nouveau. Dans le filigrane du texte romanesque apparaît encore la loi, prégnante, de la famille et du Père. C'est peut-être un autre aveu du Roman.

Fabienne Bercegol – La destruction de l'idylle familiale dans les fictions de Chateaubriand

Cet article montre comment la remise en cause du modèle de l'idylle familiale devient, dans les fictions de Chateaubriand, l'indice des mouvements sociétaux amenés par les crises de l'Histoire, et renvoie à sa compréhension tragique de la nature humaine et de ses passions. Il s'ensuit une poétique romanesque qui se coupe de toute résonance utopique et qui livre au siècle naissant un nouveau type de héros, voué à la solitude et à la marginalisation.

Claude Schopp – Les familles du *Drame de la France* de Dumas

Le *Drame de la France*, titre générique choisi par Dumas pour désigner l'ensemble de ses romans historiques repose sur des piliers, trilogies ou tétralogie, les deux premiers polyptiques portant sur l'ancien régime (*La Reine Margot*, *La Dame de Monsoreau* et *Les Quarante-cinq* traitant de la fin des Valois, le cycle des *Mousquetaires*, des préludes de la Monarchie absolue. Le troisième polytique, nommé les *Mémoires d'un médecin* (*Joseph Balsamo*, *Le Collier de la Reine*, *Ange Pitou*, *La Comtesse de Charny*), décrit l'abaissement et de la mort de la Monarchie et le quatrième, composé des *Blancs et les Bleus*, des *Compagnons de Jéhu* et d'*Hector de Sainte-Hermine*, a pour ambition de refléter le passage de l'ancien monde au monde nouveau. Cet article se propose d'analyser les différentes structures familiales qui se dégagent de ces sommes romanesques.

Marie Makropoulou – *Une Vie* ou le destin tragique d'une famille et d'une classe sociale

Le premier roman de Maupassant *Une Vie* parcourt un quart de siècle d'histoire française, très riche en événements politiques (de 1820 a 1852) ; l'auteur n'y fait cependant aucune allusion, et l'action paraît se dérouler a l'écart des grands problèmes, en dehors de l'actualité vivante. Mais, si l'action du roman demeure intemporelle, ce dernier témoigne à plusieurs points de vue des bouleversements sociaux et historiques devant lesquels toute une classe se sent démunie et impuissante, et qui s'inscrivent dans la déchéance d'une famille et les mésaventures d'une femme; il pourrait donc incontestablement se lire comme une chronique sociale sur la vie en Normandie dans la première moitié du 19ème siècle. En effet, *Une vie* rend compte de l'affrontement pacifique de deux mondes qui répondent à des systèmes de valeurs différents: d'un côté le monde clos de l'aristocratie rurale attaché désespérément à ses principes de classe et de l'autre, le nouveau régime porteur d'une éthique nouvelle que ces nobles convoitent ou dédaignent. Cette intervention se propose d'examiner comment Maupassant traite ce «métissage» au niveau fictionnel et comment, selon les termes de Mona Ozouf, il met en scène « la rencontre de deux France, celle de la tradition, [et] celle de la Révolution ».

Éléonore Reverzy – Dynasties naturalistes. Zola historien de la longue durée

Zola, qui prétend décrire l'élan démocratique de son époque et affirme que son « roman eût été impossible avant 89 » raconte cependant l'histoire d'une dynastie qui par bien des traits rappelle les anciennes lignées et un schéma, aristocratique, de transmission. De plus, il s'intéresse à des laissés-pour-compte de la démocratie : immobiles mineurs, paysans ou pêcheurs qui paraissent échapper au mouvement qui traverse le corps social. C'est à travers eux aussi qu'il entreprend de dire un XIXe siècle de la longue durée.

Claudie Bernard – Fin de siècle, fin de race : *Le Crépuscule des dieux* d'Elémir Bourges

« Ainsi », conclut le protagoniste du *Crépuscule des dieux* (1884), Charles d'Este, duc de Blankenbourg exilé dans le Paris dissolu du Second Empire,

> « Ainsi, cette race superbe qui avait tenu autrefois l'Allemagne entière sous son joug, et brillé par les plus grands hommes en tous genres, des rois, des empereurs, des saints, finissait dans un abîme de boue sanglante, avec des bâtards, des incestueux, des voleurs et des parricides.
> [...] Et lui-même, d'ailleurs, qu'avait-il été ? Fils dénaturé, cruel père, mari terrible, maître détestable, jaloux, capricieux, inquiet sans relâche […] Ces temps cruels, hélas ! avaient été le crépuscule de sa race ».

L'analyse du roman rapproche la décadence du patriarcat familial, rongé par le fléau externe du « parasitage » et par le fléau interne de l'« autoconsommation », et la décadence des patriarchies politiques, proies des usurpations étrangères et victimes de leur propre reniement des traditions ancestrales. Il montre comment la décomposition des substances (lieux, chair, or) et le galvaudage des signes dans le cercle domestique renvoient à une « boue sanglante » analogue dans une Histoire où se perdent les distinctions de frontières, de rangs, de valeurs. Enfin, il se demande si l'art (théâtre élisabéthain et opéra de Wagner), révélateur des tares familiales et sociales, peut, en ce crépuscule, témoigner de la secrète persistance des dieux.

Roland Le Huenen – *Pérégrinations d'une paria* de Flora Tristan: entre déshérence et légitimité

Pérégrinations d'une paria paru en 1837 est la relation du voyage que son auteur, Flora Tristan, fit entre avril 1833 et juillet 1834 au Pérou, le pays de ses ancêtres paternels. Un triple traumatisme est à l'origine de ce voyage et de la relation qui s'ensuit : la mort du père tragiquement ressentie par l'enfant Flora, la découverte tardive de sa bâtardise par l'adolescente, le mariage malheureux au graveur André Chazal, homme brutal et vulgaire, suivi de la douleur de ne pouvoir divorcer. Si le voyage au Pérou se révèle un échec pour Flora Tristan désireuse d'effacer sa naissance illégitime et de récupérer l'héritage qui lui venait de son père, il lui révèle l'accès à la parole qui la mènera sur le chemin de l'écriture. C'est au Pérou que Flora Tristan se découvre écrivain, comme c'est le Pérou qui lui fournit l'objet de son premier livre qui sera aussi son premier succès littéraire. Cette voie nouvelle qui s'ouvre à elle et dont elle était sans doute loin de s'imaginer la possibilité au moment de quitter la France, sur le quai de Bordeaux, en proie à l'angoisse et au désespoir, est celle d'une identité retrouvée, d'une identité à construire et dont elle sera elle-même le principe d'engendrement.